DIE INNERE WELT

Das Geheimnis der Schwarzen Sonne

Roman

JAN UDO HOLEY

amadeus-verlag.com

Vom Autor ist außerdem erschienen:

Buch 3 – Der Dritte Weltkrieg
1996, Amadeus Verlag
Unternehmen Aldebaran
1997, Amadeus Verlag
Die innere Welt
1998, Amadeus Verlag
Die Akte Jan van Helsing
1999, Amadeus Verlag
Die Kinder des neuen Jahrtausends
2001, Amadeus Verlag
Hände weg von diesem Buch!
2004, Amadeus Verlag
Wer hat Angst vor'm schwarzen Mann?
2005, Amadeus Verlag
Die Cheops-Lüge (DVD)
2007, secret.TV
Die Jahrtausendlüge
2008, Amadeus Verlag
Das Eine Million Euro Buch
2009, Amadeus Verlag
Geheimgesellschaften 3
2010, Amadeus Verlag
Hitler überlebte in Argentinien
2011, Amadeus Verlag
Politisch Unkorrekt
2012, Amadeus Verlag
Bevor Du Dich erschießt, lies dieses Buch!
2015, Amadeus Verlag
Whistleblower
2016, Amadeus Verlag

limitierte Sonderauflage

Amadeus Verlag GmbH & Co. KG
Birkenweg 4
74576 Fichtenau
Fax: 07962-710263
www.amadeus-verlag.com
Email: amadeus@amadeus-verlag.com

Druck:
CPI – Ebner & Spiegel, Ulm
Satz und Layout:
Jan Udo Holey
Umschlaggestaltung:
Jan Udo Holey

ISBN 3-9805733-1-1

**Die Geschichte dieses Buches ist frei erfunden.
Es wurden jedoch auch wahre Aspekte mit eingebaut.
Somit liegt es an Ihnen, herauszufinden,
was der Wahrheit entspricht und was der Fiktion.**

Inhaltsverzeichnis:

Es hätte ein ganz normaler Tag sein können...

Es ist Freitag der dreizehnte. Na prima! Das sind die Tage, auf die ich immer ganz besonders gespannt bin, da an diesen meistens etwas Eigenartiges geschieht. Ich kann auch nachvollziehen, daß einige Menschen an solch einem Tag ein komisches Gefühl im Bauch haben. Das liegt offenbar an der Zahl ‚dreizehn'. Nach meinen eigenen Interpretationen aus Numerologie und Tarot unterliegt diese Zahl der Schwingungsfrequenz der ‚Transformation'. Transformation kann man als eine Art ‚Umwandlung' übersetzen. Die dreizehnte Tarotkarte ist ‚der Tod', was jedoch nicht bedeutet, daß an diesem Tag jemand sterben muß. Schon eher, daß man eine Art inneren Tod erfährt. Zum Beispiel den Abschied von einer Vorstellung, einer Verhaltensweise oder einem Weltbild. So wie der Phönix aus der Asche entsteigt oder die Raupe stirbt und ein Schmetterling daraus hervorgeht, so könnte man sagen, daß an Tagen mit der Zahl ‚dreizehn' die Chance, durch diverse Ereignisse und Erfahrungen einen Abschied, einen kleinen Tod, den Zusammenbruch eines bis dahin bestehenden Weltbildes zu erfahren, höher zu sein scheint, als an anderen Tagen.

Was würde mich also heute erwarten?

Das sind einige flüchtige Gedanken, die mir an diesem Freitag, dem dreizehnten, durch den Kopf schießen, während ich unter die Dusche springe, um durch das Element Wasser meinen Astralkörper dazu zu bewegen, sich wieder voll und ganz in meinem physischen Leib zu etablieren. Sehr häufig schwelgt man ja noch im letzten Traum vor dem Aufwachen, an den man sich noch fetzenweise erinnern kann und denkt noch während des Zähneputzens an geschlagene Schlachten zurück oder einen Flug über wunderschöne Berge und Flüsse.

Doch es sind noch keine fünf Minuten vergangen, als auch schon mein Handy klingelt. Mit einem Griff aus der Dusche bekomme ich das Ding zu fassen und melde mich mit der Hintergrundkulisse des tropfenden Duschkopfes etwas harsch: „Was gibt's denn schon um diese Zeit?"

„Buenos dias, muchacho!", höre ich am andern Ende. An der Stimme erkenne ich meinen lieben Freund Peter, der mich natürlich zu allen Zeiten stören kann und grüße mit einem kräftigen „Buenos Aires" zurück. „Mein Jung, was gibt es denn, ich steh nämlich grad' unter der Dusche?"

„Kein Problem, ruf mich aber bitte gleich zurück, ich hab da nämlich was ganz Interessantes für dich."

„Alles klar, bis gleich", gurgle ich und lege auf.

Ganz gespannt beeile ich mich und bin zehn Minuten später bereits wieder an der Strippe, um interessiert dem zu lauschen, was er zu sagen hat.

„Also hör zu", schießt Peter los, „da war gestern so ein seltsamer Typ im Laden", womit er unsere gemeinsame esoterische Buchhandlung meint, „der ziemlich mysteriös 'rumgetan hat und meinte, daß er dich unbedingt sprechen müsse. Er hat gehört, daß man über den Laden an dich herankommen könne, und würde dich suchen, da er dir anscheinend etwas Wichtiges mitzuteilen hätte."

„Na ja, diese Jungs kennen wir ja inzwischen zur Genüge", gebe ich erst einmal spontan zurück. „Erst heißt es, sie wollen einem etwas sagen, und nachher sind sie nur gekommen, um einen selber auszufragen. Aber vielleicht hat er ja wirklich etwas Wichtiges herausgefunden. Hat er denn irgendwie angedeutet, worum es sich handelt?", frage ich kurz.

„Irgendeine Verbindung zwischen der ‚Schwarzen Sonne' und der ‚Inner-Erde'. Er kenne jemanden, der dort leben würde und der mit ihm gesprochen hätte."

„Uhlala, das klingt ja ganz nach meinem Resort. Wo, sagst du, daß dieser Mann jetzt ist und wann er mich sehen will?"

„Am besten hier bei uns im Laden und am liebsten auch so schnell wie möglich. Auch macht er den Anschein, als daß er irgendwie unter Druck steht, als ob ihn jemand verfolgt, oder so."

„Tja, da gibt es bloß ein kleines Problem", räume ich ein. „Ich muß nämlich heute für zwei Tage nach Norddeutschland, du weißt schon, die ‚Kiste' abholen."

„Ach so, das war heute? Stimmt, hatte ich ganz vergessen", erinnert sich Peter. Er überlegt kurz und meint dann spontan: „Hey, du mußt doch sowieso noch im Laden vorbeikommen. Zwei Stunden hast du ja vielleicht Zeit für ihn, möglicherweise ist dann schon alles besprochen?"

„Ja, du hast recht, ich wollte ja noch die Bücher vorbeibringen."

Kurz entschlossen willige ich ein und verabrede mich für eine Stunde später im Hinterzimmer unseres Ladenlokals.

Während ich etwas später auf der Autobahn dahingleite, habe ich die Gelegenheit, mir über einige Zusammenhänge nochmals Gedanken zu machen. Denn es ist schon wirklich eigenartig, was für seltsame Menschen ich allerweil treffe. Mein ganzes Leben dreht sich eigentlich um Themen wie UFOs, Alchimie, Esoterik, Channeling, Hellsehen, Okkultismus, Tarot und andere spirituelle Dinge. Und das fing eigentlich, wenn ich einmal kurz zurückblicke, schon ganz früh in meinem Leben an.

Kurz nach meiner Ankunft auf der Erde – der Geburt – wurde in der Nähe meines Elternhauses am anliegenden Waldrand eine fliegende Untertasse beobachtet, die sich dort für mehrere Minuten taumelnd hin- und herbewegte, bis sie dann aus dem Stand blitzschnell davonschoß. Doch sah natürlich damals noch niemand einen Zusammenhang zwischen der Untertasse und meiner kleinen Wenigkeit.

Das änderte sich mit meinem Alter von etwa einem Jahr, als mich meine Eltern mit dem Kinderwagen durch meine Geburtsstadt schoben. Bis zu diesem Zeitpunkt konnte ich noch kein Wort sprechen. Außer „rabääh" und anderen sumerischen Sprachfetzen kam nichts anderes von meinen Stimmbändchen. Als wir dann an einer größeren Baustelle vorbeikamen, stand dort ein großer Kran, welcher offenbar mein Interesse fand, denn ich öffnete die Lippen zu meinem ersten Wort in diesem Leben, nämlich „Kran". Sichtlich überrascht über dieses Ereignis nahm mein Vater später ein Foto von meinen Geschwistern und mir mit zu einem spirituellen Medium, einem evangelischen Pastor, der fähig war, bewußt seinen physischen Körper zu verlassen und auf Reisen zu gehen. Dieser war jedoch auch fähig, in der sogenannten ‚Akasha-Chronik' – dem Magnetfeld oder der Speicherplatte der Erde, in der alle Gedanken, Gefühle und Handlungen aller Menschen abgespeichert sind – zu lesen und mein Vater legte diesem Mann, ohne ein Wort zu sagen, die Fotos von uns Kindern hin. Sofort ergriff er das Foto von mir und äußerte erstaunt, daß ich mit UFOs zu tun hätte und mit Außerirdischen. Er meinte, ich wäre noch nicht oft auf der Erde gewesen, sondern käme von einem andern Planeten, auf welchem ich mit solchen Flugkörpern, aber auch mit Pyramidenbau zu tun gehabt hätte. Dann wäre ich auch zur Zeit von Atlantis inkarniert gewesen und hätte dort mit den gleichen Dingen zu tun gehabt. Und auch in diesem Leben würde ich mich damit intensivst auseinandersetzen. Er beschrieb dann in groben Stichworten mein Leben, wie es sich diesmal angeblich vollziehen solle und hatte damit bis zum heutigen Tag im großen und ganzen

Recht behalten. Interessant ist daran zu bemerken, daß ich die Abschrift dieser ‚Sitzung' erst im Alter von dreiundzwanzig Jahren zu Gesicht bekam, da sie mein Vater aus Versehen in einen falschen Ordner einsortiert hatte und ich im Nachhinein natürlich sehr überrascht war, daß dieses Medium solche ‚Treffer' gelandet hatte. So bastelte ich bereits in der Schule Pyramiden, und hatte eine Faszination zu diesen Bauten und Formen verspürt. Und die UFOs wurden zu meinem ‚roten Faden' in diesem Leben, da immer dann, wenn ich aufhören wollte, mich mit ‚diesen Dingen' zu beschäftigen, mir so ein Ding vor den Augen herumflog und mich daran erinnerte, daß ich mich damit beschäftigen sollte.

Das große Geheimnis war aber, wie sich nach Jahren der Recherche und Sichtungen, beziehungsweise Kontakten mit einem Piloten solch einer fliegenden Untertasse herausstellen sollte, nicht die Frage, ob es UFOs gibt oder nicht, sondern ‚wer' sie tatsächlich fliegt. Und als ich hinter dieses Geheimnis kam, begann der Ärger in meinem Leben. Denn, um ein UFO zu bauen und zu fliegen, muß man keineswegs ein Außerirdischer sein. Wenn nämlich die Insassen der Scheiben klein, grau und häßlich sind, gibt es kein Problem, doch sollten sie hochgewachsen, äußerst hübsch, ja engelgleich, blond, blauäugig aussehen und zu guter letzt auch noch deutsch sprechen, fällt die Nachkriegsmenschheit über einen her.

Trotz der spirituellen Neigung meiner Eltern, den spirituellen Medien, Heilern, Rutengängern und Spiritisten, die zu uns kamen und die meine Eltern kannten, der großen Bibliothek meines Vaters über Metaphysik, Urchristentum, Alchimie, Gnostizismus, Ufologie und Heilkunde sowie meiner entsprechenden Erziehung, die ich dadurch genoß, lebte ich in einem kleinen Dorf als ganz ‚normaler' Jugendlicher. Doch schon bald merkte ich, daß das Leben total verlogen ist, daß uns die ‚feine' Gesellschaft etwas von Liebe, Ehrlichkeit, Treue, Respekt vor den Eltern, Demokratie und Gesellschaft, Recht und Ordnung und sonstigem erzählt, sich jedoch niemand daran hält. Meinen Eltern und Großeltern gelang es zwar, uns Kindern diese Tugenden, vor allem die der Ehrlichkeit, täglich vorzuleben, doch sobald wir das Haus verlassen hatten, betraten wir eine andere Welt. Man belügt und betrügt sich, die halbe Welt konsumiert Drogen, Kinder werden mißhandelt, ein Teil der Welt hungert, es wird einem erzählt, wie schrecklich der letzte Krieg gewesen sei und daß so etwas nie wieder passieren darf, und in den Zeitungen liest man, daß Deutschlands, wie auch anderer Länder, Exportartikel Nummer eins Waffen sind. Und dann erklärt man uns doch tatsächlich, daß man die NATO und die UNO bräuchte, da sie uns den Frieden sichern, doch es tatsächlich seit deren Gründung mehr Kriege gab als zuvor.

Mit einzusortieren war auch das Gelüge der Pfarrer und der Kirchen, egal welcher Couleur. Alle erzählten uns noch offenen Kindern von christlichen Tugenden, von Moral und Ethik, von Glauben, Vertrauen und Liebe, doch von dem verlogenen Volk, das ich als Kind in die Kirche hab' gehen sehen, handelt fast niemand danach. Nicht selten sind Pfarrer und Priester homosexuell, vergehen sich an minderjährigen Jungs und Mädchen und werden dabei von der Kirche auch noch gedeckt. Wo ist denn die Tatliebe, von der Jesus sprach? Man erklärt uns etwas von Liebe, aber lebt das Gegenteil vor.

Und es gab tausende Fragen, die ich mir als kritischer Jugendlicher stellte und die mir niemand zu erklären wußte oder vielleicht nicht wollte. Denn auch in unserer Gegend gibt es zum Beispiel Freimaurer, Rotarier und Lions-Mitglieder, die nochmals eine ganz eigene Ansicht von Vertrauen, Moral und Ethik vertreten. Natürlich nicht öffentlich, sonst wären sie schnell einen Stock tiefer. Kurz gesagt, es geht allen nur noch ums Geld.

Angewidert von all der Lügerei und der Tatsache, daß ich zu jener Zeit noch nicht wußte, wieso alles in der Welt schlechter wird, und vor allem, daß genau dieses geplant ist, kam die Trotzphase und das „nicht mit mir". So verbrachte ich mehrere Jahre als Punkrocker, was sich durch meinen Collegeaufenthalt in Cambridge, England, durch welchen ich erst so richtig in die Punkszene eindrang, noch verstärkte. So ließen mich meine Eltern auch diese ‚irdischen' Erfahrungen machen, da es nichts hilft, wenn man einem Menschen schlaue Lebensweiseheiten erzählt – man muß gewisse Prozesse selbst ‚erleben'. Doch war ich durch mein extremes Leben sehr tief mit der Materie verstrickt worden, und die Schöpfungskraft – andere nennen sie ‚Gott' - wies mich durch verschiedene Ereignisse darauf hin, daß meine ‚eigentliche' Aufgabe eine andere war. Ich hatte zwar während all der Jahre, in denen ich im Protest lebte, nie meine spirituellen Neigungen und Interessen aufgegeben, doch hatte sich alles sehr in das Okkulte verlagert.

Nach einer längeren Phase, in der mich das Leben vom materiellen Leben ‚entwöhnte' – durch Unfälle und Krankheiten – widmete ich meine Zeit wieder mehr den spirituellen Dingen – Leben nach dem Tod, Fasten und bewußte Ernährung, Naturheilkunde, Handauflegen und Geistheilen, UFOs und Pyramiden, Freie Energie, Astralreisen, Hellsichtigkeit, Medialität und so weiter.

Und die Art und Weise, wie mich die Schöpfungskraft ‚wachrüttelte' und mich auf meinen eigentlichen Lebensweg zurückbrachte, war dabei sicherlich bemerkenswert und äußerst lehrreich. Spontan erinnere ich mich an ein paar dieser Erlebnisse:

Einmal war ich mit Freunden zusammen, als wir aus Langeweile ein bißchen herumrauften. Dabei hatte mich ein Kumpel, der jedoch ein paar Köpfe größer war als ich, an der Kehle erwischt und drückte im Spaß ein Weilchen zu. Ob aus Schreck oder aus Luftmangel fiel ich jedenfalls in Ohnmacht und ging zu Boden. Mein Kumpel ließ mich natürlich sofort los, und glaubte wahrscheinlich, daß ich spielte. Doch ich selbst fand mich außerhalb meines Körpers wieder und beobachtete die Szenerie von oben. In diesem Zustand verbrachte ich meinem eigenen Empfinden nach etwa einen Tag, da ich unheimlich viele Erlebnisse hatte und mir viele Eindrükke vermittelt wurden. So sah ich unter anderem auch Bilder aus meiner Vergangenheit, aber auch Situationen, die ich nicht kannte. Als ich wieder „aufwachte", hatte ich den Eindruck, als hätte ich mich auf einer langen Reise befunden. Mir kam es so vor, als wäre ich ‚Zuhause' gewesen, im Warmen, und komme nun in die Kälte zurück. Als ich wieder bei klarem Bewußtsein war, fragte ich gleich, wie lange ich mich auf dem Boden befunden hatte, und man antwortete mir: etwa eine Sekunde. „Das ist ja der Hammer", dachte ich.

Dann spielte ich das Geschehene nochmals in Gedanken durch und kam zu dem Schluß, daß diese Art des Sterbens eigentlich sehr angenehm gewesen wäre, es tat nämlich überhaupt nicht weh, und das, was ich außerhalb meines Körpers wahrgenommen hatte, war weit aus angenehmer und interessanter, als das, was ich im normalen Leben erlebte. Mir war daher völlig unklar, warum die Menschen so ein Aufsehen um den Tod machen und sogar Angst davor haben.

Dies erzählte ich bei irgendeiner Gelegenheit unserem Pfarrer und wollte wissen, was er dazu zu sagen hatte, und bekam dabei nur zu hören, daß es so etwas wie Astralreisen und Seelenwanderung nicht geben würde und ich wahrscheinlich besessen sei. Das war mit einer der Gründe, warum ich aus der Kirche austrat, denn auf diese Form der ‚Seelsorge' konnte ich beileibe verzichten. Kein Wunder, daß so viele Menschen aus der Kirche austreten, da man anstatt auf ihre Fragen zu antworten, sie noch beleidigt.

Eine andere Geschichte erlebte ich eben als Punkrocker. Als ich in England das College besuchte, das war 1985, wunderte ich mich, daß dort die Punks und Skinheads immer zusammen waren, doch sich in Deutschland feindlich gegenüberstanden. Jedenfalls war ich eines Tages wieder einmal auf einem Konzert, in diesem Fall im Epple-Haus in Tübingen, als mir als Punkrocker plötzlich ein Skinhead gegenüberstand und mir in die Augen sah. Ich dachte zuerst, daß es vielleicht Ärger gibt, obwohl ich selbst schon viele nette Erlebnisse mit ‚Skins' in England hatte, aber, wie ich bereits sagte, ist dies in Deutschland anders. Der Skin fragte mich dann ganz direkt, ob ich wissen wolle, warum es mir zur Zeit nicht so gut gehen würde. Ich bejahte und dieser meinte daraufhin, daß mein Scheitelchakra blockiert wäre und ich ein Paar Flecken in meiner Aura hätte, die wahrscheinlich davon stammen, daß ich nachts auf einer Wasserader-Kreuzung schlafen würde.

Ich dachte, mich tritt ein Elch. Da steht mir eine ‚Glatze' gegenüber, mit einem „Ich bin stolz ein Deutscher zu sein" – Aufnäher am Ärmel, Doc Martens, Hosenträger und Skin-Tattoos, und erzählt mir etwas von Aura und Chakren. Natürlich wußte ich sofort, wovon er sprach und war dann freudig überrascht, ihn getroffen zu haben. Dieser Junge war offenbar ‚hellsichtig', also fähig, die Aura eines Menschen zu sehen, und das Gesehene auch zu deuten. Da er selbst aus Würzburg kam und dort als Gitarrist in einer Skinband spielte, und in dieser Nacht auch dorthin wieder zurückfahren wollte, was wiederum auch auf meinem Weg lag, entschieden wir spontan, daß er und seine Skin-Frau bei mir und meiner Freundin übernachten könnten. Dabei wollte er gleichzeitig unsere Wohnung auf Störfelder untersuchen. Als wir dann Zuhause ankamen, ging er in unser Schlafzimmer, kam nach etwa einer Minute wieder heraus und meinte, daß man in solch einem Zimmer nur krank werden könne. Nicht nur, daß wir mehrere Kreuzungspunkte von Wasseradern und Hartmanngitter im Zimmer hätten, sondern, daß in dieser Wohnung auch einmal etwas Schreckliches geschehen sei. Nun, ich prüfte das natürlich nach und fand ein paar Tage später heraus, daß tatsächlich einmal in diesem Haus ein Gewaltverbrechen stattgefunden hatte.

Äußerst interessant an unserem Skin-Freund war auch, daß er zum Suchen der Wasseradern – ‚muten' genannt – keinerlei Gerätschaften benötigte, kein Pendel, keine Wünschelrute, sondern nur seine Intuition und Medialität.

Tja, so entstand eine neue Freundschaft. Und wieder einmal gebricht das Schwarz-Weiß-Denken des Normalbürgers. Ein Skin und ein Punk als Freunde – das geht doch gar nicht. Einmal davon abgesehen, daß die ursprüngliche Skinhead-Bewegung aus England kam und überhaupt nicht politisch war, wie auch die Punkbewegung anarchistisch und niemals ‚links' gewesen ist und daher in England, aber auch in Deutschland zu Beginn Punks und Skins durchaus zusammen anzutreffen waren, gibt es neben dem Nachkriegsdenken, das ein Weltbild in ‚links' und ‚rechts' einteilt, noch etwas ganz anderes – nämlich die schicksalhafte geistig-spirituelle Verbindung zwischen inkarnierten Seelen.

Mein neuer Skin-Freund erzählte, daß er ganz bewußt in der Skin-Szene wäre, da er dort ein paar Leute getroffen hätte und noch treffen werde, mit denen er noch etwas aus einem anderen Leben auszugleichen hätte und die sich momentan auch in der Skin-Szene aufhalten würden. Ich mußte ihm zustimmen, da auch ich heute noch sagen kann, daß ich sehr viele spirituelle Menschen in der Punkszene kennengelernt hatte.

Ein anderes Erlebnis hatte ich, als ich eines Morgens zu spät zur Arbeit war, auf nassem Herbstlaub mit meinem Auto ins Schleudern kam und dabei mit knapp einhundertvierzig Stundenkilometern gegen einen Baum knallte. Natürlich unangeschnallt, versteht sich. Das Auto war um den Baum gewickelt, doch dies sah ich nicht aus dem Auto heraus, sondern aus der Vogelperspektive. Denn ich hatte erneut meinen Körper verlassen und schwebte etwa zwanzig Meter über der Unfallstelle. Dort sah ich den Schulbus kommen, der anhielt und auch all die anderen Fahrzeuge, die inzwischen die Straße blockierten. Ich sah den Krankenwagen kommen, doch all dies schien mich wenig zu interessieren. Mir ging es sehr gut in meinem Zustand, mir tat nichts weh und der Körper, der da unten im Auto lag, interessierte mich herzlich wenig. Plötzlich vernahm ich eine Stimme, die rief: „Er lebt, er lebt!", und spürte, wie jemand an meinem Arm rüttelte. Als ich wieder bei Bewußtsein war, krabbelte ich aus einem Fenster des Trümmerhaufens und sah mich verwunderten Blicken ausgesetzt. Mir ging es absolut gut, und ich hatte keinerlei Verletzungen. Den Krankenwagen schickte ich wieder fort, zum völligen Unverständnis des Notarztes.

Interessant war bei diesem Erlebnis vor allem, daß ich im Nachhinein Dinge berichten konnte, die sich zugetragen hatten, nachdem ich an den Baum gefahren war. Die Augenzeugen wunderten sich darüber. Ich hatte dies doch gar nicht sehen können, ich lag doch im Auto. Das war ein weiterer Beweis für mich, daß ich mich tatsächlich ‚über' der Unfallstelle befunden hatte.

Bei einem weiteren Ereignis etwa ein halbes Jahr später, mein Körper war damals einundzwanzig Jahre alt, lag ich einmal für eineinhalb Wochen im Koma, wobei ich ebenfalls aus meinem Körper gehuscht bin. Dabei sah ich wie eine Art Film über meine Vergangenheit und auch Bilder aus meiner damaligen Zukunft, und ich erinnerte mich teilweise wieder daran, wer ich war und warum ich auf diesen Planeten gekommen bin. Und nach diesem Koma veränderte sich mein Leben und meine Person um einhundertachtzig Grad. Ich hörte das Rauchen, Trinken, Drogen und Fleischessen auf, trennte mich von meiner damaligen Verlobten, zog aus der Wohnung aus, wechselte die Arbeitsstelle und vieles mehr.

So begann ich damit, mich wieder mit einem Wissen vertraut zu machen, das ich bereits in meinen Vorleben erlangt hatte, aber zuerst einmal auf konventionellen Wegen. So besuchte ich neben dem Bücherstudium auch verschiedene Seminare und machte hin und wieder auch einmal eine Ausbildung in diesem Bereich – Fuß-Reflexzonen-Masseur, Geistheiler und Lebensberater. Aber auch in dieser ‚spirituellen' Szene durfte ich meine ‚Negativerlebnisse' machen und erkennen, daß nicht jeder Guru, der sich in weiß kleidet, auch eine solch reine Seele hat.

Später besuchte ich noch eine Heilpraktikerschule, beschloß dann aber, erst einmal die Welt zu bereisen. Innerhalb dreier Jahre mit Unterbrechung hatte ich fünf Kontinente durchquert und während dieser Zeit hatte sich mein Weltbild mehrmals gewandelt. Ich traf auf sehr interessante Menschen, so auch Mitglieder verschiedener Geheimdienste, die vor allem mein politisches Denken, meine Vorstellung von Gut und Böse, wie auch von Wahrheit und Lüge ins Wanken brachten. So erklärte man mir, wer und was wirklich hinter diversen Ereignissen stand, wovon jedoch nie etwas in den Medien zu erfahren war, beziehungsweise in den meisten Fällen sogar das Gegenteil dessen den Unkritischen mitgeteilt wurde.

Eine wichtige Begebenheit hatte ich dabei in Neuseeland. Mit meinem Rucksack unterwegs strandete ich für längere Zeit in Dunedin und hielt mich eines Nachmittags in einem kleinen Buchladen auf, der hauptsächlich spirituelle Literatur führte. So blätterte ich gerade in einem Buch über UFOs, als mich ein Mann ansprach und mich fragte, ob ich mich wohl dafür interessieren würde. Ich bejahte die Frage und erklärte ihm, daß ich nicht nur selbst schon solche Untertassen gesehen hätte, sondern bereits in verschiedenen Ländern der Erde gewesen wäre, um dort mit anderen UFO-Augenzeugen zu sprechen oder sogenannte UFO-Kongresse zu besuchen, um deren Ausführungen mit meinen persönlichen Erlebnissen zu vergleichen. So berichtete ich unter anderem auch über deutsche Entwicklungen, die es zur Zeit des Dritten Reiches gegeben hätte, doch genaues wisse man noch nicht darüber – was sich jedoch bald ändern sollte.

So fragte mich der Mann, sein Name war Ross, ob ich denn nicht die Lust verspüre, ihm und ein paar Freunden von meinen Erfahrungen und Recherchen zu berichten. Er führe einen UFO-Kreis in Dunedin und habe aber auch zu anderen UFO-Gruppen in Neuseeland Kontakt. Ich stimmte spontan zu, worauf er mich am nächsten Tag anrief und meinte, ich könne nach Invercargill, am Südzipfel der Südinsel Neuseelands zu einem Freund gehen, wo sich einmal die Woche ein kleiner Kreis Interessierter einfinden würde.

Als ich dann an jenem Abend meine Recherchen zutage gefördert hatte, meinte der Gastgeber mit belehrenden Worten: *„Euch Deutsche hat man aber ganz schön hirngewaschen"*. Eine Äußerung, die ich nun gar nicht verstehen konnte, hatte ich ja doch den Glauben, wir Deutschen hätten nun nach dem überstandenen Nationalsozialismus das freieste Land der Welt anzubieten. Nun, mit dieser Anschauung war es ab diesem Abend vorbei, denn der Mann führte mich in einen Raum, der von oben bis unten mit Büchern, Videofilmen und Audiocassetten angefüllt war, die sich alle mit Dingen beschäftigten, die es ‚offiziell' nicht gab. Und er erklärte mir, daß fast alle dieser Bücher in Deutschland verboten seien. Darunter fanden sich Bücher über deutsche Entwicklungen im Bereich der Anti-Gravitation, Geheimnisse der Mondlandung, Hintergründe im Dritten Reich, Kritische Bücher über die Themen Freimaurerei, Gifte in Nahrungsmitteln, Bücher über Menschen, die sich selbst von tödlichen Krankheiten geheilt hatten, über ‚Freie Energie', Hohlwelt und unterirdische Basen, außerirdische Kontakte mit Regierungen und vieles mehr.

An diesem Abend war auch ein Mann anwesend, der mich am nächsten Morgen anrief und meinte, er müsse mir etwas zeigen. Er holte mich daraufhin mit seinem Wagen ab und fuhr mit mir etwa zwei Stunden mitten in einen dschungelartigen Wald hinein. Dort, an einem kleinen Häuschen angekommen, erklärte er mir, daß dieses Haus niemand kennen würde und ich hier, falls ich mich einmal verstecken müsse, Unterschlupf finden könne. Er meinte auch, wenn ich irgendwann einmal eine fliegende Untertasse bauen möchte, ich es hier tun könnte. Ein seltsames Angebot, dachte ich damals. Ich wunderte mich auch, daß er, als wir in das Haus hineingingen, das Licht einschaltete, obwohl ich am Haus keine Stromzufuhr entdeckt hatte. Auf meine Frage hin nahm er mich bei der Hand und zeigte mir mit den Worten, „jetzt kommen wir zum eigentlichen Grund unseres Ausfluges", eine kleine Maschine, die im Keller seines Hauses stand und ein schnurrendes Geräusch von sich gab. Ich suchte nach einem Kabel und einem Stecker, beziehungsweise einer Steckdose, durch welches die Maschine mit Strom versorgt wurde, doch vergebens. Der Mann erklärte mir, daß dies ein Magnetkonverter sei, der selbst Strom erzeugt und nur ein einziges Mal, nämlich am Anfang, wenn der Konverter an seinem Bestimmungsort plaziert ist, durch einen Impuls aktiviert wird. Dieser Impuls wird demnach durch das einmalige Andrehen eines Rades an der Seite des Konverters bewerkstelligt. Dieser würde dann genügend Strom für ein ganzes Haus oder auch ein Auto liefern.

Nachdem ich dann eine Woche bei dem Herrn verbracht hatte, dessen Zimmer mit verbotenen Büchern und Videos nur so angehäuft war, reiste ich zurück nach Dunedin, um einen weiteren Vortrag über UFOs zu halten. Als ich dort ankam, fragte mich Ross, ob ich Interesse daran hätte, zu einem spirituellen Medium zu gehen, welches er gut kennen würde, und das anscheinend sehr treffende Auskünfte geben könnte. Ich war erneut einverstanden und dachte, daß vielleicht sie mir sagen könnte, wie es in meinem Leben nach meinen vielen Reisen weitergehen würde. Doch Ross wollte zuerst noch Rücksprache mit ihr halten. So rief er sie an und fragte, ob es in Ordnung sei, wenn ein Bekannter aus Deutschland bei ihr erscheine. Sie fragte nach meinem Namen und er nannte ihr diesen. Daraufhin meinte sie, ich solle vorbeikommen, sie hätte letzte Nacht von mir geträumt. Also ging ich noch am gleichen Tag zu ihr und fand mich in einer sehr ärmlichen Wohnung wieder. Während sie nebenbei das Essen für ihre Kinder kochte und eine Zigarette nach der anderen rauchte, erzählte sie mir dann, daß ich einmal Bücher schreiben, aber auch verfolgt werden würde aufgrund des Inhalts der Bücher. Daraufhin beschrieb sie mir ihren Traum der letzten Nacht. Ein Polizist wäre an ihrer Haustüre gewesen und hätte ihr ein Foto eines jungen Mannes gezeigt und der Polizist sagte, die Person auf dem Bild trage meinen Namen. „Na prima", dachte ich. Mir war ja schon vieles vorausgesagt worden, aber so einen Müll, dachte ich, hat mir noch niemand erzählt. Wie sollte denn ‚ich' ein Buch schreiben? In meinem ganzen Leben hatte ich vielleicht zehn Briefe geschrieben, als ich mit einer Freundin Schluß gemacht hatte oder so. Und vielleicht noch hundert Postkarten von meinen Reisen. Aber Bücher schreiben? Ich hatte einen Handwerksberuf erlernt und war meiner Ansicht nach auch nicht besonders helle im Kopf.

Na ja, ich hatte die Sache mit dem Buchschreiben also nicht ernst genommen, da ich mir auch gar nichts einfiel, worüber ich hätte schreiben können, und verdrängte die Sache ganz einfach.

Es kamen verschiedene andere seltsame Erlebnisse spiritueller, mystischer oder sonstiger Art in den nächsten Wochen hinzu, die ich zu dieser Zeit noch nicht einzuordnen wußte, darunter auch der Mord an einem Bekannten, der eine Testflugbasis für fliegende Untertassen an der Nordküste Neuseelands entdeckt hatte, und die mich dazu veranlaßten, Neuseeland wieder zu verlassen. Ich wünschte mir, einfach wieder ‚normal' zu sein, wie meine Freunde, ein ruhiges Leben zu führen... und beschloß daher, nach Sydney zu fliegen, mir dort ein Auto zu kaufen, eine Matratze, eine Kiste Bier und was zu Essen hineinzulegen und in die Wüste zu fahren. Mir war alles zuviel geworden. Ich war mit Informationen überladen und mußte all dies erst einmal verarbeiten – Hohlwelt, Außerirdische, Wetterkrieg, Illuminaten und Freimaurer. Also spielte ich drei Wochen „Normali", und erzählte niemandem von meinen Interessen oder Recherchen. Doch das Ganze hielt eben nur drei Wochen an, nämlich bis zu dem Abend, an dem mir und zwei anderen Jungs in Broome, Australien, ein UFO vor der Nase herumflog und mich in „meine Realität" zurückholte, mir zeigte, daß ich nicht verrückt war. Nach dieser Sichtung ging es Schlag auf Schlag. Ich zog solche Menschen mit seltsamen Erlebnissen förmlich an. So entpuppte sich der Mann, der neben mir auf dem Campingplatz in Darwin lag, als ein ehemaliger Agent des britischen Geheimdienstes, der auch einige Zeit in ‚Pine Gap' verbracht hatte, eine unterirdische Basis in

Australien, wo seiner Aussage nach auch Flugscheiben geflogen und Menschen geklont würden.

Auf einer anderen Reise, drei Monate später, befand ich mich in den Rocky Mountains, in Colorado und traf mich dort mit einem Ex-General aus dem Weißen Haus. Doch das eigentlich besondere an diesem Treffen war, daß seine Lebensgefährtin medial war. Und zwar hatte sie angeblich Kontakt zu dem ‚Grafen von Saint Germain'. So bekam sie eines Abends die Aufforderung von ihm, mir eine Botschaft zu übermitteln. Er sagte zu mir, ich würde schon bald in die Öffentlichkeit geraten und hätte den Menschen etwas zu übermitteln. Dabei würde es mir freistehen, wie ich dies bewerkstellige. Am besten in Form eines Buches. Dabei soll ich immer vorsichtig sein und Rücksprache mit meiner inneren Stimme – dem ‚Höheres Selbst' – halten, da ich auch Schwierigkeiten bekommen würde. Er sagte, die innere Stimme sei das Einzige, worauf ich mich verlassen könne. „Na toll", dachte ich, schon wieder diese Buchgeschichte. Aber was soll ich denn zu sagen haben, was nicht schon bereits gesagt worden ist? Und wieso gerade ich? Hatte denn nicht schon Zarathustra gesagt: „Schlaue Bücher gibt es schon zur Genüge, bloß niemand, der sie anwendet?"

Ein weiteres Ereignis vollzog sich etwa zwei Wochen später, als ich nach Belize flog. Von dort aus fuhr ich mit einer Freundin in unserem Jeep nach Yucatan, Mexico und hielt mich mehrere Tage in Chicén Itza auf. Und bei einer kleineren Exkursion von dort aus in den Dschungel sah ich plötzlich eine riesige fliegende Untertasse. Sie schwebte dicht über den Bäumen und hatte einen Durchmesser von etwa einhundert Metern. Doch was mich am meisten überraschte, war, daß sie in der Mitte auf der Unterseite ein riesiges Hakenkreuz hatte. Nach wenigen Minuten schoß sie in Bruchteilen einer Sekunde aus dem Stand in den Himmel davon. Und wie ich Jahre später erfahren sollte, war es kein Zufall gewesen, daß die Scheibe gerade dort herumflog. Dies erfuhr ich, als ich mit einem Mitglied der ‚Schwarzen Sonne', der höchsten Eliteloge im Dritten Reich, zusammentraf, das mich über allerlei Dinge aufklärte.

Nachdem ich nun all die Länder bereist hatte, die mich interessierten, wurde mir klar, daß ich in Büchern oder Seminaren oder in anderen Ländern nicht das finden würde, was ich eigentlich suchte, sondern nur in mir selbst. Gott, Christus oder Wahrheit und Liebe sind Dinge, die man nicht lesen oder kaufen kann, man kann sie nur erleben, erfahren.

Und ich stellte mir die Frage, „wenn alles in mir ist, wie bekomme ich es dann heraus?"

Ein dreiviertel Jahr später, im Frühjahr 1993, war es dann offenbar soweit. Ich schoß gerade mit weit über zweihundert Stundenkilometern über die Autobahn, als plötzlich eine Stimme zu mir sagte: „Du schreibst ein Buch". Ich bremste den Wagen ab und sagte laut: „Wie bitte? Wer spricht denn hier?" Jetzt hat`s mich völlig erwischt, dachte ich. Ich fragte mich laut: „Ja, über was soll ‚Ich' denn bitte schreiben?"

„Über die Illuminati!", hieß es. Es war mein ‚Höheres Selbst' gewesen, das ich jedoch noch nie zuvor so deutlich wahrgenommen hatte. „Jetzt geht's los", dachte ich. Wieso sollte ich ein Buch über die Illuminati schreiben? Damit sie mich auch umbringen, wie meinen Bekannten? Bei den Illuminati handelt es sich um ein Konglomerat der mächtigsten und reichsten Familien dieses Planeten, die vorhaben, die Erde durch die Einführung einer ‚Neuen Weltordnung' in einen Weltsklavenstaat zu zwingen.

Außerdem wußte ich überhaupt nicht, wie man ein Buch schreibt. Auch konnte ich nicht Schreibmaschine schreiben. Viele Fragen durchschossen meinen Kopf. Wieso spricht mein ‚Höheres Selbst' so laut zu mir? Wieso gerade ich? Und warum gerade über dieses heiße Thema? Könnte ich denn nicht etwas über Jesus schreiben oder etwas anderes Positives? Ich dachte mir, daß ich gern ein Zeichen hätte, ob ich es wirklich machen sollte – ein Zeichen von der geistigen Welt. Dazu kam es aber gar nicht mehr, denn die kommende Nacht konnte ich kein Auge zubekommen. In meinem Kopf waren plötzlich lauter Informationen, tausende Gedanken und Pläne. Und da ich eigentlich sowieso nichts anderes vorhatte, begann ich mich am nächsten Tag hinzusetzen und das aufzuschreiben, was in meinem Kopf an Informationen auftauchte. So schrieb ich in der ersten Woche einhundert Seiten und es entstand die Basis meines ersten Buches.

Und je mehr ich schrieb, desto mehr Informationen kamen. Aber nicht nur aus mir heraus, sondern ich bemerkte sehr schnell, daß, wenn ich mich mit einem bestimmten Thema eines Kapitels auseinandersetzte, plötzlich Menschen anriefen, die sich genau mit diesem Thema auskannten oder gerade ein Buch darüber lasen. Ich bekam von völlig unbekannten Personen Bücher zu meinem Thema zugesandt oder Faxe kamen herein, die zu einem aktuellen Kapitel paßten. Ich traf auf Menschen, die von Geheimdiensten gejagt wurden oder von Freimaurern, ich traf Erfinder, die mir ihr Leid klagten... Ich stellte also fest, daß ich das vermehrt anzog, womit ich mich auseinandersetzte. Das sogenannte Gesetz der Affinität – Gleiches zieht Gleiches an – bestätigte sich tagtäglich.

Dann erschien mir eines Nachts mein verstorbener Opa im Traum und sagte, daß er mir beim Schreiben helfen würde. Mein Opa hatte selbst zu Lebzeiten viele Essays und auch ein Buch geschrieben. Und es fiel mir auf, daß meine innere Stimme – mein ‚Höheres Selbst' – immer stärker wurde, daß ich Fragen stellen konnte und auch Antworten darauf bekam.

Ebenfalls von Bedeutung ist, daß es für jeden Menschen pro Inkarnation sogenannte ‚Schlüsselwörter' gibt. Was sind Schlüsselwörter? Nun, alle Gedanken, Gefühle und Ereignisse eines Lebens werden im Magnetfeld eines Menschen abgespeichert. Nimmt die Seele einen neuen Körper an, also inkarniert sich physisch erneut, gehen wir durch das sogenannte „Tor des Vergessens", das heißt, wir vergessen alle Ereignisse aus den vorigen Inkarnationen und fangen sozusagen ohne Erinnerungen wieder neu an. Nichtsdestotrotz wird jeder Mensch auf Grund des Gesetzes der Affinität genau das wieder in sein Leben ziehen, was er bereits erlebt und abgespeichert hat. Und er wird sich zuerst wundern, was er für seltsame Menschen trifft oder daß er sich mit eigenartigen Themen auseinandersetzt, mit denen sich sonst niemand in der Familie oder Bekanntschaft beschäftigt. Trotz eben dieser Tatsache, daß wir alles aus unseren Vorinkarnationen vergessen, gibt es eben Ereignisse oder Wörter, die, wenn wir sie zum ersten Mal hören, eine Erinnerung in uns wachrufen. Eine Art déjà-vu. Wir glauben, dieses Wort oder die Person irgendwoher zu kennen oder eine Geschichte, die uns jemand erzählt hat, oder den Inhalt eines Buches, das wir eben gelesen haben... Solche Schlüssel-Erlebnisse lösen Programme in uns aus, die wir in unsere Inkarnationen mitgenommen haben, sozusagen unsere „Aufgabe" oder Teilabschnitte derer, und wenn die Zeit reif ist, hören oder lesen wir solch ein Schlüsselwort, zum Beispiel „Atlantis", um das Programm für einen neuen Lebensaspekt zu aktivieren. Wir wundern uns dann, daß wir seit diesem Tag ständig über Artikel oder Bücher mit dem Thema „Atlantis" stolpern, immer wieder das Gespräch darauf kommt... Natürlich. Ein Programm ist aktiviert worden und man ist nun daran, es zu leben. Am Anfang scheint es einfach ein Interesse zu sein, doch stellt sich meistens später heraus, daß man nicht nur in Vorleben damit zu tun hatte, sondern nun auch in diesem Leben wieder damit konfrontiert ist, um irgend etwas damit zu tun – entweder das Aufarbeiten von karmischen Situationen oder vielleicht ein neuer Auftrag. Jedenfalls ergeben diese Schlüsselwörter, die sich im Laufe der Jahre zusammenfinden, ein Muster, mit einem Puzzle vergleichbar, welches einem zeigt, wer man ist, war, und auch sein wird. Sieht man am Ende eines Lebens auf dieses zurück, erscheint einem meistens vieles als „einleuchtend“ und „zusammenhängend“.

In meinem Leben waren die Schlüsselwörter, die über die ersten fünfundzwanzig Lebensjahre verteilt, Impulse setzten, folgende: **UFO, Tesla, Atlantis, Thule, Andromeda, Hyperborea, Aldebaran, Vril, Schwarze Sonne, Arianni**. Bei jedem dieser Wörter bekam ich, als ich sie zum ersten Mal hörte, eine Gänsehaut, das Gefühl, als würde ich dieses Wort schon einmal gehört haben, aber vor allem ein starkes Gefühl von Sehnsucht, etwa wie das Gefühl von „nach Hause zu kommen“ oder „das gehört zu mir“. Desweiteren hatte ich seit frühester Kindheit den Drang, **schwarze Kleidung** zu tragen, was bis vor kurzem angehalten hat. Eine ähnliche Faszination hat auf mich immer schon das **Schottenkaro** ausgeübt. Dazu kamen Bilder, beziehungsweise Fotos, die den gleichen Effekt hatten oder haben. Zum Beispiel, als ich zum ersten Mal ein UFO persönlich sah, mußte ich entsetzlich weinen, da ich das Gefühl hatte, daß „meine Familie wegflog und mich hier zurückgelassen hatte“. Doch konnte ich mir damals solches noch nicht erklären. Auch die Schlüsselwörter ergaben zu dieser Zeit noch überhaupt keinen Sinn, ich sah keinen Zusammenhang zwischen den einzelnen Worten. Erst mit den Jahren kam ein deutlicheres Bild zustande. Eben wie bei einem Puzzle.

Und als ich gerade an einem Kapitel über die VRIL-Gesellschaft schrieb, wollte ich mehr dazu wissen. Ich schickte also den Wunsch, mehr über diese deutsche Geheimgesellschaft zu erfahren, ins Universum hinaus – eine Art Gebet-Manifestation – und eine Woche später rief mich plötzlich ein Mann an, den ich nicht kannte, und der behauptete, mir etwas übermitteln zu müssen. So trafen wir uns zwei Tage später an einem Waldrand und er erzählte mir, daß er ein Pilot einer deutschen Flugscheibe sei und verschiedene Leute zu kontaktieren habe. Und in diesem Gespräch erzählte er eben von dieser spirituellen Loge im Dritten Reich, der VRIL-Gesellschaft, die nach telepathischem Kontakt mit Bewohnern aus dem Sonnensystem Aldebaran Baupläne für den Bau von sogenannten ‚Flugscheiben‘ übermittelt bekommen haben will, die dann offenbar in verschiedenen Größen gebaut wurden. Was mich dann fast wie ein Blitz traf, waren die Begriffe, die mit dieser Loge einhergingen: Die Loge hieß **VRIL**-Gesellschaft, man baute sogenannte **UFOs**, der Antrieb war ähnlich entwickelt, wie die Maschinen von **Tesla**, die Kontakte waren mit Wesen aus **Aldebaran**. Die Techniker der VRIL-Gesellschaft konstruierten unter anderem auch ein zigarrenförmiges Anti-Gravitationsflugschiff mit dem Namen ‚**Andromeda**-Gerät', der innerste Kern der VRIL-Gesellschaft war die ‚**Schwarze Sonne**', man trug **schwarze Kleidung**. Die Aldebaraner, deren Hauptplanet ‚Sumeran' heißen soll, sind angeblich die Vorfahren der weißen Erdenmenschen. Nachdem sie zuerst auf dem Planeten Marduk – auch als Mallona oder Phaeton bekannt – landeten, der einst zwischen Mars und Jupiter existiert haben soll, wollen sie danach auf der Erde auf dem damals noch existierenden Kontinent **Hyperborea** zuerst seßhaft gewesen sein, bevor sie nach **Atlantis** übersiedelten, welches bei den Mitgliedern der VRIL-Gesellschaft auch als **Thule** bezeichnet wurde. Und er erwähnte auch so ganz nebenbei, daß das **Schottenkaro** von Atlantis käme, welches die Schotten, die einst wie auch die rothaarigen Iren, von Atlantis gekommen seien, mitgebracht hätten. Ebenfalls sollen diese Aldebaraner in unterirdischen Basen und Höhlensystemen leben. Manche behaupten, sie lebten sogar im Erdinnern. Diese dort lebenden Menschen nannten die Vril-Gesellschaftler **Ariannis** aufgrund ihrer arischen Abstammung.

Tja, wenn das kein ‚Zufall' war. All die Schlüsselwörter, die ich über die ersten fünfundzwanzig Jahre gesammelt hatte, zählte dieser Mann in einem einzigen Gespräch auf. Und nach diesem Ereignis nahmen die Dinge ihren Lauf. Seither treffe ich nur noch Menschen, die in irgendeiner Form spirituell sind, sich mit UFOs beschäftigen, beziehungsweise Menschen, die angeblich selber inkarnierte Außerirdische sind und auch selbst physischen Kontakt haben, Heiler, Hellseher, und so weiter.

All dies geht mir durch den Kopf, während ich wieder einmal über die Autobahn zu unserem Laden fahre, um jemanden zu treffen, der mir etwas über Menschen im Erdinnern – möglicherweise die Ariannis – erzählen will. Und irgend etwas hat es wohl auch mit dieser Geschichte auf sich, denn jedesmal, wenn ich das Wort ‚Innere Erde' oder ‚Hohlwelt' höre, läuft es mir kalt den Rücken runter. Da muß doch etwas dran sein, sonst hätte ich nicht jedesmal solch eine Reaktion.

Über die letzten Jahre hatte ich auf meinen vielen Reisen durch die Welt Literatur in die Hände bekommen, die hier in Europa, vor allem in Deutschland, gänzlich unbekannt ist – Bücher über die Theorie, daß die Erde ein Hohlkörper sein soll, beziehungsweise nicht nur die Theorie, sondern ich hatte auch Berichte einsehen können, nach denen verschiedene Menschen bereits entweder durch Tunnelsysteme oder durch Polarexpeditionen Zugang zu einem Hohlraum im Erdinnern bekommen hatten, der von weißen Menschen bewohnt sein soll. Es war im Rückblick schon interessant, wie diese Bücher immer wieder an mich herankamen.

Da war eine Episode, die mich äußerst stutzig gemacht hatte. Ich war mit meiner amerikanischen Freundin während einer USA-Reise in einem Restaurant in Sedona, Arizona, als plötzlich ein Mann an unserem Tisch erschien und fragte, ob er sich zu uns setzen könne. Er gab sich als der Ehemann einer Freundin meiner Freundin zu erkennen, die ihm von meinem Interesse an UFOs und Tunnelsystemen erzählte hatte. Und er hatte nachts den Traum, daß ich irgendwann Zugang zu dieser Innenwelt bekommen würde und hörte eine innere Stimme, die ihm vorschlug, mir all seine Unterlagen und gesammelten Werke an Artikeln und Büchern über die Hohlwelt-Thematik, die er in den letzten Jahrzehnten zusammengetragen hatte, zu geben. So kam ich an den größten Anteil meiner Unterlagen zu diesem Thema.

Also bin ich guter Hoffnung, da ich nun in unseren Laden fahre, um einen Besucher zu treffen, der offenbar behauptet, jemanden zu kennen, der im Erdinnern leben soll. Eine dreiviertel Stunde später bin ich dort angekommen und Peter kommt mir schon entgegen. Wir umarmen uns herzlich und ich stelle meinen kleinen Aktenkoffer in die Ecke. „Er ist schon da“, meint Peter mit vorgehaltener Hand. „Er sitzt hinten und wartet schon ganz aufgeregt auf dich. Ich hab ihm noch schnell einen Tee hingestellt, magst du auch einen?“

„Ja, wär‘ nicht schlecht, ich danke dir“, sage ich, während ich durch den Vorhang schlüpfe, der den Verkaufsraum vom Hinterzimmer trennt, und erblicke dort den mysteriösen Besucher. Als er mich hereinkommen sieht, springt er von der Couch auf und tritt einen euphorischen Schritt auf mich zu. Wir reichen uns die Hände und mir fällt gleich sein kräftiger Händedruck auf, während er mir dabei direkt in die Augen blickt. Er ist etwa ein Meter fünfundachtzig groß, hat schulterlange glatte blonde Haare und klare grüne Augen, ein freundliches und für einen Mann äußerst schönes Gesicht, scheint auf den ersten Blick etwa zwischen vierzig und fünfundvierzig Jahre alt zu sein und hat ein paar tiefe Falten im Gesicht verteilt, die auf eine geraume Anzahl einschneidender Lebenserfahrungen hinzudeuten scheinen. Ich nenne ihm meinen Namen, woraufhin er mir mitteilt, daß er mir seinen richtigen Namen noch nicht übermitteln wolle, ich ihn aber John nennen könne, mit der Bemerkung, daß der Vorname zumindest korrekt sei. Seinem akzentvollen, doch grammatikalisch perfekten Deutsch entnehme ich sofort, daß er Amerikaner ist, was er mir auch gleich bestätigt. Was mir ebenfalls angenehm auffällt, ist die harmonische Farbzusammenstellung seiner Kleidung, wobei er nur warme Herbstfarben kombiniert hat.

Ich führe ihn auf seinen zuvor eingenommenen Platz zurück und bitte ihn, noch einen kurzen Moment Geduld zu haben, da ich noch ein paar Bücher aus dem Auto holen muß. Nach fünf Minuten ist alles geschehen und Peter reicht mir auf dem Rückweg ein Tässchen Tee. Zurück bei meinem Gast setze ich mich auf einen Sessel, der sich links von ihm befindet. „Nachdem, was mir mein Geschäftspartner erzählt hat, müssen Sie sich mit einem äußerst diffizilen Thema auseinandersetzen“, beginne ich die Unterhaltung.

„Tja, so könnte man es verharmlost ausdrücken“, meint er und rutscht auf seinem Sitzplatz ein wenig vor.

„Bevor wir uns unterhalten, würde mich aber doch noch interessieren, wie Sie gerade darauf kommen, meiner Person etwas berichten zu wollen, was Sie vor anderen Menschen offenbar zurückhalten?“, frage ich meinen Gast mit offensichtlicher Neugier.

„Nun, ich habe gehört, daß Sie unter einem Pseudonym ein paar Bücher veröffentlicht haben, die sich mit sehr brisanten Themen beschäftigen, wie zum Beispiel verborgenen Machtstrukturen in Politik und Wirtschaft, unterirdischen Städten, deutschen Flugscheiben, UFO-Abstürzen in den USA, außerirdischer Präsenz auf der Erde sowie der spirituellen Weiterentwicklung des Menschen. Nach allem, was ich gehört habe, sollen diese Bücher in Deutschland verboten sein. Dabei muß ich aber zugeben, daß ich sie aus Zeitmangel nicht wirklich gelesen, sondern nur grob überflogen habe.“

„Das ist richtig“, bestätige ich seine Annahme. „Über diese Thematik habe ich mich ausgelassen. Und wie kann ich dabei bezüglich Ihrer Person dienlich sein?“

„Das“, meint John „wollte ich eigentlich erst zur Sprache bringen, wenn Sie gehört haben, was ich herausgefunden habe“.

„Gut, dann legen Sie mal los, ich bin schon ganz gespannt“, gebe ich zurück und mache es mir in meinem Sessel bequem.

Kapitel 1
Eine abenteuerliche Geschichte beginnt

„Nun denn. Ich nehme an, daß wir in dem Punkte einer Meinung sind, daß wohl das bestgehütetste Geheimnis in der materiellen Welt die sogenannten UFOs sind? Dabei gibt es nun Personen, die die Ansicht vertreten, daß alle UFOs deutscher Herkunft sind, andere wiederum behaupten, daß es nie solche deutschen Flugscheiben gegeben hat, beziehungsweise nur Prototypen, die jedoch nie wirklich geflogen sind und glauben daher, daß die UFOs außerirdischer Herkunft sein müssen. Ich persönlich bin heute der Ansicht, daß das UFO-Phänomen eine Kombination aus mehreren Aspekten ist.

Um es gleich kurz zu sagen, bin ich nach mehreren Jahren der Recherche, nach über einhundert Interviews mit US-Geheimdienstleuten, noch lebenden Nationalsozialisten und anderen Sicherheitspersonen quer durch die Welt zu dem Ergebnis gekommen, daß UFOs heute von einigen Ländern in Zusammenarbeit mit Außerirdischen gebaut wurden und werden. Das ist natürlich für den Laien eine ziemlich ‚abgefahrene' Behauptung, doch wie ich noch erklären werde, auch nachweisbar und real.

Deutschland, die USA und Kanada sowie Großbritannien sind meinen Recherchen zufolge die wichtigsten Hüter des geheimen Wissens um die UFOs auf der Erde.

Meine Forschungen begannen aber eigentlich nicht mit den sogenannten UFOs. Vielmehr stellte ich mir einige zweifelnde Fragen über das Phänomen im allgemeinen und über die Geschichte eines internationalen Wettrennens, das offenbar in den dreißiger Jahren begann und das man als „Wettrennen im Weltall" bezeichnen könnte. Sehr bald entdeckte ich weitere Informationen, aus denen hervorging, daß die Erde nicht länger ein isolierter Planet war, auf dem allein Menschen wohnen, die sich mit der Realität des übrigen Weltalls auseinandersetzen. Statt dessen wurde mir klar, daß die Erde selbst ein Objekt ist, mit dem sich Bewohner anderer Planeten schon seit geraumer Zeit beschäftigen. Meine Wenigkeit und zahllose andere Menschen, die sich mit diesem Thema befaßten, mußten entdecken, daß wir nicht allein sind. Aber wer sollte mir das glauben? Das war die Schwierigkeit, der ich mich gegenübersah.

Gleich von Anfang an mußte ich erkennen, daß man mir viele Informationen aus „Sicherheitsgründen" einfach verweigern würde. Und so kam es dann auch. Ich respektierte die Vorschriften und versuchte nicht, irgendwelche militärischen Geheimnisse zu lüften. Aber es war schon ein Ärgernis, daß in den USA bestimmte Materialien über UFOs erst fünfzig Jahre nach den eigentlichen Geschehnissen freigegeben werden dürfen. Dadurch werden viele wichtige Tatsachen erst um das Jahr 2000 oder später bekanntgegeben. In solchen Fällen wird erst die Geschichte, die Zeit oder unerwartet auftauchende Zeugen die Wahrheit ans Licht bringen. Aber abgesehen von militärischen Überlegungen wurden diese aufregenden Tatsachen auch nur aufgrund ihrer beunruhigenden Aspekte unterdrückt und wegen der Wirkungen, die sie auf die Öffentlichkeit haben würden.

Trotzdem: Wenn man die Geschichte der Außerirdischen nicht wenigstens zum Teil bekannt geben würde, käme sie möglicherweise zu spät. Denn das bewohnte Sonnensystem, in dem wir leben und der gleichfalls belebte Raum jenseits davon ist sehr viel komplexer, als sich dies der heutige Wissenschaftler vorstellen kann. Es handelt sich in der Tat um ein Universum, das von Prinzipien und Kräften beherrscht wird, die die Erde schon vor Millionen von Jahren besucht und auch in bestimmter Form befruchtet haben und dies auch in Zukunft tun werden, gleichgültig, ob wir diese unglaubliche Realität akzeptieren können oder nicht. Dieses Wissen wird die Geistlichen und die religiösen Menschen sowie die Wissenschaftler in den nächsten Jahren mehr verwirren als alle anderen Dinge, die wir möglicherweise über den Weltraum erfahren werden. Ein namhafter Physiker an der ‚Standford University' hat einmal gesagt, daß „Gläubige aller Religionen wahrscheinlich einmal wieder die ungläubigsten sein werden – ebenso wie zu Zeiten Galileos."

Die größte Gefahr für den nachdenklichen Forscher könnte vielleicht darin bestehen, daß er zu dem trostlosen Schluß kommt, daß überhaupt kein Gott existieren kann oder, falls er wirklich existiert, er sehr fern und sehr unpersönlich geworden ist. Andererseits könnte der Agnostiker seine Grundeinstellung dahingehend ändern, indem er den Menschen auf die Ebene Gottes hebt und damit das Ego des Menschen noch weiter aufbläht. Aber was man nun glauben soll, wird nachdenklichen Menschen spätestens dann klar werden, wenn sie mit Sicherheit wissen, daß der Horizont des Himmels grenzenlos ist, und daß es eine Macht geben muß, die raum- und zeitlos ist, die allmächtig und allgegenwärtig sein muß und die den Kosmos ständig neu erschafft und weiterentwickelt. In diesem Kosmos ist der Mensch der Erde vielleicht nur eine unbedeutende Randfigur.

Es ist natürlich anzunehmen, daß jeder normale, in unsere momentane Gesellschaft integrierte Mensch der Meinung sein wird, daß all das, was ich Ihnen nun erzählen werde, Science-Fiction ist. Nun, ich werde wohl kaum das Gegenteil beweisen können, doch bin ich der festen Überzeugung, daß die gleiche Person, die mich heute kritisiert, in zwanzig Jahren wahrscheinlich anders darüber urteilen würde.

Diverse Kreise, die ich mit meinen Recherchen penetrierte, waren jedenfalls nicht der Meinung, daß ich für einen Science-Fiction-Film Material sammelte. Beispielsweise beklagte sich eine ausländische Regierung beim Außenministerium der USA, daß ihr Botschaftspersonal von mir ständig belästigt würde. In einem anderen Land wurde mir die Aufenthaltsgenehmigung entzogen. Der Vatikan beklagte sich beim amerikanischen Präsidenten darüber, daß einer seiner wichtigsten Gesandten verhört und zwangsuntersucht wurde, als er in die USA einreisen wollte, um mir Material zu überbringen. Ein Sonderausschuß aus Senats- und Kongreßabgeordneten setzte sich in Washington zusammen, um über die Weigerung einer Regierungsbehörde zu beraten, nicht geheimes Material herauszugeben, obwohl sie nach dem „Freedom of Information Act" eigentlich dazu verpflichtet war. In einem anderen Fall wurde ich in Haft genommen, weil ich versucht hatte, nicht geheime Gegenstände im Nationalarchiv zu fotografieren. Es wurde von staatlicher Seite angeordnet, mich unverzüglich wieder freizulassen. Ein anderes Mal wurde ich nachdrücklich gewarnt, daß die Einholung von Informationen und Bildern beim ehemaligen Kriegsgegner Deutschland unter einem immer noch bestehenden Kriegsstatut strafbar wäre.

Bevor ich aber richtig anfange, möchte ich doch noch ein paar Sachen aus Ihrem Wissensbereich erfahren, um mir ein Bild darüber zu machen, wo ich anfange zu erklären und ob Sie mit den Grundlagen vertraut sind."

„Aha", denke ich mir. „Darf also doch wieder ich erzählen."

Als ob mein Gegenüber meine Gedanken vernommen hätte, sagt er: „Ich bin eigentlich nicht gekommen, um Sie erzählen zu lassen, doch möchte ich mir schon eine Gewißheit darüber verschaffen, ob ich hier einem Laien gegenübersitze oder einem Wissenden, da Sie ja für Ihr Wissenspotential, das Sie in Ihren Büchern von sich geben, doch etwas sehr jung zu sein scheinen."

„Bla, bla, bla", denke ich, „die alte Masche, als ob Wissen etwas mit dem Alter zu tun hätte. Vor ein paar Jahren hatte ein Fünfjähriger irgendwo in China das Abitur gemacht, was hatten denn die Erwachsenen wohl da zu sagen? Es ist doch inzwischen in spirituellen Kreisen weit verbreitet, daß immer mehr alte Seelen in unsere Kinder inkarnieren, die Zugriff auf ein Wissen haben, das vielen erwachsenen Menschen noch lange verborgen bleiben wird, falls sie nicht bald anfangen, auch den geistigen Aspekt ihrer Existenz zu betrachten. Hatte denn nicht auch Jesus bereits im Alter von zwölf Jahren mit den Rabbinern diskutiert und wurde für klüger als Salomo erklärt? Natürlich kann ich mich nicht mit Jesus vergleichen, doch gab und gibt es immer wieder Kinder, die eine ganz genaue Vorstellung davon hatten, was sie wollten, beziehungsweise was sie nicht wollten." Diese Gedanken rauschen mir in einem Bruchteil einer Sekunde durch meinen Kopf, bevor ich mir erneut klar werde, daß solche Diskussionen sowieso wertlos sind und meine, nachdem ich mich auf meinem Sessel etwas aufgerichtet habe: „O.k., schießen Sie los. Was möchten Sie wissen?"

Kapitel 2
Die Entwicklung deutscher Flugscheiben

„Was genau wissen Sie über die Konstruktion von Flugkörpern runder Bauweise vor und während der Zeit des Dritten Reiches?"

„Nun, entsprechend den Unterlagen, die ich einsehen durfte und nach Gesprächen mit Insidern gibt es verschiedene außerirdische Gruppen unterschiedlicher Planeten, denen offenbar nicht entgangen ist, in welche Richtung die Entwicklung auf der Erde geht. Dieses Interesse an den Erdbewohnern ist nach Aussage dieser verschiedenen Außerirdischen darauf zurückzuführen, daß die Erde einst von diesen besucht und teilweise besiedelt worden ist, das heißt, wir, beziehungsweise die weiße und die mongolische Rasse im Speziellen, von Außerirdischen abstammen soll. So kam es seit langer Zeit in allen Teilen der Welt zu telepathischen Kontakten oder die Besucher meldeten sich durch sogenannte Medien, und bereiteten die Menschen auf diese sanfte Weise – durch „Botschaften" oder Offenbarungen und Prophezeiungen – auf ihre Anwesenheit vor. Doch auch zu physischen Einzelkontakten kam es weltweit, und es liegen sogar Berichte vor, denen zufolge es in zwei Fällen auch zu physischen Kontakten mit Regierungs- beziehungsweise Logenvertretern gekommen sein soll – in Deutschland und in Amerika."

„Aha", ruft mein Gegenüber dazwischen. „Entschuldigen Sie die Unterbrechung, aber Sie sind genau in meine Fährte getreten. Aber bitte erzählen Sie weiter."

„Nun, es kam speziell in Deutschland im Jahre 1213 am Fuße des Untersberges bei Salzburg, genauer gesagt oberhalb von Markt Schellenberg, zu einer Begegnung zwischen drei jungen Tempelrittern und einer wunderschönen Frau mit blonden Haaren, die sich diesen gegenüber als Isais zu erkennen gab. Bei dieser Frau hat es sich bei aller Wahrscheinlichkeit um eine Außerirdische gehandelt, die diesen jungen Tempelrittern eine Offenbarung übermittelte. Darin heißt es unter anderem, daß es kurz vor der Jahrtausendwende zu einem großen Schlagabtausch der dunklen und der lichten Kräfte kommt, der sich vor allem im Bereich Deutschlands abspielen soll.

Fast genau sieben Jahrhunderte später wurde in der Nähe des Ortes dieser Erscheinung ein Treffen von Männern und Frauen arrangiert, das später zur Gründung der Thule-Gesellschaft führte, aus der später in Zusammenarbeit mit tibetanischen Mönchen der Gelb- und Schwarzkappen das Projekt ‚Drittes Reich' hervorging. Ob es bei diesem Treffen am Untersberg zu einer erneuten Begegnung mit Isais oder einer anderen Außerirdischen kam, ist mir nicht bekannt. Jedenfalls gab es da noch die VRIL-Gesellschaft, die 1919 gegründet wurde, eine weitere esoterische Gesellschaft in Deutschland, die bereits in den Zwanziger Jahren mediale und telepathische Durchgaben spirituellen wie auch technischen Wissens von einer außerirdischen Gruppe bekommen haben soll. Die VRIL-Medien hatten diese Durchgaben in einer Templergeheimschrift erhalten – eine den Medien völlig unbekannte Sprache – mit telepathischen Angaben für den Bau einer Flugmaschine. Die telepathischen Botschaften kamen nach Aussage der VRIL-Schriften aus dem Sonnensystem Aldebaran, welches achtundsechzig Lichtjahre von uns entfernt im Sternbild Stier zu finden ist.

Um hier keine inhaltlichen Fehler aufkommen zu lassen, zitiere ich am besten aus einem meiner Bücher."

Ich stehe kurz auf und hole das Buch „Unternehmen Aldebaran" aus dem Ladenraum. Nachdem ich die passende Stelle gefunden habe, fahre ich mit meiner Berichterstattung über deutsche Flugscheiben fort: „Die Baupläne und technischen Angaben, welche die VRIL-Telepathen erhielten – wo immer diese Angaben auch herkamen – waren jedenfalls so genau, daß sie zu einer der phantastischsten Ideen führten, die wohl je von Menschen erdacht wurde: zum Bau der ‚Jenseitsflugmaschine'!

Es reifte das Konzept einer ‚anderen Wissenschaft' heran. Heute würde man ‚alternative Energieformen' sagen. Doch es dauerte über drei Jahre, bis das Projekt in Angriff genommen wurde. In dieser frühen Phase der ‚anderen Technik' oder ‚anderen Wissenschaft' hielt Professor Dr. W. O. Schumann, Thule- und VRIL-Mitglied, an der TH-München einen Vortrag, aus dem hier einige Sätze wiedergegeben werden sollen:

„Wir kennen in allem und jedem zwei Prinzipien, welche die Dinge des Geschehens bestimmen: Licht und Finsternis, Gut und Böse, Schaffen und Zerstören – wie wir auch bei der Elektrizität Plus und Minus kennen. Es heißt stets: Entweder – Oder. Diese beiden Prinzipien – konkret zu bezeichnen als das Schaffende und das Zerstörende – bestimmen auch unsere technischen Mittel... Alles Zerstörende ist satanischen Ursprungs – alles Aufbauende göttlicher Herkunft... Jede auf dem Explosionsprinzip oder auch der Verbrennung beruhende Technik kann daher als satanische Technik bezeichnet werden. Das bevorstehende neue Zeitalter wird ein Zeitalter neuer, positiver, göttlicher Technik werden.“

Zu gleicher Zeit arbeitete der Wissenschaftler Viktor Schauberger an einem ähnlichen Projekt. Der schwäbische Astronom Johannes Kepler, dessen Lehren Schauberger verwendete, war im Besitz der Geheimlehre der Pythagoräer, deren Wissen über die Tempelritter geheimgehalten und übernommen wurde. Es war das Wissen um die Implosion. Implosion bedeutet in diesem Fall die Nutzbarmachung des Potentials der inneren Welten in der äußeren Welt. Die Thule- und VRIL-Leute wußten, daß das göttliche Prinzip immer aufbauend, das heißt konstruktiv ist. Eine Technologie, die dagegen auf der Explosion beruht und daher destruktiv ist, ist gegen das göttliche Prinzip. Folglich wollte man eine Technologie schaffen, die auf der Implosion beruhte. Schaubergers Schwingungslehre – das Prinzip der Obertonreihe – knüpft an das Wissen um die Implosion an. Vereinfacht könnte man sagen: Implosion statt Explosion! Anhand der Energiebahnen des Monochords und der Implosionstechnik gelangt man in den Bereich der Antimaterie und damit zur Auflösung der Schwerkraft.

Im Sommer des Jahres 1922 wurde an dem ersten untertassenförmigen Flugschiff gebaut, dessen Antrieb auf der Implosionstechnik beruhte – die Jenseitsflugmaschine! Sie bestand aus einer Scheibe von acht Meter Durchmesser, über der sich eine parallel gelagerte Scheibe von sechseinhalb Meter Durchmesser befand, und darunter eine weitere Scheibe von sieben Meter Durchmesser. Diese drei Scheiben wurden in der Mitte von einem ein Meter achtzig messenden Loch durchbrochen, in dem das zwei Meter vierzig hohe Antriebsaggregat montiert war. Unten lief der Mittelkörper in einer kegelförmigen Spitze aus, von der aus ein in das Kellergeschoß reichendes Pendel für die Stabilisierung des Geräts sorgte. Im aktivierten Zustand drehten sich die untere und die obere Scheibe in gegenläufiger Richtung, um zunächst ein elektromagnetisches Rotationsfeld aufzubauen.

Welche Leistungen diese erste Flugscheibe erbrachte, ist unbekannt. Es wurde jedenfalls zwei Jahre lang mit ihr experimentiert, bevor sie jedoch wieder demontiert und vermutlich in den Augsburger Messerschmidt-Werken eingelagert wurde. Finanzierungshilfen für dieses Projekt tauchen unter dem Code ‚JFM‘ in den Buchhaltungen mehrerer deutscher Industriebetriebe auf. Mit Sicherheit ging aus der ‚Jenseitsflugmaschine‘ das

VRIL-Triebwerk hervor, das jedoch formal als ‚Schumann SM-Levitator' geführt wurde.

Im Prinzip sollte die ‚Jenseitsflugmaschine' um sich herum und in ihrer unmittelbaren Umgebung ein extrem starkes Feld erzeugen, welches den davon umschlossenen Raumsektor mitsamt der Maschine und ihrer Benutzer zu einem vom diesseitigen Kosmos vollkommen unabhängigen Mikrokosmos werden ließ. Dieses Feld wäre bei maximaler Feldstärke von allen ihn umgebenden diesseitigen universellen Kräften und Einflüssen – wie etwa Gravitation, Elektromagnetismus und Strahlung sowie Materie jeglicher Art – völlig unabhängig und könnte sich innerhalb jedes Gravitations- und sonstigen Feldes beliebig bewegen, ohne daß in ihm irgendwelche Beschleunigungskräfte wirksam oder spürbar würden.

Im Juni 1934 wurde Viktor Schauberger von Adolf Hitler und den höchsten Vertretern der VRIL- und Thule-Gesellschaften eingeladen und arbeitete von da an mit ihnen zusammen.

Nach diesem ersten möglichen Fehlschlag schlug die Geburtsstunde des ersten sogenannten ‚deutschen UFOs' aber dann im Juni 1934. Unter Leitung von Professor Dr. W. O. Schumann entstand das erste Experimental-Rundflugzeug, das RFZ 1, auf dem Gelände der deutschen Flugzeugfabrik ‚Arado' in Brandenburg. Bei seinem ersten und auch gleichzeitig letzten Flug stieg es senkrecht auf eine Höhe von zirka sechzig Metern, begann dann aber minutenlang in der Luft zu taumeln und zu tanzen. Das zur Steuerung angebrachte Leitwerk ‚Arado 196' erwies sich als völlig wirkungslos. Mit Mühe und Not gelang es dem Piloten Lothar Waiz, das RFZ.1 wieder auf den Boden zu bringen, herauszuspringen und davonzurennen, bevor es anfing, sich wie ein Kreisel zu benehmen, dann umkippte und regelrecht zerfetzte. Das war das Ende des RFZ 1, aber der Anfang der VRIL-Flugkörper.

Es gibt dann die Behauptung, daß irgendwann in den dreißiger Jahren im Schwarzwald eine außerirdische Untertasse abgestürzt sein soll, die den Deutschen einen Entwicklungssprung durch Kopieren ermöglicht haben soll, doch liegen dazu keinerlei Augenzeugenberichte oder andere Beweise vor.

Noch vor Ende 1934 war jedenfalls dann das RFZ 2 fertiggestellt, das einen VRIL-Antrieb und eine ‚Magnet-Impulssteuerung' hatte. Es entsprach fünf Meter im Durchmesser und hatte folgende Flugmerkmale:

Optisches Verschwimmen der Konturen bei zunehmender Geschwindigkeit und das für UFOs typische farbige Leuchten. Je nach Antriebsstufe Rot, Orange, Gelb, Grün, Weiß, Blau oder Violett.

Es funktionierte also – und es sollte 1941 noch ein bemerkenswertes Schicksal vor sich haben. Und zwar wurde es während der ‚Luftschlacht um England' genannten Kriegsphase, als sich die deutschen Standardjäger ME 109 für transatlantische Aufklärungsflüge wegen ihrer zu kurzen Reichweite als untauglich erwiesen, als Fernaufklärer eingesetzt.

Ende 1941 wurde es über dem Südatlantik fotografiert, als es auf dem Weg zu dem Hilfskreuzer ‚Atlantis' in antarktischen Gewässern war. Der Grund, warum es nicht als Jagdflugzeug eingesetzt werden konnte, lag daran, daß das RFZ 2 wegen seiner Impulssteuerung nur Richtungsänderungen von neunzig, fünfundvierzig und zweiundzwanzigeinhalb Grad ausführen konnte. Unglaublich werden manche denken – aber Flugveränderungen in genau diesen speziellen Winkeln sind das für sogenannte UFOs absolut typische Flugverhalten.

Nach dem Erfolg des kleinen RFZ 2 als Fernaufklärer bekam die VRIL-Gesellschaft ein eigenes Versuchsgelände in Brandenburg. Ende 1942 flog die leicht bewaffnete Flugscheibe ‚VRIL-1-Jäger'. Sie entsprach elfeinhalb Meter im Durchmesser, war ein Einsitzer, hatte einen ‚Schumann-Levitator-Antrieb' und eine ‚Magnetfeld-Impulsor-Steuerung'. Sie erreichte Geschwindigkeiten von zweitausendneunhundert bis zu zwölftausend Stundenkilometern, konnte bei voller Geschwindigkeit Flugänderungen im rechten Winkel durchführen, ohne daß die Piloten davon beeinträchtigt waren, war wetterunabhängig und hatte eine Weltallfähigkeit von einhundert Prozent. Von VRIL 1 wurden siebzehn Stück gebaut und es gab auch mehrere zweisitzige, mit einer Glaskuppel ausgestattete Varianten.

Ebenfalls zu dieser Zeit entstand ein eigenes Projekt, V-7. Unter dieser Bezeichnung wurden mehrere Flugscheiben gebaut, jedoch mit konventionellen Düsenantrieben. Auf den Grundlagen von Andreas Epp entstand das RFZ 7, eine Kombination aus einer levitierenden Flugscheibe mit Düsenantrieb. An dieser arbeiteten die Entwicklungsgruppen Schriever-Habermohl und Miethe-Belluzo. Das RFZ 7 hatte einen Durchmesser von zweiundvierzig Metern, ging aber bei einer Landung in Spitzbergen zu Bruch. Später wurde jedoch ein nachgebautes RFZ 7 außerhalb von Prag fotografiert. Im Juli 1941 bauten Schriever und Habermohl ein senkrecht startendes Rundflugzeug mit Düsenantrieb, das aber ebenfalls Mängel aufwies. Man entwickelte einen weiteren ‚Elektrogravitations-Flugkreisel' mit ‚Tachyonen-Antrieb', der erfolgreicher war. Darauf folgte das RFZ 7 T, von Schriever, Habermohl und Belluzo gebaut und ebenfalls voll funktionstüchtig.

Innerhalb der SS gab es eine Gruppe, die sich mit der Gewinnung von alternativer Energie befaßte, die SS-E-IV – die ‚Entwicklungsstelle IV der Schwarzen Sonne' – deren Hauptanliegen es war, Deutschland von ausländischem Rohöl unabhängig zu machen. Die SS-E-IV entwickelte aus den bestehenden VRIL-Triebwerken und dem Tachyonenkonverter von Kapitän Hans Coler das ‚THULE-Triebwerk', das später als ‚THULE-Tachyonator' bezeichnet wurde.

Im August 1939 startete das erste RFZ 5. Es war ein mittelschwer bewaffneter Flugkreisel mit dem eigenartigen Namen ‚Haunebu I'. Es hatte eine Besatzung von acht Mann, maß fünfundzwanzig Meter im Durchmesser, erreichte zu Anfang eine Geschwindigkeit von viertausendachthundert und später bis zu siebzehntausend Stundenkilometern. Es war mit zwei sechs Zentimeter KSK-Kraftstrahlkanonen in Drehtürmen und vier MK 106 bestückt und hatte eine Weltraumtauglichkeit von sechzig Prozent.

Ende 1942 war ebenfalls das ‚Haunebu II' ausgereift. Der Durchmesser variierte von sechsundzwanzig bis zweiunddreißig Metern und in der Höhe zwischen neun und elf Metern. Es konnte eine Besatzung zwischen neun und zwanzig Personen transportieren, war mit einem Thule-Tachyonator angetrieben und erreichte in Erdnähe eine Geschwindigkeit von sechstausend Stundenkilometern. Ebenso war es weltalltauglich und hatte eine Reichweite von fünfundfünfzig Flugstunden.

Zu dieser Zeit existierten schon Pläne für das VRIL-7-Großraumschiff mit einem Durchmesser von einhundertzwanzig Metern. Es sollte ganze Mannschaften transportieren.

Kurze Zeit später wurde das ‚Haunebu III', das absolute Prunkstück aller Scheiben, fertiggestellt, mit einundsiebzig Meter Durchmesser. Es wurde geflogen und auch gefilmt. Es konnte eine Besatzung von zweiunddreißig Mann transportieren, hatte eine Reichweite in Flugdauer von über acht Wochen und erreichte im Erdbereich eine Geschwindigkeit von mindestens siebentausend Stundenkilometern – nach Unterlagen aus SS-Geheimarchiven bis zu vierzigtausend Stundenkilometern.

Virgil Armstrong, ehemaliger CIA-Angehöriger und Green Beret a.D., beschreibt deutsche Flugkörper während des Zweiten Weltkriegs, die vertikal landen und starten und rechte Winkel fliegen konnten. Sie wurden bis zu dreitausend Stundenkilometer schnell gemessen und hatten eine Laserwaffe als Geschütz – vermutlich die sogenannte KSK Kraftstrahlkanone – die zehn Zentimeter Panzerung durchbrechen konnte.

Professor J. J. Hurtak, Ufologe und Autor des Buches ‚Die Schlüssel des Enoch', beschreibt, daß die Deutschen damit beschäftigt waren, etwas zu bauen, was die Alliierten als ‚Wunderwaffensystem' bezeichneten. Hurtak bekam Protokolle in die Hände, die zwei Sachverhalte beschrieben:

- erstens den Aufbau der Weltraumstadt ‚Peenemünde' und
- zweitens das Herüberholen der besten Techniker und Wissenschaftler aus Deutschland in die USA.

Erwähnt war ebenfalls die genauere Untersuchung der sogenannten ‚Foo-Fighters' – den Feuerkugeln. Der Bau und Einsatz solcher Flugobjekte war der CIA wie auch dem britischen Geheimdienst um 1942 schon bekannt, wurde jedoch nicht richtig eingeschätzt. ‚Foo-Fighter' war eigentlich die Bezeichnung der Alliierten für sämtliche leuchtenden deutschen Fluggeräte. Insbesondere waren es aber wohl zwei Erfindungen, die unter den Begriff ‚Foo-Fighters' fielen: Die ‚Fliegende Schildkröte' und die ‚Seifenblase', zwei völlig unterschiedliche Dinge, die aber von den Alliierten als zusammengehörend bewertet wurden.

Die ‚Fliegende Schildkröte' wurde von der SS-E-IV in Wiener Neustadt entwickelt. Ihre äußere Form erinnerte an die eines Schildkrötenpanzers. Es waren unbemannte Flugsonden, die Störungen bei den elektrischen Zündanlagen der feindlichen Streitkräfte auslösen sollten. Sie hatten weiterentwickelte Klystronröhren eingebaut, die von der SS als ‚Todesstrahlen' bezeichnet wurden. Die wirksame Zündabschaltung funktionierte jedoch zu Anfang noch nicht so perfekt. Später gab es Weiterentwicklungen dieser Technik und der UFO-Kenner wird bestätigen können, daß die ‚Zündabschaltung', das Ausfallen elektrischer Anlagen, eines der typischen Merkmale beim Auftauchen eines UFOs ist.

Wendell C. Stevens, US-Air-Force-Pilot während des Zweiten Weltkriegs, beschreibt die ‚Foo-Fighters' als manchmal graugrün oder rotorange, die bis zu fünf Meter an die Flugzeuge herankamen und dann dort blieben. Sie ließen sich weder abschütteln noch abschießen und zwangen Flugstaffeln zum Teil zum Umdrehen oder Landen.

Eine ganz andere Sache waren die oft als ‚Foo-Fighters' bezeichneten ‚Seifenblasen'. Bei diesen handelte es sich um einfache Ballons, in denen sich dünne Metallspiralen zur Störung des feindlichen Flugzeugradars befanden. Der Erfolg dieser Idee dürfte gering gewesen sein, von der psychologischen Wirkung einmal abgesehen.

Anfang 1943 plante man dann ebenfalls ein zigarrenförmiges Mutterschiff, das in den Zeppelinwerften gebaut werden sollte – das sogenannte ‚Andromeda-Gerät' – einhundertneununddreißig Meter lang. In ihm sollten mehrere untertassenförmige Flugschiffe für interstellare Langzeitflüge transportiert werden.

Um Weihnachten 1943 war ein wichtiges Treffen der VRIL-Gesellschaft im Ostseebad Kolberg anberaumt. Mit dabei ebenfalls die Medien Maria und Sigrun. Hauptthema dieser Zusammenkunft war das ‚Aldebaran-Unternehmen'. Die Medien hatten genaue Angaben über die bewohnten Planeten und die Sonne Aldebarans bekommen und man begann, eine Reise dorthin auszuarbeiten. Am 2. Januar 1944 fand eine Besprechung zwischen Adolf Hitler, Heinrich Himmler, Künkel von der VRIL-Gesellschaft und Professor Dr. Schumann von der VRIL-Gesellschaft statt, in der es um das ‚VRIL-Projekt' ging. Man wollte mit dem VRIL-7-Großraumschiff, mit Namen ‚Odin', durch einen lichtgeschwindigkeitsunabhängigen Dimensionskanal nach Aldebaran vordringen. Den Unterlagen der ‚Schwarzen Sonne' zufolge, soll im Winter 1944 der erste Dimensionskanal-Testflug stattgefunden haben. Dieser soll angeblich knapp an einem Desaster vorbeigeführt haben, denn Fotos zeigen das VRIL-7 nach diesem Flug, auf dem es aussah, „als wäre es einhundert Jahre unterwegs gewesen". Die äußere Zellenverkleidung wirkte demnach stark gealtert und war an mehreren Stellen beschädigt.

Aber auch die Konstrukteure ‚konventioneller Scheiben' mit Düsenantrieb waren inzwischen aktiv gewesen: Am 14. Februar 1944 wurde der unter dem Projekt V-7 von Schriever und Habermohl konstruierte Überschallhubschrauber, der mit zwölf Turboaggregaten BMW 028 ausgestattet war, von dem Testpiloten Joachim Roehlike in Peenemünde testgeflogen. Die senkrechte Steiggeschwindigkeit betrug achthundert Meter in der Minute. Er erreichte eine Höhe von vierundzwanzig Kilometern und im Horizontalflug eine Geschwindigkeit von zweitausendzweihundert Stundenkilometer. Dieser konnte ebenfalls mit unkonventioneller Energie angetrieben werden. Er kam jedoch nicht mehr zum Einsatz, da Peenemünde 1944 bombardiert wurde und auch die Verlagerung nach Prag nichts mehr brachte. Denn ehe die dort gefertigten Flugscheiben einsatzbereit waren, hatten die Amerikaner und Russen Prag besetzt. Die V-7 Flugscheiben waren jedoch, verglichen mit den VRIL- und Haunebu-Scheiben, eher als eine Art Spielzeug zu beschreiben. Wiederum unterschieden sich die VRIL- und Haunebu-Scheiben erheblich voneinander. Das lag hauptsächlich daran, daß die VRIL-Flugkörper von Flugzeugbauern in deren Werken, und die Haunebus in den U-Boot-Werften hergestellt worden sind. Daher waren die Haunebus wesentlich stabiler, aber auch schwerer, was bei einem Anti-Gravitations-Antrieb jedoch ohne Bedeutung ist.

Die Briten und Amerikaner entdeckten während der Besetzung Deutschlands Anfang 1945 in SS-Geheimbildarchiven unter anderem auch Fotos der ‚Haunebu II‘ und ‚VRIL 1-Typen‘ wie auch des ‚Andromeda-Gerätes‘. Präsident Trumans Beschluß im März 1946 führte dazu, daß das Flottenkriegskommitee der USA die Erlaubnis erteilte, deutsches Material zu den Experimenten der Hochtechnologie zu sammeln. Unter der Operation ‚Paperclip‘ wurden im Geheimen arbeitende deutsche Wissenschaftler privat in die USA gebracht. Darunter auch Viktor Schauberger und Wernher von Braun.

Doch die Deutschen waren bei ihrer Tätigkeit nicht ganz allein.

Im April 1995 führte ich ein Interview mit einem ehemaligen Offizier der deutschen Reichsmarine, der mir versicherte, daß die Aldebaraner physisch mitgeholfen hatten, die neuen U-Boot-Typen zu entwickeln. Er beschrieb einen wunderschönen, etwa zwei Meter zehn großen Mann, mit mandelförmigen Augen, hellem Teint und langen blonden Haaren. Er beschrieb die Kleidung des Aldebaraners als eine Art enganliegenden Overall, der jedoch aus einem Stück zu bestehen schien – ohne Reißverschlüsse, Nähte oder Knöpfe. Doch hatte er noch eine andere Besonderheit: Vor seinen Augen schwebten, im Abstand von ungefähr zwanzig Zentimetern, zwei violettfarbene Ringe in der Luft – wie eine Brille, die man von den Augen weghält. Diese Ringe sollen sich, seinen Worten nach, immer mit der Kopfbewegung des Aldebaraners mitbewegt haben. Die U-Boote waren, seinem Bericht zufolge, auch mit Schauberger-Technologie ausgestattet. Die Front war in Ei-Form beschaffen, wodurch das Wasser spiralförmig um die U-Boote gewendelt wurde. Von den Aldebaranern kam demnach der Antrieb, mit denen sich die U-Boote in den enormen Geschwindigkeiten fortbewegen ließen – offiziell einhundertsiebzig Stundenkilometer, doch angeblich bis zu dreihundert Stundenkilometer.

Und der kürzlich in Spanien verstorbene Generalmajor a.D. Remer behauptete, daß, als er 1944 durch Peenemünde geführt worden war, einen Mann gezeigt bekommen hatte, der über zwei Meter groß war, einen seltsamen glatten Anzug trug und lange blonde Haare hatte. Und er hatte etwa fünfundzwanzig Zentimeter vor seinen Augen goldene Ringe schweben. Ihm wurde gesagt, „dies ist einer der Markabianer", vielleicht sagte man aber auch „Aldebaraner". Die Aussage vom Generalmajor a.D. Remer deckt sich also fast mit der des Reichsmarineangehörigen, nur daß die Ringe vor den Augen ‚seines' Außerirdischen violett waren.

Doch es existiert noch ein anderer Augenzeuge.

Dabei handelt es sich um einen ehemaligen deutschen Piloten, der selbst verschiedenste Flugscheibenversionen mit eigenen Augen auf Flugplätzen wie auch im Flug gesehen haben will: Einmal mußte er im Frühjahr 1943 mit seiner Arado in Neu-Brandenburg landen, da seine Maschine einer Generaltriebwerksuntersuchung unterzogen werden sollte. Da dies jedoch bis zum nächsten Tag andauerte, gesellte er sich zu seinen Fliegerkameraden in die Halle und traute seinen Augen nicht: er sah dort zwei große Haunebu II stehen. In diesen Sicherheitsbereich kam er durch seinen ‚roten Reiseschein', einen Sicherheitsausweis. Die nächsten Stunden verbrachte er mit den Piloten und erfuhr dabei eine ganze Menge über diese Flugkörper. Ihm wurde erklärt, daß diese locker fünfzigtausend Stundenkilometer fliegen würden und außerhalb der Erdatmosphäre sogar über einhunderttausend Stundenkilometer erreichen. Während er sich die Scheiben von außen betrachten konnte, erklärte man ihm, daß sie mit einem Antigravitationsantrieb ausgestattet seien, der nach dem Gegenlaufsprinzip einer gequetschten Lemniskate funktioniere. Durch die gegenläufigen Scheiben im Innern des Raumschiffs entsteht dadurch ein weiterführender Dynamoeffekt. Durch diesen Effekt würden die Raumschiffe ein Null-Feld um sich herum aufbauen, wobei sie sich fortwährend in dieses Null-Feld hineinsaugen. Je nachdem, wohin man dieses Feld richten würde, zöge es das Schiff hinein. Durch diesen Antrieb gäbe es, aber nur von außen sichtbare, ruckartige zick-zack-Bewegungen, die jedoch im Innern nicht fühlbar wären. Innerhalb der Schiffe würden keinerlei Fliehkräfte auf die Piloten einwirken, da die Schiffe eben ein eigenes Gravitationsfeld besitzen.

Der Informant glaubt, daß die Deutschen bereits 1928 mit diesen auf dem Mond gewesen wären, wenn nicht schon um die Jahrhundertwende. Er schließt dies deswegen nicht aus, da der Ursprung dieser hier verwendeten Technik seiner Meinung nach nicht Nikola Tesla war, sondern der Erfinder Harvey, der bereits im 17. Jahrhundert mit gegenläufigen Scheiben experimentiert hatte und die Bewegungsprinzipien der hyperbolischen Körper angeblich schon damals in die praktische Physik umgesetzt hatte.

Am nächsten Morgen sollte dann ein Erkundungsflug um die Erde stattfinden. Nach Aussage eines der Piloten sollte dies in zirka fünf Stunden möglich sein. Natürlich stand die ganze Mannschaft bei Sonnenaufgang vor den Toren, um dieses phantastische Ereignis mitzuerleben und diese unheimlichen Fluggeräte mit eigenen Augen fliegen zu sehen. So beschrieb er, daß nur ein leises Summen zu hören gewesen sei und sich die Haunebus sehr schwerfällig vom Flugplatz entfernten – auf zirka sechshundert bis siebenhundert Meter Höhe – bis es plötzlich einen Ruck gab und die Scheiben wie ein Blitz verschwunden waren.

Und weiter berichtet er: „Als ich dort mit einem Piloten zusammengesessen war, erzählte er auch, daß es bei diesen Flugkörpern keinen Schallmauerdurchbruch gibt. Heute bin ich persönlich davon überzeugt, daß diese Dinger mit dazu herangezogen worden sind, den „Großkopferten" die Möglichkeit einer Flucht einzuräumen. Das ist doch heute auch der Fall. Man versuchte damals über den Mond als Relaisstation zum Mars zu kommen. Doch heute wissen wir, daß das nicht geht. Also werden sie vom Mond direkt zur Venus geflogen sein. Ob das geklappt hat, darüber möchte ich nicht mehr sagen. Nur soviel, als daß dies mit der Hintergrund für die ganze Geheimhaltung um die deutschen Flugscheiben ist."

„Hatte denn nicht auch George Adamski Kontakte mit „Venusiern?" frage ich John, während ich kurz von dem Buch aufblicke. Ohne jedoch auf eine Antwort zu warten, fahre ich mit meinen Ausführungen fort: „Auf die Frage, ob er bei einem Start einmal daneben gestanden sei, meinte der Informant, daß er bei vier verschiedenen Gelegenheiten solche Flugscheiben, aber jedesmal verschiedener Bauweise, beim Start erlebt hätte. Einmal stand er beim Start einer ‚V-7'-Scheibe, mit konventionellem Turbinenantrieb, etwa fünfzig Meter entfernt und beschrieb das Turbinengeräusch als ein „nicht unangenehmes Singen". Diese konventionelle Scheibe flog im Gegensatz zu den ruckartigen Bewegungen der Antigravitationsflugscheiben, elegant davon wie ein Flugzeug, konnte aber auch auf dem Kopf fliegen oder auf der Seite.

Aber auch das ‚Scheibenprinzip' des Antriebs sei schon damals überholt gewesen. Er führt dazu aus, daß die neueren Triebwerke der deutschen Flugscheiben überhaupt keine beweglichen Teile mehr vorzuweisen hatten. In zwei anderen Fällen hatte er dann noch die „eleganten" VRIL-Scheiben gesehen, ohne Glocke, nur mit einer stromlinienförmigen Kuppel, die ihm am besten gefallen hatten.

„Soweit die technischen Beschreibungen", sage ich und lege das Buch beiseite. Um das ganze abschließend ein wenig zusammenzufassen, erzähle ich folgendes weiter: „Die eigentliche Kraft hinter der VRIL- und Thule-Gesellschaft war der innerste Kern der Elite-Esoteriker dieser Zeit – die Schwarze Sonne. Es war gleichzeitig der innerste und esoterische Kern der SS, deren Verbindungen über die ganze Welt verteilt waren. Doch interessant daran ist, daß keiner wirklich wußte, wer der Schwarzen Sonne angehörte – außer deren Mitglieder natürlich. Bemerkenswert ist auch die Tatsache, daß Heinrich Himmler, selbst Reichsführer SS, über die Schwarze Sonne informiert war und ihr seinen Schutz gab, ihr selbst aber nicht angehörte. Die Schwarze Sonne war und ist sozusagen eine Zusammensetzung aus Magiern und Eingeweihten, die auf der Seite des Lichts gegen die Finsterkräfte kämpfen, die die Erde zu zerstören drohen. Das Symbol der Schwarzen Sonne war zumindest damals noch die schwarze Ronde, wie man sie teilweise auf dem ‚Fieseler Storch' kurz vor Kriegsende sehen konnte. Die Schwarze Sonne symbolisiert das innere Licht, das unsichtbare, das in uns Menschen strahlt. Man nennt so aber auch die Sonne, um die sich unsere Galaxis dreht, die Sonne, die sich im Innern der Erde befinden soll, den Nukleus in der Zelle und den Atomkern. Sie ist der unsichtbare Kern, die Kraft, die von innen belebt. Daher symbolisiert sie auch die Kraft der esoterischen Loge, die im Hintergrund, im Verborgenen und Unsichtbaren Ereignisse und Geschicke steuert und das Gute unterstützt, ohne selbst in Erscheinung, ins Licht, zu treten.

Bereits um 1941 erkannten diese Leute, daß das Projekt ‚Drittes Reich' aus den Fugen geriet, die guten Aspekte schwanden und die negativen Kräfte die Oberhand über führende Personen gewannen, so daß man gezielte Expeditionen in alle Gebiete der Welt unternahm, um nach geeigneten Örtlichkeiten zu suchen, in oder an die man sich zurückziehen konnte. So baute man einen großen Stützpunkt in den Anden und einen weiteren im Polargebiet auf, an denen man bereits ein paar der Flugscheibenentwicklungen permanent stationierte. Gegen 1943 waren diese Stützpunkte der Schwarzen Sonne bereits von geistigen Kämpfern des Lichts besetzt, darunter viele Tibetaner, Inder, auch Schwarzafrikaner sowie Briten und Franzosen, die alle erkannt hatten, daß es nicht die Rassen oder die Staatsformen sind, die die Nationen und Völker voneinander trennen, sondern der Geist, der ihnen über die Medien und verdrehten Geschichts- und Religionsbücher eingeimpft wird und die entsprechenden Kräfte, die dahinter stehen. All diese Personen waren sich der Anwesenheit Außerirdischer bewußt sowie auch der Abstammung speziell der weißen Menschen von diesen. In Zusammenarbeit mit diesen wollte man einen neuen und anderen Weg finden, Frieden auf dem Planeten zu schaffen.

Reicht das für den Anfang?" frage ich meinen Besucher, nachdem ich tief Luft geholt habe.

„Ja, ja, das reicht. Ich sehe, Sie sind damit engstens vertraut und ich denke, ich sitze vor dem richtigen Mann. Und was halten Sie von der Theorie, daß die Erde, beziehungsweise auch andere Planeten, hohl sein sollen?"

„Tja, ich selbst war noch nicht dort", erwidere ich, „daher kann ich nicht von „wissen" sprechen. Doch sind mir eine ganze Reihe von Büchern und wissenschaftliche Arbeiten bekannt, die die Sache doch sehr ernsthaft betrachten. Darunter auch die Berichte der Polarreisenden, von denen mehrere behauptet haben, in einem Hohlraum im Innern der Erde gewesen zu sein, der eine eigene Sonne haben und von einer hellhäutigen eventuell sogar deutschsprechenden Rasse bewohnt sein soll."

Ich hätte ihm natürlich einen ausführlichen Vortrag über meine Recherchen über die Öffnung an den Polen, die Arktis- und Antarktisexpeditionen, neueste Satellitenbilder und andere Berichte halten können, doch will ich nun erst einmal hören, was er selbst zu berichten hat. Schließlich ist ja meine Zeit heute knapp bemessen. Denn wenn er wirklich jemanden kennen sollte, der von dieser Örtlichkeit, dem Innern der Erde, kommt, was interessieren mich dann noch irgendwelche Expeditionen, wissenschaftliche Erläuterungen oder theoretische Grundlagen.

Mein Gast ergreift wieder das Wort. „Gut, das reicht mir für den Moment. Ich fragte Sie deshalb, da ich nur sichergehen wollte, daß ich Sie mit meinen Ausführungen nicht ganz vor den Kopf stoße. Ich hoffe, Sie haben ein wenig Zeit mitgebracht, damit ich ausführlich berichten kann“, fragt er mich mit einem fast unsicheren Lächeln.

„Solange es nicht langweilig wird, bin ich stets ein guter Zuhörer. Fangen Sie an“, gebe ich zurück. „Am besten erzählen Sie Ihre Geschichte und ich gebe Ihnen dann jeweils meinen Kommentar dazu.“

„Also“, beginnt John seine Ausführungen, „was Sie über die deutschen Entwicklungen herausgefunden haben, ist bedeutend mehr, als ich selbst entdeckt habe. Auch wird mir klar, daß es, was ich zuvor nicht wußte, mehrere unabhängig voneinander agierende Abteilungen, beziehungsweise Konstruktionsgruppen gegeben haben muß, die sich mit dem Bau fliegender Untertassen beschäftigt haben. Wie es scheint, beziehen sich meine Informationen nur auf den Typ V-7, also die Scheiben, die mit verhältnismäßig konventionellen Antrieben geflogen wurden und damit offenbar den eher „unterentwickelten“ deutschen Flugscheiben. Nun, vielleicht ergänze ich einfach die eben aufgeführten Daten um ein paar außerirdische Eingriffe.

Also unabhängig von den eben genannten Daten über deutsche Entwicklungen habe ich ebenfalls von dem Absturz oder eventuell sogar dem Abschuß einer außerirdischen Flugscheibe erfahren – und zwar fand dieses Ereignis im Jahre 1938 statt. Meinen Unterlagen zufolge war dieses Raumschiff nicht von Aldebaran, sondern von der Venus, und war irgendwo im Schwarzwald niedergegangen. Als Hitler von dem Absturz hörte, befahl er seiner Privatpilotin Christina Edderer, ihn unverzüglich dort hinzufliegen. Bei einem Interview in München, das ich im Jahre 1975 mit ihr führte, zeigte mir die mutige Christina Edderer, die von den Alliierten wahrscheinlich zu Unrecht inhaftiert worden war, eine Sammlung von über einhundert Fotos, auf denen viele berühmte Deutsche abgebildet waren. Ebenfalls waren einige Werksanlagen abgebildet, in denen die Produktion von Flugscheiben durchgeführt wurde. Eines dieser Fotos zeigt Hitler, der lächelnd neben einem abgestürzten, umgekippten UFO steht. Wie Sie bereits erwähnt haben, soll dieses abgestürzte UFO dann den Deutschen enorm bei ihren eigenen Entwicklungen vorangeholfen haben.

Die deutsche Flugscheibe, die mir bekannt und auch gezeigt worden ist, erinnerte ein wenig an ein Rad mit Speichen, wobei es sich bei den Speichen um einstellbare Flügelblätter handelte, die aus horizontaler in eine vertikale Position gebracht werden konnten. Im Zentrum des Rades befand sich eine abgerundete Nabe für den Implosionsmotor, über dem sich die Pilotenkabine befand. Das Ganze sah aus der Ferne wie eine Melone mit breiter Krempe aus."

John fängt an, in seinem mitgebrachten Handkoffer zu kramen und zieht einen dicken Ordner hervor, wobei er eine von vielen mit gelben Klebezettelchen versehene Seite aufschlägt.

„Ich habe einen von angeblich drei Piloten dieser V-7-Konstruktionen in Amerika interviewt. Von diesem erfuhr ich die nun folgende Geschichte über einen Testflug: „Während des Starts herrschte totale Unsicherheit. Die drei Piloten waren mit Riemen im stark gepolsterten Innern festgebunden. Die Maschine stieg auf eine Höhe von etwa dreitausend Metern. Jedoch waren die Piloten etwas über die geringe Geschwindigkeit und Manövrierfähigkeit enttäuscht. Diese Enttäuschung sollte sich schnell in Furcht verwandeln. Außer den Personen am Boden, die den Flug beobachteten, und den konventionellen Flugzeugen, die die Maschine begleiteten, bemerkte man plötzlich eine weitere Maschine hoch oben am Himmel. Diese sah der Maschine, die soeben getestet wurde, sehr ähnlich. Nachdem man die Position des unbekannten Flugobjektes bestimmt hatte, merkte die Besatzung des deutschen Flugzeuges plötzlich, daß es von dem Objekt irgendwie festgehalten wurde. Der deutsche Pilot, der die Flugscheibe steuerte, versuchte ein Ausweichmanöver, um die Position seiner Maschine zu verändern. Aber es gelang ihm nicht. Dieses seltsame Ereignis verwirrte die jungen Piloten vollkommen. Sie wußten nicht mehr, was sie tun sollten. Plötzlich tönte eine Stimme aus dem Lautsprecher, die in perfektem Deutsch zu ihnen sprach: „Haben Sie keine Angst. Wir sind hier, um Ihnen zu helfen." Die Stimme stellte sich als Bewohner der Venus vor, und sagte, daß die Venusier die Fortschritte der Deutschen seit dem Tag beobachtet hätten, da die abgestürzte venusische Maschine von ihnen im Jahre 1938 geborgen worden war. „Ich bin hier, um Sie zu unterrichten", sagte die Stimme, „und Sie wieder sicher auf die Erde zu bringen, denn das würden Sie ohne unsere Hilfe niemals schaffen. Wir halten Sie jetzt sicher in unserem Richtstrahl fest, der eine Manifestation des Magnetprinzips darstellt, das Sie aufdecken wollen.“ Dann erklärte die Stimme, daß die verwendete Metallegierung zwar hoch entwickelt, aber für das Schiff vollkommen ungeeignet wäre. Die Legierung würde beim Wiedereintritt in die Atmosphäre der Erde verglühen. Die Stimme erklärte, daß das Metall immer noch zu schwer wäre und unter Belastung nachgeben würde. „Außerdem muß Ihr Antriebssystem verändert werden“, sagte sie.

Die Ingenieure hatten versucht, die Magnetspule der Venusier zu reproduzieren, gaben diese Absicht aber dann zugunsten eines Implosionsmotors auf, als man mit der Magnetspule keinen kontrollierten Auftrieb erzielen konnte. Der Fremde wußte von diesem Fehlschlag, und er sagte ihnen, daß, bevor sie wieder einen Magnetkern verwenden würden, ihre Metallurgen ein Metall erzeugen müßten, das nur in den Augenblicken magnetisiert würde, in denen eine niedrige Spannung durch die Spule hindurchging. „Bei den früheren Prototypen, die Sie aufgegeben haben, blieb das Magnetfeld nach dem Abschalten des Stroms noch für einige Zeit erhalten. Daher reagierte die Maschine nicht sofort auf die Steuerung. Ohne diese Veränderung des Antriebskerns wird Ihre Maschine immer Schwierigkeiten mit dem Antrieb haben, gleichgültig, welche Konstruktion Sie verwenden. Freie elektromagnetische Energie ist die Kraft, die Ihr Sonnensystem kontrolliert. Mit dieser Kraft können vom Menschen gemachte Maschinen schneller und leiser in den Raum fliegen als mit den herkömmlichen petrochemischen oder neuen Festbrennstoffen, die man aus der Erde gewinnt. Eines Tages werden Ihre teuren Rohstoffe erschöpft sein. Aber die freie Energie der Planeten ist unerschöpflich.“

Der Fremde ermahnte die Deutschen: „Ihr Erdenbewohner versteht noch nicht das kosmische Wunder dieser Energie, von der ich spreche. Ich wiederhole noch einmal: Sie steht jedem zur Verfügung, der sich um sie bemüht, denn sie ist ein Geschenk des Höchsten Seins, das, was Sie ‚Gott‘ nennen. Wenn Sie diese Energie für friedliche Zwecke verwenden, dann wird sie zu Ihrem Diener werden. Sie dient den Wesen anderer Planeten bereits seit Jahrmillionen. Benutzen Sie diese dagegen für den Krieg, dann können Sie nicht mehr mit unserer Zusammenarbeit – oder Toleranz – rechnen.“

Die deutschen Piloten wurden aufgefordert, ihren Antrieb abzustellen und sich ganz allein auf das Raumschiff über ihnen zu verlassen. Das Magnetfeld des UFOs würde sie sicher auf den Boden zurückbringen. „Ansonsten werden Sie auf die Erde stürzen und sterben. Vertrauen Sie uns. Ich verspreche Ihnen, daß wir bei Ihren Ingenieuren erscheinen und ihnen sagen werden, wie sie die Verbesserungen an ihrem Raumschiff vornehmen können. Sie haben nicht viel Zeit. Zögern Sie nicht! Lassen Sie mich Ihnen jetzt etwas über die Zukunft erzählen. Ich werde zwei von Ihnen in Amerika wiedertreffen, sobald Deutschland und die USA wieder Freunde sind." Das Wesen verabschiedete sich. Seine letzte Botschaft sollte sich als prophetisch erweisen. Der Fremde aus dem Raum teilte zwei Mitgliedern der Besatzung mit, daß sie nach dem Krieg am Raumprogramm der Amerikaner mitarbeiten würden. Dem dritten sagte er, daß er in Deutschland bleiben und seine Arbeit dort fortsetzen würde. Die deutschen Flieger wurden über ihre Landung instruiert. Beobachter am Boden hatten gesehen, wie die beiden Raumschiffe zusammen niedergingen, so als ob sie an einem unsichtbaren Balken befestigt wären. Danach verschwand das UFO."

John blickt von dem Papier auf und fährt dann fort: „Heute beschreibt ein amerikanischer wissenschaftlicher Fachmann den unsichtbaren Magnetstrahl als „Zugstrahl", als eine magnetische Zugkraft, die von einem Raumschiff erzeugt wird, das über einem anderen schwebt. Die Verwendung dieses Magnetstrahls wurde in den folgenden dokumentierten Fällen bestätigt: Rettung eines Raumschiffes durch ein anderes; Kaperung eines amerikanischen Hubschraubers – bestätigt durch Unterlagen der Marine; Entführung einer Rakete, die vom Kurs abgekommen war, durch ein freundliches außerirdisches Raumschiff. Die Länder der Erde arbeiten heute fieberhaft an der Perfektionierung des Zugstrahls, denn seine Anwendung im zivilen und militärischen Bereich wäre von unschätzbarem Wert.

Eines Tages tauchten dann mehrere dieser Außerirdischen in den technischen Abteilungen der V-7-Konstrukteure auf, um ihnen ihre Geheimnisse der Metallurgie und Chemie mitzuteilen und ihnen zu dem elektromagnetischen Durchbruch zu verhelfen, den sie so dringend brauchten, um ihre Flugscheibentechnik noch perfekter zu machen."

„Na, das deckt sich ja mit den anderen Berichten, daß Außerirdische beim Bau der Flugscheiben mitgeholfen haben sollen", unterbreche ich meinen Gast kurz, bevor er weiterspricht.

„Der deutsche Generalstab setzte seine Bemühungen fort, um das Kriegsglück noch einmal zu wenden, aber seine Prioritäten hatten sich verändert. Ende 1943 wurden viele der besten Wissenschaftler und Facharbeiter der Abteilung V-7 von der Arbeit an den Flugscheiben abgezogen und arbeiteten fortan an Feststoffraketen. Man erwartete offensichtlich, daß man diese Geheimwaffen sehr schnell stationieren und den Engländern empfindliche Verluste beibringen konnte, um sie somit doch noch zur Kapitulation zu zwingen. Auch eine Langstreckenversion für den Einsatz gegen New York war geplant. Diese Umstellung war zum Teil auf die totale Zerstörung deutscher Städte durch alliierte Bomber zurückzuführen, aber auch auf die Erklärung der Außerirdischen, daß die Flugscheiben nicht für kriegerische Zwecke eingesetzt werden dürften. Deshalb verzögerte der Bau der Raketen die Fertigstellung weiterer Flugscheiben um etwa sechs Monate. Die deutsche Industrie stellte damals auf Raketen mit herkömmlichen Sprengköpfen um, die schnell und in Massen produziert werden konnten, anstatt sich zu bemühen, technische Neuerungen bei den Flugscheiben zu erwirken. Aus deutschen Akten, die kürzlich wieder aufgefunden wurden, geht hervor, daß die Serienherstellung von Flugscheiben auch aus anderen Gründen verschoben wurde. Bis zum Jahr 1943 war es noch nicht gelungen, eine der bereits entwickelten Laserkanonen in die Flugkörper einzubauen, die den Vorstellungen der Ingenieure entsprach. Und obwohl sie davon überzeugt waren, daß sie bei der Entwicklung der Flugscheiben den anderen Ländern weit voraus waren, entschieden sie sich, ihre Maschinen für eine zukünftige Verwendung unter Verschluß zu halten. Der Hauptgrund für die Verschiebung war jedoch die Warnung des Außerirdischen in bezug auf die Folgen, falls die Maschinen für Kriegszwecke eingesetzt würden. Durch die ständigen Luftangriffe der alliierten Bomberverbände während der folgenden Monate wurde Deutschland allmählich zermürbt. Die deutsche Luftwaffe war sich über den Wert der Flugscheiben im klaren. Dabei ging ihre vorsichtige Einstellung über den Einsatz dieser Technik im Krieg zum Teil auf Ereignisse zurück, die sich im Jahre 1938 bei einer Veranstaltung im Münchner Stadion abgespielt hatten, als Hitler dort eine Rede hielt. Mitten in seiner Rede wurde er von einem riesigen, flügellosen, zigarrenförmigen Objekt unterbrochen, das hoch über dem Stadion am Himmel schwebte. Als eine Staffel von Kampffliegern versuchte, das unbekannte Objekt zu vertreiben, fielen plötzlich ihre Motoren aus. Sie mußten auf Landebahnen in der Nähe notlanden.

Nach der Aussage von Zeugen, die von mir befragt wurden, hatte ein Strahl aus dem UFO die Motoren sämtlicher Flugzeuge lahmgelegt.

Jetzt im Jahre 1943 hatten die deutschen Wissenschaftler die Warnungen der Außerirdischen nicht vergessen. Sie wußten auch, daß ohne moderne Raumwaffen zur Bekämpfung des Feindes das Geheimnis ihrer Flugscheiben ein Geheimnis bleiben sollte. Wie versprochen, halfen die Außerirdischen den Deutschen bei ihren geänderten Plänen, wenn auch nur auf begrenzte Weise. Die Massenproduktion ihrer neuen Flugscheiben und der neuen Waffen wurde auf den Zeitpunkt verschoben, da sie ihren Platz in Adolf Hitlers ‚großem Plan' zur Fortsetzung des Dritten Reiches einnehmen würden. Bis zu diesem Zeitpunkt sollte es nicht mehr lange dauern. Und die Alliierten waren vollkommen ahnungslos.

Im Frühjahr 1944 bemerkten Ansässige, daß in der Umgebung eines unterirdischen Flugscheibenwerkes in Österreich die Aktivität der „fliegenden Untertassen" allmählich nachließ. Sie verschwanden nach und nach vom Himmel, und auch die durchdringenden Summgeräusche, die diese Flugobjekte immer begleiteten, waren nicht mehr zu hören.

Große Lastwagen transportierten die Maschinen und andere noch nicht fertiggestellte Flugscheiben aus dem Werk, und die Bergwälder wurden wieder ihrer Einsamkeit überlassen.

Während der letzten Jahre des Krieges verschwanden ganze deutsche Fabriken auf geheimnisvolle Weise. Als die Alliierten die deutsche Kapitulation entgegennahmen, hatte der ehemalige Feind Deutschland die Flugscheiben bereits in unbekannte Gegenden der Welt gebracht, so daß man in der Lage war, mit der Forschung und Produktion weiterzumachen, ohne daß die Sieger des Zweiten Weltkriegs etwas dagegen unternehmen konnten. Natürlich wurden zusammen mit den Flugscheiben-Fabriken auch die Wissenschaftler, Ingenieure und das übrige Personal weggeschafft, die an dem Programm mitgearbeitet hatten. Hunderte solcher deutscher Experten verschwanden in unbekannte Gebiete unter der Erde, von deren Existenz die Alliierten nichts ahnten. Ich komme später noch darauf zurück.

Amerikanische und britische Agenten waren bereits vor der Kapitulation hinter das Geheimnis der Flugscheiben gekommen, und diese Leute wollten jetzt endlich das Ergebnis ihrer Nachforschungen sehen. Die Westmächte arbeiteten aufgrund vager Hinweise, aber schließlich entdeckten sie das, was von den deutschen UFO-Anlagen und dem Personal übriggeblieben war. Inzwischen konzentrierten sich die Russen auf die

Suche nach den Raketenfabriken. Insgesamt verschleppten diese über dreitausend deutsche Wissenschaftler und Raketenexperten. Mit diesem gewaltigen Potential übernahmen die Russen nach dem Krieg für einige Zeit die Führung in der bemannten Raumfahrt.

Die Amerikaner und Engländer arbeiteten mühevoll die geheimen deutschen Unterlagen durch und transportierten mehrere von den Deutschen zurückgelassenen Flugscheiben nach Kanada und Großbritannien. Sie sicherten sich ebenfalls die freiwillige Mitarbeit von einhundertdreiundachtzig deutschen Flugscheiben-Technikern, die nach dem Krieg unter der Operation ‚Paperclip' in die USA gebracht wurden, sowie einhundert weiterer Experten unter Wernher von Braun, die fortan am amerikanischen Weltraumprogramm arbeiteten.

Aber trotz des bevorzugten Status, den man den deutschen Experten gewährte, gibt es einige unbestätigte Hinweise, daß eine Reihe von Deutschen auf ihre Freiheit und ihre Möglichkeiten in Nordamerika verzichteten.

Der alliierte Geheimdienst behauptete, daß die Deutschen nun einen von langer Hand vorbereiteten Plan verwirklichten, um die verbleibenden deutschen Ressourcen, einschließlich der Arbeitskräfte, zu teilen und um einen Kampf irgendwo außerhalb der Reichweite der alliierten Bomben fortzusetzen. Und es wird jedem normaldenkenden Menschen klar werden, daß es keine andere Erklärung für das Verschwinden des deutschen Personals und der Flugscheiben in den letzten Jahren des Zweiten Weltkriegs gibt."

John hat dem wohl nichts mehr hinzuzufügen und sieht mich nun erwartungsvoll an.

„Interessant, interessant", bestätige ich seinen Bericht. „Da waren nun doch noch einige Informationen dabei, die ich bisher noch nicht kannte. Aber die Geschichte mit dem Raumschiff von der Venus ist so eine Sache für sich. Das erinnert mich sehr stark an George Adamski. Der ‚Venusier', den der amerikanische Kontaktler Adamski 1954 mehrmals traf, und der mit einem deutschen Haunebu II gelandet war, hatte lange blonde Haare, blaue Augen, trug einen ‚braunen' Overall und hatte auf seinen Schuhsohlen Hakenkreuze. Nach einem der persönlichen Treffen mit Adamski warf dieser eine Filmrolle, die George Adamski ihm gegeben hatte, später aus der Untertasse heraus, wobei nur eines der Bilder belichtet worden war. Darauf fand sich inmitten einer Reihe von hyroglyphenartigen Schriftzeichen ein großes Hakenkreuz. Das klingt für mich sehr verdächtig „deutsch“. Zumal auch der eben schon erwähnte Informant behauptet hat, daß die Deutschen bereits vor Kriegsende auf die Venus geflogen sein könnten. Und ganz verdächtig wurde die Angelegenheit, als die von Adamski als „venusische Schriftzeichen“ bezeichneten Hyroglyphen auf dem Photo als eine Kombination altkirchenslavischer Schrift und lateinischer Sprache entpuppte, die etwa folgende Bedeutung hatte: „Nutzlosigkeit der Verfolgung der Objekte“.

Ich gebe zu, ich weiß es nicht. Womöglich war der „Venusier“ tatsächlich von der Venus und die deutschen Haunebu II sind Nachbauten des abgestürzten venusischen Schiffes. Das wäre eine mögliche Erklärung. Vielleicht können ja Sie mehr dazu sagen?

Vorher wollte ich aber kurz noch eine kleine Episode erwähnen, die mit den deutschen Flugscheiben am Obersalzberg zu tun hat. Und zwar wollte man im Juni 1997 auf dem Golfplatz am Obersalzberg die Anlage um ein paar Löcher erweitern und hatte Glättungen von Unebenheiten sowie auch Grabungen für andere Löcher vorgenommen. Bei einer solchen Grabung stieß man auf eine ausgebrannte Flugscheibe vom Typ ‚VRIL‘. Innerhalb weniger Stunden war das ganze Gelände abgeschirmt – insgesamt für drei Tage – und LKWs von der amerikanischen Kaserne am Chiemsee kamen heraufgefahren und transportierten die Flugscheibe ab.

Da ein Freund von mir jemanden kennt, der in der Kaserne arbeitet, hat er Wind davon bekommen und es gelang ihm, zusammen mit einem Kumpel, am dritten Tag der Sperrung auf das Gelände zu kommen. Dort fanden beide ein großes Loch von etwas über zwanzig Meter Durchmesser, wobei dort noch eine große, etwa sechs Meter lange und zweieinhalb Meter breite, trapezförmige Metallplatte herumlag, die eine der Platten zu sein schien, aus der die Außenhaut der Scheibe zusammengesetzt war. Und jetzt kommt die Überraschung. Meinem Freund gelang es, die sechs Meter lange Metallplatte mit einer Hand zu heben. Spätere Versuche, mit einer Zange das Metall zu verbiegen oder ihm Kratzer zuzufügen, schlugen fehl, was darauf hindeutet, daß die deutschen Konstrukteure bereits lange vor Kriegsende das Problem der Legierung gelöst haben mußten. Als mein Freund und sein Kumpan gerade daran dachten, diese Metallplatte verschwinden zu lassen, kamen zwei Männer in schwarzen Anzügen von der Kaserne heruntergelaufen, wobei sie seltsame Mikrofone vom Ohr zum Mund hinführend umhängen hatten, und sie mußten sich verflüchtigen.

Mein Freund erzählte später, daß man an der Stelle, wo die Flugscheibe ausgebuddelt worden war, einen großen Baum eingesetzt hatte, der mit einem Bagger herangefahren und eingepflanzt wurde und sofort Grassamen eingesät worden ist, um alle eventuellen Spuren vor neugierigen Forschern zu verwischen."

John meldet sich wieder zu Wort. „Das ist wirklich eine erstaunliche Geschichte. Wie ich später noch aufführen werde, hatten die Amerikaner, die zur gleichen Zeit an Rundflugzeugen arbeiteten, nämlich noch ein Problem mit der Außenhautlegierung. Aber mehr dazu später. Welche Informationen liegen Ihnen bezüglich dem vor, was mit diesen Flugscheiben und den Konstrukteuren nach dem Krieg geschah?"

„Nun, ein Teil der Deutschen ging nach Südamerika. Hierüber gibt uns Robert Charroux's Buch „Das Rätsel der Anden" Aufschluß. Darin berichtet dieser über riesige Höhlensysteme in den südamerikanischen Anden. Charroux stützt sich dabei auf Informationen des Physikers, Philologen und Humanisten Narcisso Genovese. Genovese war ein Schüler des bekannten italienischen Erfinders Gugliemo Marconi. Er behauptet, daß die Schüler Marconis 1938, nach dem Tode ihres Lehrers, beschlossen, dessen begonnene Experimente und Forschungen über die Verwendung von Sonnen- und kosmischer Energie fortzuführen. Diese Schülergruppe, bestehend aus achtundneunzig Gelehrten und Technikern aus verschiedenen Ländern, hätte, zu einer Gesellschaft verbunden, den Vorsatz gefaßt, alle erforderlichen Vorsichtsmaßnahmen zu treffen, um den Mißbrauch ihrer kosmischen Energie für Kriegs- und kriminelle Zwecke zu verhindern. In eine einsame Gegend der Kordilleren, den südamerikanischen Anden, zurückgezogen, hätten sie ihr Gemeinschaftsleben drei Forderungen unterstellt: auf der Erde sollte es nur eine einzige Religion, die des wahren Gottes oder der universalen Intelligenz, eine einzige Nation: das irdische Vaterland und eine einzige Politik geben: Frieden auf dem Planeten und Verständigung mit den Völkern im All.

Charroux beschreibt, daß es der Gemeinschaft dank der Kriegsbeute nicht an Mitteln fehlte, und sie in Südamerika eine unterirdische Stadt errichtete, besser an Laboratorien, Geräten und technischen Mitteln ausgestattet als Cap Kennedy, Kuru, Baikonur, Saclay oder das CERN in Genf. Dieses Forschungszentrum hat laut dem Bericht von Genovese nicht zuletzt dank außerirdischer Unterstützung erstaunliche wissenschaftliche

Fortschritte zu verzeichnen. Schon seit 1946 verfügt es über einen großen Sammelspiegel für kosmische Energie und ist nach anfänglicher Ausnutzung des Materie-Antimaterie-Gegensatzes jetzt bereits imstande, die Energie direkt aus der Sonne zu gewinnen.

Dann gibt es die Behauptung über einen Stützpunkt im Himalaya. Dieser Kontakt entstand höchstwahrscheinlich durch den Mitgründer der Thule-Gesellschaft Karl Haushofer, der selbst ein Mitgleid der Gelbkappen war und der für die Gründung der ersten tibetanischen Gemeinden in Deutschland verantwortlich gewesen ist. In Tibet hätten die Deutschen, so wird gemunkelt, Verbindung mit den Ariannis, den Bewohnern des unterirdischen Reiches unterhalb des Himalayas bekommen.

Über das Leben und die Erziehung von Deutschen in tibetanischen Klöstern erfährt man ja nicht nur durch Lobsang Rampa's „Das dritte Auge“ und Russel McCloud's Roman „Die Schwarze Sonne von Tashi Lhunpo“, sondern auch durch das Buch „Der Eremit“ herausgegeben von einem Herrn Felix Schmidt.

Ganz aktuell zum Himalaya-Stützpunkt erfuhr ich noch etwas von meinem Freund Al Bielek. Dieser hatte Informationen von einem Deutschen, der in diesem Stützpunkt lebt, daß sich dort 1997 an die zwei Millionen Deutsche aufhalten und im Besitz von vierundzwanzigtausend Flugscheiben sein sollen. Auf die Frage, was diese damit vorhätten, wurde geantwortet, daß man die Erde für immer verlassen wolle. Der Ort wurde jedoch nicht verraten. Al Bielek, der Informant, war nicht nur über ein Jahrzehnt für den amerikanischen Geheimdienst tätig, sondern behauptet auch, an einem Zeitreiseexperiment beteiligt gewesen zu sein – dem Philadelphia-Experiment. Aus diesem ging in den fünfziger Jahren das Montauk-Projekt hervor, wobei man nur noch mit Zeitreisen experimentierte. Dazu versicherte mir Al, daß achtzig Prozent der Beteiligten Deutsche gewesen seien.“

„Entschuldigen Sie meine Unterbrechung“, sagt John, „aber die vierundzwanzigtausend Flugscheiben kann ich nicht ganz nachvollziehen! Ich glaube, wenn man zwei Nullen wegstreicht, wäre es eher real. Was die zwei Millionen Deutschen im Himalaya betrifft, bin ich mit Ihnen dagegen einer Meinung.“

Ich wiege meine Schultern und erkläre: „Also bei dieser Flugscheibenzahl habe ich, als ich sie zum ersten Mal gehört habe, auch stark gezweifelt. Doch hat es mich dann stutzig gemacht, daß mir bereits vor vier Jahren ein Flugscheibenpilot der Schwarzen Sonne von zweiundzwanzigtausend Flugscheiben erzählt hat. Diese Zahl hatte ich auch veröffentlicht. Und nun kommt Al Bielek aus den USA, der von einer völlig unabhängigen Person auf einem anderen Kontinent eine fast gleiche Zahl erfahren hat. Er hätte ja zwölftausend sagen können oder fünfhundert oder zweitausendvierhundert. Aber nein, er sagte vierundzwanzigtausend. Das wären zweitausend mehr, als ich drei Jahre vor ihm von dem Piloten erfahren habe und womöglich haben sie in den letzten drei Jahren nochmals zweitausend dieser Raumschiffe gebaut?

Ich weiß es nicht. Ich selbst habe nur wenige davon mit eigenen Augen gesehen und muß mich bezüglich der Stückzahlen leider auf die Aussagen anderer Personen beziehen. Es ist jedenfalls nicht zu leugnen, daß die Deutschen schon damals technisch gesehen sehr weit waren. Denn einen weiteren Hinweis darauf, daß solch eine Technik vorhanden war, bekam ich von dem Sohn eines SS-Mannes, der mir versicherte, daß sich während des Zweiten Weltkriegs in der Eifel ein unterirdisches Werk befand, eine Art Transmitterstation, in das Panzer eingefahren sind, um nach wenigen Sekunden auf dem Schlachtfeld in Polen zu erscheinen. Sie wurden regelrecht teleportiert. Ein ehemaliger SS-Mann, der Zeuge gewesen sein will, ist ein inzwischen Verstorbener mit Namen Werner Höfer, der berichtete, daß die polnischen Soldaten völlig außer sich an die Panzer liefen und diese mit den Händen berührten. Sie konnten wohl kaum glauben, daß das, was gerade vor ihren Augen erschienen ist, tatsächlich real präsent war.

Doch es gibt noch andere, schon bedeutend wichtigere Fluchtorte der Deutschen – zum Beispiel Neu-Schwabenland! Im Jahre 1938 wurde eine deutsche ‚Antarktis-Expedition‘ mit dem Flugzeugträger ‚Schwabenland‘ durchgeführt. Dabei wurden sechshunderttausend Quadratkilometer zu deutschem Land erklärt – ‚Neuschwabenland‘ – ein eisfreies Gebiet mit Bergen und Seen. Ganze Flotten von U-Booten der Typen XXI und XXIII waren später auf dem Weg nach Neuschwabenland. Es sind angeblich bis heute noch über einhundert deutsche U-Boote vermißt, die unter anderem auch mit dem Walther-Schnorchel ausgestattet waren, der ihnen erlaubte, mehrere Monate unter Wasser zu bleiben. Es ist also anzunehmen, daß ein

Teil der Deutschen mit den vorhandenen Flugscheiben vor Kriegsende nach Neuschwabenland geflüchtet ist. Diese Annahme mag manchen wohl etwas gewagt erscheinen, es gibt jedoch starke Hinweise darauf, daß es so gewesen sein könnte.

Eine andere Möglichkeit ist der Flug zu anderen Planeten und Sternen, so zum Beispiel zum Mars und Aldebaran. Darüber gibt es auch Veröffentlichungen. Doch ich würde vorschlagen, wir gehen schrittweise vor."

„Das finde ich auch", gibt mir John zu wissen „dann verlieren wir den Faden nicht. Zunächst eine Bemerkung zu Neuschwabenland. Diese Annahme ist überhaupt nicht gewagt. Wenn etwas gewagt ist, dann ist es das, was ich Ihnen nun alles erzählen werde. Denn dies dürfte auch für Sie Neuland sein. Die Deutschen waren nämlich nicht die einzigen, die sich mit der Konstruktion fliegender Untertassen beschäftigt hatten. Auch in den USA gab es einen genialen Erfinder, der eine funktionierende „fliegende Untertasse" entwickelt hatte."

„Entschuldigung, daß ich Sie jetzt unterbreche, aber hat Ihnen mein Partner gesagt, daß ich nur zwei Stunden Zeit für Sie habe, da ich heute noch nach Norddeutschland fahre?"

„Ja", meint John, „das hat er mir gleich am Telefon mitgeteilt. Die Zeit wird sicherlich nicht ausreichen. Ehrlich gesagt, bin ich extra wegen Ihnen aus den USA herübergeflogen und habe mir nur für Sie Zeit genommen. Das mag jetzt ein wenig unrealistisch klingen, aber so ist es. Das heißt, ich habe noch zwei Tage Zeit, dann muß ich wieder fliegen."

Ich überlege nun, was ich mit diesem Mann anfangen soll. Sollte ich ihn wohl fragen, ob er mitkommen mag? Aber ich habe ein äußerst delikates Unternehmen in Norddeutschland vor mir, und ich kenne ihn gar nicht. Es scheint mir am ratsamsten zu sein, ihm noch ein Weilchen zuzuhören, um mich dann zu entscheiden, ob ich ihn frage oder nicht.

„Gut", unterbreche ich die kurze Stille, „am besten erzählen Sie einfach einmal weiter und ich überlege mir inzwischen, ob mir eine Alternative einfällt. Doch bitte ich noch um einen Moment, dann hole ich noch ein Tässchen Tee für uns beide."

Ich nutze die Gelegenheit, und ziehe kurz den Peter auf die Seite. „Was meinst du, mein Freund, kann ich dem wohl trauen? Ich überlege gerade, ob ich ihn mitnehmen soll, da er doch einige interessante Informationen parat hat. Kannst du etwas in seiner Aura sehen oder sonst etwas erspüren?“

Peter, der ein paar hellseherische Fähigkeiten und auch eine gute Menschenkenntnis hat, nickt und schließt, nachdem er ein paar Augenblicke unseren Gast betrachtet hat, für einen Moment seine Augen. Nach wenigen Sekunden sieht er mich an und meint nach einem erstaunten „Aha“, daß unser Gast eine äußerst merkwürdig aufgebaute Aura hat. „Sein Energiefeld ist völlig anders aufgebaut, als bei den meisten Menschen. Ehrlich gesagt, habe ich außer dir noch niemanden gesehen, der diese Merkwürdigkeiten aufweist. Es sind seltsame Zeichen zu sehen, wie Hyroglyphen, die in seinem Energiefeld zu hängen scheinen und ein Teil der Seele fehlt komplett. Also ich kann mit Sicherheit sagen, daß er nicht von hier ist, also noch nie zuvor auf der Erde inkarniert war. Da ein Teil seiner Seele zu fehlen scheint, deutet dies darauf hin, daß er in irgendeine Manipulation verwickelt war. Womöglich mit Maschinen – Zeitreisen oder mit UFOs?“ sagt Peter zu mir und erklärt mir dann mit einem schelmischen Blick, daß er eigentlich genauso verrückt sein müßte, wie ich.

„Aber Ernst beiseite“, schließt er gleich daran an, „ich habe eigentlich ein gutes Gefühl. Ich denke, er ist integer. Er weiß jedenfalls, wovon er spricht. Er hat selbst damit zu tun.“

Ich nicke, da er mich in meinem eigenen Gefühl bestätigt hat und nachdem ich mich bei Peter bedankt habe, setze ich mich wieder zu John zurück.

Kapitel 3
Die Entwicklung amerikanischer Rundflugzeuge während des Zweiten Weltkriegs

Dann fährt er mit seinen Ausführungen fort: „Jonathan E. Caldwell, der Amerikaner, der höchstwahrscheinlich das erste Rundflugzeug in den USA erfunden hat, wurde 1899 in St. Louis, Missouri, geboren. Bevor er sich mit der Frage beschäftigte, wie der Mensch seinen Mangel an Flügeln ausgleichen konnte, brach der Erste Weltkrieg aus. Für Caldwell stellte dieser Krieg eine Chance dar, Flugzeuge zu fliegen, und im Jahre 1917 meldete er sich freiwillig zur Luftwaffe. Seine Ausbildung erhielt er auf dem Flugplatz Kelly in Texas, wo er als Vorbereitung für seinen Einsatz in Frankreich in Festflüglern flog. 1918 verließ er den aktiven Dienst als Leutnant. 1921 trat er wieder in die Luftwaffe ein und wurde wiederum auf dem Flugplatz Kelly stationiert, zusammen mit einer Gruppe von Weltkriegsveteranen, die zurückgekehrt waren, um ihre Flugkünste aufzufrischen.

Eines Tages im Sommer 1921 nahmen Caldwell und einige seiner Kameraden Untertassen und Zinnteller mit nach draußen und fingen an, sie zum Spaß durch die Luft zu werfen und wieder aufzufangen. Dadurch muß er wohl auf die Idee gekommen sein, eine vollkommen neue Art von Flugzeug zu konstruieren. Zuerst war er sich dieser Absicht wohl selbst noch nicht bewußt. Neben den Untertassen versuchte es Caldwell auch mit Papiertellern. Gleichgültig, ob das Objekt, das er warf, eine Untertasse, ein Papier- oder Zinnteller oder sogar ein Hut mit breiter Krempe war, Caldwell machte dabei immer die gleiche Beobachtung: Wenn man runde Objekte in die Luft warf, dann flogen sie gleichmäßiger, höher und schneller als Objekte jeder anderen Form.

Als er in Frankreich war, hatte Caldwell mit den Festflüglern einige unangenehme Erfahrungen gemacht. Er wußte, daß, wenn man den Propeller auf sehr hohe Touren brachte, das Flugzeug auf dem durch den Propeller erzeugten Luftstrom fliegen konnte. Wenn aber der Motor ausfiel und der Propeller sich nicht mehr drehte, dann kam das Flugzeug vollkommen aus dem Gleichgewicht und geriet außer Kontrolle. Caldwell war auf diese Weise selbst schon mit seiner Maschine abgestürzt. Er selbst war mit dem Leben davongekommen, aber einige seiner Kameraden hatten nicht so viel

Glück gehabt. Der junge Caldwell war sich darüber im klaren, daß das Problem bei dem Festflügler nicht in erster Linie der Ausfall des Motors und damit auch des Propellers war. Grundsätzlich war der wichtigste Aspekt eines Flugzeugs die Konstruktion, das Design, und die Grundkonstruktion dieses Flugzeuges bedurfte dringend einer Veränderung. Er glaubte, daß eine einzige Vorderkante die wichtigste Voraussetzung für eine perfekte Luftfahrt wäre.

Ein weiteres Problem war das des Gleichgewichts. Er hatte gesehen, wie Löwenzahnsamen majestätisch durch die Luft flogen und wie Blätter von Ahornbäumen kreisförmig zur Erde gingen, so daß sie sanft auf dem Boden landeten. Abgesehen von seinen früheren Beobachtungen, wie die Natur sich die Luftströmungen für die Verbreitung von Samen zunutze machte, hatte Caldwell niemals ein Erlebnis vergessen, das er auf den Schlachtfeldern von Flandern hatte, wo die Verwundeten neben ihren abgestürzten Maschinen lagen. Er sah ständig einen Artilleriewagen vor sich, der auf die Seite gestürzt war. Eines der Räder drehte sich ständig im Wind. Diese Erinnerung verschmolz mit jenen von den Tellern, die er und seine Kameraden in die Luft geworfen hatten.

Im Sommer 1921 entschloß sich Caldwell, selbst ein dreißig Zentimeter großes Rundmodell eines neuen aerodynamischen Modells zu bauen. Er verwendete dabei einen leichten Holzrahmen aus Balsa und deckte ihn mit einem mit Schellack überzogenem Gewebe ab. Die durchgehend kreisförmige Kante war unten mit einer Lippe versehen, so daß das Modell auf seinem eigenen Luftkissen fliegen konnte. Eine Vereinfachung dieses ersten Modells einer neuen Art von aerodynamischer Konstruktion wurde schließlich zu einem erfolgreichen Spielzeug – dem Frisbee.

Während Caldwell beobachtete, wie das frisbeeartige Objekt durch die Luft segelte, von elastischen Bändern angetrieben und auf seinem eigenen Luftkissen reitend, kam ihm immer wieder derselbe Gedanke. Eines Tages würde er versuchen, ein Modell zu bauen, das groß genug war, um in seinem Zentrum einen Menschen unterzubringen. Und falls er darin einen Motor einbauen könnte, um dem Kissen unter dem Flugzeug eine konstante Dichte zu geben, und wenn dieses Luftkissen manuell gesteuert werden könnte, dann wäre er in der Lage, sämtliche Nachteile eines Festflüglers zu überwinden.

Caldwell hielt seine Vision lebendig. Er behielt seinen Prototyp aus Balsa und alle Zeichnungen und Konstruktionsideen, die er auf Papierfetzen oder Briefumschlägen aufgekritzelt hatte. Die Idee, ein rundes Flugzeug zu bauen, ging nie mehr aus seinem Kopf. Eines Tages würde er eines erfinden, das schwebte und viel besser fliegen und wenden könne, als die besten Flugzeuge der zwanziger Jahre.

Als die Reservisten 1921 ihre Sachen packten und den Flugplatz Kelly verließen, um in ihre bürgerlichen Berufe zurückzukehren, nahm der junge Caldwell alle seine Aufzeichnungen und sein Modell mit. Zu jener Zeit zog er nach Denver in Colorado. Er begann, mit Hilfe von zwei Freunden, die Schweißer, beziehungsweise Mechaniker waren, das erste motorbetriebene Modell eines neuen Rundflugzeugs zu bauen. In der Halle des ‚Rio Grande Southern Locomotive Works' in Denver bauten sie 1922 ein dreißig Zentimeter großes Modell, das von einem Spielzeugmotor mit einer Trockenbatterie angetrieben wurde, wie man sie damals für Telefonapparate benutzte. Die Drähte, die die Batterie an das Modell anschlossen, sowie das einen Meter lange Seilzuggeschirr sorgten für den Hub zum Zweck der Untersuchung der Betriebseigenschaften des Modells. Der Batteriekontakt wurde hergestellt, und das Rundflugmodell drehte sich und hob sich in die Luft. Das Trio sah zu, wie sich das Seil spannte. Während der erstaunte Caldwell nach oben schaute, sahen er und seine Helfer, wie die Batterie und die fünfundzwanzig Kilogramm schwere Scheibe sich langsam in die Luft erhoben und zur Decke der Halle flogen. Der elektrische Strom wurde abgeschaltet, und die schwere Scheibe und das Flugzeug fielen mit einem lauten Krachen zu Boden. Caldwell verpflichtete seine Helfer zu strengem Stillschweigen und nahm das dreißig Zentimeter große Modell mit sich nach Hause. Heute befindet es sich im Patentamt von Washington.

Caldwell begann nun, ermutigt durch diesen Erfolg, sofort mit dem Bau eines vier Meter großen Modells, das den eigentlichen Vorgänger des Rundflugzeugs der späteren Jahre darstellen sollte. Er und seine Freunde waren 1923 mit dem Projekt fertig. Sie testeten ihre Maschine im Hof außerhalb der Halle in Denver. Zuerst belud man das Modell mit Eisenbahnschienen mit einem Gewicht von zweihundertfünfzig Kilogramm, dann mit einer Tonne und schließlich mit eintausendfünfhundert Kilogramm. Diese Schienen wurden vom Flugzeug mit Leichtigkeit gehoben. Dann wurde die Drehzahl der Rotorenblätter reduziert und die Schienen aus einer Höhe von vier Metern zu Boden herabgelassen. Als nächstes befestigte man das Modell an eine Lokomotive der Rio Grande-Eisenbahngesellschaft. Das Rundflugzeug hob ab, und alle konnten sehen, wie das vordere Ende der Lokomotive langsam zehn Zentimeter aus den Schienen gehoben wurde. Der Mechaniker schrie: „Oh Gott, welche Kraft lassen wir da los!“ Aber der untere Rahmen des Flugzeugs riß ab, und die Lokomotive fiel wieder auf die Gleise zurück.

Doch leider war Caldwell nicht in der Lage, in Colorado genug Kapital für seine neue aerodynamische Erfindung aufzutreiben. Mehrere Jahre später ging er deshalb in den Osten, zuerst nach New York, dann nach New Jersey und schließlich nach Maryland, wo er ein Jahrzehnt später mit seinem Unternehmen neu anfing.

Während der zwanziger Jahre kam es in den USA zu einem erneuten wirtschaftlichen Aufschwung. Während Henry Ford sein ‚Model T‘ am Fließband bauen ließ, das schließlich das gesamte Land miteinander verbinden und den amerikanischen Lebensstil verändern sollte, träumte Jonathan E. Caldwell von zukünftigen Autobahnen am Himmel. In den folgenden Jahren flog er einmotorige Postflugzeuge und später in klobigen Lufttransportern Bananen für die ‚United Fruit Company‘. Im selben Jahrzehnt kamen die ersten zwei- und dreimotorigen Maschinen auf den Markt, und der Pionier Caldwell flog auch mit diesen Maschinen Geologen in die Wildnis von Venezuela oder Zentralamerika, die dort nach neuen Erdölfeldern suchten. Wenn er sich nicht auf einem dieser geplanten Flüge befand, mietete er sich eine kleine Maschine, um damit über die Landschaft zu fliegen. Er arbeitete einige Zeit auch als Testpilot für einen großen Flugzeughersteller und arbeitete zusammen mit Lindbergh an dessen Flugzeug ‚Spirit of St. Louis‘ mit. Lindbergh revanchierte sich später, indem er einen der frühen Prototypen von Caldwells Rundflugzeugen testete.

In jenen Jahren arbeitete Caldwell auch mit Robert Edward Lee Cone aus St. Petersburg in Florida zusammen, dem Leiter des Armee-Luftwaffenkorps. Cone war der Adjutant von Billy Mitchell und wurde zu einer der wichtigsten Kontaktpersonen von Caldwell, weil er später Billy Mitchell auf den tollkühnen Flieger Caldwell aufmerksam machte. Mitchell schrieb dem jungen Caldwell einen Brief, in dem er ihn dringend bat, seine Arbeit fortzusetzen und streng darauf zu achten, daß sie nicht in die Hände einer ausländischen Macht fiel.

Nachdem er sich zwölf Jahre lang sein Geld als Pilot verdient hatte, entschied er sich, voll in sein Rundflugzeugprojekt einzusteigen. Im Jahre 1933 hatte er ein neues Modell von vier Metern gebaut. Er glaubte nun, alle Konstruktionsfehler beseitigt zu haben, und kehrte in jenem Sommer zum letzten Mal als Reservist zum Flugplatz Kelly zurück. Er brachte dabei ein Miniaturmodell von dreißig Zentimeter Größe mit, um es seinen Freunden zu zeigen. Die Piloten beobachteten dann, wie das Rundflugmodell von Caldwell eine Reihe erstaunlicher Manöver durchführte. Auch hohe Offiziere vom Armee-Luftwaffenkorps hörten schon bald davon.

Im Jahre 1935 gründete er dann die Firma ‚The Rotoplanes Inc.' in Glen Burnie, Maryland. Seine Frau Olivia arbeitete als Sekretärin und Schatzmeister, und sein Schwager Carl Davies als Vizepräsident.

1936 baute er ein weiteres Rundflugzeug, das unwahrscheinlich leicht und zusätzlich mit einem Motor mit neun Zylindern und fünfundvierzig PS ausgerüstet war sowie mit steuerbaren Rotorblättern von einem Meter Länge und dreißig Zentimeter Breite. Diese waren in der Mitte des Flugzeugs angebracht, so daß es vertikal starten und landen und sogar auf der Stelle schweben konnte. Die Rotorblätter waren an den Kardinalpunkten einer etwa fünf Meter langen Holzscheibe angebracht, die frei rotieren konnte und das Drehmoment durch die motorbetriebenen Propeller erhielt.

Das mit einem Segeltuch bedeckte Flugzeug aus Rohrstahl, das ‚Gray Goose' – Graue Gans – getauft wurde, war in einem Tabaklagerhaus gebaut und dann auf der Farm eines Freundes von Caldwell namens Lewis Pumpwrey in Maryland getestet worden. Die Maschine flog ziemlich gut. Womöglich war sie der eigentliche Vorläufer des heutigen Hubschraubers.

Caldwell, der mit seinen anfänglichen Leistungen nicht zufrieden war, stellt einige Monate später eine völlig andere Konstruktion fertig, die er ‚Rotoplane' nannte. Sie war einem früheren Modell sehr ähnlich, dessen spektakuläre Hubeigenschaften bereits 1923 in Denver, Colorado erfolgreich getestet worden waren. Trotz ihrer Hubkraft war diese Maschine weniger manövrierfähig. Ihre Energiequelle bestand aus sechs großen Rotorblättern, die von einem einzigen Flansch von vier Meter Durchmesser ummantelt wurden. In der Mitte darüber saß der Pilot. Eine Zeitung bezeichnete diese Vorrichtung seinerzeit als „fliegenden Witz".

Aber Caldwell ließ sich durch die hämischen Bemerkungen seiner Zeitgenossen nicht von seinem großen Plan, ein großes Rundflugzeug zu bauen, abbringen. Er begann mit der Arbeit am endgültigen Prototyp, der sich dann als erfolgreich herausstellen sollte. Das jüngste Modell hatte einen Durchmesser von etwa neun Metern und verschwand, bevor die Presse und die Öffentlichkeit es genauer in Augenschein nehmen konnte. Später wurde es jedoch öffentlich für Rundflüge und Demonstrationen vor interessierten Beobachtern und Investoren benutzt.

Die Maschine erinnerte an eine riesige Badewanne, aus der oben und unten sechs Rotorblätter herausragten. In der Mitte befand sich das runde Gehäuse oder Cockpit mit zwei Sitzen sowie Schaltern und Hebeln und natürlich dem Motor. Der Motor war ein achtzylindriger Ford V8 Benzinmotor, dessen Block in zwei Hälften geteilt war. Der Motor war sehr schwer und umständlich beim Betrieb. Er wurde später durch einen neu gegossenen, leichten Aluminiumblock mit vier Zylindern ersetzt, zusammen mit einem Aluminiumgetriebe, das später durch Bronze ersetzt wurde. Der Pilot saß oben in der mittleren Nabe, sein Kopf und seine Schultern ragten aus dem Cockpit heraus. Die Hände und Füße konnten die Hebel und Pedale problemlos bedienen. Die sechs Hubblätter im Rumpf waren leicht und in einem kleinen Winkel angebracht. Sie drehten sich im Uhrzeigersinn. Ihre Geschwindigkeit konnte mit einem der Getriebe gesteuert werden. Die sechs manövrierbaren Rotorblätter oben waren für die Seitenrichtung. Sie ragten aus dem Gehäuse und drehten sich gegen den Uhrzeigersinn. Im Grunde genommen war die Konstruktion des Flugzeugs sowie ihre mechanischen Bewegungen und Steuerungen von äußerster Einfachheit. Die beiden Rotorensätze, die zwei Meter auseinander lagen, drehten sich in entgegengesetzter Richtung um das Schiff. Sie wurden während des Aufstiegs von Motoren angetrieben, konnten sich jedoch beim aerodynamischen Sinkflug frei drehen, falls der Motor ausfiel. Damit war es möglich, daß das Flugzeug mit einer Fallgeschwindigkeit niederging, die geringer war als die eines Fallschirmspringers. Die Richtungskontrolle während des Fliegens erfolgte durch Veränderung des Winkels des oberen Rotorensatzes, das heißt der Vorwärts- und Rückwärtsflug erfolgte durch einen Kippmechanismus, der an die obere Rotorenreihe angebracht war. Das bedingte ein Rutschen in Richtung auf die untere Seite, wobei die fortschreitenden Blätter abwärts fielen und die zurückweichenden Blätter an Höhe gewannen. Nach der Beschreibung von Caldwell war es dasselbe Prinzip, nach dem die Vögel fliegen, hier natürlich mit gefiederten Flügeln und Schwanz. Die Unterseite des Flugzeugs konnte wasserdicht gemacht werden, so daß es auch auf Wasser landen konnte.

Um Kapital für sein Unternehmen zu beschaffen, versuchte Caldwell wiederholt und erfolglos, Aktien seiner Flugfirma mit dem Namen ,The

Rotoplanes Inc.‘ an den Mann zu bringen. Er bot sogar fünf Dollar für einen Probeflug in der Maschine. Auf dem Aktienzertifikat stand: „Diese Aktie steht für eine Erfindung, die für die Entwicklung eines Flugzeugs verwendet werden soll, das nach dem Prinzip des Vogelflugs funktioniert.“ Jede einzelne Aktie war zehn bis hundert Dollar wert, abhängig vom Erfolg Caldwells bei der Entwicklung des Flugzeugs.

Schließlich erschien ein neugieriger Oberst vom Armee-Luftwaffenkorps namens Peter B. Watkins in ziviler Kleidung und gab sich als potentieller Käufer aus. Der erfreute Erfinder nahm ihn auf einen Testflug mit. Der Oberst durfte die Steuerung übernehmen und war erstaunt über die hochmoderne Manövrierfähigkeit im Vergleich zu den Ein- und Zweideckern der dreißiger Jahre. Der Oberst flog die Maschine die siebzig Kilometer nach Washington D.C. Als er dann über das ‚Washington Monument‘ und das ‚Weiße Haus‘ flog, erreichte er eine Geschwindigkeit von einhundertsechzig Stundenkilometern. Der Oberst war total begeistert, als er den Vorwärtsgang der Maschine abstellte und diese für einige Minuten über dem achtzig Meter hohen ‚Washington Monument‘ schweben ließ.

Nach seiner Rückkehr in die Stadt durfte er mit Präsident Roosevelt ein Gespräch führen. Er teilte dem Präsidenten mit, daß das geheimnisvolle Flugzeug von Caldwell so fortschrittlich war, daß die Vereinigten Staaten unverzüglich die Patente und die Produkte übernehmen sollten, um zu vermeiden, daß sie in den Besitz anderer Länder kämen. Roosevelt stimmte dem Oberst zu und bat ihn, sich intensiv mit dem Projekt zu beschäftigen und ihm in dreißig Tagen Bericht zu erstatten, damit die Zustimmung des Kongresses bekäme.

Innerhalb von dreißig Tagen handelte Roosevelt auch ohne Zustimmung des Kongresses. Caldwell erhielt einen Brief vom Justizminister des Staates Maryland, in dem er aufgefordert wurde, den Verkauf von Aktien seiner neuen Gesellschaft unverzüglich einzustellen. Die früheren Anträge zum Verkauf von Aktien in New York im Jahre 1934 und New Jersey im Jahre 1932 wurden von den jeweiligen Justizministern ebenfalls abgeblockt. Caldwell wurde aus seinem eigenen Geschäft regelrecht herausgeworfen, bevor es noch so richtig in Gang kam.

Dann am 27. Oktober 1936 erhielt Caldwell einen Brief vom damaligen Kriegsminister. Er lautete: „Aufgrund unseres kürzlich geführten Gesprächs... sind wir der Meinung, daß Ihre Erfindung zu wichtig ist, um sie in feindliche Hände fallen zu lassen. Die amerikanische Regierung macht Ihnen deshalb ein Angebot von fünfzigtausend Dollar für die Patentrechte an der ‚Grauen Gans' und dem ‚Rotorflugzeug'. Sie ist ebenfalls bereit, Ihnen zukünftige weitere Tantiemen zukommen zu lassen... Das Armee-Luftwaffenkorps ist ebenfalls bereit, Sie als Offizier in den aktiven Dienst zu übernehmen und Sie in einen höheren Rang zu befördern, als den, den Sie im Augenblick innehaben."

Am nächsten Tag bestieg Jonathan Caldwell einen Zug nach Washington. Er stieg in einem Hotel in Arlington, Virginia, ab und sprach mit dem Stabschef der Armee, mehreren aeronautischen Experten, wichtigen Kongreßabgeordneten und Mitgliedern des Kabinetts über seine weitere Zukunft. Diese Gruppe traf sich noch einmal im Weißen Haus, wo Caldwell von Präsident Roosevelt empfangen wurde. Er wurde in den Rang eines Oberstleutnant befördert, mit einem Jahresgehalt von zehntausend Dollar. „Im Interesse der Sache" mußte Jonathan E. Caldwell an jenem Tag seine schwerste Entscheidung treffen. Er mußte für immer seinen Familiennamen Caldwell aufgeben und aus der Gesellschaft verschwinden, bis zu dem Tag, da er sterben würde.

Im August 1949, lange nach dem Verschwinden von Caldwell, wagten sich einige Kinder durch ein zerbrochenes Fenster in eine Tabakscheune in Maryland, in der es angeblich spuken sollte. Sie liegt heute innerhalb des Stadtbereiches von Baltimore. Diese erzählten später ihren Eltern, daß sie eine fliegende Untertasse gesehen hätten. In den alten Akten des FBI und in einem Zeitungsartikel der ‚Baltimore Sun' und der ‚Washington Post' vom 21. August 1949, die ich in den Archiven der ‚United Press' und der ‚Associated Press' gefunden habe, stand eine kurze Notiz über das, was dort gefunden wurde. Der Sheriff von Anne Arundel Country, der Vater einer der Jungen, wurde gebeten, die Jungen zu der Scheune zu begleiten. Er bestätigte ihre Geschichte. Sie hatten Caldwells ursprüngliche ‚Graue Gans' und das erste Rotorenflugzeug gefunden. Nachdem er die Luftwaffe informiert hatte, wurde der Platz gesperrt. Eine neue Generation von Experten der Luftwaffe, die von Caldwells Erfindungen keine Ahnung hatte, brachte das seltsame Gerät mit einem Lastwagen zum Luftwaffenstützpunkt ‚Wright Patterson' in Dayton, Ohio. Die Offiziere der Luftwaffe im Pentagon wurden blaß, als sie endlich die Akten fanden, durch die das Geheimnis aufgeklärt wurde. Denn seit dem Tag, an dem Caldwell spurlos verschwunden war, lagen seine Erfindungen in der alten Tabakscheune herum. Alle hatten sie vergessen.

Am 8. November 1978 fand ich in einem Archiv in Kensington, Maryland, ein altes Buch, das sich mit Caldwell befaßte. Ich durfte es zwei Stunden lang einsehen. Auf dem Ledereinband stand in goldenen Lettern der Name Jonathan E. Caldwell. Im Buch selbst waren einige der wertvollsten Informationen, die der Welt jemals überliefert wurden. Der Inhalt war vielleicht ebenso wichtig wie die Verfassung der Vereinigten Staaten oder die Lebensgeschichte von Abraham Lincoln, und auch für den Rest der Welt stellten die Notizen in diesem Buch einen wertvollen Schatz dar, der auch ihm eines Tages zugute kommen würde. Als man mir die Genehmigung zum Lesen dieses Buches gab, wurden auch die Vorschriften dargelegt, die dabei einzuhalten wären. Die ganze Zeit würden Wachleute daneben stehen. Es durften keine Notizen oder Aufnahmen gemacht werden. Als ich auf den Einband schaute und dann das Buch öffnete, war ich mit Ehrfurcht erfüllt. Denn was ich da sah, war ein Blick in die Zukunft. Der volle Inhalt dieses Buches wird der Öffentlichkeit erst nach dem Jahr 2000 bekannt gegeben.

Caldwells Rotorenflugzeug stellte den ersten Versuch dar, die uns haushoch überlegene Technik der Außerirdischen nachzubauen. Und schon damals erkannten die Militärs, daß eine Nation, die den Luftraum beherrschte, anderen Ländern in Zeiten des Krieges und des Friedens ihren Willen aufzwingen konnte. Caldwells Rotorenflugzeug war typisch für andere ähnliche Erfindungen, auf die die Armee und die Luftwaffe aufmerksam wurde, während sie ihm half, eine verbesserte Version des Rundflugzeugs zu bauen.

Die Politik der Regierung bestand darin, das Wissen über diese Art von fortgeschrittener aerodynamischer Konstruktion geheim zu halten. Im Jahre 1936 wurden unter dem unauffälligen Namen ‚A-2 Army Air Corps Intelligence' die ersten Versuche gestartet, das Rundflugzeug von Caldwell zu verbessern. Das Militär hatte den Wunsch, mit der Genehmigung des Präsidenten einen geheimen militärischen Komplex zu errichten, mit dem das Rundflugzeug in Massen hergestellt werden sollte. Aber wofür man zuallererst sorgen sollte, war, einen Ort zu finden, den die zahlreichen deutschen Agenten in Amerika nicht finden konnten.

Als der Zweite Weltkrieg ausbrach, wurde der größte Teil der geistigen Energien dazu verwendet, die bestehenden Konzepte des Rundflugzeugs zu verbessern. Und obwohl die amerikanischen Wissenschaftler fortfuhren, nach neuen Möglichkeiten in bezug auf Konstruktion und Antrieb zu suchen, konzentrierte man sich in erster Linie auf den konventionellen Kriegsapparat, mit dem die Alliierten der USA den Feind sicherer bekämpfen konnten.

Am 7. Dezember 1941, als die USA in den Zweiten Weltkrieg eintrat, wurden einige UFOs über dem Weißen Haus und dem Capitol gesichtet. Die Flakgeschütze, die im Zentrum von Washington stationiert waren, sandten einige Salven nach oben, die die Besucher buchstäblich überraschten. Als ein UFO ein Ausweichmanöver durchführte, bemerkte einer der Leute am Radar, daß eines der Schiffe getroffen worden war. Es verließ die Formation und verschwand in einem großen Mutterschiff, das sich in einer Höhe von zirka elftausend Metern befand. Dies war der erste einer Reihe von Vorfällen während des Krieges, da unidentifizierte fliegende Objekte über mehreren Gebäuden der Hauptstadt gesehen wurden. Zu jener Zeit wurden auch einige zigarrenförmige UFOs über verschiedenen amerikanischen Städten gesichtet. Diese Flugobjekte benötigten eine Unmenge elektrischer Energie. Man hat beobachtet, daß sie häufig über Kraftwerken schwebten und dort Strom abzapften. Einmal im Jahre 1944 war die Menge von Strom, die sie abzapften so hoch, daß das gesamte elektrische System der Stadt ausfiel.

Im Jahre 1945, als die japanische Kapitulation unterzeichnet wurde, wußte das amerikanische Volk immer noch nichts genaues über die Identität der UFOs oder den Grund für ihre Anwesenheit. Zu Beginn seiner Dienstzeit als Oberster Alliierter Kommandant für den Fernen Osten forderte General Douglas McArthur die obersten japanischen Offiziere auf, in sein Büro im Mechie-Gebäude in Tokio zu kommen. Er starrte den Offizieren direkt in die Augen und fragte sie, wo sich ihre runden Spionageflugzeuge befänden, die den größten Teil des Krieges über Washington geschwebt hätten. Die Japaner sahen sich gegenseitig an und lächelten. Sie wußten nicht, wovon er redete.

Aber im Augenblick befand sich Amerika in der stärkeren Position. Bei der Jalta-Konferenz hatte Stalin Roosevelt und Churchill gefragt, warum die Alliierten das Geheimnis des Rundflugzeugs Rußland vorenthielten. Roosevelt und Churchill bestritten, daß die UFOs in alliierten Rüstungsbetrieben hergestellt worden seien. Stalin war wütend und verließ beinahe die Konferenz. Während er die beiden alliierten Führer mit kalten Augen ansah, zischte er über den Tisch: „Ihr englischsprechenden Völker steckt alle unter einer Decke. Aber ich habe Spione in Ihren Ländern, und ich werde schon herausfinden, wo sich Ihre geheimen Raumschiffe befinden, die über Moskau schweben."

Bei diesen kann und wird es sich wahrscheinlich um deutsche Flugscheiben gehandelt haben. Doch hatte er bestimmt auch von dem amerikanischen Projekt Wind bekommen.

Es stellt sich die Frage, ob Stalin wirklich über die UFOs informiert gewesen ist? Ich denke ja. Der Geheimdienst der Vereinigten Staaten war – wahrscheinlich ohne das Wissen von Roosevelt, der sich um Stalins Freundschaft bemühte – in den Kreml eingedrungen und hatte dort einige erstaunliche Dinge herausgefunden. Das erfreulichste für den Geheimdienst war der folgende Zwischenfall: Eines Tages im Jahre 1943 erhielt Stalin den Besuch eines Außerirdischen. Der Fremde erschien vor Stalins Schreibtisch und stellte sich als Gesandter der Venus vor. Stalin schaute ihn verwirrt an und brüllte: „Ich habe keinen Sinn für amerikanischen Humor." Er sprang von seinem Stuhl und drohte dem „Yankee", daß er die Wachen rufen würde. Ohne weitere Diskussion sagte der Fremde, daß Stalin ruhig die Wachen rufen solle. Diese traten dann auch prompt ein. Die russischen Wachen griffen sich den Fremden, und einige Sekunden später war dieser verschwunden. Die beiden Leute hielten sich nur noch gegenseitig fest. Das Wesen hatte sich einfach in Luft aufgelöst. Auch Adolf Hitler war angeblich mehrmals persönlich von Außerirdischen besucht worden, aber die Unhöflichkeit, die Stalin dem Außerirdischen erwiesen hatte, markierte den Beginn einer Antipathie zwischen den außerirdischen Besuchern und den nachfolgenden russischen Führern.

Es ist offensichtlich, daß einige Länder nach dem Ende des Krieges ihre wichtigste Aufgabe darin sahen, herauszubekommen, wo diese Außerirdischen herkamen. Aber obwohl sich das UFO-Phänomen in der Öffentlichkeit nur langsam herumsprach, wurde das militärische Interesse an ihnen während des Weltkriegs doch immer größer. Über Deutschland und den von ihm besetzten Ländern berichteten die Piloten über seltsame Lichter und leuchtende Kugeln, die über ihren Formationen schwebten. Von den alliierten Piloten wurden sie als Objekte unbekannten Ursprungs angesehen und es wurde der Slang-Ausdruck ‚Foo-Fighters' geprägt. In den Quartieren der Alliierten in England flüsterte man von himmlischen Lichtern, die gekommen waren, um zu trösten und Mut zu machen. Geheimdienstagenten aller am Weltkrieg beteiligten Nationen begannen ernsthaft damit, sich mit dem Geheimnis der ‚Foo-Fighters' auseinander zu setzen. Während des Zweiten Weltkriegs fragten sich viele Menschen auf beiden Seiten, zu wem nun diese unidentifizierten Flugobjekte gehörten, auch nachdem einige Außerirdische bei den Regierungschefs erschienen waren. Es war zu simpel, einfach zu sagen, daß man die Außerirdischen nicht zuordnen konnte. Sie sahen zu menschlich aus, um nicht menschlich zu sein. Die Erklärung, daß es auf anderen Planeten Wesen geben könnte, die mit uns praktisch identisch waren, wurde als zu arrogant abgetan. Die Regierungen konnten einfach nicht akzeptieren, daß diese Objekte außerirdischen Ursprungs waren. Die Einstellung, daß der Mensch einmalig sei, war durch die religiöse Erziehung tief in uns verwurzelt. Deshalb gingen die Geheimdienste damals von zwei Vermutungen aus: Die UFOs waren vermutlich feindlich, und sie waren irdischen Ursprungs. Bei den ‚Foo-Fighters' hat es sich ja, wie Sie selber schon erwähnt haben, offenbar tatsächlich um deutsche Entwicklungen gehandelt. Auch andere deutsche Flugscheiben überwachten den Luftraum über Amerika und Europa. Trotzdem tummelten sich ganz offenbar auch außerirdische Untertassen über den Schlachtfeldern.

Jedes Land entwickelte schnell seine eigenen Methoden, diese UFOs zu beobachten. Aber die Agenten verfügten nur über wenige Informationen. Die Amerikaner, Kanadier und Engländer arbeiteten zusammen, da sie der Ansicht waren, daß eine konzertierte Aktion schnellere Resultate bringen würde. Der Befehl, den einige Länder ihren Piloten in ihren klobigen Propellerflugzeugen gaben, war: „Treffen Sie das UFO, wenn Sie können." Man hatte bereits verschiedene Arten von UFOs katalogisiert, zum Beispiel die fliegende Untertasse und die laternenförmigen UFOs, das glokkenförmige, zigarrenförmige und rohrförmige UFO, kleine Scheiben von dreißig Zentimetern und sogar quadratische UFOs und natürlich die gigantischen Mutterschiffe, die heller als die Venus waren. Diese standen einhundert Kilometer hoch am Himmel und hatten eine Länge von etwa anderthalb Kilometern. Sie waren praktisch fliegende Städte.

Es ist ein Wunder, daß der amerikanische Geheimdienst, das OSS - das ‚Office of Strategic Services', der Vorläufer der CIA - nicht an der größten Aufgabe, die ihm seit seiner Gründung durch General William Donovan im Jahre 1942 gestellt wurde, scheiterte. Mit Hilfe der Wissenschaftler und der größten Universitäten wurden Pläne entwickelt, während die Regierung ihre Aktivitäten in bezug auf die UFOs fortsetzte, ohne die Presse oder die Öffentlichkeit darüber zu informieren. Wissenschaftliche Konferenzen im ganzen Land, die normalerweise von irgendeiner Regierungsbehörde finanziert wurden, widmeten sich den folgenden Fragen:

Erstens: Sind es nur Visionen oder reale Wesen mit einem konkreten Körper?

Zweitens: Ist es möglich, daß die Schwingungen, die die Atomstruktur unseres Körpers in einer permanenten Gestalt zusammenhalten, bei den Außerirdischen höher ist, so daß diese in der Lage sind, zu erscheinen und sich wieder aufzulösen?

Drittens: Müssen die Besucher ebenso wie wir ein Luftgemisch atmen, um zu überleben?

Und dann fragte man sich: „Was ist, wenn die Schwerkraft überwunden werden kann?" Die Antwort, die die Wissenschaftler gaben, war: „Falls die Schwerkraft an bestimmten Stellen, zum Beispiel in einem Raumschiff, überwunden werden kann, dann wäre dessen Masse schwerelos."

Und schließlich beschäftigte man sich mit den Problemen der Reisen durch den Raum. Man fragte sich, ob es möglich wäre, entlang des magnetischen Nord-Süd-Rasters der Erde schneller als der Schall zu reisen. Die Antwort war: „Wir glauben, daß eines Tages Maschinen in der Lage sein werden, genau das zu tun und sogar mit unvorstellbarer Geschwindigkeit mit freimagnetischer Energie zwischen den Planeten hin und her zu fliegen."

Aufgrund dieser Konzepte ging die Luftwaffe davon aus, daß tatsächlich Außerirdische aus unserem eigenen Sonnensystem und möglicherweise auch von außerhalb des Sonnensystems bei uns landen. Einige amerikanische Wissenschaftler sagten, daß das uralte Konzept von den magnetischen Energiefeldern der Erde und den magnetischen Kräften, die zwischen den Planeten wirken, neu überdacht werden müßte.

Am Ende des Zweiten Weltkriegs wurde dem Rundflugzeug von Caldwell die allererste Priorität eingeräumt, dessen Planung und Produktion an einem geheimen Ort stattfand, am Ende einer einhundertfünfzig Kilometer langen, bewachten Bergstraße. An diesem Ort wurde über die Planung und die Spezifikationen des Rundflugzeugs entschieden."

John unterbricht einen Moment seine Ausführungen, nimmt einen Schluck von seinem Tee und sammelt sich einen Augenblick, bis er fortfährt: „Das Raketenwettrennen zum Mond in den sechziger Jahren war nur ein Aspekt der amerikanischen Anstrengungen, mehr über den Weltraum zu erfahren. Aus Gründen der nationalen Sicherheit wurde der wichtigste Teil des Plans, nämlich die Herstellung eines Rundflugzeugs, geheim gehalten, bis der geeignete Zeitraum der Bekanntgabe kommen würde.

Heute, über dreißig Jahre später, glauben viele amerikanische Geheimdienstleute und Militärs, daß es nun an der Zeit wäre, der Öffentlichkeit die neue Technologie vorzustellen, die die Welt verändern wird. Aber viele andere Leute in den über dreißig geheimen Regierungsbehörden, insbesondere der NASA und der ‚National Science Foundation', sind der Meinung, daß dies verfrüht wäre. Obwohl es den unteren Rängen der verschiedenen Waffengattungen noch nicht mitgeteilt wurde, hat die amerikanische Luftwaffe 1966 festgestellt, daß einige der UFOs, die regelmäßig am amerikanischen Himmel auftauchen, eindeutig interplanetaren Ursprungs sind. Man kam zu dem Schluß, daß die UFO-Sichtungen endlich erklärt werden sollten.

Im Jahre 1977 erklärte mir ein Viersterne-General, der seit dem Zweiten Weltkrieg an verschiedenen streng geheimen Forschungs- und Entwicklungsprojekten mitgearbeitet hatte, die Einstellung der Luftwaffe. Kurz zusammengefaßt ist diese wie folgt: „Bisher waren wir nicht bereit, etwas über unsere eigenen Entwicklungsprojekte zu verraten, weil die Außerirdischen, die wir getroffen hatten, uns metaphysisch und technisch so weit voraus waren, daß sie uns ohne weiteres zerstören konnten, wenn sie dies gewollt hätten. Wir wären vollkommen hilflos gewesen." Der General erwähnte keine Waffen – er erklärte einfach das Dilemma der Erde, nicht in bezug auf Vergeltung, sondern beschränkte seine Erklärungen auf den effektiven Schutz auf der Oberfläche dieses Planeten.

Während die Welt nach dem Krieg in alten Manuskripten suchte, um das Rätsel der UFOs zu lösen, kannten Deutschland und Amerika bereits die Antwort und vergruben sie jedes Jahr immer tiefer. Für die USA war die wichtigste Frage einfach folgende: Wäre sie schnell genug in der Lage, eigene, entsprechend hochentwickelte Maschinen zu bauen, mit denen sie sich gegen die außerirdischen Eindringlinge und eventuell auch gegen die Nationalsozialisten verteidigen könnte? Und wenn sie diese übermenschliche Aufgabe noch vor dem Ende des Zweiten Weltkriegs schaffen könnte, könnte sie die Arbeit effektiv vor ihren damaligen Feinden, den Deutschen und den Japanern, und auch den Russen, die damals ihre Verbündeten waren, geheim halten?"

Hier unterbreche ich wieder: „Phantastisch, was Sie da so detailliert über diesen Caldwell zusammengetragen haben. Wie kamen Sie denn an die Unterlagen über diesen Erfinder, die ja wirklich mehr als ausführlich sind?"

„Na ja, so einfach war das nun wirklich nicht. Die Existenz einer aerodynamischen Erfindung durch Caldwell, die wichtig genug war, um von der Regierung unterstützt zu werden, wurde von der Armee und Luftwaffe natürlich geleugnet. Geschichten darüber erschienen im Juli 1949 in verschiedenen amerikanischen Tageszeitungen, unter anderem auch Bilder über das Rotorflugzeug und die ‚Graue Gans', die sich in einem sehr heruntergekommenen Zustand befand, da man sie bereits 1936 aufgegeben hatte. Der Originalbericht erschien in der ‚Baltimore Sun'. Die ersten Hinweise auf diese Geschichte fand ich später im ‚Nationalarchiv'. Ich hatte von einem Beamten einen entsprechenden Tip bekommen. Dann forschte ich in den Archiven der ‚Baltimore Sun' und sprach mit Redakteuren und Fotografen. Die Suche ging in Kalifornien und Kanada weiter. Das größte amerikanische Genie seit den Gebrüdern Wright wohnte an verschiedenen Orten und war ständig auf Achse. Er nahm ständig neue Namen an, um sich vor Entdeckung zu schützen. Er war körperlich immer noch fit, sein Geist klar und seine Augen hatten immer noch den intensiven, klaren Ausdruck, wenn er über seine Lieblingsthemen redete. Das war 1976. Daß er heute noch lebt, ist jedoch unwahrscheinlich.

Doch die Geschichte geht jetzt erst richtig los."

„Entschuldigung John, daß ich Sie erneut unterbrechen muß, aber meine Zeit ist leider zu Ende." Nach den letzten Sätzen stieg meine Neugier ungemein und ich will nun wissen, ob er noch viel zu sagen hat.

„Das war noch nicht einmal die Grundlage zu dem, was ich Ihnen eigentlich sagen möchte. Wir brauchen mindestens noch sechs bis sieben Stunden“, erklärt er mit einem besorgten Gesicht.

Nun liegt es an mir, eine Lösung für das Zeitproblem anzubieten. „Ich sehe, wir sind in einer Zwickmühle. Nun, ich habe mir ein paar Gedanken gemacht und möchte Ihnen einen Vorschlag unterbreiten. Was halten Sie davon, wenn Sie mit mir mitfahren? Wir hätten dann genügend Zeit zu reden, vorausgesetzt, Sie haben heute Abend keinen Verpflichtungen nachzugehen.“

Ein Strahlen kommt über sein Gesicht. „Ich habe absolut nichts vor. Ehrlich gesagt hatte ich insgeheim schon gehofft, daß Sie mir dieses Angebot machen würden. Wie steht es denn mit der Übernachtung?“

„Kein Problem, wir übernachten bei einem Freund und fahren morgen früh wieder zurück. Sie brauchen auch kein Gepäck, da ein Bett und andere Utensilien vorhanden sind. Wenn Sie einverstanden sein sollten, brechen wir am besten gleich auf.“

John stimmt zu, und nachdem wir unsere Köfferchen geschnappt und uns von Peter verabschiedet haben, gehen wir zu meinem Auto und fahren los. Wir sind schnell über den Ring aus der Innenstadt heraus und ich bitte meinen Gast, mit seiner spannenden Geschichte fortzufahren.

Kapitel 4
Die USA bereiten ihre Rundflugzeuge für einen möglichen Kriegseinsatz vor

„Vor dem Zweiten Weltkrieg“, erklärt John, „bereitete der Aufstieg der Militärregime in Japan, Italien und Deutschland den Demokratien zwar ernste Sorgen, aber die Kriegspolitik Großbritanniens und der Vereinigten Staaten war noch nicht festgelegt worden. Frankreich baute die Maginotlinie aus. Großbritannien zog es vor, die Deutschen durch seine ‚Appeasementpolitik‘ der ständigen Kompromisse hinzuhalten, und prominente Amerikaner setzten sich dafür ein, die USA ganz aus diesem Konflikt herauszuhalten. Aber gleichgültig, wie die Politik der Demokratien aussah, um den Diktaturen entgegenzutreten, die Nationalsozialisten unter Hitler setzten immer mehr Agenten und Spionagedienste im Ausland ein.

Im Jahre 1936 funktionierte bereits ein effektives Agentennetz in den USA. Es war sehr leicht gewesen, dieses Netz aufzubauen. Den deutschen Agenten fiel es nicht schwer, ihre Aktivitäten durchzuführen, ohne größeres Mißtrauen zu erregen. Sie rekrutierten neue Mitglieder aus Organisationen wie dem ‚Deutschen Bund‘ oder indem sie Sympathisanten aus den Kreisen eingewanderter Deutsch-Amerikaner für sich gewannen, die von der Ideologie der Nationalsozialisten fasziniert waren. Aber trotz der Existenz einiger Sympathisanten innerhalb der deutschen Gruppen hatte der überwiegende Teil der deutschen Einwanderer eine starke Abneigung gegen die Ideologie der Nationalsozialisten. Darunter gab es auch Deutschamerikaner, die nicht nur gegen die Nationalsozialisten eingestellt waren, sondern sogar auch aktiv gegen sie kämpften. Dies wurde durch Unterlagen des Geheimdienstes später bestätigt.

Die amerikanischen Offiziere der Armee und der Luftwaffe, die über diese Spionageaktivitäten sehr wohl informiert waren, sprachen im Jahre 1936 mit Caldwell und waren sich sehr bald darüber im klaren, daß dieser junge Mann dabei war, eines der größten Wunder in der Geschichte der amerikanischen Luftfahrt zu vollbringen. Obwohl das erste „Glen Burnie“-Rotorenflugzeug weniger als einhundertsechzig Stundenkilometer schaffte und mit einem konventionellen Flugzeugmotor betrieben wurde, war die Konstruktion der Maschine ganz anders als alles, was jemals von Menschen gebaut oder geflogen worden war. Ein etwas schwerfälliges, aber notwendiges Ruder verursachte häufig unkontrollierte Flugmanöver bei Gegenwind. Und während die Maschine immer noch eine kurze Strecke zum Abheben benötigte, war schon jetzt offensichtlich, daß es mit dem Potential, das die Maschine an Geschwindigkeit und Manövrierfähigkeit bot, eines Tages möglich war, mit ihr die Sterne zu erreichen, wenn man entsprechend an ihr arbeiten würde.

Als die USA einen kritischen Blick auf ihre Leistungen im Bereich der Luftfahrt warf, mußte sie feststellen, daß es zwar überall auf dem Markt zu wissenschaftlichen Durchbrüchen in der Entwicklung destruktiver Waffen gekommen war, jedoch die USA selbst seit dem Ende des Krieges nur unbedeutende Fortschritte in dieser Technologie gemacht hatte. Aber die Verwendung von Flugzeugen als effektive Kriegswaffen wurde von den Experten der Armee und Luftwaffe der USA klar erkannt, als die Berichte über die Zerstörung spanischer Städte durch deutsche Sturzflugbomber und die Luftunterstützung der italienischen Truppen bei der Eroberung von Äthiopien vorlagen. Da man sich über die zunehmende strategische Bedeutung der Flugzeuge allmählich klar wurde, änderte man die Einstellung in bezug auf das Rotorenflugzeug von Caldwell, und man machte sich Sorgen über eine mögliche Spionagetätigkeit, insbesondere von deutscher Seite. Die Regierung ordnete an, daß man das Caldwell-Programm an einen Ort verlegte, wo es vor deutschen Spionen sicher war.

Das neue Werk, das unter der Aufsicht von Caldwell betrieben wurde, befand sich auf dem ‚Wright Patterson'-Flugfeld außerhalb von Dayton, Ohio. In einer Ecke eines Hangars mit der Nummer ‚zwei' nahm Caldwell im Dezember 1936 seine Arbeit auf. Mit Hilfe eines Maschinisten und Schweißers baute er zuerst eine Werkstatt auf. Er nahm einen neuen Namen an, den er im Laufe der folgenden Jahre noch zweimal ändern sollte. Auch wurde ihm eine Sekretärin zur Verfügung gestellt, die die ständigen Berichte für ihn tippte, die der Verkehr mit der Armee und der Luftwaffe erforderlich machte. Er und seine Frau Olivia mußten ständig von der Sicherheitspolizei beschützt werden. Ihre Kinder, ein Junge und ein Mädchen, beklagten sich darüber, daß sie bei ihren Verabredungen ständig überwacht und ihre Freunde und deren Familien überprüft wurden. An ein Privatleben war für sie nicht mehr zu denken.

Unter Caldwells Aufsicht begann man 1936, eine neue Maschine mit einigen technischen Veränderungen zu bauen. Nach den Plänen sollte sie einen Durchmesser von etwa elf Metern haben und sechs Leute aufnehmen können. Dabei wollte man die leichtesten Komponenten verwenden, die damals zur Verfügung standen. Die Konstruktion bestand aus dünnen Stahlplatten, die um ein zentrales Cockpit angeordnet waren. Ursprünglich wollte man mit Seidenlack versehenes Sperrholz verwenden, entschied sich dann aber für eine Baumwolldeckschicht. Diese Schicht wurde für die ersten Modelle verwendet. Dann stieg man auf das von Dr. Bolton B. Smith vom ‚Massachusetts Institute of Technology' entwickelte Aluminium um. Davon nahm man wiederum Abstand, als sich herausstellte, daß diese Schicht einen zu niedrigen Hitzewiderstand aufwies, was die Maschine für hohe Geschwindigkeiten untauglich machte. Schließlich entschied man sich für eine Außenschicht aus papierdünnem rostfreiem Stahl, der an eine Innenschicht von Aluminium mit einer Zwischenschicht aus Duralumin aufgeklebt wurde. Diese Methode wurde zur Standardpraxis bei allen Rundflugzeugen, bis die Außerirdischen eine perfekte Formel für die amerikanischen Maschinen liefern würden.

Caldwell opferte dem Projekt seine gesamte Zeit. Jede freie Minute dachte er darüber nach, wie er das Flugzeug verbessern könnte. Eines nachts, als er unter strenger Bewachung in seinem Haus arbeitete, klopfte es plötzlich an der Tür zu seinem Arbeitszimmer. Caldwells eigener Hund, der vor der Tür lag, hatte sich nicht gerührt. Als Caldwell die Tür öffnete, stand ein hochgewachsener Mann in einem silbernen Anzug und Stiefeln vor ihm, der ihn mit ausgestreckter Hand begrüßte. Caldwells deutscher Schäferhund schaute auf den Fremden und wedelte mit dem Schwanz. Caldwell bat den Besucher, vor seinem Schreibtisch Platz zu nehmen. Da er noch nicht sicher war, wen er da vor sich hatte, bedeckte er schnell das Diagramm, an dem er arbeitete, mit einem Buch. Der Fremde sagte: „Machen Sie sich keine Sorge um die Pläne unter Ihrem Buch. Das Problem, mit dem Sie sich herumschlagen, betrifft den Antrieb. Eigentlich ist es kein Problem mit der Planung, sondern vielmehr ein mathematisches Problem."

Dann überreichte der Fremde ihm eine Aktenmappe mit sieben Blättern, unter anderem die Konstruktion eines Vergasers und die Formel für einen neuen Treibstoff. Caldwell bot seinem neuen Freund eine Tasse Kaffee an und sie sprachen fünfzehn Minuten miteinander, wobei der Fremde Caldwell erklärte, wie er die Schwierigkeiten überwinden könnte, die er mit dem neuen Rundflugzeug hatte. Der Außerirdische verabschiedete sich danach wieder und als sich Caldwell die Pläne genauer ansah, fand er dort eine Formel aus sieben Bestandteilen, die er später dem Kerosin für die Düsenantriebe hinzufügte, das gerade getestet wurde. Die Leistung verbesserte sich in einem unglaublichen Maß. Bis zu dem Zeitpunkt bestand keine Notwendigkeit für ein explosives Gemisch, da eine einfache Beimischung von Blei zum Benzin ausreichend war, um den Kolbenmotor anzutreiben.

Zur Erleichterung des Sicherheitspersonals hatte die deutsche Spionage die Spur von Caldwell und seiner erstaunlichen Maschine Ende 1936 verloren. Im neuen Gebäude von ‚Wright Patterson' konnten die Mitarbeiter von Caldwell nach Belieben kommen und gehen. Doch ihre Anwesenheit in Dayton konnte auf die Dauer nicht geheimgehalten werden. Die deutschen Agenten suchten das gesamte Land nach ihnen ab.

Inzwischen wurde die frühere Arbeit von Caldwell an einem Düsenantrieb mit Hilfe der Northwestern University und der Außerirdischen abgeschlossen. Seine Erfindung stellte eine Verbesserung an einem früheren, in Frankreich entwickelten Modell dar. Man hatte die Absicht, den konventionellen Flugzeugmotor in den Rundflugzeugen durch den neu entwikkelten Düsenmotor zu ersetzen.

Der Umfang des Projektes wurde vergrößert, als man die strategischen Möglichkeiten der Maschine erkannte. Im Januar 1937 stellte die ‚Northwestern University' Physiker für die Laborarbeiten in bezug auf Planung, Metallurgie und Chemie zur Verfügung. Das Werk im Hangar Nummer ‚zwei' auf ‚Wright Patterson' startete mit einer Belegschaft von zehn Leuten, deren Zahl aber immer größer wurde. Es wurde ein Aufsichtsrat gegründet, der aus dem kommandierenden Offizier des Stützpunktes, zwei weiteren Offizieren und Caldwell selbst bestand.

Caldwell war bei Testflügen mit der neuen Maschine mehr als einmal knapp dem Tod entgangen. Deshalb wurden zwei Testpiloten aus Kelly Field, Texas, eingesetzt, die diese Flüge übernahmen. Die Bezeichnung ‚Rotorenflugzeug' wurde jetzt durch ‚Rundflugzeug' ersetzt, und in offiziellen Schreiben nannte man das Projekt jetzt auch nicht mehr das ‚Long Island Projekt'. Es lief jetzt unter dem Namen ‚Jefferson', und fiel unter die höchste Geheimhaltungsstufe. Das neue Personal wurde vierundzwanzig Stunden pro Tag überwacht, und auch die sozialen Kontakte der Familien wurden genau überprüft.

Aber diese neue Wachsamkeit kam etwas zu spät. Die deutschen Agenten hatten inzwischen herausgefunden, wo sich Caldwell aufhielt. Sie schickten eine Meldung an ihren Militär-Attaché und heckten einen Plan aus, wie sie sich der am Jefferson-Projekt beteiligten Amerikaner bemächtigen könnten, ohne daß die Sicherheitsbehörden das verhindern konnten.

Im Frühjahr 1938 nahm das Projekt Jefferson den größten Teil der Fläche im Hangar Nummer ‚zwei' sowie eines benachbarten Hangars ein. Es gab einhundert vereidigte Mitarbeiter, die unter einem erweiterten zehnköpfigen Aufsichtsrat arbeiteten. Sie erhielten Spitzengehälter und trafen sich regelmäßig in einer exklusiven Bar in der Innenstadt von Dayton, wo die besten und teuersten Getränke serviert wurden. Für diejenigen, die sich gern dem Glücksspiel hingaben, war ein spezielles Hinterzimmer vorhanden. Die Leute wurden dazu animiert, möglichst viel zu wetten.

Während dieser Zeit erhielt die Polizei, Presse und Luftwaffe Berichte über unbekannte Flugobjekte, die im Nordosten mit unglaublicher Geschwindigkeit durch die Luft flogen Im Jahre 1938 lag der Geschwindigkeitsrekord bei propellergetriebenen Rundflugzeugen bei etwa fünfhundert Stundenkilometern. Man berichtete, daß von diesen neuartigen Flugzeugen ein leuchtender Glanz ausging. Dieser Glanz war eine reine Widerspiegelung. Die Oberfläche dieser Flugzeuge war extrem glänzend. Sie spiegelte das Sonnen- oder Mondlicht so stark wider, daß die Form des Flugzeugs selbst kaum erkennbar war. Die Flugzeuge starteten und landeten auf dem ‚Wright Patterson'-Flugfeld normalerweise bei Nacht.

Aber jetzt hatten die Deutschen bei ihrer Spionagetätigkeit Konkurrenz bekommen. Die Japaner waren ebenso an der neuen Maschine interessiert wie sie. Der Zweite Weltkrieg stand vor der Tür, und die Militärspione waren überall auf der Welt emsig am Werk.

Hätten die faszinierten Beobachter in der amerikanischen Bevölkerung die Wahrheit gekannt, dann hätten sie gewußt, daß diese Maschinen keine UFOs waren, sondern amerikanischen Ursprungs. Es handelte sich in der Tat um fast vollkommen neue Versionen des ersten Rotorflugzeugs von Caldwell. Sie waren rund, hatten einen Durchmesser von etwa elf Metern und oben in der Mitte eine Kabine. Den Antrieb bildete jetzt ein mit Kerosin betriebener Düsenantrieb, mit dem das Flugzeug eine Spitzengeschwindigkeit von eintausend Stundenkilometern erreichte. Die Düsen saugten Luft in ihre Kammern, erhitzten sie und verteilten sie durch ein

System von Leitungen. Dadurch erhielt die Maschine ihre Manövrierfähigkeit, über die die Beobachter berichtet hatten. Zehn dieser wunderschönen Maschinen waren im September 1938, zwei Jahre, nachdem Caldwell seine erste Maschine die siebzig Kilometer bis Washington geflogen war, im Hangar auf dem Stützpunkt versteckt. Der 12. September war dabei ein ganz besonderer Tag. Caldwell saß persönlich in einer der Maschinen, als sie aus dem Hangar rollten. Nachdem das Wartungspersonal noch einmal die Maschine überprüft hatten, hob er noch vor Morgengrauen vom Boden ab. Die Maschine hatte Mühe, ihre gesamte Last in die Luft zu bringen, aber sobald sie oben war, konnte sie ihre Höhe halten. Die Rundflugzeuge stiegen in einer schrägen Formation in den dunklen Himmel auf. Weniger als zwei Stunden später dämmerte der Morgen über der Hauptstadt Washington, und eine Gruppe von Schaulustigen sah ein seltsames Objekt, das über dem ‚Weißen Haus' schwebte. Es stand auf der Stelle und strahlte einen eigenartigen Glanz aus. Das Erscheinen des Rundflugzeugs über dem Amtssitz des Präsidenten war ein Gruß an den Staatschef der USA, Präsident Franklin Delano Roosevelt, von Jonathan E. Caldwell und dem Armee-Luftwaffen-Korps, das ihm dabei geholfen hatte, das erste funktionierende Rundflugzeug der USA zu bauen.

Aber nicht nur der amerikanische Präsident und sein Stab beobachteten das Flugzeug, sondern auch der deutsche Militär-Attaché. Nach dem Jungfernflug von 1938 gab es ein erneutes Interesse seitens der ausländischen Botschaften in den USA, insbesondere des deutschen Botschafters, an diesem außergewöhnlichen Flugzeug. Die Deutschen waren fest entschlossen, Pläne dieser erstaunlichen amerikanischen Erfindung in die Hände zu bekommen, um sie mit ihren eigenen Entwicklungen zu vergleichen und eventuell zu verwenden.

Knapp einen Monat nach diesem spektakulären Flug über Washington führte das FBI eine Razzia in der Bar in der Innenstadt von Dayton durch. Es hatte Gerüchte gegeben, daß einigen Spielern ihre Schulden erlassen wurden, wenn sie Informationen über die Arbeit im Hangar ‚zwei' und ‚drei' des ‚Wright Patterson'-Stützpunktes preisgaben. Man fand schnell heraus, daß sich die Bar in Besitz von Deutschen befand und als Mittel benutzt wurde, um Informationen über die Rundflugzeuge zu erhalten. Zwei Leute vom FBI, die sich als Techniker ausgegeben hatten, machten absichtlich Schulden im Spielzimmer der Bar. Die Spione wurden alle festgenommen und später hingerichtet. Dieser Versuch der Deutschen, an die revidierten Pläne dieses revolutionären Flugzeugs zu kommen, war fehlgeschlagen. Aber der amerikanische Geheimdienst hatte eine wichtige Lektion gelernt. Von diesem Zeitpunkt an wurde jede Erwähnung des Flugzeugs in der Öffentlichkeit strikt untersagt. Außerdem wollte man das Werk noch einmal an einen anderen Ort verlegen. Und dies mußte schnell geschehen. Die Regierung und das Militär wollten keine unangenehmen Zwischenfälle mehr.

Der Kriegsminister schrieb an Caldwell, daß er mit einem Umzug im Herbst 1938 rechnen müsse. Es wurden Anweisungen erteilt, die Maschinen und Ausrüstungen auseinanderzubauen und in Kisten zu verpacken. Zu einem festgelegten Zeitpunkt traf ein Zug auf dem ‚Wright Patterson'-Stützpunkt ein, wo er beladen wurde. Danach stiegen Caldwell mit seiner Frau und seinen Kindern in den Zug. Ihr persönlicher Besitz wurde ebenfalls verpackt und zusammen mit dem Auto auf einem Gepäckwaggon verstaut. Dieser Zug galt als ‚XI'-Spezialzug, weil er dieselbe Priorität hatte, wie ein Zug des Präsidenten der Vereinigten Staaten, das heißt alle anderen Züge mußten abwarten und diesen Zug zuerst passieren lassen. An bestimmten Stellen waren auch bewaffnete Soldaten postiert worden.

Am 23. Oktober 1938 wurden die Hangars ‚zwei' und ‚drei' auf dem ‚Wright Patterson'-Stützpunkt geräumt und endgültig geschlossen. Der Ort, der für die Weiterführung der Arbeiten am Rundflugzeug ausgewählt wurde, war eine Garnisonsstadt in der Nähe der Kontinentalscheide in New Mexico. In einer Kaserne in der Nähe des Städtchens Los Alamos wurde in aller Eile ein neuer Komplex aus dem Boden gestampft. Es wurde ein Eisenbahngleis verlegt und Wohnungen für die Mitarbeiter gebaut, die bald eintreffen sollten. Als der ‚XI'-Spezialzug durch Los Alamos kam, fuhr er über ganz neue Gleise. Kavallerieeinheiten bewachten die neue Bahnlinie, und während der Zug einfuhr, sahen Caldwell und sein Gefolge, daß das gesamte Gelände von einem Regiment Soldaten bewacht wurde. Nachdem alle ausgestiegen und die Waggons entladen worden waren, wurden die Wagen in versiegelte Schuppen gesperrt und mit Zyanidgas gefüllt, für den Fall, daß sich ein Spion im Zug versteckt hatte. So streng waren die Sicherheitsvorkehrungen für den Umzug der Caldwell-Gruppe. Das neue Hauptquartier war vollkommen isoliert, auch was das Leben während der Freizeit betraf. Die totale Sicherheit wurde durch Stacheldraht und Elektrozäune gewährleistet. Strenge Sicherheitsvorkehrungen wurden getroffen, um zu verhindern, daß nicht befugte Personen von außerhalb an den Wachen vorbeikamen. Jeder Lastwagen und jedes Fahrzeug, das das Gelände verließ, wurde gründlich durchsucht und im Notfall auch vollkommen auseinandergenommen. Für die Bewohner des Geländes waren alle Annehmlichkeiten vorhanden: Schulklassen oder privater Unterricht, Bibliothek, Kirche, Kino, Restaurants, Warenhaus und Lebensmittelgeschäfte. Aber jeder Kontakt mit der Außenwelt war streng verboten, und alle ausgehenden und hereinkommenden Briefe wurden zensiert, und sogar die Telefongespräche wurden abgehört. Die Mitarbeiter des Jefferson-Projektes waren praktisch Gefangene und Caldwell und seine Familie wurden auf Schritt und Tritt vom Geheimdienst begleitet.

Im Jahre 1940 etablierte sich im nahegelegenen Städtchen Los Alamos eine Gruppe von Händlern, die für die Bedürfnisse des Personals im benachbarten Bereich sorgte. Dieses arbeitete fieberhaft an einer Flotte von Rundflugzeugen, die eingesetzt werden sollten, falls Amerika in den europäischen Krieg eintreten würde, der im September 1939 ausgebrochen war. Aber neben den Händlern, die für die Lebensmittelversorgung der Bevölkerung sorgten, hatte sich noch eine andere Art von Bewohnern niedergelassen. Es waren Deutsche und Japaner, die sich intensiv bemühten, Informationen über die dort stattfindenden intensiven Aktivitäten herauszufinden und die mit ihren Ferngläsern und Kameras den klaren Himmel auf irgendwelche von Menschen gemachte ungewöhnliche Phänomene absuchten.

Die Bevölkerung der USA wußte nichts davon, aber die gesamten industriellen und wissenschaftlichen Bemühungen der USA, einschließlich des Manhattan-Projektes, waren jetzt gegenüber der Arbeit, die beim Jefferson-Projekt geleistet wurde, von zweitrangiger Bedeutung.

Im Jahre 1941 mußte die USA ein zweites Trauma erleben. Japanische Bomber waren über dem Festland der USA gesichtet worden. Man befürchtete jetzt, daß die Produktionsstätte der Rundflugzeuge in Los Alamos bombardiert werden würde. Drei Bomben waren bereits über North Carolina abgeworfen worden. Einige japanische Feldarbeiter auf Hawaii waren der Spionage für schuldig befunden worden. Sie hatten den Bombenflugzeugen einen Weg zu den Anlagen auf Pearl Harbour gewiesen. Die Behörden fragten sich nun, ob die Anlagen in Los Alamos ebenfalls gefährdet seien, und ob japanische Spione in der Nähe tätig waren. Doch die militärische Bewachung um Los Alamos herum war sehr streng. Das geheime

Sicherheitspersonal beobachtete die von den Soldaten bevorzugten Etablissements in Los Alamos. Einmal gingen sieben Soldaten in eine für sie verbotene Bar. Als sie die ersten Gläser hinter sich hatten, begannen zwei von ihnen, der Kellnerin gegenüber mit ihrer wichtigen und geheimen Arbeit zu prahlen. Innerhalb von Minuten wurde die Gruppe von der Militärpolizei festgenommen und zum Stützpunkt zurückgebracht. Alle Soldaten, die dienstfrei hatten, wurden ebenfalls zurückberufen. Schon am nächsten Nachmittag standen sie vor einem Kriegsgericht und wurden verurteilt. Sie mußten vor dem gesamten Regiment ihre eigenen Gräber ausheben. Ein Erschießungskommando von zwölf Soldaten wurde zusammengestellt, welches die beiden Leute auf der Stelle erschoß. So streng waren die Sicherheitsmaßnahmen, und dies hat sich bis heute nicht geändert.

Kurze Zeit nach dem Angriff auf Pearl Harbour im Dezember 1941 verschwanden plötzlich alle Personen aus dem Komplex in Los Alamos. Auch Prominente und Besucher waren nicht mehr zu sehen, und es wurden keine Bestellungen mehr bei den örtlichen Händlern aufgegeben. Auch die verwirrten ausländischen Spione waren verschwunden.

Eines Winterabends Ende Dezember 1941 verschwand hoch am Himmel über Los Alamos eine Flotte von sechs Rundflugzeugen mit ihren ausgebildeten Mannschaften von insgesamt über dreißig Mann in der Dunkelheit. Allem Anschein nach war das große amerikanische Projekt des Rundflugzeugs aufgegeben worden. Man hörte nie wieder davon. Ende des Jahres 1941 befanden sich die USA im Krieg mit den Achsenmächten Deutschland und Italien und hatten auch Japan den Krieg erklärt. Feindliche Flugzeuge waren über San Francisco gesichtet worden. Der Luftkrieg war gefährlich nahe gekommen. Was die Produktion von Flugzeugen betraf, kam alles, was die Öffentlichkeit darüber erfuhr, aus dem Mund des Vorsitzenden des Nationalen Verteidigungsausschusses William B. Knudsen: „Die USA wird bald ihre monatliche Produktion von neunhundert Kampfflugzeugen und Bombern verdoppeln." Bei dem neuen Kampfflugzeug handelte es sich offensichtlich immer noch um ein konventionelles Flugzeug mit einem festen Kreuzflügel, die P-40, die mit fünfhundert Stundenkilometern über den Flughafen von Buffalo raste. Waren die sechs Rundflugzeuge, die angeblich mit einer Geschwindigkeit von eintausend Stundenkilometern fliegen konnten, noch nicht genügend ausgereift? Oder wurden sie als Geheimwaffen eingestuft und in Reserve gehalten, bis ganz

Amerika in den Krieg eintreten und eines Tages Adolf Hitler in die Knie zwingen würde?“

Wir haben gerade Fulda hinter uns gelassen und es gießt in Strömen, als ich John wieder unterbreche. „Na ja, also daß die Amis zu diesem Zeitpunkt sechs solcher Kisten zusammengebaut haben wollen, bezweifle ich ja dann doch. Das wäre ja das erste Mal, daß sie einmal etwas selbst entwickelt hätten. In den meisten Fällen waren es ja die Amerikaner, die von anderen geklaut hatten, speziell die Technik aus Deutschland. Sogar die Atombombe, die sie eigentlich über Deutschland abwerfen wollten, jedoch nicht konnten, da Deutschland schon kapituliert hatte, war von den Deutschen Technikern geklaut“, werfe ich etwas ungläubig ein.

„Nun“, erwidert John, „ich nenne hier Zahlen, die ich in Dokumenten so vorgefunden habe, beziehungsweise, wie sie mir von meinen Interviewpartnern übermittelt wurden. Möglicherweise sind die Zahlen von unserem Geheimdienst frisiert worden, um die amerikanischen Entwicklungen gegenüber den deutschen etwas besser aussehen zu lassen. Ich weiß es nicht. Das sind jedenfalls die Angaben, wie ich sie vorgefunden habe. Aber ich denke, man sollte sich an solchen Zahlen nicht festhalten.“

„Na ja, ich meine ja bloß. Die Deutschen hatten ja zu dieser Zeit bereits Scheiben gebaut, die eine dreifache Geschwindigkeit dessen erreicht hatten, wozu die amerikanischen Rundflugzeuge im Stande waren – und zwar mit Magnetmotoren und nicht mit Düsentriebwerken. Aber es ist ja egal. Erzählen Sie mal weiter, ich bin schon ganz gespannt, wie die Sache weitergeht“, schließe ich schnell an.

„Strengt es Sie nicht zu sehr an, bei diesem Regen auch noch zuzuhören?“ fragt mich John etwas besorgt.

„Nein, nein, ist schon O.K. Ich bin dieses Fahren gewöhnt. Ich fahre im Jahr zwischen siebzig- und achtzigtausend Kilometer, da hab ich schon ein wenig Routine angesammelt. Bitte fahren Sie mit Ihrem Bericht fort. Ach übrigens, Sie können gerne „Du“ zu mir sagen, jetzt, wo wir schon zusammen durch Deutschland kurven.“

„Danke schön für dieses Angebot“, erklärt mir John, „das nehme ich gerne an. Ich weiß ja, daß man mit dem „Du“ in Deutschland etwas reservierter umgeht, als bei uns in den Staaten.“ Wir reichen uns kurz die Hände und ich lausche weiter gespannt seinen Worten.

Kapitel 5
Die USA bekommen außerirdische Unterstützung

„Zu Beginn des Zweiten Weltkriegs", weiß John zu berichten „vermutete der Geheimdienst der Alliierten, daß auch die Deutschen ein Rundflugzeug entwickelt hatten. Aber er wußte nicht, ob sie nun zehn oder tausend Flugzeuge gebaut hatten und wann oder wo sie eingesetzt würden. Man befürchtete das Schlimmste, und die USA bereiteten sich darauf vor, eine eigene Produktion von Rundflugzeugen zu starten, um der Gefahr rechtzeitig zu begegnen.

Der militärische Vorsprung der neuen aerodynamischen Erfindung von Caldwell war von den Behörden bereits 1938 erkannt worden. Präsident Roosevelt hatte dem kanadischen Premierminister Mackenzie King die geheimen Konstruktionspläne geschickt, so daß jetzt auch Kanada über das Rundflugzeug verfügte. Aus Gründen der Geheimhaltung und aufgrund der Möglichkeit, daß ein Krieg mit Deutschland in absehbarer Zeit unvermeidbar sein könnte, verlegte man die Produktion des Flugzeugs aus Los Alamos in ein verstecktes Tal an der nordwestlichen Küste der USA. Allen Menschen, die nicht am Projekt beteiligt waren, wurde der Zutritt verboten. Das fünfhundert Quadratkilometer große Tal war völlig abgelegen, und es gab keine Zufahrtsstraßen, so daß ein unbefugtes Betreten praktisch unmöglich war. Hier konzentrierte man sich nun völlig auf den Bau des Rundflugzeugs. Präsident Roosevelt war so weitsichtig, diesem Projekt die allerhöchste Priorität einzuräumen. Im Jahre 1938 fielen hunderte von Arbeitern und Ingenieuren in die Einsamkeit dieses Tales ein. Bis 1940 waren Straßen gebaut worden, und ein etwa fünf Kilometer langer Eisenbahntunnel mit zwei Strecken wurde durch den Fels der Berge gesprengt. Kein Außenstehender konnte sich diese rege Aktivität erklären. Im Tal wurden Bäume gefällt und Straßen und Landebahnen sowie Städte und Fabrikgelände gebaut. Der Bau der ersten Produktionsstätte für Rundflugzeuge ging zügig voran.

Am 30. Januar 1942 traf die Gruppe von Caldwell aus Los Alamos ein und bezog nun bereits ihr drittes Quartier. Damit verloren die ausländischen Geheimdienste eine weitere wichtige Informationsquelle.

Zwei hochrangige amerikanische Wissenschaftler, John S. Pershag, verantwortlich für die Konstruktionsplanung, und John B. Meyers, zuständig für die Instrumente, wurden dem Stab von Caldwell zugeteilt, ebenso wie John B. Adams, über dessen Herkunft die Unterlagen nichts aussagen. Ein anderes internationales Team übernahm ebenfalls spezielle wissenschaftliche Aufgaben. Zu diesem Team gehörten Oberst Charles Hadden aus England, der bei der englischen Luftwaffe in London gedient hatte. Er hatte auch an einer englischen Universität Physik unterrichtet. Ein Amerikaner deutscher Abstammung war ebenfalls im Team. Sein Name war Felix S. Essen. Und aus Kanada kam Steward L. McLane, ein Verwandter des Premierministers Mackenzie King. McLane hatte an der Universität von Ottawa höhere Mathematik unterrichtet. Dieses Team von Ingenieuren baute zuerst Modelle und testete ihre Belastungsfähigkeit im Windkanal. Sie arbeiteten ebenfalls an neuen Treibstoffen für die Düsenmotoren.

Auch das Labor der ‚Northwestern University' wurde in diese Operation einbezogen. Präsident Roosevelt wollte einige russische Wissenschaftler am Projekt teilnehmen lassen, was von den Stabschefs jedoch energisch abgelehnt wurde. Russische Berater wurden deshalb in die USA geschickt, erhielten jedoch keinen Zutritt zur Zentrale des Projekts an der Nordwestküste. Es wurden neue Arbeiter eingestellt, und das Projekt von Caldwell, der damit in einer leeren Scheune in Maryland angefangen hatte, wurde praktisch zu einem Staat im Staate. Strenge Sicherheitsvorkehrungen schützten die größte Erfindung der USA, und jedes Flugzeug, das in den gesperrten Luftraum eindrang, wurde abgeschossen oder von Abfangjägern zu einem Flugplatz außerhalb des Tales begleitet, wo die Besatzung möglicherweise nicht mehr freigelassen wurde, falls ihre Geschichte die Behörden nicht überzeugte. Man wollte hundertprozentig sichergehen, daß die Pläne für das Rundflugzeug nie von einer ausländischen Macht gestohlen werden konnten.

Doch man hatte die Deutschen unterschätzt. Denn der Geheimdienst mußte ein paar Monate später zugeben, daß es diesen schlußendlich doch gelungen war, das ursprüngliche Patent und die Zeichnungen von Caldwell in die Hände zu bekommen. Wie es dazu gekommen war, ist mir nicht bekannt. In einem Dokument, das ich einsehen konnte, war nur vermerkt, daß es eine „undichte Stelle" gegeben habe.

Aber im Jahre 1943 erhielt Caldwell dafür einige Informationen über den Stand der Entwicklungen bei den deutschen Flugscheiben, die ihm die Gelegenheit gaben, sich um ein Vielfaches zu revanchieren. Und zwar war dem Hauptquartier des Geheimdienstes der Alliierten bekannt, daß drei der besten deutschen Wissenschaftler überlaufen wollten. Ihre Fähigkeiten lagen auf dem Gebiet der Metallurgie, Chemie und Mathematik. Außerdem verstanden sie sehr viel von Elektronik, einer Technik, die eben erst entstanden war. Diese Wissenschaftler waren für das Raumprogramm der Alliierten von unschätzbarem Wert. Die drei Deutschen flogen jeweils mit einem anderen Flugzeug an die Nordwestküste der USA, direkt in das Herz der amerikanischen Rundflugzeug-Produktion. In den folgenden Monaten war einer der Deutschen bei der Perfektionierung des elektronischen Getriebes der Maschine von unschätzbarem Wert. Ein anderer trug dazu bei, daß sich die bisher ziemlich lethargischen Starteigenschaften der Maschine schnell verbesserten. Und der dritte benutzte seine Fähigkeiten auf dem Gebiet der Mathematik und Metallurgie, um den Rahmen neu zu konstruieren. Nach dem Krieg holte man auch die Familien der deutschen Wissenschaftler in die USA, zusammen mit einhundertdreiundachtzig weiteren deutschen Rundflugtechnikern, die man später rekrutierte. Viele von ihnen leben heute in Kalifornien.

Bis Mitte Mai 1941 wurden in ganz Nordamerika, besonders in Städten wie San Francisco und Detroit Vermittlungsstellen eingerichtet, mit deren Hilfe Leute mit speziellen Fähigkeiten gesucht wurden. Man suchte besonders Junggesellen und überredete diese, in den pazifischen Nordwesten zu ziehen, wo sie unter idealen Bedingungen in einer vollkommen neuen Stadt arbeiten würden. Bei der Auswahl der Leute achtete man besonders auf Stabilität und Zuverlässigkeit. Noch vor Ende des Jahres standen genügend Facharbeiter zur Verfügung, und die Produktion von Rundflugzeugen konnte beginnen. Als die USA im Dezember 1941 in den Krieg eintrat, wurde die Produktion beschleunigt, und das Werk wurde zum Detroit des Nordwestens.

Auf Anraten der amerikanischen Luftwaffe entschieden sich die Planer von Caldwell dafür, ein neues Flugzeug mit einer Länge von dreiunddreißig Metern zu bauen. Es sollte eine große Reichweite haben und mit einer erfolgreich getesteten Laserkanone ausgerüstet werden. Sie entschieden sich für eine maximale Reichweite von zwanzig Stunden oder vierzigtausend Kilometern. Damit konnte es nach Deutschland und zurückfliegen oder, falls notwendig, einmal um die Welt. Das neue, mit Düsen versehene Modell würde bei jedem Wetter fliegen und das mit einer Geschwindigkeit von eintausend Stundenkilometern. Damit war es außerhalb der Reichweite der besten deutschen Flakgeschütze.

Aber man mußte sich immer noch mit Schwierigkeiten bei der Produktion herumschlagen, und die Planer benötigten dringend mehr Facharbeiter, die mit den neuen Techniken vertraut waren. Kurz nach der Ankunft der deutschen Wissenschaftler kamen wie bestellt auch eine Menge von Facharbeitern, die gemäß ihren Bewerbungsunterlagen in verschiedenen amerikanischen Großstädten angeworben worden waren. Diese Männer sprachen alle englisch mit einem seltsamen, nicht identifizierbaren Akzent. Und man beobachtete, daß sie sich, wenn sie allein waren, in einer Sprache unterhielten, die niemand kannte. Das Anwerbungspersonal schätzte, daß es mindestens fünfundvierzig dieser seltsamen Fremden gab. Es fiel auch auf, daß diese Fremden nur unter sich verkehrten. Aber was die Arbeit betraf, waren sie so gut, als ob sie extra dafür ausgebildet worden waren und schon über lange Erfahrungen verfügten. Außerdem machten sie sehr häufig nützliche Vorschläge zur Verbesserung der Herstellung oder der Konstruktion.

Bei einer Besprechung im Juni 1942 berief Jonathan Caldwell, dem die außergewöhnlichen Fähigkeiten dieser Mitarbeiter nicht entgangen waren, eine Konferenz der Firmenleitung ein. Es gingen bereits wilde Gerüchte über die Ausländer in der Belegschaft um. „Meine Herren", begann Caldwell, „die Behörden in Washington haben mir mitgeteilt, daß sich unter den Mitarbeitern in unserem Werk einige Leute befinden, die alle ein identisches Vokabular haben und mit demselben Akzent sprechen. Man hat mich informiert, daß sie alle Absolventen einer zentralen, interplanetarischen Sprachschule sind, die sich auf einem anderen Planeten befindet, nämlich auf der Venus." So erfuhr die Firmenleitung, daß ihr Projekt von Außerirdischen unterstützt wurde. Ob sich dies unter den irdischen Mitarbeitern herumsprach, ist nicht bekannt.

Die Militärs waren zu der Ansicht gekommen, daß das Ziel der Fremden darin bestand, der Gruppe um Caldwell dabei zu helfen, ein überlegenes Rundflugzeug von einer solchen Qualität und in einer solchen Anzahl zu bauen, daß der Sieg der Alliierten nicht mehr verhindert werden könne. Es war die Aufgabe der zivilen Behörden, später darüber zu entscheiden, welche Waffe zuerst eingesetzt werden sollte, die Atombombe – Manhattan-Projekt – oder das Rundflugzeug – Jefferson-Projekt. Falls die Zündung der Atombombe über der Wüste von Nevada nicht klappen sollte, dann würde mit Sicherheit eine Flotte von Rundflugzeugen als primäre Offensivwaffe eingesetzt.

Unglücklicherweise hatten die Militärs der Alliierten nicht verstanden, daß die Besucher ihnen mit den Rundflugzeugen nur zu einer taktischen Überlegung in der Luft verhelfen wollten. Sie untersagten jeden destruktiven Einsatz über Deutschland oder Japan. Die Verweigerung des Einsatzes der Rundflugzeuge durch die Venusier stellte für die Alliierten während des gesamten Krieges ein moralisches Dilemma dar. Jedoch sollte dem Vorstand des Produktionszentrums noch ein herber Schock bevorstehen.

Im Spätsommer des Jahres 1943 erschien ein seltsames Raumschiff am Himmel und landete auf einer Lichtung in der Nähe von Caldwells Büro. Während die Leute zusammenliefen, stieg ein großer, dunkelhaariger Fremder aus, der eine schwarze Aktentasche trug. Er sagte: „Ich möchte mit Jonathan Caldwell sprechen. Ich bringe ihm etwas, das er für die Verbesserung Ihres neuen Rundflugzeugs benötigt." Nachdem sich die Aufregung gelegt hatte, wurde der Fremde zu Caldwell gebracht, wo er sich als Bewohner der Hauptstadt der Venus vorstellte. Dort solle eine Schwesternrasse der irdischen Menschheit leben. „Viele Arbeiter von der Venus und andere Besucher aus dem All helfen Ihnen bereits bei Ihrer Arbeit." Dann öffnete er die Aktentasche und holte ein rundes Gerät heraus, das weniger als zwei Kilogramm schwer war.

Er wandte sich an Caldwell: „Wir beobachten Ihre Fortschritte seit mehreren Monaten. Vor einiger Zeit haben wir, das heißt, der Rat unseres Sonnensystems, beschlossen, Facharbeiter zu schicken, um den Leuten hier zu helfen. Das Ziel unserer Hilfe besteht darin, Ihre Produktionspläne zu beschleunigen. Ich werde Ihnen jetzt nicht sämtliche Gründe für unsere Hilfe anführen. Es genügt zu sagen, daß wir die Ereignisse hier auf der Erde viel weiter überschauen, als Sie es sich vorstellen können. Aber was die Planung und die Herstellung der Rundflugzeuge durch die Amerikaner betrifft, sind wir nicht enttäuscht worden. Sie haben eine Flotte von Flugzeugen gebaut, die nur noch einige wenige Veränderungen oder vielmehr Durchbrüche benötigt, um Sie in die Lage zu versetzen, den Weltraum zu erforschen."

Der Fremde wurde unterbrochen: „Sie sind sicher nicht gekommen, um uns zu unseren Fortschritten zu gratulieren, nicht wahr?" sagte Caldwell.

„Natürlich nicht", entgegnete der Besucher. „Ich wurde geschickt, um Ihnen zu helfen. Aber zuerst müssen Sie mir erlauben, für einige Wochen zu einem Mitglied Ihrer Führungsgruppe zu werden, falls Sie nichts dagegen haben. Um Ihnen unsere gute Absicht zu demonstrieren, habe ich Ihnen ein besonderes Geschenk von meinem Heimatplaneten mitgebracht." Dann hielt er das Gerät in die Höhe. Er bezeichnete es als Anti-Gravitations-Motor, mit dem das größte der neuen Flugzeuge angetrieben werden konnte. „Dies wird Ihren ausgezeichneten Düsenmotor ersetzen", sagte der Fremde. Einige aus der Gruppe konnten ein Lächeln nicht unterdrücken. Sie alle wußten, daß der Düsenmotor und sein Zubehör mindestens fünfhundert Kilogramm wog. Einer sah sich das Gerät in der Hand des Fremden an und lachte. Der Fremde ignorierte die Unterbrechung und fuhr fort: „Natürlich glauben Sie jetzt, daß ich Witze mache. Um Ihnen meine Glaubwürdigkeit zu beweisen, werde ich diesen Motor jetzt in einer Ihrer fertiggestellten Maschinen demonstrieren. Wir können es noch heute machen, wenn Sie nichts dagegen haben. Und wenn Sie dann einverstanden sind, werde ich lange genug bleiben, um Ihnen zu zeigen, wie Sie Ihre übrigen Flugzeuge umbauen und die Produktionsvorrichtungen für die zukünftige Produktion abändern können."

Als der Motor herumgereicht wurde, sagte jemand: „Es sieht aus wie ein Stück aus einem Kühlschrank oder einer Waschmaschine." Der Fremde lächelte höflich. Caldwell wußte, was seine Berater jetzt dachten: Bis zu vierzig Prozent der von einem herkömmlichen Motor erzeugten Energie wird dafür verwendet, das Gewicht und die Masse des Motors zu bewegen, bevor sich die Maschine selbst in Bewegung setzt. Am nächsten Tag wurde auf Caldwells Veranlassung der neue Motor provisorisch in ein Rundflugzeug montiert, wobei man die Düse eingebaut ließ. Die elektrischen Schaltkreise des riesigen Düsenmotors wurden abgestellt, und Caldwell selbst betrat das Schiff mit dem Piloten und anderen Technikern, als der Mann von der Venus die Leitung übernahm. Der Motor wurde wie ein Spielzeug ein- und ausgeschaltet, und das Flugzeug hob sich lautlos in die Luft. Nach wenigen Sekunden schaute die Gruppe aus mehreren hundert Metern auf das Tal hinunter. Caldwell traute seinen Augen nicht. Als das Flugzeug einige Minuten nach dem Test wieder landete, schlug das Wesen von der Venus vor, einen Sherman-Panzer mit einem Stahlkabel an das Flugzeug zu hängen. Der Panzer wog einige Tonnen mehr als das Flugzeug. Trotzdem machte man den Versuch. Die umstehenden Zuschauer jubelten, als das Rundflugzeug mit dem zwei Kilogramm schweren Motor von der Venus sich in die Luft erhob und den Panzer anhob, als ob er so leicht wie eine Feder wäre. Tatsächlich war der Panzer vollkommen schwerelos geworden. Der Außerirdische wandte sich an die Mannschaft und sagte, daß es ebenso leicht wäre, ein zehnstöckiges Bürogebäude anzuheben. Er erklärte, daß sich die Kette in einen Elektromagneten verwandelt, sobald sie um den Panzer herumgewunden wird, wobei sie, ebenso wie das Flugzeug selbst, die Erdanziehungskraft überwindet. Das würde also bedeuten, daß das Objekt, in diesem Fall der Panzer, zu einem integralen Bestandteil des Flugzeugs würde.

Der Besucher legte später Pläne für die Herstellung des Motors vor. Bei der zukünftigen Konstruktion würde der Antrieb für den Senkrechtstart und die Landung durch einen Antischwerkraft-Motor erfolgen, der zusammen mit präzisen, magnetischen Fluktuationspunkten im Randbereich des Flugzeugs für den Horizontalflug funktioniert. Alle horizontalen und vertikalen Flugmanöver würden durch einen Computer gesteuert. Von nun an würde die elektromagnetische Energie des Universums das Flugzeug antreiben.

Außerdem würde das Rundflugzeug keine Düse mehr erfordern, und ein weiteres Drittel des Innenraums würde vom Treibstofftank befreit und könnte für Gepäck oder Ladung genutzt werden. Die enorme Kraft des neuen Motors erlaubte es den Ingenieuren auch, den leichten Trägerrahmen mit stabilen, lasttragenden Materialien zu verstärken.

Aber bevor sich der Fremde zurückzog, hatte er noch eine weitere Überraschung parat. Er ging zu seinem Raumschiff zurück. Als er wiederkam, trug er etwas unter seinem Arm, das wie eine Rolle messingfarbener Tapete aussah, jedoch bedeutend dünner war. Während der nächsten Tage debattierte das Team von Caldwell über die Anwendung dieses neuen Materials. Es kam frisch aus einem Walzwerk von der Venus, und die irdischen Ingenieure erfuhren, daß genügend von dieser papierdünnen Substanz vorhanden war, um mindestens sechs Flugzeuge damit zu verkleiden. Ein Flugzeug, das gerade gefertigt worden war, wurde beiseite gestellt, und der Mann, der immer noch behauptete, daß er von der Venus kam, streckte und zerschnitt das Material und bedeckte sämtliche freiliegenden Flächen. Auf diese Weise wurden später alle sechs Flugzeuge abgedeckt. Das neue Material würde innerhalb eines Jahres für den Flug bereit sein.

„Wenn Sie diese sechs Flugzeuge im September 1944 fertiggestellt haben“, sagte der Außerirdische, „werden Sie in der Lage sein, die Erde in einer Stunde zu umrunden, und die Abdeckungen werden dieser Belastung standhalten, ohne zu überhitzen.“

Ende 1944 standen mindestens zwanzig Rundflugzeuge mit neuen Motoren im Tal an der Nordwestküste bereit. Die Facharbeiter, die anscheinend von der Venus kamen, waren im Laufe der Zeit auf unbekannte Weise verschwunden, nachdem sie die Leute so ausgebildet hatten, daß diese ebenso kompetent waren, wie sie selbst. Zu diesem Zeitpunkt flogen die verbesserten Versionen der Caldwell-Flugzeuge täglich auf Übungsflügen in Formation über den nordwestlichen Pazifik. Die höheren Geschwindigkeiten von fünftausend Stundenkilometern hatten das Steuerruder überflüssig gemacht. Der außerirdische Besucher hatte auch Pläne für eine neue Batterie und ein verbessertes Fahrgestell hinterlassen. Das Flugzeug konnte jetzt aus großer Höhe blitzschnell landen, indem der Motor einfach von magnetischer Abstoßung auf Anziehung umgestellt wurde. Kurz vor dem Boden würde der Motor dann automatisch auf Abstoßung umschalten und der Landedreifuß automatisch ausgefahren. Die Mannschaften bezeichneten diese Technik als „Ballonlandung“, und der Piloten-Jargon für das Aufsetzen des Schiffes und Abstellen des Motors war „friedliche Landung“.

Was die Gravitation betrifft, ist zu bemerken, daß die Mannschaft vom Aufzugeffekt beim freien Fall oder Abheben nichts spürte. Bei einer solchen Landung ist der menschliche Körper nicht den Gravitationskräften ausgesetzt, denn er wird praktisch zu einem Teil des Rundflugzeugs und muß deshalb die Gravitation nicht überwinden. Die Mannschaft und ihre Maschine bedienen sich der Anziehungs- und Abstoßungskräfte des Magnetismus und funktionieren ‚mit‘ dieser Kraft, anstatt zu versuchen, sie zu überwinden.

Die geringere Größe des Motors und der größere Innenraum ermöglichte im Verteidigungsfall eine Verdopplung der Mannschaft. Die meisten neuen Modelle wurden auf einen Durchmesser von zwanzig Metern reduziert.

Eines Tages im September bat der Außerirdische Jonathan Caldwell, das Entscheidungsgremium und die anderen leitenden Mitarbeiter zusammenzurufen. Er drückte ihnen seine Anerkennung für die kleinen funkgesteuerten Flugzeuge aus, mit denen die aerodynamischen Möglichkeiten der später zu bauenden größeren Modelle getestet wurden. „Sie sind bei der Entwicklung der Rundflugzeuge sehr weit fortgeschritten. Deshalb haben wir uns entschlossen, ihnen zu helfen. Ich bitte Sie jedoch dringend, die Unterstützung, die wir ihnen gegeben haben, nicht zu mißbrauchen."

Dann eröffnete er ihnen eine sensationelle Neuigkeit. „Wir haben Ihren Führern bereits mitgeteilt, daß wir nicht wollen, daß diese neuen Flugzeuge im Krieg verwendet werden. Sie sollten alle Pläne in bezug auf Vergeltung schleunigst aufgeben." Mit Blick auf den Verbindungsoffizier der Luftwaffe sagte er: „Obwohl ich den Krieg verabscheue, muß ich darauf vertrauen, daß Ihre militärischen Führer meinen Rat befolgen und diese Maschine nicht als eine Waffe sondern nur als Verteidigungsmittel benutzen werden. Das gesamte Sonnensystem beobachtet diesen tragischen Weltkonflikt mit Bestürzung. Wir wollen nicht, daß Sie diese neue Erfindung dazu benutzen, ihren momentanen Feind mit Ihrer neuesten explosiven Vorrichtung – er bezog sich dabei auf die Atombombe – an der Sie gerade arbeiten, zu vernichten.

Wir haben Ihnen bereits neue Motoren gebracht. Aber wir werden die Formel für die Außenhaut zurückhalten. Ohne diese Formel, mit der die Überhitzung der Außenflächen der Schiffe verhindert wird, muß die Geschwindigkeit beim Aus- und Eintritt in die Erdatmosphäre sorgfältig kontrolliert werden. Eines Tages, wenn die Zeit dafür reif ist, werden wir Ihnen auch in dieser Hinsicht behilflich sein. Bis dahin müssen Sie sich mit dem zufriedengeben, was Sie haben. Auch möchte ich Sie darauf hinweisen, daß die Deutschen mit ihren Flugscheiben bereits weiter sind als Sie. Diese fliegen schon seit Mitte der dreißiger Jahre mit einem Anti-Gravitations-Antrieb, dank unserer und der Hilfe anderer außerirdischer Gruppen, die von außerhalb dieses Sonnensystems kommen. Die Deutschen haben bereits Weltraumflüge unternommen und andere Planeten besucht, haben sich jedoch dabei als äußerst friedliebend erwiesen. Und wir hoffen, daß uns auch die Amerikaner nicht enttäuschen werden. Ich sage Ihnen das deshalb, damit Sie nicht glauben, Sie seien durch Ihre Rundflugzeuge im Vorteil. Und ich kann Sie beruhigen, die Deutschen werden ihren technischen Vorsprung nicht gegen Ihr Land einsetzen."

Er fügte fast entschuldigend hinzu: „Auf unserem Planeten und in diesem gesamten Sonnensystem ist der Krieg verpönt. Wichtiger noch als die technische Unterstützung, die ich Ihnen mit der Zustimmung unserer Nation zukommen ließ, ist die Tatsache, daß die Kriege auch auf der Erde für immer aufhören müssen. Wenn es auf der Erde keine Kriege mehr gibt, dann werden wir den Menschen zeigen, wie sie ihre eigenen menschlichen und materiellen Ressourcen nutzen können, um in den Weltraum vorzudringen."

Der Venusier blieb für vier Monate. Er gab General Caldwell ständig Anweisungen in bezug auf Produktionstechniken, die dieser an die Planer weitergab. Das neue Team funktionierte einwandfrei und der Berater aus einer anderen Welt half den Leuten beim Bau des Rundflugzeugs, und zusammen schufen sie eine Flotte völlig neuartiger Maschinen.

Der Außerirdische, den man einfach Mr. Lewis nannte, verließ eines Tages unerwartet den Stützpunkt. Während der Fremde sich von seinen zahlreichen Freunden verabschiedete, erschien ein Raumschiff am Himmel und senkte sich blitzschnell auf die Erde. Der Fremde stieg ein und verschwand. Auf dem Gruppenfoto, das man bei dieser Gelegenheit aufnahm, ist die Stelle, an der der Fremde stand, leer."

Jetzt kommen mir dann doch einige Unklarheiten in den Sinn, die mir bei dieser Geschichte auffallen. „Wieso unterstützten die Außerirdischen gleichzeitig die Deutschen sowie die USA? Ist das nicht seltsam?" frage ich John.

„Nicht unbedingt", läßt er mich wissen. „Wenn man nur einem von beiden geholfen hätte, wäre eine der beiden mächtigsten Nationen der Welt im Vorteil. So herrscht ein Gleichgewicht. Und da die Deutschen mit ihren Entwicklungen den anderen Nationen weit voraus waren, hat man offenbar mit Caldwell als Amerikaner Kontakt aufgenommen, um ein Gegengewicht zu schaffen. So kann keine Nation übermütig werden, da die andere über eine ähnliche Technologie verfügt. Und ich nehme an, daß sich die Gegensätze spätestens im Weltraum verbrüdern müssen, da sie eben dort, unter den Augen noch viel mächtigerer Außerirdischer, ganz bestimmt nicht mehr ihr kleines Spielchen „Erde" spielen können."

„Tja, das ergibt aufs erste Hinhören schon einen Sinn. Ich werde darüber noch einmal sinnieren", gebe ich etwas nachdenklich zurück.

„Am besten“, gibt mir John mit ruhiger Stimme zu bedenken, „hörst du dir die Entwicklung weiter an und womöglich klären sich dann noch andere Fragen von selbst.“

„Bitte, fahre fort“, lasse ich jetzt schon etwas kleinlauter meinen Kommentar ab. Inzwischen bin ich derjenige, der unsicher zu werden scheint.

Kapitel 6
Die Alliierten werden an der Produktion der Rundflugzeuge beteiligt

„1943 markierte den Wendepunkt des Zweiten Weltkriegs. Als das Jahr zu Ende ging, war er jedoch noch in vollem Gang, und Deutschland war ungeschlagen. Aber allmählich kamen die ersten Siege der Alliierten. Als Amerika in den Krieg eintrat, wurden die Deutschen in Nordafrika, Italien und auf Sizilien allmählich zurückgedrängt. An der Ostfront ging die Serie deutscher Blitzsiege zu Ende und die Deutschen zogen sich immer mehr zurück.

Im Dezember 1943 wurde Dwight D. Eisenhower zum neuen Oberkommandierenden der westlichen Alliierten ernannt. Im selben Monat bombardierten dreitausend britische und amerikanische Flugzeuge an einem Tag und einer Nacht die französische Küste, während eine andere Bomberflotte Berlin angriff. Sieben Monate später war der Feind auf der Flucht, und Paris kapitulierte.

Die Herrschaft über die See erwies sich auch bei den Landschlachten als entscheidend. Deshalb wurden von den USA Handelsschiffe ausgerüstet und auf See geschickt, um England, Europa und Rußland zu versorgen. Das Schicksal wendete sich allmählich zugunsten der Alliierten, trotz ihrer hohen Verluste durch U-Boote. Großbritannien hatte ausgehalten, bis das ungeheure amerikanische Wirtschaftspotential endlich gegen Deutschland eingesetzt werden konnte.

Im Herbst des Jahres 1943 erschienen dann immer mehr Rundflugzeuge über Europa, wobei es sich hier um deutsche, außerirdische und auch vereinzelte amerikanische Raumschiffe handelte.

Was die amerikanischen Piloten betrifft, waren diese in der technischen Flugausbildungseinheit in den USA ausgebildet worden. General Caldwell war für die Ausbildung dieser Piloten verantwortlich und beaufsichtigte ebenfalls den gesamten Produktionskomplex. Eine Flugzeugbesatzung bestand aus sechs Personen, und in jedem Rundflugzeug flogen ein Brite und ein Kanadier zusammen mit dem amerikanischen Personal. Außerdem gab es noch einige Australier und Neuseeländer sowie eine Handvoll Norweger.

Die neuen Rundflugzeuge verfügten jetzt über glatte, windschnittige Silhouetten, wobei die Klappen und Außensteuerungen nicht mehr erkennbar waren. Man konnte komplizierte Flugmanöver allein oder in Formation ausführen.

Die Piloten der Bomber und Kampfflugzeuge, die jede Nacht von England und Schottland aus zum Kontinent flogen, berichteten von schnellfliegenden Lichtern, die sie für außerirdische Flugobjekte hielten. Sie waren ebenso schnell verschwunden wie sie aufgetaucht waren. Nach Aussagen der Zeugen gab es eine Gemeinsamkeit bei all diesen Sichtungen: Irgendwie schienen diese Lichter die Flugzeuge überwachen und schützen zu wollen.

Und daß sie die Menschen eben auch überwachten, zeigt das folgende Beispiel in aller Deutlichkeit auf. In der letzten Woche des Jahres 1944 stieg eine Flotte von amerikanischen Rundflugzeugen in die Luft und flog in Richtung Deutschland. Die vorgesehenen Ziele waren strategisch wichtig gelegene deutsche Städte. Roosevelt hatte gegen einen Versuch alliierter und deutscher Generäle, den Krieg im Westen zu beenden, an dem Eisenhower, Patton und von Rundstedt beteiligt waren, sein Veto eingelegt. Jetzt waren die Rundflugzeuge unterwegs, um das Ende der Feindseligkeiten im Sinne Roosevelts herbeizuführen – durch die totale Vernichtung Deutschlands. Die schrecklichen Laserwaffen waren in den neuen Rundflugzeugen noch nicht eingebaut, aber in ihren Bombenschächten befanden sich die neuen Atombomben.

Als die Rundflugzeuge den deutschen Luftraum erreichten, entdeckten einige Piloten plötzlich ein langes, zigarrenförmiges Flugobjekt am Himmel. Die ersten Ziele wurden erreicht, und man gab den Befehl zum Abwurf. Aber nicht eines der Flugzeuge konnte seine Bombenlast abwerfen. Die elektrischen Stromkreise, durch die die Bombenabwürfe ausgelöst werden sollten, waren ausgefallen. Auch die Funkgeräte funktionierten nicht mehr. Schließlich gab die Flotte auf und folgte dem Leitflugzeug zurück zum verborgenen Tal an der nordwestlichen Pazifikküste. Dort landeten sie ohne Zwischenfall und das Wartungspersonal untersuchte unverzüglich die Maschinen. Dann – fast wie auf Befehl – waren sämtliche elektrischen Vorrichtungen der Flugzeuge wieder funktionstüchtig.

Hoch oben flog das zigarrenförmige Flugzeug mit seinen gigantischen Ausmaßen mit unbekanntem Ziel davon.

Ein Außerirdischer – angeblich von der Venus – der Jonathan Caldwell im Jahre 1936 zum ersten Mal in ‚Wright Patterson' besucht hatte, war im gleichen Jahr auch im Büro von Präsident Roosevelt erschienen und hatte diesen auf ihre Präsenz aufmerksam gemacht. Der gleiche Außerirdische erschien Roosevelt im Jahre 1943 erneut und hatte diesem gesagt, daß sie über die Rundflugzeuge, die Caldwell und seine Gruppe entwickelten, nicht nur informiert wären, sondern die Venusier auch an der Entwicklung maßgeblich beteiligt gewesen sind. Er erinnerte Roosevelt auch daran, daß diese Maschinen für positive oder negative Ziele verwendet werden könnten. Er warnte den Präsidenten davor, diese Technik für üble Zwecke zu mißbrauchen. Zwar erinnerte sich Roosevelt an die Worte des Außerirdischen, als er den Einsatz der Flugzeuge über Deutschland befahl, aber er sagte sich: „Vergessen wir die Außerirdischen. Wir verfügen jetzt über die Rundflugzeuge, und wir gedenken, sie auch zu benutzen."

Ebenso wichtig wie die Worte des Außerirdischen, der Roosevelt besuchte, war die Warnung des außerirdischen Wissenschaftlers, der zu dem Luftwaffenstützpunkt an der pazifischen Küste geschickt worden war. Als er den Stützpunkt 1943 wieder verließ, sagte er zu Jonathan Caldwell und seinen Leuten: „Verwendet diese Flugzeuge nicht dazu, euren gegenwärtigen Feind Deutschland zu vernichten! Ihr werdet eines Tages merken, daß ihr euren eigentlichen Feind noch gar nicht kennt. Fürs erste sind diese Flugzeuge nur zu eurer Verteidigung gedacht."

„Diese Aussage kann ich nur bestätigen", kommentiere ich kurz. „Es ist ja inzwischen durch zahlreiche Veröffentlichungen und Aussagen von politischer und wirtschaftlicher Seite offensichtlich geworden, daß hinter den Regierungen noch ganz andere Machtstrukturen existieren, die das eigentliche Geschehen auf der Erde steuern."

„Ja", ergänzt John meine Behauptung, „das ist ja inzwischen nicht nur unter UFO- und Politforschern, sondern sogar in spirituellen und esoterischen Kreisen Allgemeinwissen. Man nennt sie die Illuminati oder Insider, wie du sie auch in deinen Büchern beschrieben hast. Aber sie kontrollieren nicht alles, auch wenn sie es glauben sollten. Ich werde noch auf die Illuminati zurückkommen. Das Militär, von dem die Illuminati glauben, es voll und ganz in ihrer Hand zu haben, sowie auch die Geheimdienste, haben auch innere Kreise, die sich im Notfall auch selbständig machen und ein Land zumindest eine Zeit lang führen könnten, falls erforderlich."

Für einen Moment schweige ich und denke noch einmal über seine Ausführungen bezüglich der außerirdischen Unterstützung der Amerikaner nach. Dabei bin ich jedoch äußerst skeptisch. „Also, wenn das, was du eben erzählt hast, wirklich stimmen sollte, dann muß ich wohl an meinem Weltbild auch noch etwas schleifen. Bisher hatte ich die Amerikaner nach ihrem Bildungsniveau immer als etwas zu primitiv eingestuft, als daß sie von Interesse für irgendwelche Außerirdische sein könnten. Das sollte keine Beleidigung sein, doch das war bisher meine persönliche Meinung. Ich möchte es gerne glauben, doch es fällt mir ehrlich gesagt äußerst schwer. Kannst du die eben genannten Informationen ein wenig durch Offenlegung deiner Quellen untermauern?"

„Nun", schließt John direkt an meine Kritik an, „die geheimen Unterlagen über die Besuche des Außerirdischen bei Präsident Roosevelt in den Jahren 1936 und 1943 befinden sich im Außenministerium. Ich besorgte mir diplomatische Papiere, um Zugang zu den entsprechenden Informationen zu erhalten. Eine Bestätigung erhielt ich auch durch eine Person, die mit Präsident Roosevelt in engem Kontakt stand. Diese sagte, daß die regelmäßigen Besuche zu jener Zeit beim Personal des Weißen Hauses allgemein bekannt waren. Jedoch mußten noch viele zusätzliche Nachforschungen betrieben werden, insbesondere über die Anfänge der Vertuschung durch die US-Regierung, um die Tatsachen im richtigen Zusammenhang darzustellen. Ich brauchte vier Jahre, um das gegenwärtige Versteck der UFO-Unterlagen zu entdecken, in denen auch Näheres über die Rolle der USA auf der Erde und im Weltraum dargelegt wird. Obwohl sich das eigentliche Zentrum der Aktivitäten für die Vertuschung im ‚Nationalen Sicherheitsrat' befand, war es offensichtlich, daß die Abteilung, die jede Kenntnis über dieses Programm ableugnete, tatsächlich eine quasi unabhängige Stelle und keiner Regierungsbehörde gegenüber verantwortlich war. Sie widersetzte sich regelmäßig Anordnungen, ihre Maßnahmen zu rechtfertigen. Es wurde niemals entdeckt, wo sich die Verantwortlichen für diese Vertuschung befanden oder wo diese ihr Personal herbekamen."

„Sag mal, John", reiße ich meinen Beifahrer aus dem Erzählen heraus, „kann es sein, daß du ein paar Freunde in schwarzen Anzügen hast?" John sieht mich mit fragendem Blick an. „Wir haben nämlich einen Schatten hinter uns. Seit wir losgefahren sind, hängt drei Autos hinter uns ein dunkler Mercedes mit Münchner Kennzeichen. Das könnten unsere Freunde aus Pullach sein. Ich beobachte sie bereits, seit wir aus der Innenstadt herausfuhren."

„Pullach? Das ist doch der BND, nicht wahr?" fragt mich John, während er kurz über die Rückenlehne blickt.

Mit einem Nicken bestätige ich seine Äußerung. „Es ist natürlich nur eine Annahme, das Münchner Kennzeichen besagt noch gar nichts. Doch möglich wäre es schon."

Ich bin nun doch etwas nervös, da ich ja nicht jeden Tag verfolgt werde. „Ich frage mich, wem von uns beiden unsere Verfolger auf den Fersen sind? Sie müssen schon vor dem Laden gewartet und uns beobachtet haben. Vielleicht haben wir auch eine Wanze am Wagen? Wenn das der Fall ist, dann haben sie sicherlich an mir Interesse. Aber das glaube ich nicht. Keiner weiß, wo ich heute hinfahren wollte. Ich hatte mit niemandem darüber gesprochen. Am besten mache ich einen Test."

Beim nächsten Parkplatz fahre ich raus. Der Mercedes hält ganz am Anfang des Parkplatzes hinter einem LKW, um nicht gesehen zu werden. Das ist mir ganz recht. John schicke ich zur Ablenkung mit einem Regenschirm in den angrenzenden Wald, um vorzutäuschen, als wolle er pinkeln gehen, um die Blicke unserer Verfolger ein wenig abzulenken, während ich selbst, ebenfalls mit einem Regenschirm bewaffnet, aussteige, um die Unterseite und die Radläufe nach Wanzen abzusuchen. Es schüttet dabei wie wahnsinnig.

Nachdem ich nicht fündig geworden bin und wir beide wieder im Wagen sitzen, überlege ich laut. „Also wenn sie keine Wanzen gesetzt haben, ist es anzunehmen, daß sie wegen dir hier sind. Bist du vorher schon einmal verfolgt worden?" frage ich.

„Ja, das kann man sagen", sagt John zu meiner Überraschung. „Ich habe lange genug zu einem ähnlichen Club gehört. Man könnte sie auch als deren Konkurrenz bezeichnen, und bin sozusagen Geheimnisträger."

„Na prima, und das sagst du mir erst jetzt?" Ich bin nun doch ein bißchen verärgert. Das habe ich jetzt davon, daß ich ihn mitgenommen habe. Und gerade heute, wo ich noch etwas ganz Spezielles abholen werde. Nach kurzem Überlegen komme ich nur zu einer Lösung – ich muß die Jungs abhängen. Nachdem ich John in meine Gedanken eingeweiht habe, fragt er mich, ob ich nicht zu viel James Bond gesehen habe.

„Wie willst du denn einen Mercedes abhängen, dies ist doch nur ein Kombi und dazu auch noch mit Automatik-Getriebe. Was ist es überhaupt für eine Marke?"

„Ein Audi, aber bezüglich des Abhängens mach' dir mal keine Sorgen. Am besten schnallst du dich wieder an und dann wollen wir mal sehen. Wenn es nicht klappen sollte, kann es ja nicht viel schlimmer werden. Verfolgt werden wir ja sowieso schon."

In Gedanken schicke ich ein Stoßgebet an die Schöpfungskraft und bitte alle meine Schutzengel, mich jetzt gut zu führen und den Weg frei zu machen. Mein Herz rast dabei wie wild. Habe ich doch noch nie zuvor vor jemandem flüchten müssen. Nachdem ich tief Luft geholt habe und wir die Parkplatzausfahrt erreicht haben, gebe ich Vollgas.

Plötzlich höre ich von der Seite ein „Wow, was ist denn das für eine Höllenmaschine?"

„Tja, von außen ein ganz normaler Audi", kommentiere ich mit einem Lächeln. „Die Schildchen, die auf den Typ hindeuten, habe ich vorsichtshalber entfernt. Sogenanntes „Understatement". Es ist ein S6, hat acht Zylinder, eine 4.2 Liter-Maschine und vor allem einen Audi-Quattro-Antrieb. Der fährt gute zweihundertachtzig Stundenkilometer. Vor allem auch deshalb, da ich noch etwas Spezielles eingebaut habe. Wenn es noch ein Weilchen so weiterregnet, kann der Mercedes mit seinem Heckantrieb bald umdrehen. Das ist unser Vorteil!"

Welch Glück, daß ich das ganze Jahr auf der Autobahn unterwegs bin, und aufgrund meiner routinemäßigen schnellen, auf gut schwäbisch gesagt „saumäßigen" Fahrweise, das Rasen gewöhnt bin. So hat es mir wahrscheinlich zum ersten Mal in diesem Leben wirklich etwas genützt. Schon nach etwa zehn Minuten merke ich, daß unser Rücken wieder frei ist, verlasse aber doch zur Sicherheit etwas später die Autobahn und umfahre drei Auffahrten. Als wir an der vierten Auffahrt sind, halten wir an einem Autohof, wo ich tanke und wir uns mit ein paar Brötchen und Getränken eindecken.

„Hey, John", sage ich, „was wollen diese Jungs von dir?"

„Na, du kannst Fragen stellen", gibt dieser mit einem Kopfschütteln zurück. „Was denkst du denn, was das ist, was ich dir heute erzähle?"

Es scheint wohl tatsächlich etwas an dem dran zu sein, was er hier von sich gibt.

Ich halte mich aber trotz unseres Audi-Quattro-Vorteils ein wenig zurück und beachte weiterhin aufmerksam den Verkehr. Es sind wohl wirklich keine Wanzen am Auto.

Nachdem wir eine weitere halbe Stunde gefahren sind und unser Pulsschlag wieder auf einigermaßen normale Werte gesunken ist, ist es John, der genügend Nerven beieinander hat, um das Thema wieder aufzugreifen.

„Kommen wir zurück zu unserem Thema – den Flugscheiben. Bisher haben wir uns betrachtet, daß die Technik vorhanden ist, auf beiden Seiten. Nun möchte ich ein wenig darauf eingehen, was dann mit dieser Technik alles geschehen ist.“

Kapitel 7
Die Deutschen verlassen Deutschland

„Zuerst möchte ich dazu Deutschland berücksichtigen und ein Ereignis, das wahrscheinlich als die abenteuerlichste und ungewöhnlichste Völkerwanderung der Weltgeschichte in die zukünftigen Geschichtsbücher eingehen wird.

Im Sommer 1943 schickte der französische Untergrund dem englischen Geheimdienst Meldungen über nächtliche Truppentransporte der Deutschen über Nebengleise in Richtung auf die spanische Grenze. Die Franzosen schätzten, daß jeder Zug etwa fünfhundert deutsche Soldaten beförderte. Der Geheimdienst der Alliierten war ratlos. Und dafür gab es mehrere Gründe. Der Feind war in Afrika besiegt worden und an der russischen Front mußte er sich immer weiter zurückziehen. Deshalb mußte das Oberkommando der Alliierten unbedingt wissen, ob die Deutschen eine weitere Front aufbauen oder von spanischen Stützpunkten aus in Nordafrika eindringen wollten. War denn wirklich etwas dran an den ständigen Gerüchten, die die Agenten ausstreuten, daß die Elite der deutschen Armee und ihre besten Wissenschaftler und Techniker sich darauf vorbereiteten, ihr Heimatland zu verlassen, und wenn ja, wohin wollten sie gehen? Und was noch beunruhigender war: Der britische Geheimdienst und das amerikanische OSS hatten erfahren, daß die Deutschen enorme wissenschaftliche Anstrengungen in den Bau einer neuen Art von Flugzeug investierten, das möglicherweise mit Laser ausgerüstet war und Städte wie London oder New York innerhalb einer Stunde zerstören konnte. Das OSS wußte, welche katastrophalen Folgen eine solche Erfindung haben konnte. Man stellte sich die Frage, ob die Deutschen ein solches Flugzeug in irgendeinem abgelegenen Gebiet in Spanien oder Südamerika herstellen wollten.

Daher schickte das alliierte Hauptquartier in London zwölf seiner besten Agenten nach Deutschland, Frankreich und Spanien und bat das OSS, die Truppentransport-Züge zu infiltrieren, um die Absichten der Deutschen herauszufinden. Drei Amerikaner wurden für diese Aufgabe ausgewählt. Einer von ihnen war gebürtiger Deutscher und Absolvent von Princeton. Der zweite war ein geweihter Priester namens School, und der dritte war Allen Dulles, der später Direktor der CIA werden sollte. Sie alle sprachen fließend Deutsch.

Ein vierter, spanisch sprechender Agent wurde ins neutrale Spanien geschickt. Dieser ließ sich drei Wochen lang in Spanien nieder, um spanische Eisenbahnleute und Deutsche in spanischen Uniformen zu beobachten, die in Züge umstiegen, die in Richtung Küste fuhren. Zwei der Agenten konnten noch ihre Nachrichten nach London schicken, bevor sie gefaßt wurden, und Allen Dulles gelang es, hinter die feindlichen Linien und wieder heraus zu kommen, ohne daß man ihn erwischte. Die Geschichte dieser Agenten wurde zu einer Legende. Es war eine der wagemutigsten Aktionen, die jemals durchgeführt wurden.

An einem Abend im April 1976 traf ich mich in einem Restaurant in Atlanta im US-Bundesstaat Georgia mit den drei noch lebenden Teilnehmern dieser Aktion. Die ehemaligen Agenten, ein katholischer Priester, ein Presbyterianer und ein christlicher Wissenschaftler, durchlebten noch einmal ihr Abenteuer auf dem deutschen Truppentransport. Nach dem Essen stellte der Priester, der damals Kardinal war, eine Flasche Wein auf den Tisch. Allen Dulles hatte sie von seiner Reise damals im Jahre 1943 mitgebracht. Die Gruppe traf sich jedes Jahr. Dem letzten Überlebenden sollte die Flasche mit dem deutschen Wein gehören. Im September 1978 starb der mutige Priester in Rom.

Die Berichte dieser Agenten wurden nach London geschickt, und innerhalb von vierzig Tagen machten sich die Alliierten allmählich ein Bild von den Plänen der Deutschen. Diese waren dabei, einen Evakuierungsplan für ihre Truppen und bestimmte Zivilisten durchzuführen. Nachdem die Niederlage in Europa nicht mehr abzuwenden war, wollte man woanders ein ‚Neues Reich' aufbauen. Obwohl sich das Kriegsglück zugunsten der Alliierten gewendet hatte, hatten diese die Pläne der Deutschen praktisch verschlafen. Aber natürlich hatte es eine solche Situation noch nie zuvor gegeben: Eine praktisch geschlagene Armee, die ihre Heimat aufgeben und ihr militärisches Abenteuer an einem anderen Ort weiterführen wollte.

Die zahlreichen Berichte der amerikanischen, britischen und französischen Agenten bestätigten, daß deutsche Elitetruppen von allen Fronten abgezogen und nach Spanien geschickt wurden. Außerdem berichteten die drei Agenten, die die deutschen Truppentransporte infiltriert hatten, daß das Personal aus Arbeitskräften bestand, die für eine Kolonisierung benötigt wurden. Sie hatten unter den Reisenden eine Vielzahl von Berufen ausgemacht, wie zum Beispiel Wirtschaftsfachleute, die als Soldaten verkleidet waren. Und sie hatten mit Ärzten, Zahnärzten, Lehrern, Architekten, Werkzeugmachern, Maschinisten und anderen gesprochen. Sie alle hatten „unverbrüchliche, ewige Treue gegenüber dem Deutschen Reich und seinem Führer“ geschworen. Die letzten Zwischenaufenthalte der Züge waren Hulva und Aymonte in Spanien. Es erforderte weitere Arbeit des OSS, um herauszufinden, was in diesen spanischen Häfen geschah. Darauf konzentrierte sich der Spionagedienst als nächstes.

Inzwischen berichteten auch andere Agenten, deren Meldungen von Luftaufnahmen bestätigt wurden, über eine ungewöhnlich rege Aktivität in deutschen Ostseehäfen. Riesige Mengen von Industriegütern für den Transport nach Übersee stapelten sich in den Docks. Die Alliierten fragten sich, ob die Deutschen ihre neuen Flugscheiben verschifften, um sie später von versteckten Basen aus einzusetzen. Etwa um diese Zeit erfuhren die Alliierten von einem Geheimtreffen am 10. August 1944, bei dem entschieden wurde, alle Gold- und Edelmetallreserven aus Deutschland wegzuschaffen. Aber wohin?

Trotz strenger deutscher Sicherheitsmaßnahmen wurden dem OSS einige der Absichten der Deutschen allmählich klar. Zum einen planten die Deutschen, eine riesige Menge von Sachwerten sowie Personal von Deutschland aus an geheime Orte zu schaffen. Und zweitens wurden Geheimwaffen verschifft, unter anderem unkonventionelle Flugzeuge, die der Feind im Kampf bisher nicht eingesetzt hatte. Die Frage war nun, *warum* sie nicht eingesetzt worden waren, und was waren das für Waffen, die so modern und zerstörerisch waren, daß ein praktisch besiegtes Deutschland sie nicht einsetzte, um den Krieg in letzter Minute doch noch für sich zu entscheiden?

Während das Alliierte Oberkommando über die Pläne der Deutschen in Spanien nachdachte, war es sich natürlich bewußt, daß Spanien zwar neutral war, aber General Franco aufgrund Hitlers Drohungen doch den Deutschen ausgeliefert war. Deshalb vermutete man, daß die Bedeutung Spaniens in seinen atlantischen Häfen läge. Dann gingen die ersten Meldungen über eine neue Flotte deutscher U-Boote ein, die etwa einhundertdreißig Meter lang und mehrere Decks hoch waren. Die Agenten berichteten, daß diese Boote in der Nähe von Aymonte und Hulva und ebenfalls in Häfen Norwegens und der Ostsee gesichtet worden waren.

In den Jahren 1944 und 45 bestätigten sich die Berichte, daß diese Unterseeboote mit ungewöhnlichen Maschinen und Ausrüstungsteilen beladen wurden. Der norwegische Untergrund machte sich auf die Suche nach den U-Booten und die Informationen, die er sammelte, waren für das Oberkommando sehr interessant. Die gigantischen U-Boote hatten Deutschland verlassen und fuhren an der Küste Norwegens entlang, um die Schiffahrtswege der Alliierten zu meiden. Westlich von Narvik fuhren sie in den Nordatlantik, in Richtung Island. Von einem Punkt unterhalb von Island aus steuerten sie einen südlichen Kurs, der sie schließlich in die Atlantikhäfen Hulva und Aymonte in Spanien brachte."

An dieser Stelle unterbreche ich John durch meinen erhobenen Arm und der Bemerkung: „Dazu habe ich einen schönen Bericht parat, den Wilhelm Landig in seinem Buch „Wolfszeit um Thule" veröffentlicht hat. Dabei geht er auf die letzte große Schlacht im Zweiten Weltkrieg ein, die wir heute leider in keinem Geschichtsbuch der Welt finden – die verschwiegene Schlacht! Magst du es hören?"

„Ja, gerne!"

„Dann greif mal bitte hinter meinen Sitz, da findest du ein Manuskript meines neuesten Buches. Unter dem Kapitel „Wunderwaffen" ist auch Landigs Bericht verarbeitet. Hast du es?"

„Ja, einen Moment noch, ich suche den Bericht."

„Bis du fündig wirst, leite ich schon mal das ein, was ich noch aus dem Kopf weiß", sage ich und beginne: „Am 2.5.1945 lief aus dem norwegischen Hafen Kristiansund ein Verband mit einhundertzwanzig der bis zuletzt geheimgehaltenen Typen der neuen deutschen Riesen-U-Boote der Typen XXI und XXIII in Richtung Nordmeer aus. Dieser lag seit dem 24. April auslaufbereit. Kurz darauf kam es – von den Alliierten so lange nur als möglich geheimgehalten – im Raum zwischen Island und Grönland zu einer Seeschlacht zwischen dem deutschen Verband und alliierten Seestreitkräften, die wegen ihres Ausganges niemals in die Geschichtsbücher eingehen darf, solange die Alliierten das sagen haben. Von Wilhelm Landig erfahren wir auch warum."

„Hier, ich habe es", sagt John, mit einem Finger auf eine Stelle im Text deutend, „ich lese vor: „In dieser Nacht schlich sich Boot um Boot der Riesen-U-Boot-Flottille des neuesten Typs XXI aus dem Hafen. Zuerst fuhren Kampfboote aus, dann folgten etliche nur schwach armierte Versorgungsboote gleichen Typs, und den Schluß bildeten abermals Kampfboote.

Die gesamte Flottille hatte in ihren Crews, Offizieren und Mannschaften, überwiegend junge und ledige Leute, die meisten nicht über fünfundzwanzig Jahre alt. Ausnahmen bildeten zugeteilte Zivilisten, unter denen auch Techniker und Wissenschaftler waren. Mit diesem Verband sollte auch Vidkun Quisling in Sicherheit gebracht werden, doch lehnte dieser es ab, Norwegen zu verlassen.

Mit dem Auslaufen der Boote verschwanden die Besatzungen aus den deutschen Evidenzlisten und galten von da ab als verschollen. Schon bei der Auswahl der Crews war darauf Bedacht genommen worden, Leute herauszufinden, die kaum oder keine Verwandte oder Angehörige mehr hatten. So fiel ihr Verschwinden nicht sonderlich auf."

„Aufgrund des Buna-Überzuges der Schnorchel, einem zur damaligen Zeit neuartigen Tarnüberzug", ergänze ich, „waren diese ortungssicher und durch eine Runddipolantenne für Warnempfang war man vor dem Feind einigermaßen gewarnt, da diese auf die neun Zentimeter-Welle der britischen Rotterdam-Geräte reagierte."

John liest weiter vor: „Die neuen Boote waren zweistöckig und hatten eine Wasserverdrängung von eintausendfünfhundert Tonnen. Im unteren Raum befand sich eine gewaltige Akkumulatorenbatterie, die für eine Stunde dem Boot die Höchstgeschwindigkeit von sechzehn Seemeilen zu fahren gestattete, mit der es jeden Verfolger auf See abschütteln konnte. Ferner hatte jedes Boot ein aktives Ortungsgerät, das eine Ortung feindlicher Schiffe bis auf eine Entfernung von acht Seemeilen ermöglichte. Ein weiterer Vorteil der Boote lag in ihrer wesentlich höheren Durchschnittsgeschwindigkeit und der Möglichkeit, vier Tage in kleiner Schleichfahrt unter Wasser bleiben zu können. Wenige Stunden zu schnorcheln genügten, um die Akku-Batterie wieder aufzuladen. Ein weiterentwickeltes Balkon-Horchgerät vermochte bereits bis zu vierzig Seemeilen die Schraubengeräusche von Geleitzügen zu erfassen und verlieh damit den Booten eine weitere Sicherheit und Angriffsorientierung.

Dann gab es noch einige weitere Boote eines völlig neuen Dreitausend-Tonnen-Boottyps, die über zwei Turbinensätze als Antrieb verfügten und fünfzig Mann Besatzung hatten. Sie waren unter strengste Geheimhaltung gestellt, da sie nicht mit den bisher verwendeten Mitteln betrieben wurden. Ein völlig neuartiger Treibstoff war in Flaschen abgefüllt und mit einem Druckstempel versehen. Das Betriebsmittel war eine Masse, welche in Sauerstoff oxidierte. Mit Seewasser vermischt, brauste das neuartige Element auf, dann wurde diese Oxyd-Seewasser-Verbindung unter dem enormen Druck von sechshundert Atü in Turbinen geblasen. Von dort aus wurde das Gemisch über eine Ableitung durch einen Regenerator geführt und nach einem Scheidungsverfahren mit dem zurückgewonnenen Sauerstoff wieder in das Boot zurückgeleitet. Die verbliebene Substanz wurde dann durch eine Hohlwelle zur Schiffsschraube geleitet. Durch die Wegnahme des Nebels von den Schiffsschrauben durch eine Sogwirkung konnte die Geschwindigkeit vergrößert werden. Mit den frei arbeitenden Schiffsschrauben machte der neue Bootstyp unter Wasser fünfundsiebzig Seemeilen. Und mit Hilfe des zurückgewonnenen Sauerstoffs war es sogar möglich, jahrelang unter Wasser zu fahren. Eine dem Salz oder Karbid ähnliche Substanz funktionierte in Kammern, die verstellbar waren. Eine ganz kleine Menge genügte, um die Turbinen anzutreiben. Die Fahrtgeschwindigkeit wurde durch eine Verstellbarkeit der Ventile reguliert. Diese Boote mit dem völlig neuartigen Antrieb waren das bestgehütetste Geheimnis der Kriegsmarine und mußten dem Feind entzogen werden."

„Während sich der Verband zwischen Island und Grönland aufhält", gehe ich weiter ins Detail, „erscheint plötzlich eine Flugscheibe in großer Höhe über der Flottille, die vom Stützpunkt im Polargebiet aus gestartet war, und meldet der Besatzung einen starken feindlichen Kriegsschiffverband. Als man dann diesen etwas später vor sich hat, und die über dem Pulk manövrierende Flugscheibe den Luftraum für feindfrei erklärt, schießen die Deutschen ihre neuentwickelten „Aale" ab, die damals neuesten Torpedos mit der Bezeichnung T XI, die ihr Ziel selbständig ansteuern. Diese laufen in fünfzig Meter Tiefe an den Feind und steuern mit ihrem Horchkopf die Schraubengeräusche an.

Innerhalb weniger Minuten hatten die spinnennetzartig ausfahrenden Torpedos sämtliche Schiffe des Feindgeschwaders erfaßt, ohne daß es dem Gegner gelungen wäre, in der kurzen Zeit seiner verzweifelten Abwehr den Angreifern Verluste zuzufügen.

Die chilenische Zeitung „El Mercurio" brachte damals lange Berichte über die Anfang Mai im Nordatlantik stattgefundene Seeschlacht zwischen der geheimnisvollen deutschen U-Boot-Flottille und dem starken alliierten Seestreitkräfteverband. Die Zeitung schrieb, daß deutscherseits neue Torpedowaffen eingesetzt wurden, durch die der gesamte alliierte Verband vernichtet wurde, bevor die deutschen U-Boote ohne eigene Verluste spurlos verschwanden. Der „El Mercurio“ schrieb damals auch, daß es nur einen einzigen Überlebenden gegeben habe, einen britischen Kapitän, und brachte dessen Aussage: „Gott behüte mich, noch einmal mit dieser Macht in Konflikt zu kommen.“ Diese fast verwunderliche Aussage war eine tatsächlich wortgetreue Wiedergabe der Aussage des britischen Zerstörerkommandanten.“

„Ja, aber das sind nur die konventionellen Waffen, die die Deutschen auf den U-Booten stationiert hatten“, ist John's Reaktion, nachdem er das Manuskript auf die Rückbank gelegt hat. „Ich komme gleich auf noch ganz andere Waffen zu sprechen.

Doch zurück zum Thema. Die Alliierten lösten schließlich das Rätsel der verschwundenen Deutschen. Die Antwort war ganz einfach. Die Truppentransporte der Deutschen durch Frankreich und Spanien brachten ihre Passagiere in die spanischen Atlantikhäfen, wo sie in die U-Boote stiegen, die entweder dort vor Anker lagen oder aus anderen Häfen aus dem Norden kamen, und verschwanden danach spurlos im Atlantik. Die Alliierten schätzten, daß über zweihundertfünfzigtausend Deutsche mit verschiedenen Verkehrsmitteln wie Flugzeugen, Unterseebooten und sogar Handelsschiffen unter amerikanischer und englischer Flagge das Land verlassen hatten. Aber wohin diese Deutschen geflohen waren, konnten sie sich immer noch nicht erklären.

Im April 1945 war die Presse ausschließlich mit dem bevorstehenden deutschen Zusammenbruch beschäftigt. Aufgrund einer politischen Vereinbarung, die Roosevelt und Stalin bei der Jalta-Konferenz abgeschlossen hatten, waren die Alliierten an der Westfront gezwungen, ihren Vormarsch zu verlangsamen, während die Russen Osteuropa und halb Deutschland – einschließlich Berlin – eroberten. Die deutschen Armeen unter von Rundstedt führten verzweifelte Rückzugsgefechte, obwohl die Kommandanten wußten, daß der Krieg bereits verloren war. Es gab wilde Gerüchte, daß Hitler über Wunderwaffen verfügte, mit denen er den Feind doch noch vernichten konnte. Auch wurde gemunkelt, daß sich die westlichen Alliierten an der Elbe mit den Deutschen verbünden und gemeinsam die Russen bis nach Moskau treiben würden, um den Kommunismus zu beseitigen.

Und alle diese Gerüchte, die unter den schwer bedrängten Deutschen die Runde machten, hatten einen wahren Kern. Und auf eine andere Art und Weise und an einem anderen Ort wurde eine dieser Phantasien zur

Realität. Wie üblich waren die Alliierten mal wieder unvorbereitet. Als das Drama seinen Lauf nahm, verband sie zwei Zeitalter. Von diesem Augenblick an wurde der Zweite Weltkrieg zum letzten großen Kapitel über konventionelle Waffen in der Geschichte der Menschheit.

An diesem schrecklichen Drama war eines der gigantischen deutschen U-Boote beteiligt. Es handelte sich um eines jener Boote, die 1944 unter strenger Geheimhaltung gebaut worden waren. Es beförderte eine Ladung streng geheimer deutscher Pläne, Dokumente sowie Prototypen neuer Erfindungen. Das U-Boot befand sich im Nordatlantik in einer ungefähren Position von vierzehn Grad westlicher und fünfunddreißig Grad nördlicher Breite, als aufgrund eines technischen Fehlers die Sauerstoffversorgung ausfiel. Es mußte auftauchen. Um Mitternacht des 23. April 1945 stieg es aus einer Tiefe von siebenhundert Metern an die Wasseroberfläche, kaum anderthalb Kilometer von zwei britischen Kreuzern entfernt. Diese eröffneten unverzüglich das Feuer auf das deutsche Boot. Acht Granaten wurden verschossen, um das Ziel zu bestimmen. Plötzlich erschien eine seltsam geformte Kanone auf dem Rumpf des U-Bootes. Ein dünner Laserstrahl wurde auf den Kreuzer ‚Cambden' gerichtet. Er machte keinerlei Geräusche. Der Strahl zerschnitt das Schiff lautlos vom Bug bis zum Heck. Wie ein Spielzeugboot, das plötzlich voll Wasser läuft, ging der Kreuzer horizontal unter. Es gab ein lautes Zischen, als der weißglühende Stahl des Rumpfes im Wasser versank. Dann richtete sich der Strahl auf den zweiten Kreuzer, die ‚Hannover'. Diese explodierte und sank in knapp dreißig Sekunden. Die Leute sprangen in Panik über Bord. In weniger als zwei Minuten war von den Kreuzern nur noch ein Ölteppich, Luftblasen und etwas Treibgut übrig geblieben. Die Flammen verlöschten, und Dunkelheit senkte sich wieder über das Meer. Der Kommandant des U-Bootes verließ die Brücke. Er setzte sich an einen Tisch, schlug die Hände vor das Gesicht und fing an zu schluchzen. Ein Offizier versuchte, ihn zu trösten: „Sie waren unsere Feinde. Wenn wir sie nicht erledigt hätten, hätten sie uns erledigt."

In der Dämmerung des nächsten Morgens entdeckte ein britischer Fischtrawler drei Männer auf einem Wrackteil. Die Seeleute, die starr vor Kälte waren, wurden an Bord geholt und drei Tage später auf den Hebriden abgesetzt. An jenem Tag erhielt das alliierte Hauptquartier in London ein Schreiben, das wenig später General Donovan vom OSS übergeben wurde.

Es handelte sich um einen ausführlichen Bericht über den deutschen Laser, der britische Kreuzer wie eine Dose aufschneiden konnte. Donovan wurde blaß. Ein neues Kriegszeitalter war angebrochen.

Nach den beiden Fiasken im Atlantik fragten sich die Stabschefs besorgt, wo die deutschen Flugscheiben sein könnten und ob sie wohl auch mit Laser ausgerüstet wären. Und wo würde der Feind als nächstes zuschlagen? Alles, was sich auf See befand, war jetzt im höchsten Maße angreifbar und schutzlos.

Doch die Evakuierung der Deutschen verlief anders, als von den Alliierten erwartet, und erfolgte schnell und reibungslos, ohne daß die Alliierten nur das geringste ahnten. Die Leute, die man benötigte, um das Dritte Reich in einem anderen Teil der Welt weiterzuführen, stiegen in Flugscheiben und riesige Unterseeboote. Jedoch kam es auch hier zu einer Auswahl. Kriegsverbrecher wollte man keine an Bord haben. Man wollte nicht, daß diese Leute einen Anteil an dem neuen Deutschland hatten, das an einem anderen Ort der Erde entstehen sollte.

Bis zum Ende des Krieges verfügten die Alliierten über genügend Informationen, um Teil ‚eins' des deutschen Evakuierungsplans zu verstehen. Bei diesem Plan ging es tatsächlich um die Evakuierung der Elite der deutschen Armee und zahlreicher Techniker, Wissenschaftler sowie Mitglieder deutscher Geheimgesellschaften. Wie bereits gesagt, wurde man im Dezember 1944 auf größere Truppenbewegungen in Richtung auf die Stadt Aymonte in Spanien aufmerksam. Und im Norden verfolgte man aufmerksam den Kurs eines U-Bootes. Die Vermutungen in bezug auf die Rückkehr der Deutschen in den Atlantik wurden bestätigt, als die britischen Kreuzer versenkt wurden.

Nachdem die Berichte der Geheimdienste eingegangen waren, stellte man sich die Frage, welches Ziel die fliehenden Deutschen hatten. Zu diesem Zeitpunkt traf ein Bericht des OSS über zunehmende Aktivitäten der Deutschen in Mittel- und Südamerika ein. Und aus Brasilien und Argentinien trafen unbestätigte Berichte ein, daß in der südlichen Hemisphäre fliegende und landende unidentifizierte Flugobjekte gesichtet worden seien.

1944/45 war es noch zu früh, um sicher zu sein, was die Deutschen vorhatten, aber die Generäle Eisenhower und Donovan fragten sich doch, ob die offizielle Kapitulation der deutschen Armeen in Europa nicht möglicherweise nur ein Trick gewesen war, und viele deutsche Soldaten, die jetzt entkamen, zu einem späteren Zeitpunkt und an einem anderen Ort weiterkämpfen würden.

Nach der Kapitulation der Deutschen blieben noch viele Fragen offen, zum Beispiel der Aufenthaltsort zahlreicher bekannter Personen aus Politik und Wissenschaft. Es waren zu viele Leute, als daß man einfach davon ausgehen konnte, daß sie umgekommen oder verschleppt worden seien oder sich in Kriegsgefangenschaft befänden, es sei denn, man hätte sie nach Rußland verschleppt. Es war auch auffallend, daß viele ihrer Angehörigen anscheinend nicht die geringste Trauer zeigten.

„Irgendwie", sagte Eisenhower, „habe ich das Gefühl, daß irgendwo ein anderes Deutschland entsteht, und mir wäre es lieber, wenn wir in diese Sache eingeweiht wären, anstatt die Russen."

Eine Bemerkung von Admiral Dönitz im Jahre 1943 war ein weiterer Hinweis auf eine Massenabwanderung von Deutschen. Dönitz hatte erklärt: „Die deutsche Unterseeflotte ist stolz darauf, irgendwo in der Welt ein irdisches Paradies geschaffen zu haben, eine uneinnehmbare Festung für den Führer." Der Ausdruck „irgendwo in der Welt" sollte sich später als prophetisch erweisen."

„Moment mal", unterbreche ich John, „ich dachte Hitler sei tot? Zumindest wurde das von den Medien behauptet."

„Aber auch nur von den Medien", meint dieser. „Ich habe eine Reihe von Zeugen befragt, unter ihnen viele ehemalige Nationalsozialisten, die deutsche Botschaft in Washington sowie hochrangige Mitarbeiter des Geheimdienstes in den USA. Sie alle sagten übereinstimmend, daß der deutsche Staatschef, Adolf Hitler, Deutschland lebend verlassen hätte. Die einzigen Unstimmigkeiten bezogen sich auf den Zeitpunkt, die Route und die Methode der Evakuierung.

Am 15. Dezember 1944 berief General Eisenhower eine streng geheime Konferenz des Oberkommandos der Alliierten in London zusammen. Anwesend waren die Stabschefs der Alliierten und Offiziere aus dem freien Frankreich, Dänemark, Holland, Belgien, Norwegen und andere. General Eisenhower hatte zwei Gründe für die Einberufung dieser Konferenz. Er übergab das Wort an General William Donovan und seinen Assistenten, der auch gebeten wurde, das Protokoll zu führen. Der Assistent war derselbe, der nach Spanien geschickt wurde, um die Ankunft der deutschen Truppen in Sevilla zu beobachten. General Donovan begann: „Meine Herren. Seit einigen Wochen beobachten unsere Agenten geheime Truppenbewegungen der Deutschen durch Frankreich nach Spanien. Zuerst haben wir vermutet, daß der Feind einen Überraschungsangriff auf die nordafrikanische Küste plant. Wir haben deshalb Truppen bereitgestellt, um diesen Angriff abzuwehren. Wie Sie alle wissen, ist es jedoch nicht dazu gekommen. Jetzt wissen wir, daß diese Truppenteile die spanischen Häfen dazu benutzt haben, um einfach spurlos zu verschwinden."

Der General machte eine Pause, sah sich in der Runde um und fuhr dann fort: „Vielleicht war einer der Deutschen, die über Spanien entkommen konnten, Adolf Hitler." Im Saal herrschte totales Schweigen. Einige Personen meldeten sich zu Wort. Der General sagte, daß er nur einige wenige Fragen beantworten könnte und daß er für weitere Fragen nach der Konferenz zur Verfügung stehen würde.

Die erste Frage war: „Wer regiert jetzt in Deutschland?" Und die Antwort lautete: „Großadmiral Dönitz soll der neue Führer sein, aber General von Rundstedt scheint die wichtigen militärischen Entscheidungen zu treffen."

Eine andere Frage lautete: „Hitler soll in letzter Zeit häufig gesehen worden sein. Ist die Geschichte seiner Flucht nicht ein wenig unglaubwürdig?"

Donovan sagte: „Ein Doppelgänger regiert an seiner Stelle. Das behaupten jedenfalls unsere Agenten in Berlin, und die britische und russische Regierung ist davon überzeugt, daß ein von Goebbels, Bormann und Ley instruierter Doppelgänger Hitlers Platz übernommen hat. Dieser Mann ist kein verrückt gewordener Hitler. Er ist ein Doppelgänger, der von anderen Leuten beherrscht wird."

Donovan schloß die Konferenz, indem er sagte, daß das Verschwinden Hitlers im direkten Zusammenhang mit der Auflösung der deutschen Wehrmacht stünde. Er sagte, daß Hitler wieder auftauchen würde, sobald man die verschwundenen deutschen Armeen entdeckt hätte. Er persönlich sei von Hitlers Flucht vollkommen überzeugt. Die wichtigste Aufgabe läge nun darin, den deutschen Führer und seine Truppen in Südamerika aufzuspüren.

Nach der Konferenz flog General Donovan nach Washington zurück. Dort angekommen berief er unverzüglich eine Sondersitzung der karibischen und brasilianischen Sektion des OSS ein. Seine früheren Vermutungen hatten sich bewahrheitet. In New York, dem Nervenzentrum der Spionagedienste der westlichen Hemisphäre, gingen ständig verschlüsselte Berichte über die Ankunft von Deutschen in Südamerika ein. In einem vertraulichen Bericht der heutigen CIA wurde zugegeben, daß „es sich bei der Leiche, die man im Bunker der Reichskanzlei gefunden hatte, nicht um die von Adolf Hitler gehandelt hat." Weder die Finger- noch die Zahnabdrücke stimmten mit denen von Hitler überein. Es wurde niemals eine Leiche gefunden, die man als die von Hitler identifizieren konnte. Bis 1974 konnte weder der wahre Hitler noch seine Leiche aufgefunden werden. Die Worte „bis 1974" sind von Bedeutung. Ich werde später darauf zurückkommen.

Nach Ansicht eines Anklägers bei den Nürnberger Prozessen, General John P. Davis, war Hitlers Flucht in letzter Minute aus dem belagerten Berlin ein äußerst raffinierter Schachzug der Deutschen. Obwohl Christina Edderer behauptete, daß sie Hitler persönlich nach Norwegen geflogen hatte, steht in den Unterlagen, die bei den Nürnberger Prozessen erstellt wurden, daß es sich bei dieser Person um eine sehr mutige Frau, aber auch unzuverlässige Zeugin handelte, die bereits wegen Meineides zu einer Freiheitsstrafe verurteilt worden war. Als ich im Jahre 1975 mit Frau Edderer sprach, klang ihre Version über die Flucht Hitlers nicht sehr überzeugend.

Man darf nicht vergessen, daß es Hitlers wichtigstes Ziel war, den Zweiten Weltkrieg zu gewinnen. Als dieser Plan scheiterte, setzte er alles daran, die ganze Sache in ein anderes Land zu verlegen, das vom Feind nicht bedroht werden konnte. Erinnern wir uns dabei an die Worte Martin Bormanns laut einem Interview in der ‚Zig-Zag' in Santiago de Chile vom 19. 6. 1947: „Wir kommen wieder, aber in einer Form, die die Welt nie vergessen wird!"

Die Durchführung der ersten Phase dieses Alternativplans begann im Jahre 1943. Und als er im Jahre 1954 beendet war, hatte man drei Millionen Deutsche erfolgreich evakuiert. Ungeachtet des geringen Ansehens, das Hitler bei einigen Generälen genoß, war er sich der Verehrung der breiten Masse des deutschen Volkes vollkommen sicher. Sein Image als verehrungswürdiger Führer wurde niemals ernsthaft in Frage gestellt. Er war jedoch auch ein Idealist und glaubte fest an ein deutsches Utopia. Seine engsten Mitarbeiter wußten, daß sein Eifer, ein neues Deutschland zu schaffen, so stark war, daß er niemals davon abließ, auch nicht, als die deutsche Niederlage nicht mehr abzuwenden war. Deshalb spielte Hitler die Schlüsselrolle bei der Evakuierung der Deutschen. Ich werde diesen Punkt später zweifelsfrei nachweisen. Zusätzlich zu der prominenten Rolle, die er bei diesem Projekt einnahm, ist die menschliche Seite seines Lebens ebenfalls von Bedeutung.

Hitler und Eva Braun wurden am 29. April 1945 rechtlich getraut, aber ihr erster Sohn, Adolf Hitler Junior, wurde bereits 1940, fünf Jahre vor der Hochzeit, geboren.

Bereits im Oktober 1944 entschied eine Gruppe, die an einem am 10. August beschlossenen Plan arbeitete, die Operation „Ultima Thule". Dieser Plan wurde auf Veranlassung Hitlers ausgearbeitet. Alle Kunstschätze, technischen Erfindungen und Goldbarren Deutschlands sollten versteckt oder mitgenommen werden. Das wichtigste zu rettende Objekt war jedoch der Führer selbst. Trotz seines lautstarken Protestes wurde er gezwungen, unverzüglich seine persönlichen Habseligkeiten zu packen und Deutschland zu verlassen. Ein Doppelgänger stand bereit, um seinen Platz einzunehmen und unter der Aufsicht von Bormann, Goebbels und Ley die Rolle als Führer weiterzuspielen.

Der wirkliche Führer verließ Berlin in einem Auto zusammen mit einer Gruppe von Leuten auf Motorrädern. Sie reisten bei Nacht und versteckten sich bei Tage, um nicht von feindlichen Fliegern entdeckt zu werden. Die Gruppe bestand aus Hitler, seiner Frau Eva, ihrem vier Jahre alten Sohn Adolf Hitler Junior und einem zwölf Jahre alten adoptierten Jungen namens Hans. Über Frankreich flohen sie mit dem Zug nach Spanien. Von da aus ging es weiter zum Schloß La-Aljaferia in Zaragoza. Dort traf Hitler seinen spanischen Vertrauten, der ihn als Berater begleiten sollte. Von diesem Mann erfuhr ich bei meinen Recherchen in Spanien, wie Hitler aus Europa entkommen war. Hitler wurde in einen spanischen Geschäftsanzug gesteckt. Sein Schnurrbart wurde abrasiert und seine Frisur geändert. Seine Frau wurde als spanische Dame der Mittelklasse ausstaffiert, und auch aus den beiden Jungs wurden kleine Spanier. Am 5. November 1944, um drei Uhr morgens, verließen Hitler und die Gruppe das Schloß mit einem Auto, das von seinem spanischen Vertrauten gefahren wurde. Sie reisten über Valencia nach Sevilla und verbrachten die erste Nacht im Hotel „Colón".

Am nächsten Tag fuhren sie weiter nach Hulvia und kamen schließlich in Aymonte an, wo bereits Hotelzimmer für sie gebucht worden waren. Am folgenden Abend, dem 7. November, nachdem sie sich von ihrem spanischen Freund verabschiedet hatten, gingen sie zusammen mit fünfhundert anderen Deutschen an Bord eines der großen U-Boote. Das U-Boot verschwand in der See und nahm Kurs in Richtung Südwesten. Während der nächsten achtzehn Tage teilten sich Hitler und seine Familie eine gemeinsame Kabine. Zwei Ledersessel, vier Kojen und ein Radio für den Führer befanden sich darin. Für die fünfhundert Passagiere, die Mannschaft sowie Hitler und seine Familie standen zwei Ärzte zur Verfügung.

Die Alliierten wußten, daß Hitler geflohen war. Die Nürnberger Kriegsverbrecherprozesse hatten ein unausgesprochenes Klima von Angst geschaffen, daß Hitler nach Deutschland zurückkehren und ein Symbol für den deutschen Widerstand würde. Im Jahre 1945 entschlossen sich die USA, Hitler zu schnappen. Aber die Geheimnisse, die sie in Südamerika und der Antarktis aufdeckten, waren so phantastisch, so unglaublich! Die Einzelheiten der Welt mitzuteilen, war ungefähr so schwierig, wie ihr zu erklären, daß Außerirdische gelandet waren.

In New York gingen weiterhin Berichte über das ständige Eintreffen von Deutschen in Südamerika ein. Die Deutschen strömten massenweise nach Bélem und andere Häfen oder landeten auf kleinen Flugplätzen im Amazonasbecken, in Leticia, Kolumbien oder Georgetown, British Guayana. Sie schienen dabei immer auf der Durchreise zu sein. Zu diesem Zeitpunkt reiste General Donovan persönlich nach Brasilien, um die Operationen der USA zu leiten. Amerikanische Agenten, die sich als Gummi-, Edelmetall- oder Holzhändler ausgaben, reisten zum Amazonas und an den Orinoco. Dort erfuhren sie erstaunliche Sachen. Die Deutschen waren aus geheimen Lagern ganz oben am Amazonas, jenseits von Obidas oder sogar Manaus gekommen. Von hier waren sie nach Süden in Richtung auf den Hauptstrom des Amazonas und zu dem immer noch schiffbaren Mayan, einem Nebenstrom des Amazonas, weitergereist. In der Nähe von Iquitos in Ecuador verlor sich dann ihre Spur. In einem OSS-Bericht aus Iquitos stand: „Die Deutschen kommen hier zu Tausenden an. Sie alle tragen örtliche Kleidung. Aber sie reisen nicht mehr ab. Sie werden buchstäblich vom Erdboden verschluckt.“

Weder die örtlich ansässigen Brasilianer noch die Indios konnten sich erklären, wohin die Deutschen verschwunden sein könnten. In Manaus und Rio de Janeiro wurden Deutsche in Zivilkleidung gesehen, die mit dem Flugzeug nach Buenos Aires und Montevideo abreisten, wo sie wiederum in privaten oder gecharterten Maschinen ins Innere Argentiniens weiterflogen. Ein Agent berichtete im Februar 1945, „daß diese Leute mit ihrer Arroganz fast wie ein neuer deutscher Generalstab erschienen".

Der Zweite Weltkrieg war zu Ende. Die alliierten Truppen wurden wieder heimgeschickt, und es vergingen noch weitere zwei Jahre, bis man herausgefunden hatten, was genau mit Adolf Hitler und den hunderttausenden von ausgewählten Deutschen passiert war, die aus dem Reich verschwunden waren."

„Uhlala, jetzt wird's aber heftig", kommentiere ich den letzten Bericht. „Über solch eine Information wird sich die Welt aber nicht besonders freuen, nicht wahr?"

„Das kannst du mit Sicherheit sagen", erwidert John, der in meinen Augen immer mysteriöser erscheint.

„Woher weißt du denn das über den Exodus der Deutschen und vor allem die Geschichte über die Flucht Hitlers?" frage ich in einem völlig faszinierten Zustand. Diesem Mann geschehen Dinge offenbar genauso wie mir. Er trifft Menschen, die man eigentlich gar nicht treffen kann.

John erklärt mir: „Ein hoher Mitarbeiter der Regierung, ohne dessen Hilfe ich bereits in den Anfängen meiner Recherchen gescheitert wäre, hat mir diese Unterlagen zur Verfügung gestellt. Die auf Mikrofilm gespeicherten Aufnahmen der in Deutschland beschlagnahmten Unterlagen über die Versenkung von zwei britischen Kreuzern konnte ich ebenfalls einsehen. Derselben Geschichte ging ich dann noch im ‚British Admiralty Office' in London nach. Ein von John S. Taylor unterzeichneter Brief aus dem Nationalarchiv in Washington machte mich mit Sir John Cole, dem Verwalter der deutschen Unterlagen im ‚British Admiralty Office' bekannt. Die vom Londoner Büro des OSS nach Washington geschickten Unterlagen über deren Aktivitäten im Zweiten Weltkrieg unter General Dwight D. Eisenhower und dem OSS-Chef General W. Donovan habe ich ebenfalls in Washington und London eingesehen.

Von der Geschichte der gigantischen deutschen U-Boote erfuhr ich zuerst aus den erbeuteten deutschen Unterlagen, die im Nationalarchiv der

USA und in der Kongreßbibliothek liegen. Kopien wurden mir verweigert. Den größten Teil der Informationen erhielt ich aus dem ‚British Admiralty Office' in London. Auch im Bonner Archiv fand ich interessante Informationen. Dort wurde mir auch der Einblick in Unterlagen über die Super-U-Boote gewährt. Ein Teil des Materials über die Flucht Hitlers wurde mir zur Verfügung gestellt, als der spanische Generallissimo Franco befahl, die spanischen Militärarchive in Madrid und Simcas zu öffnen. Aber ohne die CIA hätte ich die Geschichte über die abenteuerliche ‚Auswanderung' der Deutschen niemals beweisen können. Ich habe dazu auch den Agenten gesprochen, der die Fotos für den Geheimdienst aufnahm."

„Uiuiui", gebe ich verwirrt von mir, „da wird's mir ja gleich ganz schwindelig. Was hältst du von ein paar Zügen frischer Luft?"

John ist ebenfalls über ein paar Streckbewegungen und ein paar Schritte erfreut und so fahre ich am nächsten Parkplatz raus. Der Regen hat inzwischen aufgehört, nur ein feines Nieseln ist noch spürbar. Wir haben noch etwa drei Stunden zu fahren und ich rufe meinen Freund, bei dem wir übernachten werden, über Autotelefon an und berichte ihm kurz, daß ich jemanden mitbringen werde und er sich bereits darauf einstellen solle.

„Na, da habe ich mir wieder mal was eingebrockt", denke ich etwas ironisch vor mich hin. „Der Typ ist ja noch schlimmer als ich! Normalerweise erzähle ja ich den Leuten was, doch heute bleibt mir die Spucke weg."

John sitzt dabei neben mir und kaut auf einem der Brötchen herum. Ich selbst habe keinen so großen Appetit, schon eher Durst, da ich vom gut gewürzten Mahl des letzten Abends noch einen ‚Brand' habe.

Doch meine Neugier ist zu groß, als daß ich die Geduld gehabt hätte, mit der Fortsetzung des Gesprächs bis nach dem Essen zu warten, und frage John, wo sich denn die Deutschen seinen Kenntnissen nach verschanzt haben sollen, daß es den Alliierten so lange verborgen geblieben sein konnte?

Kapitel 8
Deutsche Kolonisten finden einen Eingang ins Erdinnere

Während des Kauens erzählt John seine Geschichte weiter:

„Den Deutschen war es nun mit Hilfe ihrer Flugscheiben und Riesen-U-Boote offenbar gelungen, an einem anderen Ort auf der Welt ein neues Leben anzufangen, nachdem sie ihre alte Heimat nach dem Ende des Zweiten Weltkriegs aufgegeben hatten, denn sie kamen niemals zurück. Doch stellt sich einem nun die entscheidende Frage: „Wo waren sie hingegangen?“

Und jetzt kommen wir an den Grat des Geschehens und meiner Nachforschungen, wo derjenige, der mir bis hierher noch folgen und es eventuell auch einigermaßen akzeptieren konnte, aussteigt. Und deswegen bin ich auch zu dir gekommen, da du mir mit deinem Hintergrundwissen wahrscheinlich am ehesten folgen kannst.

Um aber ganz verstehen zu können, ‚wohin‘ die Deutschen gegangen sind, ‚warum‘ sie gerade dort hin sind und vor allem ‚wie‘ sie an diese Örtlichkeit gelangt sind, muß man die nun folgende Episode kennen. Es handelt sich dabei um ein Kaleidoskop deutscher Erfindungsgabe zwischen dem 16. und 20. Jahrhundert.

Man war davon ausgegangen, daß mehrere Dörfer mit deutschen Kolonisten, die im 16. Jahrhundert Deutschland verlassen hatten, irgendwo am Amazonas, etwa sechshundert Kilometer stromaufwärts, untergegangen sind. Die Existenz dieser Pioniere hatte man vollkommen vergessen. Die alliierten Agenten, die Ende der vierziger Jahre nach Hitlers letzten Anhängern suchten, trafen unabsichtlich auf Nachkommen der Kolonisten aus dem 16. Jahrhundert, deren Anwesenheit tatsächlich das Ergebnis des Zweiten Weltkriegs verändert hatte. Diese sensationelle Tatsache wird der Presse und der Öffentlichkeit natürlich immer noch vorenthalten.

Die fraglichen Ereignisse begannen im Jahre 1572, als eine ausgesuchte, kühne Gruppe von etwa fünfhundert Deutschen, von denen die meisten aus dem Herzogtum Sachsen-Coburg kamen und zu denen auch Rekruten aus Bayern und Ostpreußen gehörten, von Sebastian I., König von Portugal, als Söldner angeworben wurden, um eine Garnison am oberen Amazonas aufzubauen. Den deutschen Soldaten wurde erlaubt, ihre Ehefrauen mitzunehmen, denn nach ihrer Dienstzeit wollte man ihnen Ländereien im Innern des heutigen Brasiliens zur Kolonisierung überlassen. Bei den Familien handelte es sich hauptsächlich um Lutheraner, die ihres Glaubens wegen in ihrer Heimat verfolgt wurden.

Diese Abenteurer stachen also in Lissabon mit drei etwa vierzig Meter langen, leicht bewaffneten Kriegsschiffen in See. Ihre erste Aufgabe bestand darin, an einem der Oberläufe des Amazonas, im Grenzgebiet zwischen dem heutigen Brasilien und Ecuador, ein portugiesisches Fort zu bauen. Nachdem das geschehen war, sollten die Deutschen das Fort besetzen, um das Gebiet gegen die Spanier zu verteidigen, die auf der anderen Seite des Flusses saßen. Damals erließ Papst Pius V. eine Bulle, mit der er Südamerika zwischen den beiden Völkern aufteilte. Spanien erhielt den westlichen Teil des Kontinents, Portugal den östlichen.

Am Ende ihrer Reise wurden die portugiesische Besatzung und die deutschen Söldner jedoch von Eingeborenen überfallen. Dabei wurden auch ihre Schiffe zerstört. Den Deutschen und Portugiesen gelang es, sich und einige Stücke Vieh, Schweine, Hühner und Pferde sowie Saatgut für Obst und Gemüse zu retten. Im Dschungel mußten sich die Leute zusätzlich gegen Eingeborene verteidigen, die versuchten, sie umzubringen. Die Indios kämpften mit Pfeil und Bogen, konnten aber gegen Brustpanzer und Pulverbüchsen nicht viel ausrichten. Die Europäer mußten sich erst an die Taktik des Dschungelkrieges gewöhnen, denn bisher hatten sie nur in offener Schlachtformation gekämpft. Schließlich trafen die weißen Männer auf einen Höhleneingang an der Seite eines Berges. Die Deutschen, die sich auf dem Rückzug vor den Indios befanden, waren dankbar, daß sie sich, ihr Vieh und ihren Besitz retten konnten. Die Indios fürchteten sich jedoch vor angeblichen ‚Höhlengeistern' und zogen sich von dort zurück. So wurde die Höhle zur Rettung der Deutschen. Sie lebten von nun an in der Höhle und machten in bestimmten Abständen Ausfälle, um sich mit Nahrung zu versorgen. Innerhalb der Höhle fanden sie ausreichend Trinkwasser und lernten, sich auf eine primitive Art und Weise am Leben zu erhalten. Jedoch trauten sie sich nicht mehr in die gefährliche Welt außerhalb der Höhle. Nur ihr starker Überlebenswille verhinderte, daß sie total verzweifelten.

Einige Mitglieder der Gruppe drangen tiefer ins Innere der Höhle vor und berichteten, daß die Höhle eigentlich der Eingang zu einem tiefen unterirdischen Tunnel wäre. Sie fanden auch Hinweise auf Menschen, die die Höhle vor ihnen betreten hatten. Dies war vielleicht der Grund, warum sich die Indios so sehr vor der Höhle fürchteten. Die Weißen betraten die Tunnel, ohne genau zu wissen, wohin sie gingen. Sie hofften jedoch, daß die Tunnel schließlich wieder an die Oberfläche führen und sie in das Gebiet freundlicherer Indios bringen würden.

Die Geschichte dieses Abenteuers wurde in Tagebuchform im Logbuch des Schiffes festgehalten, das die Gruppe schließlich rettete.

Der Führer der Überlebenden des Angriffs der Indios von 1572 war ein Deutscher namens von Luckner. Er war es auch, der die Flucht durch den Tunnel organisierte und – ohne es zu wissen – die Reste der Gruppe tief in die unterirdischen Gänge führte, wo sie später eine schwach erleuchtete Höhle von etwa einhundert Quadratkilometer Größe entdeckten. Die Dekke war etwa einhundert Meter hoch, und der Boden bestand aus Erde mit den üblichen Komponenten, die für den Ackerbau geeignet war. Hier errichteten die Deutschen ihre erste Gemeinde, die sicher vor Angriffen von außen war. Geschützt vor Kopfjägern und einem unwirtlichen Dschungel bauten sie ein Dorf, das im Laufe der Jahre zu ihrer festen Heimat wurde. Bei ihrer Reise in die Unterwelt hatten die Europäer immer genügend Süßwasser, das in Rinnsalen oder auch kleinen Bächen von der Oberfläche herabfloß. Während der ersten einhundertsechzig Kilometer herrschten etwa die gleichen Temperaturen wie an der Oberfläche. In späteren Jahren, als sie noch weiter in die Tiefe drangen, stiegen sie jedoch auf dreißig bis fünfunddreißig Grad. Das Überleben wurde zu einem alltäglichen Problem, aber vor den rohen Elementen der Natur, wie sie an der Oberfläche herrschten, wie Regen, Kälte und gefährlichen Raubtieren, waren sie hier absolut sicher.

Zu dieser Zeit waren die Kolonisten eine verlorene Zivilisation. Als gesamte Gruppe würden sie nie wieder an die Oberfläche zurückkehren. Hoffnungslos, aber mit einem starken Überlebensinstinkt ausgestattet, brachen sie alle Brücken zur alten Heimat ab und nahmen eine neue Identität an. Aber das kulturelle, sprachliche und religiöse Erbe ihres Heimatlandes blieb immer erhalten. Sie bemühten sich, dies für ihre Nachkommen zu bewahren, während sie in den Tunnels umherwanderten und sich an das neue Leben gewöhnten.

Seit Jahrhunderten kursieren Gerüchte, daß man weiße Männer am Oberlauf des Amazonas gesehen hatte. Diese erweisen sich jetzt als wahr. Einige der Deutschen begaben sich vorsichtig wieder an die Oberfläche und bauten Handelsrouten auf, ähnlich wie die Franzosen im „Coeur de Bois“ in Nordamerika. Sie trieben Tauschhandel mit den Indios und traten schließlich auch mit den Handelsniederlassungen in Verbindung, die andere Weiße am Fluß aufgebaut hatten. Ihr Versteck hielten sie jedoch weiterhin streng geheim. Sie taten alles, um zu verhindern, daß jemand zufällig auf den getarnten Tunneleingang stieß, der zu ihrer Heimat im Innern der Erde führte. Jene, die ihn trotzdem fanden, kehrten nie zurück.

Während die amerikanischen Kolonisten im 18. Jahrhundert gen Westen aufbrachen und dabei ein Hindernis nach dem anderen aus dem Weg räumten, drangen die Deutschen immer weiter ins Innere der Erde vor. Von der ersten festen Siedlung bahnte sich eine Gruppe unter der Führung eines gewissen Wagner einen Weg in den Tunnel. Man entdeckte eine weitere riesige Höhle, wo eine Siedlung gegründet wurde, der man den Namen Wagner gab. Mitte des 17. Jahrhunderts hatten die Deutschen eine Art primitiver Eisenbahn entwickelt, mit der sie ihre Ernte und ihr Vieh transportierten. Sie begannen, Landwirtschaft zu betreiben und bauten Gerste an, die sich der Photosynthese aus den Reflektionen der Felswände besonders gut angepaßt hatte. Diese Reflektion diente ihnen auch als natürliches Licht. Es war zwar ein wenig schwach, aber ihre Augen paßten sich schnell an. Sie drangen immer weiter ins Innere vor und gründeten schließlich sechs Städte entlang der fünftausend Kilometer langen Strecke. Ihre Nachkommen überlebten Krankheiten und Hunger. Ebenso wie eine Armee in feindlichem Gebiet, errichteten sie Außenposten. Nachdem diese etabliert waren, ging dann ein Teil von ihnen weiter.

Mit einem Problem mußten sich die Kolonisten jedoch immer wieder herumschlagen. Um ihre Schwierigkeiten zu verstehen, muß man bedenken, daß der ursprüngliche Tunnel, dem sie folgten, durch Labyrinthe über eine Länge von fünftausend Kilometern führte. Aus den zahlreichen Nebengängen wurden die Deutschen häufig von Kreaturen einer unterirdischen Rasse angegriffen, die versuchten, sie umzubringen. Einmal gelang es diesen „Bösen“ oder „Söhnen Satans“, wie sie von den Deutschen genannt wurden, diese einzukesseln. Um sich aus dieser Lage zu befreien, waren die Deutschen gezwungen, sich durch einen Kilometer Schutt und Gestein zu wühlen. Die ursprünglichen Bewohner der Innenwelt haßten die Neuankömmlinge, erklärten sich jedoch einverstanden, sie sicher an die Oberfläche zu geleiten, wenn sie versprachen, die Unterwelt für immer zu verlassen. Die Deutschen, die immer noch in den Tunnelstädten leben, behaupten, daß sich im Innern des Erdmantels viele Städte befinden, die von diesen „Bösen“ bewohnt sind. Diese Deutschen, die nun bereits seit über vierhundert Jahren unter der Erde in Südamerika leben, sagen, daß es im gesamten Erdmantel von Höhlenbewohnern unterschiedlicher Rassen nur so wimmelt, die ins Innere geflüchtet sind, um sich vor Überschwemmungen oder anderen Katastrophen zu retten, die während der Zeit der vor- oder nachadamitischen Zivilisationen aufgetreten sind. Es soll hunderte von riesigen Städten geben, die sich zwischen einhundert Meter oder vielen Kilometer Tiefe innerhalb der Erde befinden. Möglicherweise waren die deutschen Kolonisten von 1572 nur das letzte einer langen Reihe von Völkern, die sich innerhalb der Erde eine neue Heimat suchten.

Im Laufe der Jahre wurden drei Generationen von Deutschen im unterirdischen Tunnelsystem geboren. Die deutschen „Maulwürfe“ gründeten eine Reihe von Städten, zum Beispiel die Stadt Hagner – 1977 hatte sie einhundertachtzigtausend Einwohner – Baron von Brickner – einhunderttausend – Sillisteen – zwölftausend – und Erzherzog von Kitchiner – zweiundsechzigtausend. Dann, im fünfundsiebzigsten Jahr ihrer Einwanderung, brachen einige von ihnen ins ‚Gelobte Land‘ auf. Als sie durch eine Felsöffnung ins Freie kamen, konnten sie ihren Augen nicht trauen. Alle von ihnen waren innerhalb der Erde geboren worden. Aber man hatte ihnen erzählt, daß es noch eine andere Welt gab. Nun sahen sie einen endlosen Himmel, Bäume und eine wunderschöne, hügelige Landschaft. Aber was sie am meisten beeindruckte war, daß alles im Schein eines schwachen Lichtes gebadet wurde, das an einem wirklichen Himmel hing. Sie befanden sich jedoch immer noch im Innern der Erde, und zwar unter dem heutigen Neuseeland und Australien, was ihnen zu Anfang jedoch noch nicht bewußt war. Die Deutschen jubelten, sie schickten Dankgebete gen Himmel, und sie lachten aus Herzenslust, weil sie glaubten, daß sie sich wieder an der Oberfläche der Erde befinden würden.

Sie eilten zurück in den Tunnel und berichteten über das Wunder, das sie entdeckt hatten. Noch mehr Deutsche strömten aus dem Tunnelsystem hervor. Einige Zeit später nahmen sie mit den Bewohnern des neuen Landes Kontakt auf, die dem nordischen Menschentypus entsprachen. Diese teilten ihnen mit, daß sie sich in diesen riesigen Hohlraum im Innern der Erde zurückgezogen hatten, wo hunderte von Millionen Menschen friedlich miteinander lebten. Die „Neuen Atlanter“, wie sie sich nannten, reisten mit seltsamen, lautlosen Flugscheiben durch die Luft und fuhren in vierrädrigen Wagen ohne Ochsen oder Pferde. Diese Menschen lebten in einer fortgeschrittenen Zivilisation, die ihre Väter ihnen vor Jahren hinterlassen hatten. Was die Deutschen besonders erstaunte, war die Tatsache, daß diese Atlanter eine enorm lange Lebensspanne hatten und sich das Alter weder in ihren Gesichtern zeigte noch irgendwelche negativen Einflüsse auf ihren geistigen Zustand hatte. Den Deutschen fiel schnell auf, daß es keine alten Menschen unter ihnen gab.

Aber die Tunnel-Deutschen sollten noch eine weitere Überraschung erleben. Die Atlanter oder Atturianer, wie sie sich auch bezeichnen, riefen Berater aus einem anderen Kontinent der Innenwelt herbei, den sie Bodland nannten, um die Neuankömmlinge zu begutachten. Als die Bodländer und die Tunnel-Deutschen sich miteinander unterhielten, stellten sie zur ihrer freudigen Überraschung fest, daß ihre Sprache dieselbe Wurzel hatte! Atemlos lauschten sie der Geschichte der Bodländer und ihrer Flucht in die Innenwelt vor etwa dreißigtausend Jahren, als sie von einer bösartigen Rasse angegriffen wurden, die mit Raumschiffen und einer überlegenen Technik aus dem Weltall gekommen war, ihre Städte zerstörte und Millionen Menschen ihres Volkes umgebracht hatte. Nur einige tausend Menschen, die sich in Erdhöhlen retten konnten, waren der Katastrophe entkommen, die sich im heutigen Iran, Pakistan und Syrien abspielte. Diese Länder waren einst von einer Rasse hellhäutiger Menschen bevölkert, die sich „Bacchis" und später „Bodländer" oder „Boden" nannten. Viele Jahre später zogen die Bodländer durch Tunnel in die Innenwelt.

Man lud die Deutschen ein, Bodland zu besuchen. Diese merkten bald, daß die Bodländer das modernste Volk waren, das sie jemals getroffen hatten. Die Atlanter erklärten sich einverstanden, den Deutschen zu gestatten, sich auf einem relativ unbewohnten Kontinent südlich von Bodland anzusiedeln. Dort gründete die zweite Rasse der Arier der Innenwelt eine neue Kultur. Sie mußten sich nur verpflichten, in Frieden und Freundschaft mit den anderen Völkern zu leben und nie wieder in die Außenwelt zurückzukehren.

Es entwickelte sich also eine neue deutsche Rasse. Ihre Wurzeln begannen in Deutschland selbst, aber sie verschwanden im Tunnelsystem in Südamerika. Von dort wanderten sie während drei Generationen ins Innere der Erde, wo aus den ursprünglichen zweihundertfünfzig Paaren eine Nation entstand, die heute als die ‚Sechs Königreiche von Sachsen' bekannt sind. Im Laufe der Jahre war ein Teil der Leute in den Tunnels aufgrund der Überbevölkerung immer wieder dazu gezwungen, weiter ins Innere zu wandern und sich in einem der sechs inneren Königreiche eine neue Heimat zu suchen. Im 20. Jahrhundert gestattete man jeder Familie nur noch zwei Kinder, da die Größe der Höhle, in der sich die Stadt befindet, keinen weiteren Bevölkerungszuwachs erlaubte.

Anfang des 18. Jahrhunderts überzeugten einige Mitglieder des neuen deutschen Adels die ältere Rasse der Bodländer, ihre ältesten Söhne an Universitäten in Deutschland zu schicken. Diese jungen Männer wurden durch einen Eid zum Schweigen verpflichtet und mit einem Flugzeug in weniger als einem halben Tag nach Deutschland geflogen. Dort gaben sie sich als Söhne reicher Plantagenbesitzer am Amazonas aus. Auf diese Weise erhielten die deutschen Prinzen einer versunkenen Welt über zweihundert Jahre lang eine weiterführende Ausbildung in Kunst und Geschichte an den führenden Universitäten der Oberen Welt. Bei ihrer Rückkehr in die Heimat in der Innenwelt erzählten diese jungen Männer von den technischen Fortschritten, die sie oben gesehen hatten. Als zum Beispiel die Druckerpresse in Deutschland erfunden wurde, brachte sie der Kronprinz von Luckner in die Innenwelt mit.

Trotz ihrer Isolation hörten die deutschen Gemeinden in den Tunnels auch, daß man mit der Außenzivilisation, die ihre Vorväter verlassen hatte, wieder in Kontakt getreten war. Aber da sich ihre eigene Zivilisation in den Tunnels so gut entwickelt hatte, beschlossen sie, dort zu bleiben.

Der ursprüngliche Tunnel hatte viele Sackgassen, und obwohl eine Menge von Verbesserungen durchgeführt wurden, folgte er immer noch seinem natürlichen Verlauf und machte Windungen wie ein Fluß.

Im Jahre 1851 gaben die Tunnel-Deutschen ihre Zurückhaltung gegenüber den Menschen auf der Erdoberfläche auf und brachten einen deutschen Ingenieur nach unten, um das System zu verbessern. An einer Stelle verkürzte er eine Länge von vierhundert Kilometern des labyrinthartigen Gängesystems, indem er eine neue gerade Strecke von fünfzehn Kilometern bohrte. Innerhalb dieser fünfzehn Kilometer wurde eine Höhle von zwei Quadratkilometern ausgeschachtet. Dort baute man später Lagerhäuser, Gebäude und so weiter. Man bohrte weiter und beseitigte Kurven. Die alte Länge von fünftausend Kilometern wurde beträchtlich verkürzt. Sie borgten sich technische Geräte und Materialien von den Bodländern, und langsam entwickelte sich ein elektrisches Eisenbahnsystem, das ständig verbessert wurde. Jedoch blieb der Tunneleingang an der brasilianisch/peruanischen Grenze ein streng gehütetes Geheimnis.

Für jene Deutschen, die sich schließlich im Zentrum der Erde – der Hohlwelt – niedergelassen hatten, war das Klima dort sehr angenehm, und ihre Zahl stieg bis zur Wende zum 20. Jahrhundert auf zehn Millionen. Aufgrund der häufigen Besuche in der Oberwelt waren Gerüchte über die innerdeutschen Prinzen durchgesickert, die sich an deutschen Universitäten ausbilden ließen. Der deutsche Ingenieur hatte von seiner Arbeit in den verborgenen deutschen Städten im Tunnel ebenfalls erzählt. Und im Ersten Weltkrieg schickten die Tunnel-Deutschen ein Regiment aus Freiwilligen, um zusammen mit ihren deutschen Landsleuten zu kämpfen. Die Mitglieder des Regiments konnten viele Verwandte ausfindig machen, von denen sich ihre Vorfahren vor vierzehn Generationen getrennt hatten.

Haben die Deutschen der Innenwelt, die während des Ersten Weltkriegs Deutschland besuchten, ihren Landsleuten oben geraten, ihre Vorsicht beiseite zu lassen und das Geheimnis der Innenwelt preiszugeben? Die Antwort ist „ja", aber es kommen noch andere Aspekte hinzu. In Unterlagen des amerikanischen Außenministeriums vom Dezember 1914 und Januar bis März 1915 wurden die Anstrengungen beschrieben, die die USA unternahm, um den Ersten Weltkrieg zu beenden. Darin werden auch die Bemühungen der deutschen Seite erwähnt, einen freien Zugang zu ihrer unterirdischen Schwesternation zu behalten. Eine der Bedingungen zur Unterzeichnung des Waffenstillstands war folgende: „Das Kaiserliche Deutschland verlangt einen ungehinderten Zutritt durch die Antarktis über den Südpol zur Innenwelt zum Zweck der zukünftigen Kolonisierung."

Ein Vertreter des amerikanischen Außenministeriums, Colonel House, zeigte diese Klausel später dem britischen Premierminister Lloyd George. Dieser lachte und sagte: „Gebt den Deutschen doch diesen Eisblock mit Seehunden und Pinguinen. Es ist doch nichts als ein riesiger Kühlschrank. Vielleicht sind die Deutschen verrückt geworden?" Was die Innenwelt betraf, glaubte der Premierminister, daß man ihn auf den Arm nehmen wollte. Selbst im Jahre 1915 wußte der deutsche Außenminister Graf Zimmermann anscheinend mehr über die Innenwelt als die Alliierten.

Was die Alliierten nicht wußten, war, daß es von den Deutschen drei geplante und durchgeführte Projekte gab, die mehr über das Erdinnere verraten, als einige unbewiesene Mythen und Überlieferungen. Es war im Jahre 1913, als die Deutschen zum ersten Mal versuchten, die Existenz der ‚Hohlwelt' zu beweisen und eine Expedition ausrüsteten, um dieses unbekannte Gebiet zu erforschen und für Deutschland zu erobern.

Eine wissenschaftliche Arbeit über diese ungewöhnliche Reise wurde 1977 von einer wissenschaftlichen Fakultät an der ‚Georgetown University‘ durchgeführt. Die Vorlesung darüber wurde von einem damaligen Bundesdeutschen abgehalten. Sie wurde von der etablierten Wissenschaft mit Überraschung aufgenommen. Später wurden jedoch alle Zeugen dazu aufgefordert, strenges Stillschweigen darüber zu bewahren.

Vielleicht kannten die Deutschen die Theorien von John Cleves Symmes aus dem Jahre 1818, einem Soldaten der US-Infanterie, daß die Erde tatsächlich hohl und an den Polen offen war. Ein anderer Amerikaner, Cyrus Reed, vertrat ebenfalls diese Theorie und wurde dafür öffentlich lächerlich gemacht. Die ‚Hohlwelt‘ wurde bereits in einem Buch von James McBridge erwähnt, das 1816 veröffentlicht wurde, und im Jahre 1838 wurde von Anhängern Symmes' eine amerikanische Expedition finanziert, die in die Arktis aufbrach. Möglicherweise kannten sie auch die Geschichte der beiden Männer Jens und Olaf Jansen, die behaupteten 1829 mit einem kleinen Fischerboot über den Nordpol hinaus gefahren und in ein Land eingedrungen zu sein, in dem weiße Riesen wohnen würden? Dort hatten sie sich angeblich zwei Jahre aufgehalten, bis sie durch den Südpol wieder herauskamen. Nur einer überlebte und wurde dann, als er seine Geschichte erzählte in die Irrenanstalt gesteckt.

Womöglich waren ihnen auch die Berichte der ersten Polarforscher bekannt? So beschrieb schon Fritjof Nansen, der von 1861 bis 1930 lebte, und der den Pol zwar nie ganz erreicht hatte, jedoch bis zum sechsundachtzigsten Breitengrad vorgedrungen war, anstatt der Sonne nur eine rotglühende Scheibe, flach und von vier gleichmäßigen schwarzen Streifen durchzogen, gesehen zu haben.

Der Amerikaner Isaak-Israel Hayes, der von 1832 bis 1881 lebte, berichtete auf Höhe des achtundsiebzigsten Breitengrads von einem Schmetterling, von Spinnen, Bienen, Fliegen und einem Moskito.

Der Arktisforscher Charles F. Hall, der von 1860 bis 1862 unter Eskimos lebte, beschrieb Bären, Rebhühner, Füchse und viele andere Tiere, die sich dort aufhielten. Auch andere Polarforscher berichteten dies, ergänzt durch bunten Schnee, rosa, gelb, rot und grün, der seine Färbung durch Blütenpollen erhalten hatte. Blütenpollen am Nordpol? Schwarzer Schnee wurde ebenfalls entdeckt, der seine Färbung durch Vulkanasche bekommen hatte. Auch ist uns kein Vulkan bekannt, der sich in diesen Gefilden befinden sollte. Und daß die Pole von einer geschlossenen Eisdecke überdeckt sind, stimmt nicht mit den Erkenntnissen des Dr. Kane überein, der den Humboldt-Gletscher entdeckt hatte. Denn der spricht wegen des Phänomens der vielen Dunste und Nebel, die bei einer geschlossenen Eisdecke nicht möglich sind, von einem offenen Nordmeer.

Dies bestätigte 1868 der Meterologe Greely, der ins Grant Land eine zweijährige Expedition geleitet hatte, nämlich, daß dort ein völlig eisfreies Meer vorhanden wäre. Auch die Frage nach der Herkunft der Eisberge wird zu Spekulationen angeregt haben, da diese vollständig aus Frischwasser bestehen, inmitten von Salzwasser.

Interessant ist auch die Geschichte aus dem Buch Etidorpha, in dem ein Freimaurer beschrieben wird, der zur Strafe für einen Verrat der Logengeheimnisse durch ein Höhlensystem in Kentucky ins Erdinnere kommt. Diese Geschichte war es, die Jules Verne zu seinem Buch „Reise zum Mittelpunkt der Erde“ inspirierte.

Aber Spekulationen hin oder her, im März 1913 verließ jedenfalls der deutsche Kreuzer ‚Moltke‘ den Kieler Hafen für eine streng geheime Mission. Es ging darum, die Nordwestpassage zu finden. Ebenso wie andere Länder vorher versuchte Deutschland, einen Weg durch die Beringstraße zum Pazifik zu finden. Der drohende Krieg machte es notwendig, die Sache geheim zu halten.

Das Schiff stand unter dem Kommando von Kapitän von Jagow. Leutnant von Tirpitz, ein Urenkel der Königin Victoria, befand sich ebenfalls an Bord.

Die ‚Moltke‘ fuhr unter Kapitän von Jagow zuerst nach Island. Dann ging es an der Südspitze von Grönland vorbei in nordwestliche Richtung, entlang der Westküste Grönlands zum kanadischen Baffin Island. Ende Mai ging das Schiff vor der Nordküste von Baffin Island etwa siebzig Grad Länge und sechzig Grad Breite vor Anker, um auf die Eisschmelze zu warten. Innerhalb von zwei Wochen öffnete sich statt der besser bekannten westlichen Route im Lancaster Sund, die als die Nordwestpassage bekannt ist und zum ersten Mal 1903 von Roald Amundsen erwähnt wurde, eine Fahrrinne durch das Eis, die nach Norden ging. Das Eis brach und ermöglichte der ‚Moltke‘ die Fahrt in die offenen Gewässer weiter im Norden.

Das war das erste unerklärliche Phänomen. Die offene Fahrrinne nach Norden war breiter, als die Deutschen es erwartet hatten. Während sie weiterfuhren, verbreiterte sich die Rinne immer mehr. Schließlich sah man bis zum Horizont nur noch offenes Meer. Ende Mai fuhr das Schiff immer noch in wärmeren Gewässern. In der Luft flogen Wanderdrosseln, und auf den Inseln, an denen es vorbeikam, konnte man Rentiere und Schwarzbären sehen, die aus dem Norden kamen. Das deutsche Schiff fuhr langsam weiter, während man ständig die Tiefe maß. Dabei war es vierundzwanzig Stunden am Tag hell.

Dann fiel der erstaunten Mannschaft auf, daß die Sonne tief am Himmel stand und immer tiefer fiel, je weiter man fuhr. Ende Juni war sie ganz verschwunden, und es herrschte tiefe Dunkelheit. Der Kompaß spielte völlig verrückt, und der magnetische Norden war nicht mehr auszumachen. Es wurde immer nebliger, und der Wind wurde stärker. Doch allmählich verschwand die Dunkelheit, und ganz weit vorn konnte man ein mattes Leuchten erkennen. Während das Schiff weiterfuhr, blieb die Position der Sonne unverändert. Der Himmel war jetzt dunkelgrau, fast schwarz. Der Navigator glaubte, daß sie über den Nordpol hinausgefahren seien und jetzt auf unbekanntem Kurs wieder gen Süden fahren würden.

Dann trafen sie plötzlich auf einen Eskimo in einem Kajak, der einen Grönländer Dänisch-Dialekt sprach. Er sagte, er wäre von einem Ort namens Vinland gekommen, der etwa siebenhundert Kilometer weiter südlich lag. Er hätte dort überwintert. Fünfhundert Kilometer lang fuhr das Schiff jetzt einen südlichen Kurs.

Schließlich erreichten sie eine von Eskimos bewohnte felsige Insel. Diese fuhren mit ihren Booten hinaus, um die Deutschen zu begrüßen. Einige von ihnen sprachen Dänisch, da sie schon häufiger in Grönland gewesen waren. Einer von ihnen sagte, er wäre ein Lappe aus Rußland. Am nächsten Tag sollten sie eine riesige Überraschung erleben. Im Logbuch wurde verzeichnet, daß sie auf einer Insel eine Spezies von Dinosauriern entdeckten, von der man bisher überzeugt war, daß sie schon lange ausgestorben wäre. Die Welt, die sie hier betreten hatten, war so phantastisch, daß sie kaum als real erschien. Der Kapitän rief seine Offiziere zusammen. Sie alle waren vollkommen ratlos. Man gab also den Befehl, umzukehren. Nach einer Fahrt von vierzehn Tagen war die wirkliche Sonne wieder aufgetaucht, und sie fanden sich an derselben Stelle wieder, an der sie Ende Mai vor Baffin Island geankert hatten. Zu diesem Zeitpunkt entschloß sich Kapitän von Jagow, die nördlichen Gewässer gründlicher zu erforschen. Der Kurs wurde so festgelegt, daß das deutsche Schlachtschiff in einem Bogen um den Rand der Öffnung fuhr, die in das Erdinnere führte. Dort trafen sie wieder auf festes Packeis, und bittere Kälte setzte ein. Mit Hilfe des Kompasses berechnete man schließlich, jedoch irrtümlich, daß der geographische Nordpol sich möglicherweise innerhalb dieser Öffnung befand. Diesen Fehler hatten bereits andere Forscher vor ihnen gemacht.

Am 10. Juli begann die Heimreise, und am 1. August 1913 lief das Schiff im Heimathafen ein. Dem Kaiserlich-Deutschen Marinekommando wurde ein umfangreicher Bericht unterbreitet, der jedoch niemals veröffentlicht wurde. Im Jahre 1922 verarbeitete einer der Schiffsoffiziere, Leutnant von Tirpitz, seine Erfahrungen in einem Buch unter dem Titel „Die Memoiren des Großadmiral Tirpitz". Einer der eifrigsten Leser dieses Buches war Adolf Hitler. Es überzeugte ihn davon, daß es tatsächlich einen Eingang ins Innere der Erde gab. Unter den Büchern, die der Verbrennung durch die Nationalsozialisten im Jahre 1936 zum Opfer fielen, befand sich auch das Buch von Tirpitz über die Reise der ‚Moltke' zum Nordpol. Hitlers Agenten beschlagnahmten alle unerwünschten Bücher, um sie zu vernichten, aber von Tirpitz nahm eine Kopie seines Buches und versteckte es an einem sicheren Ort.

Im Jahre 1924 holte man bei der Kaiserlich-Deutschen Marine die alten Berichte über die Expedition in den Norden wieder hervor. Die Expedition war nicht weiter als etwa sechshundert Kilometer in den Wasserkorridor vorgedrungen, aber sie hatte die Existenz einer Öffnung bewiesen. Wenn es also eine solche Öffnung geben sollte, die ins Erdinnere führte, so dachten sich die deutschen Ingenieure, dann könnte man auf einer weiteren Reise vielleicht feststellen, wo dieser Eingang endete und die Hohlwelt anfing.

Es gibt wenige Informationen über die Reise des deutschen Eisbrechers, der für diese Expedition eingesetzt wurde. Das wenige, was ich weiß, stammt ausschließlich aus Berichten des amerikanischen Geheimdienstes aus den Jahren 1924/25. Im Jahre 1924 verfolgten amerikanische Schiffe den deutschen Eisbrecher in Richtung auf die Eisfelder nordöstlich von Grönland, bis sich das deutsche Schiff seinen Weg durch das Eis brach und verschwand. In den Unterlagen der amerikanischen Marine steht, daß der deutsche Eisbrecher ein Jahr später, nämlich 1925, wiederkehrte und zehn Tage im Hafen der Hauptstadt ankerte, bevor er dann wieder nach Hamburg zurückfuhr. Nach dem, was in den Geheimdienstunterlagen steht, hatten das Schiff und die Mannschaft den größten Teil des Jahres innerhalb der Erde verbracht. Ihr endgültiges Ziel war unbekannt. Ein dritter Besuch des Erdinneren durch die Deutschen soll angeblich im Jahre 1932 stattgefunden haben, aber dieser Bericht konnte nicht bestätigt werden.

Auf Befehl des Führers sammelten die Behörden des Dritten Reiches sorgfältig alle Informationen über dieses unterirdische Walhalla. Doch war es den Deutschen der Innenwelt, insbesondere den Bodländern, die seit dreißigtausend Jahren in Frieden lebten, nicht unbemerkt geblieben, daß durch die verborgenen Kräfte hinter den Regierungen ein weiterer Krieg zwischen den Ländern der Oberwelt vorbereitet wurde. Deutschland wurde, wie auch England und die USA, in diesen Krieg getrieben, jedoch waren den Bodländern auch persönliche Ambitionen Hitlers nicht entgangen.

Im Jahre 1936 beschloß Hitler, aus bisher noch unbekannten Gründen, ein Forschungsteam in die Innenwelt zu schicken. Die Bodländer beobachteten die Deutschen während der ganzen Zeit und luden das Team schließlich in ihre Hauptstadt Bod ein, wo sie gastfreundlich bewirtet wurden, bevor sie wieder heimkehrten. Der König von Bodland wurde zu einem Gegenbesuch ins Dritte Reich eingeladen. Im Oktober 1936 nahm König Haakkuuss III. von Bodland die Einladung an und traf heimlich in seinem privaten Raumschiff in Deutschland ein. Nachdem er mit den Deutschen der Oberwelt gesprochen hatte, war er sehr beeindruckt von dem nationalen Geist und der Stärke. Er erkannte jedoch auch, daß sie auf einen gewaltigen Krieg zusteuerten. Er nahm Hitler und einige seiner Offiziere beiseite und sagte: „Als deutscher Bruder muß ich Ihnen sagen, daß Sie sich am Rande eines großen Krieges befinden, der Deutschland in die Katastrophe führen wird. Ich bitte Sie, bei diesem Wahnsinn nicht mitzumachen und noch einmal darüber nachzudenken, bevor Sie Ihre Nation zum zweiten Mal in diesem Jahrhundert in eine Katastrophe führen. Krieg bedeutet Haß, negatives Karma und nationales Unglück. Betreiben Sie eine positive, friedliche Politik."

Nach dem offiziellen Besuch des Königs von Bodland befahl Hitler seinem Generalstab, durch die Marine und die Luftwaffe unverzüglich nach der Öffnung am Südpol suchen zu lassen, um die verlorene deutsche Zivilisation im Innern der Erde wiederzufinden. Die Suche von 1937 und 1938 wurde den Alliierten 1945 bekannt, als der amerikanische und englische Geheimdienst deutsche Unterlagen einsah, die ihm in die Hände gefallen waren. Dort fanden sie alle Informationen über die Antarktis-

Expedition unter Kapitän Ritscher, die du auch schon kurz erwähnt hattest, dessen Forschungsteams ausgeschwärmt waren, um die Geheimnisse des Subkontinents, der einst eine tropische Insel gewesen war, aufzudecken.

Ein Name fiel dabei besonders auf: Kurt von Kugler, ein erfahrener Bergsteiger. Dieser führte mit seiner deutschen Gruppe einen Abstieg durch drei Kilometer dickes Eis in der Nähe eines Ortes namens ‚Rainbow City' durch und fand Hinweise auf eine uralte, aber fortgeschrittene Zivilisation, die älter war, als jede Kultur, die man bisher entdeckt hatte. Die Deutschen verbrachten mehr als einen Monat in einer Oase mit heißen Quellen, in denen tropische Bäume standen und Melonen und andere Früchte angebaut wurden. Dies spornte die deutschen Teams an, weiterzusuchen. Sie fanden noch weitere Täler und trugen eine Menge Informationen über das Leben in der Innenwelt zusammen. Der hundertseitige Bericht und die dreihundert Fotos, die den Alliierten in die Hände fielen, stellten eine sensationelle Entdeckung dar. Die Unterlagen über die friedliche Eroberung der Antarktis wurde schließlich den USA übergeben, die sie schnell in den Polar-Archiven des Nationalarchivs verschwinden ließen. Die Aufgabe ihres Leiters Franklin Birch besteht in erster Linie darin, zu bestreiten, daß die Unterlagen existieren, um eine Prüfung durch die Öffentlichkeit zu verhindern.

Die Deutschen hatten Karten mit Reiserouten und Luftaufnahmen hinterlassen. Als die Amerikaner sie fanden, benachrichtigten sie Großbritannien und schickten Admiral Byrd in die Antarktis, um dort Nachforschungen zu betreiben. Die Expedition setzte sich aus Amerikanern, Briten und Kanadiern zusammen. Einer der britischen Teilnehmer war der berühmte Sir Robert Scott, mit dem ich einmal die Gelegenheit hatte zu sprechen."

„Du kennst aber auch jeden, nicht wahr?" unterbreche ich erneut mit einem leicht verständnislosen Kopfschütteln.

„Tja, so wie du! du bist ebenfalls sehr weit gereist und kennst Menschen und Persönlichkeiten, die man sicherlich nicht auf der Straße trifft. Habe ich nicht Recht?"

„Das stimmt", bestätige ich John. „Wir haben wohl beide auf unsere Weise eine Mission zu erfüllen und so rennt man in die Leute, die man treffen muß."

„Korrekt. Aber laß mich fortfahren, denn die Sache wird jetzt erst richtig interessant. Im Jahre 1938 fand das deutsche Team, das aus Militärfachleuten und Wissenschaftlern bestand, schließlich das lange Tal am Südpol. Sie betraten die zweihundert Kilometer breite Öffnung und drangen achthundert Kilometer weit ein. Dann fiel der Boden des Tales plötzlich ab, und der Schnee und das Eis verschwanden. Schließlich reisten die Teams, die durch die Luft versorgt wurden, in die Öffnung in das Innere der Erde. Ein deutsches Luft-Team flog eine Dornier-Wal. Der Rest ist Geschichte. Sie flogen in Richtung Norden und landeten tausende von Kilometern entfernt in einem Land mit Menschen, die ihnen ähnelten und einen uralten deutschen Dialekt sprachen. Es waren die Nachkommen jener deutschen Söldner, deren Vorväter 1572 am Amazonas verschwunden waren. In den erbeuteten Unterlagen konnten die Alliierten nachlesen, wie Hitlers Forschungsteams auf die lange verschollenen Verwandten trafen und herzlich willkommen geheißen wurden. Der Tank der deutschen Dornier-Wal wurde mit einer Chemikalie aufgefüllt, die dem herkömmlichen Treibstoff überlegen war, und die Deutschen flogen wieder heim. Sie hatten ihr altes Thule gefunden.

Der Zweite Weltkrieg begann offiziell im September 1939. Hitlers Truppen überrannten Polen. Großbritannien und ihre Kolonien erklärten dem Deutschen Reich den Krieg. Im Jahre 1940 griff Hitler die Russen an, und 1941 trat Roosevelt auf der Seite der Alliierten in den Krieg ein. Die Prophezeiung von König Haakkuuss III. von 1936 sollte nun eintreffen. Bereits 1943 mußte Hitler erkennen, daß er einen Krieg nicht an drei Fronten gleichzeitig kämpfen konnte, gegen einen Feind mit einem schier unerschöpflichen Nachschub an Soldaten und Material. Deshalb änderte das Dritte Reich seine Pläne. Im Herbst 1943 schickte Deutschland eine weitere Expedition mit Flugzeugen aus, die vom Südpol aus in die Hohlwelt eindringen sollte. Die Expedition verfolgte friedliche Zwecke. Sie sollte feststellen, ob man einen Teil der Hohlwelt durch Deutsche tatsächlich kolonisieren lassen könnte. Sie brachten Geschenke mit und wurden von ihren germanisch-sächsischen Vettern, die dort im 17. Jahrhundert eingewandert waren, herzlich willkommen geheißen. Bei derselben Expedition trafen die Deutschen aus dem Reich auf die Rasse, die in bezug auf die Entwicklung vielleicht am weitesten fortgeschritten ist – die Bodländer. Adolf Hitler's Bitte an König Haakkuuss III. von Bodland, ihm unbesiedeltes Land in der Nähe des Eingangs zur Innenwelt am Südpol zu geben, lehnte dieser ab. Er bot ihnen jedoch an, sich ohne Bezahlung in einem anderen freien Gebiet niederzulassen, vorausgesetzt, daß sie mit

Bodland einen ewigen Pakt abschlössen, mit anderen Nationen in Frieden zu leben.

Die Deutschen aus der Oberwelt erklärten sich mit diesen Bedingungen einverstanden, woraufhin der König von Bodland eine Sondersitzung des Parlamentes einberief und die Delegation des Dritten Reiches zur Teilnahme einlud. Zu diesem Anlaß hielt der König eine Rede, die im gesamten Land im innerirdischen dreidimensionalen Fernübermittler übertragen wurde.“

John kramt in seinem Ordner, zieht ein mit einem gelben Zettel markiertes Blatt heraus und liest vor: „Bürger von Bodland. Wie Sie bereits wissen, ist eine Delegation unserer deutschen Verwandten aus der Oberwelt bei uns zu Besuch. Diese Besucher nennen sich Bürger des Dritten Reiches. Sie und wir haben einen gemeinsamen Ursprung, der mindestens dreißigtausend Jahre zurückreicht. Zu jener Zeit wohnten wir zusammen auf der Erdoberfläche, in einem Land Persien, das heute Iran genannt wird. Unsere gemeinsamen Vorfahren bewohnten ebenfalls die benachbarten Länder in dieser Gegend, die heute Indien, Pakistan, Afghanistan, Syrien und so weiter genannt werden. Diese Länder sind heute alle von nichtgermanischen Menschen bewohnt. Die Wiege unserer Rasse war natürlich die Antarktis, die unsere Vorfahren verließen, um nach Persien auszuwandern, als der antarktische Bereich allmählich von einer Eisschicht bedeckt wurde. Sie wissen, daß unsere Nation auf der Erdoberfläche von einer bösartigen Rasse eines anderen Planeten zerstört und unsere Landsleute zu Millionen ermordet wurden. Diese Rasse, die ‚Schlangenmenschen‘, landeten mit Raumschiffen in unserem Land. Viele unserer Vorfahren mußten sich in Höhlen verstecken, wo sie sich im Laufe der Jahre endgültig niederließen. Sie konnten niemals in ihre Heimatländer zurückkehren, die von den außerirdischen Eindringlingen besetzt worden waren. Unsere Astronomen glauben, daß diese von einem seltsamen Planeten stammten, der in unser Sonnensystem eindrang und auch die Eiszeiten auf der Erde verursachte. Während unsere Vorfahren in den Höhlen und Tunnels lebten, spaltete sich ein Teil von ihnen ab und stieg durch eine Höhle im Schwarzwald wieder an die Oberfläche. Aus diesen entstanden die modernen Deutschen, und ihre Verwandten verteilten sich über die gesamte nördliche Hemisphäre auf der Erde. Wie Sie wissen, sind wir Bodländer der andere Teil dieses Volkes, das Persien verlassen hatte, sich in das Innere der Erde begab und schließlich in diesen Bergen in Bodland niederließ. Ich möchte darauf hinweisen, daß die Deutschen der Ober- und Innenwelt sich etwas voneinander unterscheiden, aber wir können uns noch verstehen, und auch unsere Sitten und selbst unsere Musik sind noch sehr ähnlich."

Der König machte eine kurze Pause, während die Deutschen aus beiden Welten gespannt zuhörten. „Mitbürger, das wichtigste Thema, über das ich mit Ihnen sprechen will, ist folgendes: Unsere Brüder an der Oberfläche befinden sich in einem Krieg, der nur die Zerstörung ihrer Nation bedeuten kann. Ihr Führer, Adolf Hitler, hat nicht richtig gehandelt. Ich habe ihn drei Jahre vor Beginn des Krieges gewarnt, aber er hat meinen Rat in den Wind geschlagen. Ich habe ihm gesagt, falls er seine Nation in einen Krieg führen würde, sich zwei andere Führer, die die Beherrschung der Welt anstrebten, vereinigen würden, um Deutschland zu zerstören. Unsere Brüder an der Oberfläche sind dabei, den Krieg zu verlieren. Es ist nur eine Frage der Zeit, bevor Deutschland entsprechend den Plänen seiner Feinde als Nation besiegt und zerstört werden wird. Eine Delegation aus Deutschland sitzt jetzt auf den Rängen dieses Parlaments. Sie sind im Namen ihres Führers gekommen, um uns um Hilfe zu bitten. Ohne unsere Unterstützung ist ihr Volk oben verloren. Ihr Führer hat trotz seines Versagens immer noch das Potential zu einem großen Menschen, wenn er in die richtige Richtung geführt wird. Deshalb ist er ein Teil meines Plans. Ich will ihn als Helfer bei der Evakuierung seines Volkes in unsere Welt einlassen, aber unter den folgenden Bedingungen:

Wir werden ihnen unsere südlichen, unbewohnten Gebiete zur Besiedlung überlassen. Wir werden ihnen bei der Urbarmachung dieser Gebiete behilflich sein. Später könnten die Neuankömmlinge dann für immer bleiben oder wieder zur Oberfläche zurückkehren. Wir werden ihnen jede Unterstützung geben, um ihnen den Anfang als neue Nation zu erleichtern. Aber bevor wir unsere Mühe darauf verwenden, ihnen zu helfen, werden ihre Führer einen Vertrag unterzeichnen, mit dem sie sich verpflichten, für immer auf den Krieg zu verzichten und keinen Konflikt zu verursachen, solange sie unter uns leben. Jeder neue Ankömmling wird einen solchen Vertrag unterschreiben, bevor er als Bürger in unsere Welt aufgenommen wird. Bodland wird alle neuen Projekte beaufsichtigen und darauf achten, daß keine Geräte gebaut werden, die für kriegerische Zwecke verwendet werden können. Jene Deutsche von oben, die eine kriegerische Einstellung zeigen und den Weltkrieg zu einem späteren Zeitpunkt fortsetzen wollen, dürfen sich nicht unter uns niederlassen. Die Regierung von Bodland wird alle Neuankömmlinge durch einen Ausschuß gründlich überprüfen lassen. Dieser Ausschuß wird für einen Zeitraum von dreißig Jahren tätig sein, also bis 1973."

König Haakkuuss beendete seine Rede. Ein Parlamentsausschuß arbeitete die Einzelheiten des Vertrages aus. Drei Tage später wurde er vom Parlament von Bodland verabschiedet und vom König unterzeichnet. Den Besuchern aus Deutschland wurde eine Kopie des Vertragstextes in der Sprache der Bodländer vorgelegt, die sie jedoch nicht entziffern konnten. Die Bodländer schoben einen Glasschirm über die Seiten, und vor den Augen der erstaunten Deutschen verwandelte sich der Text in ein klares und präzises Deutsch. Das Dokument wurde ohne Vorbehalte akzeptiert, und kurz darauf lag der unterzeichnete Text in beiden Sprachen vor. Es wurde Platz gelassen für die Unterschrift von Adolf Hitler und anderer deutscher Politiker. Der König nahm die Deutschen beiseite und sagte ihnen, falls sie das Gesetz brechen würden, indem sie einen Krieg anfingen, sie so schnell durch die Waffen der Bodländer vernichtet würden, daß sie nicht einmal Zeit hätten, noch einmal kurz auf ihr Leben zurückzublicken.

Als die Delegation wieder nach Deutschland zurückkehrte, legte sie Hitler den Vertrag vor. Als er ihn sah, bekam er angeblich einen Wutanfall, unterzeichnete ihn dann aber. Es wurde eine geheime Regierungskommission gegründet, die nur Hitler und drei anderen unbekannten Männern gegenüber verantwortlich war. Die Aufgabe dieser Kommission bestand darin, das Dritte Reich auf die Auswanderung in die Innenwelt vorzubereiten. Die Deutschen würden sich in der Nachbarschaft und unter den wachsamen Augen der Bodländer niederlassen, die sie dreißig Jahre lang aufmerksam beobachten würden. Die großartigen Gebäude, die Albert Speer nach dem gewonnenen Krieg in Berlin bauen wollte, würden jetzt in Neu-Berlin errichtet, jedoch ohne sein Beisein. Tausende von Bodländern halfen den Neuankömmlingen dabei, eine neue Nation aufzubauen.

Die Bauarbeiten für Neu-Berlin begannen im Jahre 1943. Es wurde ein neuer Reichstag und ein Palast für Hitler errichtet. Bis 1944 war die Kanalisation fertig. Provisorische Wohnungen und Bürogebäude hatten die Bodländer und die Deutschen bereits fertiggestellt.

Die Auswanderer aus dem Dritten Reich hatten zwei Schwierigkeiten zu überwinden: Zuerst einmal den Abstieg in einen Abgrund von zweihundert Kilometern durch eine breite Öffnung in der Antarktis. Die deutschen

Forschungsteams hatten keinen Landeingang über dem mit Eis bedeckten Kontinent entdeckt. Somit mußten alle Menschen und Vorräte, die man über die Südpol-Route ins Innere der Erde bringen wollte, mit herkömmlichen Flugzeugen transportiert werden – eine fast unmögliche Aufgabe, auch wenn man über Versorgungsdepots verfügte. Eine Alternative, die man sich später ausdachte, bestand darin, daß man mit Flugscheiben zu geheimen Verstecken in die südliche Hemisphäre flog. Diese Verstecke bildeten den Kern einer gigantischen Luftbrücke. Zusätzliche Maschinen wurden später hinuntergeflogen.

Das zweite Hindernis war der Tunnel selbst, der zum ‚Alten Deutschland' in die Tiefe führte. Der ursprüngliche Tunnel von fünftausend Kilometern war Mitte des 19. Jahrhunderts erneuert worden, aber nach modernen Maßstäben war er immer noch unzureichend. Er war in erster Linie von den verschiedenen Gemeinden innerhalb des Erdmantels für den Binnenhandel benutzt worden, nicht aber für einen Massenverkehr. Nach einer Untersuchung durch bodische Ingenieure empfahl man deshalb eine Überholung des Systems. Man wollte die gesamte Länge verkürzen und mehr Nebentunnel für die lokalen Ansiedlungen bauen sowie ein völlig neues Einschienen-System mit ausreichender Stromstärke, um bis zu zwölf Waggons zu ziehen.

Während der Zweite Weltkrieg 1943 für Deutschland eine ungünstige Wendung nahm, wurde der Verkehr mit den Deutschen innerhalb der Erde mit Hilfe von Flugzeugen und des Tunnelsystems intensiviert. Diese Deutschen hatten ihre Brüder von der Oberfläche gebeten, ihnen bei der Modernisierung des Tunnelsystems zu helfen, damit es schneller in Betrieb genommen werden könne, falls man die Auswanderer schnell ins Innere bringen müsse. Im Jahre 1944 strömten riesige Scharen besiegter Deutscher durch den brasilianischen Korridor über den Tunnel in ihre neue Heimat. Sie konnten den Ausbau des Tunnelsystems und der Eisenbahn, der man den Spitznamen „Raumfahrstuhl" gegeben hatte, nicht mehr abwarten.

Einen der Neu-Deutschen fragte ich einmal, wie es sich denn bezüglich der Einstellung der Innendeutschen gegenüber jenen Deutschen verhalten würde, die im Zweiten Weltkrieg besiegt worden und in die Innenwelt geflüchtet waren. Diese verglichen ihre Beziehung mit jener zwischen den Engländern und Amerikanern während des Krieges. „England, die ältere angelsächsische Rasse war in Schwierigkeiten. Also eilten ihnen die Brüder von jenseits des Atlantiks zu Hilfe.“ Ich fragte ebenfalls, ob die alten sechs Königreiche der Innendeutschen oder der Bodländer sich mit den Neuankömmlingen aus dem Reich vereinigen würden. „Nein“, sagten sie. Jedes der deutschen Reiche im Innern der Erde hat seine kulturellen Eigenheiten, die keines von ihnen aufgeben wird. Die Bodländer leben seit undenklichen Zeiten in Frieden, und sie erwarten, daß sich die Neuankömmlinge an diese Prinzipien halten. Diese Nationen können mit Kanada und den USA verglichen werden. Jedes dieser Länder verfügt über eigene Traditionen, aber ein Fremder würde kaum einen sozialen oder politischen Unterschied zwischen Calgary und Dallas entdecken, abgesehen vom Akzent und einigen nationalen Eigenarten. Er erklärte weiter, daß die Tunnel-Deutschen, deren Vorväter mit der Auswanderung ins Erdinnere begonnen hatten, wirtschaftlich und sozial mit den alten sechs Königreichen in Verbindung bleiben würden. Durch den Handel und den regen Verkehr miteinander hätten sich viele Unterschiede ausgeglichen.

Im Jahre 1943 wurde die ‚Zweiwelten-Eisenbahngesellschaft‘ in die ‚Innenwelt-Eisenbahngesellschaft‘ umbenannt. Auf Anraten von Ingenieuren aus Bodland holte man einen Deutsch-Schweizer namens Karl Schneider, der den Tunnel innerhalb von fünf Jahren umbauen sollte. Schneider besaß umfangreiche Erfahrungen auf diesem Gebiet. Er hatte am Simplon-Tunnel zwischen Mailand und Brig in der Schweiz mitgearbeitet und ebenfalls an Tunnelbauprojekten in Rußland, Australien und Südafrika. Schneiders Vermessungstrupps benötigten unter der Anleitung von bodischen Ingenieuren zwei Jahre, um die geplante Umleitung der Bahn vorzubereiten. Neue Tunnel von insgesamt fünfhundert Kilometer Länge, häufig durch harten Felsen, wurden mit Laser- und Bohrgeräten geöffnet. Es wurden viele natürliche Höhlen entdeckt und für den Fracht- und Zugverkehr genutzt. Nach Abschluß der Vermessungsarbeiten kehrte Schneider an die Oberfläche zurück und warb fünftausend indianische Arbeiter an, die mit Minenarbeit vertraut waren. Er stellte ebenfalls einige zweisprachige indianische Aufseher ein. Sie alle wurden in unterirdischen Quartieren untergebracht.

Die Tunneleingänge wurden auf den ersten fünfzig Kilometern, auf denen die Gravitation der auf der Erdoberfläche entsprach, horizontal angelegt. Unterhalb dieser fünfzig Kilometer ging man dann zu einer vertikalen Form mit einem Winkel von etwa zweiunddreißig Grad über. Nachdem die

Indios tief in den Felsmantel hinabgestiegen waren, umgab sie schließlich eine große Landmasse. Sie waren jetzt in der Lage, auf den gesamten dreihundertsechzig Grad der Innenfläche der Erde zu gehen, ohne herunterzufallen. Sie merkten nicht, daß sie an einem Projekt mitarbeiteten, das innerhalb des Erdmantels durchgeführt wurde. Man hatte ihnen gesagt, daß sie in einer Mine nach Gold graben würden, und sie glaubten das. Die Korrektur des Tunnels an der Innenseite des Erdmantels erforderte eine weitere Spirale von fünfzig Kilometern von der Innenfläche. Theoretisch würde ein Stein, den man von der Oberfläche der Erde aus in das Loch durch den Erdmantel wirft, steil nach unten fallen und schließlich in einer Spirale zu einer Stelle in der Mitte des Mantels schweben, wo er an der Seite des absteigenden Loches oder Tunnels im Mantel festkleben würde.

Der Tunnel wurde 1948 fertiggestellt. Während die Arbeiten am Tunnel fortschritten, fuhren die Züge weiterhin deutsche Emigranten ins Innere der Erde und luden sie auf dem Kontinent Agartha ab, wo sich die ursprünglichen deutschen Kolonisten niedergelassen hatten. Züge und Boote der Innenwelt brachten die Einwanderer dann in ihre neue Heimat in der südlichen Hemisphäre. Züge, die aus oder in die Innenwelt fuhren, folgten dem normalen Gravitationsgesetz. Sie benutzten ihre Bremsen, bis sie den Null-Gravitationspunkt erreicht hatten. Während der zweiten Hälfte der Reise wurden die elektrischen Vorrichtungen dann zum Aufstieg benutzt. Nachdem man den Tunnel gebohrt hatte und abkühlen ließ, wurde das Einschienen-System installiert. Nach Abschluß der Arbeiten wurden neue Elektrozüge aus Deutschland gebracht, die in der Lage waren, zwölf Waggons zu ziehen. Der Strom kam aus einem Elektrizitätswerk innerhalb der Erde am Südpol. Man verwendete dabei Sonnenenergie, die durch den Eingang des Südpols hereinkam. Der Zug fuhr auf einem doppeltgeflanschten Rad über eine Einschienenbahn, die unter Strom stand. Die Oberseite des Zugs wurde von einem anderen doppeltgeflanschten Rad gehalten, das unter einer Oberschiene glitt.

Auch die in Deutschland hergestellten Flugscheiben mußten ihre Zuverlässigkeit schnell unter Beweis stellen. Es wurde schon bald damit begonnen, Personal und Ausrüstung zu verlegen, und man benutzte dazu die neuen Flugzeuge. Nachdem die Ausrüstungen und Geräte für die Produktion der Flugscheiben durch den Eingang im Südpol in das Innere der Erde gebracht worden sind, wurden die Flugscheiben in den internationalen Dienst gestellt und operierten von nun an von Geheimbasen in Südamerika aus. Gleich zu Anfang begann man mit dem Bau einer Gießerei und einer Fabrik für die Produktion von Flugscheibenfrachtern mit einhundertzwanzig Meter Durchmesser.

Die erste Aufgabe des gigantischen UFOs bestand darin, nach Amerika zu fliegen und dort sechs Raupenfahrzeuge abzuholen. Deutsche Käufer hatten diese Maschinen in Detroit erworben und sie zusammen mit Ersatzteilen mit dem Zug nach New Orleans transportiert. Dann wurden die Fahrzeuge im Schutz der Dunkelheit auf Tiefladern zu einer abgelegenen Farm gebracht und in den riesigen Flugscheibenfrachter geladen. Die Maschine wurde von Hauptmann Erich von Schusnick nach Brasilien geflogen, wo man weitere Geräte und Werkzeuge auslud. Zwei Tage nach dem Abflug aus New Orleans mit einer Zwischenlandung von sechsunddreißig Stunden auf einem versteckten Flugplatz am Amazonas landete der Frachter in Neu-Berlin und lieferte seine erste Ladung ab. Auf die gleiche Art und Weise holten die kleineren Flugscheiben Geräte wie Drehbänke, Kehl- und Fräsmaschinen, Kräne und so weiter aus geheimen Lagern in Deutschland und den USA. Die amerikanischen Waren hatten die Deutschen vor dem Kriegsende durch Strohmänner in New York kaufen lassen, um sie dann nach Rio de Janeiro zu bringen. Häufig wurden sie auch durch Flugscheiben aus Amerika heraus in dünn besiedelte Wüstengebiete gebracht. Diese Güter wurden durch Scheck über Schweizer Banken in New York bezahlt. Dort wurde deutsches Gold durch die ‚New York Trading Company' gehortet. Ende 1944 und Anfang 1945 verschickten die Deutschen viele Zugladungen mit Versorgungsgütern nach Spanien, die dort von Flugscheiben abgeholt und/oder auf neue U-Boote oder U-Boote der älteren Klasse verladen wurden, denen man den Spitznamen „Seekühe" gegeben hatte. Die Waren sollten schließlich zu Binnenhäfen im inneren Amazonasgebiet gebracht werden. Man hatte einen dringenden Bedarf an Werkzeugen, Matrizen und Gießereien. Jede Maschine, die man benötigte, wurde von Flugscheiben heruntergebracht. Im Jahre 1946 hatten Forschungsteams im Innern der Erde reiche Vorkommen an Eisen, Kupfer und Aluminium entdeckt. Diese Bodenschätze wurden jetzt für die Gießerei genutzt. Holzprodukte, zum Beispiel Sperrholz, kamen über den Tunnel aus Brasilien.

Während der ersten Monate der Operation im Jahre 1944 und 1945 hatten die Deutschen festgestellt, daß die Flugscheiben jedem anderen herkömmlichen Flugzeug weit überlegen waren. Man war davon überzeugt, daß es bis zum Jahr 2000 zum wichtigsten militärischen Flugzeug werden würde.

Im Jahre 1945 war das Ausmaß der Evakuierungen, die die Deutschen durchführten, noch nicht zu übersehen. Der einzige Hinweis, den die Alliierten hatten, war, daß Massen von Deutschen – einschließlich Hitler – verschwunden waren. Hitler war über Kolumbien und Brasilien mit dem U-Boot in Argentinien angekommen. Seine Reise war bewußt verlangsamt worden, denn er sollte erst ankommen, wenn die Vorbereitungen abgeschlossen waren und genügend Wohnungen in Neu-Berlin zur Verfügung stünden. Bei seiner Ankunft in der Hauptstadt von Bodland wurde ihm unmißverständlich klargemacht, daß er und seine Leute nur dann bleiben dürften, wenn sie sich absolut friedlich verhalten würden. Hitler bekräftigte sein bereits gegebenes Versprechen.

In den Jahren 1945 und 1946 konzentrierte sich der amerikanische Geheimdienst auf das Gebiet Quinto in Peru. Hier hatte man beobachtet, wie Deutsche im Innern der Erde verschwunden waren. Die Amerikaner hatten es jetzt mit einer anderen Art von Deutschen zu tun als jener, die Wochen oder Monate zuvor aus Deutschland verschwunden waren. Jetzt trafen sie und andere internationale Agenten auf selbstbewußte Deutsche, die ihre Identität offen preisgaben. Aber sie verrieten nicht, warum sie sich jetzt in diesem Teil der Erde aufhielten. Lager von Deutschen waren in Brasilien, Kolumbien, Paraguay, Ecuador, Britisch Guayana und anderen abgelegenen Gebieten versteckt. Diese Deutschen standen bereit, wenn sie dazu aufgerufen wurden, den letzten Zug in ihre neue Heimat zu besteigen. Facharbeiter, die man am dringendsten benötigte, wurden in den ersten Zügen mitgenommen, während jene Personen, die allerhöchste Priorität hatten, mit deutschen oder bodischen Flugscheiben durch den Eingang am Südpol in die Innenwelt geflogen wurden. Dort ließen sich schließlich zweieinhalb Millionen Deutsche nieder. Allein in den Jahren 1944/45 wurden per Zug oder Flugscheibe etwa zweihunderttausend Deutsche nach unten transportiert. Es wurden keine jährlichen Zählungen durchgeführt, aber die Bevölkerung vermehrte sich rapide. 1948 trafen deutsche Mädchen aus Deutschland ein und heirateten dort ihre bereits eingetroffenen Freunde. Familien, deren Väter bereits mit der ersten Welle angekommen waren, wurden jetzt durch verschiedene Methoden und auf verschiedenen Wegen wieder miteinander vereinigt. Mit der Aktion „Raumfahrstuhl“

wurden 1948 bis zu dreitausendsechshundert Passagiere wöchentlich befördert, von denen die meisten nach unten reisten. Die Beförderung erfolgte dreimal wöchentlich in beide Richtungen.

Im Jahre 1948 sahen die Zugpläne sechs Aufenthalte für Pausen vor. Sie fuhren mit einer Geschwindigkeit von zweihundert Stundenkilometern zwischen den Stationen und brauchten für die gesamte Strecke weniger als vierundzwanzig Stunden. Dutzende von kleineren Gemeinden wurden in neu entdeckten Höhlen gegründet. Diese Gemeinden wurden von kleinen Zügen versorgt, die niemals an der Oberfläche auftauchten. Später konnten mit den drei bis fünf Waggons nur noch etwa dreihundert bis fünfhundert Fahrgäste wöchentlich befördert werden. Die übrigen Waggons waren mit Fracht und Waren gefüllt.

In der Nähe des unterirdischen Depots, das 1572 nur ein Loch in einer Höhle gewesen war, konnte im Laufe der Zeit eine große deutsche Gemeinde wachsen. Heutzutage kehren die Deutschen in der Nähe von Iquitos wieder an die Oberfläche zurück, fahren dann nach Manaus und fliegen mit VARIG Airways nach Rio de Janeiro. Von dort reisen sie mit der ‚Pan Am' nach San Juan, Puerto Rico oder Lissabon und dann mit dem Flugzeug oder Zug nach Deutschland.

Gegenwärtig reisen viele Deutsche in ihr Heimatland zurück, um den Lebensabend dort zu verbringen. Einige von ihnen lassen sich auch in Südamerika oder in den Vereinigten Staaten, Kanada, Großbritannien und Spanien nieder.

Im Jahre 1946, als die Bodländer den Aufbau der Luft-, Land- und Seestreitkräfte beaufsichtigten, die ausschließlich Schutzfunktionen im neuen Deutschland wahrnehmen durften, geschah etwas, das das Überleben der Deutschen ernsthaft in Gefahr brachte. Diese Gefahr kam von einer unerwarteten Seite. Am 12. Juli 1946 meldeten die Beobachtungstruppen eine Luftinvasion aus dem Norden. Die Neu-Deutschen wußten, daß ein Feind entweder von der Seite des Nordpols angreifen konnte oder vom Eingang des Südpols aus. Aber es kamen keine Flugzeuge oder Raketen, die ihre ehemaligen Feinde von der Oberfläche sandten. Es waren Flugscheiben. Die alten Wikinger der nördlichen Innenwelt hatten beobachtet, wie immer mehr Deutsche kamen. Sie beobachteten diese militärische Aktion der neuen Einwohner mit Mißtrauen. Sie wußten, daß die Nationalsozialisten Norwegen und Dänemark besetzt hatten. Also griffen sie die Neu-Deutschen an. Zum ersten Mal mußten sich diese nun verteidigen.

Auf dem Radar tauchten Untertassen auf, die mit einer ungeheuren Geschwindigkeit nach Süden in Richtung von Neu-Berlin und Neu-Hamburg flogen. Sie kamen von einer nördlichen Stadt in Wikingland, Kupenhaggen, eine Stadt mit einer Bevölkerung von zirka drei Millionen Menschen. Es wurde roter Alarm gegeben, und mehrere deutsche Flugscheiben hoben vom Boden ab. Die Nation der insgesamt zwölf Millionen Wikinger, Wikingland, griff also das kleine Land der Neu-Deutschen an. Die ersten Luftschlachten fingen bereits an, als die Atlanter den Wikingern ein Ultimatum stellten: Falls sie die Kämpfe nicht unverzüglich einstellen würden, müßten die Atlanter eingreifen und das Land der Wikinger mit ihren Laserwaffen zerstören. Sie teilten den Wikingern mit, daß die Deutschen willkommen wären, weil sie unbewohntes, trockenes Land urbar machen würden. Sie sagten ihnen, daß die Deutschen, die mit den Wikingern verwandt wären, in Friedenszeiten das produktivste Volk der Erde seien und im Krieg das zerstörerischste. Schließlich sagte der atlantische Botschafter den Wikingern: „Lassen Sie die Deutschen hier unten in Frieden leben. Wir wollen nicht, daß der Krieg von oben hier herunter kommt.“

Was die Wikinger und Neu-Deutschen nicht wußten, war, daß die Atlanter, die den unerwarteten Ausbruch von Feindseligkeiten beobachtet hatten, mit ihren eigenen Untertassen eingegriffen hatten. Sie bewegten sich vor und oberhalb der vorrückenden Formationen der Wikinger und erzeugten unbemerkt ein solides Kraftfeld. Die Flugzeuge der Wikinger, die von dieser Erfindung keine Ahnung hatten, stießen gegen Barrieren, die sie nicht überwinden konnten. Der Krieg war so bereits im Keim erstickt worden.“

„Stop, stop, stop“, unterbreche ich sein Informationsgewitter. „Ich glaub‘ mir knickt der Kopf weg. Wo hast du denn jetzt wieder diese genauen Informationen her? Ich meine, ich kenne ja einen Teil der Geschichte und auch die Hohlwelt-Theorie ist mir bekannt, aber solche genauen Informationen?“

„Nun“, fängt John an sich zu rechtfertigen, „die Geschichte über die erste Phase der unfreiwilligen deutschen ‚Auswanderung‘ von 1572 in den Erdmantel erhielt ich zum Teil vom portugiesischen Archiv in Lissabon, dem französischen Archiv in Paris und dem Archiv des Vatikans in Rom.

Ein Enkel des Kapitän von Jagow, Helmut von Jagow, verriet mir 1977 viele Einzelheiten, zusammen mit Herrn von Tirpitz, ehemals Großadmiral der Deutschen Nordseeflotte, der als junger Leutnant an Bord dieses Schiffes diente. Erich von Schusnick, der Ende der siebziger Jahre noch in Washington lebte, beantwortete mir die Fragen über die Zahl der gegenwärtigen deutschen Städte im Erdmantel. Alle Informationen über Bodland erhielt ich von Dr. Jerrmuus, einem Bodländer, der heute in den USA lebt. Einen großen Teil der Informationen über die Tunnel erhielt ich von anderen deutschen Quellen, zum Beispiel dem Schweizer Tunnelingenieur Karl Schneider. Auch habe ich in offiziellen Unterlagen, Manuskripten und zahllosen Büchern der Kongreßbibliothek nachgeforscht, die nur mit Nummern versehen waren. Bei der fast märchenhaft anmutenden Geschichte über den deutschen Einzug in die Innenwelt trat ich lange auf der Stelle. Zum entscheidenden Durchbruch kam es, als ich Dr. Jerrmuss fand, der mir viele Frage über die Pläne der Deutschen in bezug auf die Auswanderung in die Innenwelt vor dem Zweiten Weltkrieg beantwortete, sowie auch über die Evakuierung nach dem Krieg. Es war Dr. Jerrmuss, der mir über die Rede von König Haakkuus III. erzählte, mit der dieser die Deutschen aus der Oberwelt im Jahre 1943 begrüßte.

Kommen wir aber zum Thema zurück. Die Deutschen hatten also gerade ihre ersten Kampferfahrungen gegen die Wikinger gesammelt, als sie es mit einem alten Feind aus der Oberwelt zu tun bekamen."

„Jetzt kommt bestimmt die Geschichte von Admiral Byrd, der 1947 Neuschwabenland angriff, stimmt's?" werfe ich keß dazwischen.

„Yepp, so ist es."

Kapitel 9
Admiral Richard E. Byrd findet am Südpol den Eingang zur Hohlwelt

Bei der Potsdamer Konferenz wurde beschlossen, daß Amerika die erste Expedition in die Arktis schicken würde, um nach den deutschen Soldaten und ihrem Führer zu suchen, die über verschiedene Fluchtwege Deutschland verlassen hatten. Man kam ebenfalls überein, daß, sobald die Vorbereitungen abgeschlossen waren, die Vereinigten Staaten in die Antarktis eindringen würden. Die Russen sollten als Reserve bereitstehen, falls weitere Aktionen notwendig würden, sobald man die Deutschen entdeckt hätte. Deshalb stellten die Vereinigten Staaten ihre von den Russen und den Engländern ebenfalls befürwortete Expedition plangemäß zusammen. Da die Existenz der amerikanischen Rundflugzeuge weiterhin geheim bleiben sollte, wurden ausschließlich konventionelle Waffen eingesetzt. Die Expedition, die von 1946 bis 1947 dauerte, war die größte, die jemals in die Antarktis geschickt wurde. Man bemühte sich nicht, sie geheim zu halten. Die Medien daheim machten ein Riesenspektakel daraus. Es war ebenfalls beabsichtigt, auf dem Subkontinent eine ständige amerikanische Basis einzurichten. Die war bereits früher geplant worden, wurde jedoch bei Ausbruch des Krieges verschoben, und die provisorischen Basen von 1939 und 1940 wieder aufgegeben. Aber obwohl Admiral Byrd einer der beiden Leiter der Expedition war, wurde seine wirkliche Rolle nie ganz klar. Er würde „eine Suche durchführen und eine Beute aus der Antarktis heimbringen", wohin sich der Führer und seine Truppen zurückgezogen haben sollten.

Byrds Team war das erste gewesen, das bereits am 29. November 1929 über den Südpol flog. Aber diese erneute Reise diente natürlich nicht dazu, Erinnerungen aufzufrischen. Diesmal war er entschlossen, die verschwundenen Deutschen aufzuspüren. Einigen der an dieser Expedition beteiligten Leuten wurde gesagt, daß es sich lediglich um eine Übung handeln würde. Aber Byrd wußte von seinen vorangegangenen Expeditionen zu den Polen, daß diese Reise unvorstellbare Gefahren mit sich bringen würde. Und man würde vielleicht mehr als nur ein Tal finden, in dem sich angeblich Deutsche verstecken sollten. Doch waren es nicht seine Antarktis-Reisen gewesen, die in ihm den Wunsch ausgelöst hatten, immer wieder die Pole anzufliegen und zu erforschen, sondern seine erste Nordpolexpedition im Jahre 1926. Damals wurde er von seinem Co-Piloten Floyd Bennett begleitet. Und es war Bennett, der Byrd auf die Idee gebracht hatte, daß die Erde möglicherweise hohl sein könnte und daß sich die Eingänge zu dieser Welt an den Polen befinden würden. Bennett war schon lange vorher eine Ähnlichkeit bei allen Berichten über frühere arktische Expeditionen aufgefallen. Das Wetter wurde wärmer, je weiter man nach Norden kam. Im Tagebuch von Dr. Fridtjof Nansen, der zwischen 1893 und 1896 eine Expedition unternahm, finden sich einige Hinweise darauf, daß die Nordpolarregion keineswegs ein Eismeer ist: „Wir haben bewiesen, daß das Meer in der unmittelbaren Nähe des Pols aller Wahrscheinlichkeit nach nicht in einem flachen Becken liegt, sondern im Gegenteil sehr tief ist. Und das Eis schien ungehindert nach Norden zu treiben..."

Im Jahre 1980 haben Aufnahmen der NASA bestätigt, daß der Meeresboden der Arktis einen steilen Abhang aufweist, der in Nordgrönland beginnt und etwa dreitausendfünfhundert Kilometer verläuft. Diese Neigung im Ozeanbett beginnt etwa am fünfundachtzigsten Breitengrad und wird schließlich zu einer Spalte, die direkt ins Innere der Erde führt.

Der offizielle Bericht für die Presse über Byrds Expedition von Spitzbergen zum Nordpol im Jahre 1926 ist ziemlich trocken und langweilig. In Byrds Tagebuch stand darüber folgendes: „Wir haben den Nordpol erreicht. Nachdem wir mit dem Sextant den Stand der Sonne bestimmt und eine Menge Aufnahmen gemacht hatten, flogen wir noch einige Kilometer in die Richtung, aus der wir gekommen waren und dann noch einen größeren Kreis, um sicherzugehen, daß wir den ganzen Nordpol aufgenommen hatten."

Dieser ‚offizielle' Bericht erwähnte nichts von den folgenden zusammengefaßten aber authentischen Berichten der Reise: „Bennett bat Byrd auf derselben Höhe über einen Ozean zu fliegen, auf dem kein Eis vorhanden war und der sich über den fünfundachtzigsten Breitengrad hinaus auszudehnen schien. Als sie weiterflogen, spielte der Kompaß verrückt. Der Rückenwind wurde stärker, und die Sonne sank in eine tiefere Position. Byrd flog nur noch ein kurzes Stück. Dann bekam er es mit der Angst zu tun. Er flog schleunigst zurück zur Basis." Sie hatten das Unbekannte gesehen und gefühlt. Von diesem Tage an waren sich Byrd und Bennett einig: Sie hatten gesehen, daß die kugelförmige Erde an der sogenannten

Oberseite des Planeten konkav war, und daß das nördliche Eismeer anscheinend in ein unendliches schwarzes Loch verschwand. Bevor sie die Basis erreichten, beschlossen sie, noch einmal wiederzukommen.

1927 flogen Byrd und Bennett noch einmal an den Nordpol, aber dieses Mal drangen sie ins Innere der Erde vor. Ihr neuer Sponsor war die Marine der Vereinigten Staaten. Sie flogen heimlich von einer unbekannten Basis und zu einem unbekannten Zeitpunkt ab, und bis heute ist dieser Flug niemals offiziell bestätigt worden. Byrd soll über zweitausendsiebenhundert Kilometer geflogen sein. Einen großen Teil dieser Reise hat er angeblich im Innern der Erde verbracht. In seinem Tagebuch erwähnte er prähistorische Tiere, grüne Wälder, Berge, Seen und Flüsse in einem warmen Klima, in dem er von großen, hellhäutigen Menschen begrüßt wurde. Es existieren auch Fotos von dieser Reise."

„Das ist ja seltsam", frage ich mich laut. „Es wurde vor ein paar Jahren ein Tagebuch von Byrd veröffentlicht. Darin wird ein Nordpolflug von Byrd beschrieben, mit genau den Angaben, die du eben gemacht hast. Doch der ist vom Februar 1947."

„Ja, ich erinnere mich. Ich hatte vor Jahren einmal ein kleines blaues Büchlein in der Hand gehabt, das als das Tagebuch des Admiral Byrd betitelt war. Doch dabei hat es sich um eine plumpe Fälschung gehandelt. Desinformation, du verstehst schon?" meint John.

Ich bin ein bißchen irritiert und frage, ob wir auch wirklich den selben Flug meinen. „Der, an den ich denke, wurde unter anderem auch in der ‚Zeitenschrift' veröffentlicht. Übersetzt hatte ihn der Herausgeber selbst aus dem Englischen und interessanterweise an einer sehr markanten Stelle fehlerhaft. Ich hatte einmal eine Zusammenfassung aus dieser ‚Zeitenschrift'-Übersetzung des Tagebuchs verfaßt, die habe ich noch in meinem Lap-Top abgespeichert. „Moment bitte, ich halte kurz an und hole es von hinten vor."

Wir sind jetzt kurz vor Hamburg und es sind nur ein paar hundert Meter bis zum nächsten Parkplatz. Die Straße ist nun fast trocken und ein leichter Herbstwind bläst von der See her über die Landschaft.

Nachdem ich angehalten, meinen tragbaren Computer aus dem Kofferraum geholt und die entsprechende Datei geöffnet habe, gebe ich ihn John, der ihn sich auf die Beine legt und laut vorliest: 19. Februar 1947 - „...Nach einem anfänglich normalen Flug über eisige Flächen mit einigen

Luftturbulenzen steigt Byrd auf achthundertvierundachtzig Meter. Plötzlich erkennen sie in den Schneemassen eine gelbe lineare Färbung. Nachdem sie tiefer gegangen sind, um die Muster besser untersuchen zu können, entdecken sie auch rote und violettfarbene Streifen. Nach zwei weiteren Umkreisungen kehren sie auf ihre ursprüngliche Flugbahn zurück. Es beginnen der magnetische als auch der Kreiselkompaß zu rotieren und zu zittern und die Flugrichtung kann nicht mehr mit den Instrumenten kontrolliert werden. Sie verlassen sich nun auf den Sonnenkompaß und alles scheint wieder zu funktionieren. Dann erscheinen in der Ferne so etwas wie Berge. Eine halbe Stunde später ist eine kleine Gebirgskette erreicht, die Byrd völlig unbekannt ist. Nach weiteren Turbulenzen wird das kleine Bergmassiv in nördlicher Richtung überflogen. Dann erscheint jenseits des Gebirges ein Tal, durch das sich ein kleiner Fluß schlängelt. Doch eigentlich sollte an dieser Stelle Eis und Schnee sein, anstatt eines grünes Tales. Irgend etwas stimmte nicht. Backbord wachsen große Wälder an den Berghängen. Zusätzlich spielen auch die Navigationsgeräte weiterhin verrückt, der Kreiselkompaß schwingt vor und zurück.

Um das Tal besser untersuchen zu können, geht Byrd vierhundertsiebenundzwanzig Meter tiefer und reißt das Flugzeug scharf nach links. Es ist grün und scheint mit einer Art Moos bewachsen zu sein. Das Licht scheint anders zu sein. Auch kann er die Sonne nicht mehr sehen. Nach einer weiteren Drehung entdecken sie plötzlich ein großes Tier, das auf den ersten Blick als Elefant erscheint, sich dann aber unglaublicherweise als ein Mammut entpuppt. Byrd geht weiter runter und mustert das Tier mit dem Fernglas. Tatsächlich – es ist ein wirkliches Mammut. Die Entdekkung wird an das Basiscamp gefunkt.

Es werden nun noch weitere grüne Hügel überflogen, wobei die Außentemperatur bei dreiundzwanzig Grad Celsius liegt. Der Kurs wird weiter gehalten und die Navigationsgeräte funktionieren auch wieder normal. Dafür ist nun das Funkgerät ausgefallen.

Das Land unter ihnen wird nun flach und normal wie auf der Erdoberfläche. Da erkennen sie vor sich eine Stadt. Das ist unglaublich. Nun fängt auch das Flugzeug sonderbar an zu schwimmen und die Instrumente reagieren nicht mehr. Plötzlich kommen links und rechts neben dem Flugzeug tellerförmige Flugkörper sehr schnell herangeflogen. Sie verbreiten ein Leuchten. Sie kommen so nah heran, daß Byrd ihre Kennzeichen erkennen kann. Es ist ein seltsames Symbol, das er jedoch nicht veröffentlichen soll.

Es erscheint alles als phantastisch. Sie sind völlig irritiert und wissen nicht, wo sie sich befinden. Byrd reißt an seinen Instrumenten, doch nichts geschieht – sie sind wie in einem Schraubstock gefangen. Das Funkgerät beginnt zu knistern und eine Stimme spricht in englischer Sprache mit deutschem oder nordischem Akzent: „Willkommen in unserem Gebiet, Admiral. Wir werden Sie in genau sieben Minuten landen. Entspannen Sie sich, Admiral, Sie sind in guten Händen." Die Motoren sind ausgefallen, und das Flugzeug ist unter fremder Kontrolle. Nach einem weiteren Funkspruch beginnen sie mit der Landung. Das Flugzeug sinkt leicht schwebend zu Boden und als sie den Boden berühren, gibt es nur einen kleinen Stoß.

Byrd macht nun seinen letzten Eintrag ins Tagebuch, als sich einige hochgewachsene Männer mit blonden Haaren dem Flugzeug nähern. In der Ferne sehen sie eine große schimmernde Stadt, die in allen Regenbogenfarben pulsiert. Keiner weiß, was nun geschehen wird. Waffen können sie an den Männern jedenfalls keine erkennen. Eine Stimme nennt Byrd beim Namen und bittet ihn zum Aussteigen.

Hier enden die Tagebucheinträge. Byrd hat nach dem Ende der Reise, seinen Erinnerungen nach, die nun folgenden Ereignisse eingetragen: Byrd's Funker und er selbst werden aus dem Flugzeug geholt und sehr freundlich empfangen. Danach bringt man sie auf ein kleines Verkehrsmittel, einer Plattform ähnlich, jedoch ohne Räder. Mit diesem Fahrobjekt werden sie mit hoher Geschwindigkeit in die leuchtende Stadt gebracht, wobei diese beim Näherkommen aus einem kristallartigen Material zu sein scheint. Vor einem großen Gebäude halten sie, dessen Architektur Byrd völlig fremd ist und ihn an eine Stadt aus den Buck-Rogers-Comics erinnert.

Nachdem man mit einem fremden Getränk begrüßt wurde, wird Byrd kurz danach von zwei Männern weggebracht, wobei sein Funker zurückbleibt. Nachdem er durch mehrere Gänge mit selbstleuchtenden Wänden geführt wird, kommt er in einen wunderschön gestalteten Raum, wo ihn seine Begleiter mit den Worten zurücklassen: „Fürchten Sie sich nicht, Admiral, Sie werden eine Audienz beim Meister haben."

Dieser Meister, ein Mann von feiner Gestalt und älteren Zügen empfängt ihn. „Ich heiße Sie herzlich in unserem Reich willkommen, Admiral. Wir haben Sie hier hereingelassen, weil Sie einen noblen Charakter haben und in der Welt an der Oberfläche sehr bekannt sind. Sie befinden sich im

Reich der Arianni, der inneren Welt der Erde. Wir werden Ihre Mission nicht lange aufhalten und Sie werden wieder sicher an die Oberfläche gebracht werden. Aber nun Admiral, werde ich Ihnen sagen, weshalb wir Sie kommen ließen. Unser Interesse wurde geweckt, als Ihre Rasse die ersten Atombomben über Hiroshima und Nagasaki zündete. Zu jener alarmierenden Stunde sandten wir unsere fliegenden Maschinen, die „Flügelräder", in Ihre Welt an der Oberfläche, um herauszufinden, was Ihre Rasse getan hatte. Natürlich ist das nun Geschichte, lieber Admiral, doch ich muß fortfahren. Sehen Sie, niemals zuvor haben wir in die Kriege und Barbareien Ihrer Rasse eingegriffen. Jetzt jedoch müssen wir, denn sie haben begonnen, mit gewissen Kräften herumzupfuschen, die nicht für den Menschen bestimmt sind. Damit meine ich die Atomkraft. Unsere Abgesandten haben bereits Botschaften an die Mächtigen Ihrer Welt geschickt – und dennoch hören Sie nicht darauf. Deshalb wurden Sie als Zeuge ausgewählt, daß unsere Welt hier existiert. Sehen Sie, unsere Kultur und Wissenschaft ist der Ihren um Jahrtausende voraus, Admiral."

Doch Byrd war sich nicht ganz im Klaren darüber, in welcher Form gerade er dienen könnte. Der Meister sagte daraufhin: „Ihre Rasse hat nun den „Point of no return" erreicht. Es gibt einige unter euch, die eher die ganze Welt zerstören würden, als ihre Macht abzutreten, wie sie sie kennen... 1945 – und später – versuchten wir, mit eurer Rasse Kontakt aufzunehmen. Doch man begegnete unseren Bemühungen mit Feindseligkeiten und unsere „Flügelräder" wurden beschossen. Ja, sogar verfolgt von euren Kampffliegern. Und so sage ich Ihnen nur, mein Sohn, daß sich in Ihrer Welt ein mächtiger Sturm zusammenbraut, eine schwarze Raserei, die sich für viele Jahre nicht erschöpfen wird. Ihr werdet darauf keine Antwort in euren Armeen finden und keine Sicherheit in eurer Wissenschaft. Sie könnte solange wüten, bis jede Blume eurer Kultur zertrampelt und alle menschliche Zivilisation in einem einzigen Chaos versunken ist. Euer kürzlicher Krieg war nur ein Vorgeschmack auf das, was Ihrer Rasse noch harrt. Wir hier sehen das mit jeder Stunde klarer... Die dunklen Zeiten, die jetzt über Ihre Rasse kommen, werden die Erde wie ein Leichentuch bedecken. Aber ich glaube, daß einige Ihrer Rasse diesen Sturm überleben werden. Darüber hinaus kann ich nichts sagen. In weiter Ferne sehen wir eine neue Welt, die sich aus den Ruinen Ihrer Rasse erheben und nach den verloren gegangenen und legendären Schätzen suchen wird. Und diese Schätze werden hier sein, mein Sohn, sicher in unseren Händen. Wenn diese Zeit herannaht, werden wir wieder hervorkommen und helfen, Ihre Kultur und Rasse neu zu beleben. Vielleicht habt Ihr bis dann die Sinnlosigkeit von Kriegen und Kämpfen eingesehen... und nach dieser Zeit wird euch gewisses von eurer Kultur und Wissenschaft für einen Neuanfang zurückgegeben. Du, mein Sohn, wirst mit dieser Botschaft an die Erdoberfläche zurückkehren..."

Nach dieser Rede wurde Byrd von den beiden Begleitern zu seinem Funker begleitet. Mit dem schwebenden Fahrzeug wurden sie dann zum Flugzeug zurückgebracht, wo die Motoren bereits leer liefen. Offenbar schien nun eine gewisse Dringlichkeit die Atmosphäre aufzuladen. Man wollte wohl Byrds Zeitplan nicht weiter durcheinanderbringen. Kaum war die Ladeluke geschlossen, wurde das Flugzeug von dieser unsichtbaren Kraft hochgehoben, bis sie eine Höhe von achthundertdreiundzwanzig Metern erreichten. Zwei der Flügelräder begleiteten Byrds Maschine auf diesem Weg. Aus dem Funkgerät kam dann eine letzte Nachricht: „Wir verlassen Sie jetzt, Admiral, Sie können Ihre Instrumente wieder benutzen. Auf Wiedersehen!" Dann flogen sie zurück zum Basiskamp.

In dem Tagebuch sind dann noch zwei Einträge aufgeführt. Einer vom 11. März 1947, in dem er berichtet, daß er im Pentagon seine Botschaft übermittelt hat und diese auch an den Präsidenten weitergeleitet worden ist. Doch man hat ihm befohlen, Stillschweigen über die ganze Geschichte zu bewahren – zum Wohle der Menschheit! Der zweite und letzte Eintrag stammt vom 30. Dezember 1956. Darin erklärt er, daß er, wie ihm befohlen wurde, die ganzen Jahre geschwiegen hatte, doch nun gewillt sei, sein Tagebuch zu veröffentlichen."

Hier ist meine Zusammenfassung zu Ende und ich bin nun neugierig, was wohl an diesem Tagebuch nicht stimmen sollte. John, der das Lap-Top auf Stand-By geschaltet und zugeklappt hat, schmunzelt nur: „Tja, das Problem liegt darin, daß Admiral Byrd im Februar 1947, also zu dem Zeitpunkt, als er angeblich diesen Nordpolflug unternommen haben will, die größte Antarktis-Expedition anführte, die jemals dorthin geschickt wurde. Er befand sich also genau auf der anderen Seite der Erde. Es war damals ein Riesenspektakel und ist in jedem Geschichtsbuch nachzulesen. Das nächste Problem ist, daß Admiral Byrd am 5. März des gleichen Jahres, also zu dem Zeitpunkt, an dem er laut dem Tagebuch am Nordpol sein sollte, in Santiago de Chile bei der größten Zeitung Chiles ein Interview zu seiner Antarktis-Expedition gab. Aber zu dieser Antarktis-Expedition komme ich gleich im Detail zu sprechen. Es stellt sich daher die Frage, was es mit dem Tagebuch auf sich hat. Also ich bin der Meinung, daß Byrd einen Flug mit ähnlichen Ereignissen tatsächlich durchgeführt hat, aber vor dem angegebenen Datum. Entweder handelt es sich dabei um den Flug aus dem Jahre 1927, wie ich es bereits angedeutet hatte oder einen Flug vor 1947. Es ist aber ziemlich identisch mit dem Tagebuch von 1927, doch hatte ich dem damals noch nicht diese Bedeutung geschenkt. Die Flugscheiben waren jedenfalls deutscher Herkunft, da die Abzeichen, wie es mir Admiral Byrds Neffe, Harley Byrd, persönlich ins Gesicht gesagt hatte, Hakenkreuze waren. Die blonden Menschen, die Byrd traf, sprachen Englisch mit einem deutschen Akzent und, was in der deutschen Übersetzung nicht hervortritt, sie sprachen zu ihm auch in Deutsch. So nennen diese ihre Flugmaschinen im englischen Tagebuch „Flugelrads" und verabschieden sich am Ende mit „Auf Wiedersehen". Weiterhin ist es mehr als verdächtig, daß die Innerirdischen sich angeblich selbst als Ariannis bezeichnen. Dieser Ausdruck war nämlich erst von den Nationalsozialisten eingeführt worden. Und was soll der Unsinn, daß er das Symbol, das er auf den Flugscheiben gesehen hat, nicht veröffentlichen soll? Wenn es ein fremdes Symbol gewesen wäre, könnte er es ja veröffentlichen, da es sowieso keiner kennen würde.

Meiner Meinung nach handelt es sich um eine gezielte Desinformation. Man will verdeutlichen, daß die Erde hohl ist, aber verheimlichen, daß die Insassen deutschsprechende Germanen und vor allem noch lebende Nationalsozialisten sind, die dort mit einer, den Alliierten überlegenen Technik hereingelassen worden sind, im Gegensatz zu den anderen Völkern und Rassen auf der Erde. Ob die Desinformation von Byrd selber kam, der als alliierter Militärmann sicherlich nicht sehr „deutschfreundlich" eingestellt war, oder aus Geheimdienstkreisen, ist mir nicht bekannt. Tatsache ist jedenfalls, daß er im Februar 1947 in der Antarktis war und nicht in der Arktis.

Laß mich die Geschichte nun aber der Reihe nach erzählen, damit die Umstände um das Mysterium der Polflüge verständlicher werden.

Richard Evely Byrd stammte aus einer alten, vornehmen Familie aus Virginia und hatte vor dem Ersten Weltkrieg in der amerikanischen Marine gedient. Während des Krieges war er Fluglehrer. Später sollte er auf eine tragische Art und Weise Berühmtheit erlangen. Seine historische Reise von

1927, bei der er einen physischen Kontakt mit Innerirdischen hatte, wurde jedoch niemals zugegeben. Als Präsident Calvin Coolidge die mehreren hundert Fotos sah und das Flugtagebuch gelesen hatte, rief er aus: „Niemand, absolut niemand wird das jemals glauben. Wir werden strengstes Stillschweigen bewahren. Wenn wir das hier jemals bekanntgeben, dann wird uns die ganze Welt auslachen."

Präsident Coolidge war ein Pragmatiker, der mit beiden Beinen fest auf dem Boden stand. Die Entscheidung, die Reise Byrds geheim zu halten, war kein hinterhältiger Vertuschungsakt. Es hatte nichts mit der nationalen Sicherheit zu tun. Andere, die die Fotos ebenfalls sahen, waren der Meinung, daß die Vorstellung von einer Welt innerhalb der Welt einfach zu phantastisch war, um wahr zu sein. Ein Sekretär des verstorbenen Präsidenten bestätigte die offizielle Reaktion.

Die Bilder und das Tagebuch über die Reise ins Erdinnere wurden versiegelt und verschwanden in unterirdischen Gewölben der Kongreßbibliothek. Dort kümmerte sich zwölf Jahre lang niemand um sie. Als der Zweite Weltkrieg ausbrach, wurde der geheime Bericht von Byrds Flug aus dem Jahr 1927 noch einmal überprüft und unter dem Namen ‚White Sheet Project' klassifiziert. Im zweiten Jahr des Krieges wurden sich der Geheimdienst und die Regierung der Bedeutung einer Welt innerhalb der Welt bewußt, besonders als Jonathan Caldwell bei einem Ausbildungsflug in einem Rundflugzeug über dem Nordpol in eine schwarze Leere geriet, die Byrd bereits 1927 beschrieben hatte. Daraufhin wurde der Flug von Byrd zusammen mit dem von Caldwell im Jahre 1940 unter der Bezeichnung ‚White Pole Project' zusammengefaßt. Als der Krieg 1945 offiziell endete, fiel dieses Projekt in die Zuständigkeit einer neuen Marineabteilung, den sogenannten ‚Polar Archives'. Diese Abteilung ist heute noch im sechsten Stockwerk des Nationalarchivs tätig. In den sechziger Jahren wurde das NASA-Archiv zu einem Lagerhaus für einen großen Teil der Polaraktivitäten aufgrund der häufigen Sichtungen von UFOs und der Forschungen im Polarbereich.

Mit diesen Hintergrundinformationen über die früheren Flüge von Byrd können wir uns jetzt dem Flug von 1946 in die Antarktis zuwenden, um den es mir in erster Linie geht.

Eine Marineflotte aus Norfolk, Virginia, unter Konter-Admiral Richard H. Cruzen sollte ihn begleiten. Dreizehn Kriegsschiffe, zweihundert Flugzeuge, Transportschiffe mit Hubschraubern sowie Eisbrecher, um den Weg durch das Packeis freizumachen und ein U-Boot für die Suche unter Wasser waren an diesem Unternehmen beteiligt. Alle Fahrzeuge waren mit Raupenfahrwerken ausgerüstet, um Schlitten mit Baumaterialien für Lagerhäuser, Wetterstationen, Lebensmitteln, sowie Brennstoff und Öl über Eis und Schnee zu ziehen und eine viertausend Mann starke Truppe durch ein unwirtliches Land zu führen, dessen Eis- und Schneeschichten über drei Kilometer dick sind. Das Abenteuer in der Antarktis, die See- und Landexpedition, war im wahrsten Sinne des Wortes eine Weiterführung des Zweiten Weltkriegs, vorausgesetzt, daß der Feind in dieser riesigen, neun Millionen Quadratkilometer großen Eiswüste überhaupt entdeckt werden würde.

In Christchurch auf Neuseeland wurde eine Station als Kommunikationspunkt zwischen dem McMurdo-Sund errichtet, der dreitausendsiebenhundert Kilometer entfernt liegt. Außerdem wurden dort zusätzliche Ersatzteile und Vorräte für einen endgültigen Umzug in die Antarktis gelagert, wo sie von der viertausend Mann starken Truppe benötigt wurden. Byrd traf sich dann zu einer letzten Besprechung mit den Militärs in den Vereinigten Staaten. Präsident Truman hatte ihm untersagt, sein eigenes Flugzeug zu fliegen, bevor er die Antarktis erreichte.

Der Flug zur McMurdo-Basis startete am 1. Februar in Hueneme in Kalifornien. Byrds Co-Pilot und Navigator flog mit, sowie sein Funker und Fotograf als Vertreter der ‚National Science Foundation' und ‚National Geographic Society'. Sie flogen als Passagiere in Richtung Hawaii. Am folgenden Tag starteten Admiral Byrd und seine Mannschaft von Honolulu, um zu einem Flugzeugträger zu fliegen. Auf diesem wartete sein Flugzeug, mit dem er zum Südpol fliegen würde, um den Aufenthaltsort der Deutschen zu finden. Am vierten Tag nach der Abreise von Port Hueneme kam Admiral Byrd auf der McMurdo-Basis in der Antarktis an, wo sein Starrflügler von einer Flugscheibe deutschen Ursprungs beobachtet wurde, die lautlos über dem Sund schwebte.

Vor dem Abflug ermöglichte die Marine Byrd einen Einblick in die Unterlagen, die man von den Deutschen erbeutet hatte. Besonders faszinierend für Byrd waren die Berichte der deutschen Teams, die ab 1937 in die Antarktis geschickt wurden. Die Forschungsteams hatten den größten Teil des Subkontinents vermessen und fotografiert, und ihre Berichte waren äußerst faszinierend. Byrd merkte instinktiv, daß es den Deutschen lieber gewesen wäre, wenn diese Berichte nicht in die Staaten gelangt wären, denn sie gaben hilfreiche Hinweise und ließen Schlußfolgerungen über die Pläne der Deutschen am Südpol zu. Byrd durfte nicht alle geheimen Unterlagen einsehen, aber die, die er sehen durfte, überzeugten ihn davon, daß, so unglaublich es auch sein mochte, die Erde tatsächlich ein Hohlkörper war, gleichgültig, was die Wissenschaft dazu sagen mochte. Er hatte bis dahin jedoch nur von dem Eingang am Nordpol Kenntnis gewonnen. Am Südpol mußte aber auch eine Öffnung vorhanden sein, die jedoch bei seinem 1929 durchgeführten Flug unentdeckt geblieben war.

Diese mögliche Position wäre östlich des Pols auf einer Fluglinie nahe dem einhunderteinundsiebzigsten Meridian. Als er noch einmal über seine früheren Polarreisen nachdachte und über die Enttäuschungen, die ihm die staatlichen Behörden bereitet hatten, erkannte Byrd, daß siebzehn Jahre nach seiner letzten Reise zum Südpol er und seine neue Mannschaft jetzt wieder in die Antarktis fliegen würden, vielleicht um das Rätsel dieses Subkontinents ein für alle Mal zu lösen. Von McMurdo aus wurden Admiral Byrd und seine Mannschaft zum Flugzeugträger fünfhundert Kilometer nördlich in die antarktischen Gewässer geflogen. Es fand eine letzte Besprechung statt. Der Flug war für den folgenden Morgen geplant. Jedes Mitglied der Mannschaft wurde zum Schweigen verpflichtet. Falls sie nach einer bestimmten Zeit von der sogenannten antarktischen Übung nicht zurückkehrten, würde eine massive Rettungsaktion in Gang gesetzt. Aber man kam überein, daß man, gleichgültig wie das Ergebnis aussehen würde, niemals die Öffentlichkeit über den Zweck dieser Expedition informieren würde. Die Stabschefs hatten es auch für ratsam gehalten, Byrd nicht darüber zu informieren, daß die USA über Rundflugzeuge verfügte.

Byrd und seine Männer benutzten das konventionelle Flugzeug, in dem sie in den USA ausgebildet worden waren. Es handelte sich um eine ‚Falcon', die aber nichts mit der ‚Falcon' von 1929 zu tun hatte, die von der ‚Curtis Wright Aircraft Company' gebaut worden war. Die Maschine, die sie benutzten, war 1946 speziell für hohe Geschwindigkeit und lange Flugdauer konstruiert worden. Das gesamte Projekt sowie die Konstruktion dieses Flugzeugs unterstand der höchsten Geheimhaltung. Die Geschwindigkeit des Flugzeugs ist unbekannt, soll aber bei über fünfhundert Stundenkilometern gelegen haben, seine Reichweite lag bei über neuntausendfünfhundert Kilometern. Die Motoren von Pratt & Whitney waren ebenfalls sorgfältig eingestellt worden, und jeder freie Platz im Flugzeug wurde für zusätzliche Treibstoffbehälter genutzt, von denen jeder etwa vierhundert Liter faßte. Die Lebensmittelrationen wurden wegen ihres Gewichts auf ein Minimum reduziert. Im Falle einer Notladung gäbe es keine Hoffnung auf Rettung, insbesondere in der dünnen Luft der Berge, die den Weg zur Südpolregion versperrten.

Beim Start hatte die Maschine Übergewicht. Selbst mit Unterstützung eines Katapults hatte der Pilot Schwierigkeiten, eine sichere Höhe zu halten. Es wurde notwendig, über sechs Stunden lang bei eintausendfünfhundert Meter Höhe zu fliegen, bis der zusätzliche Treibstoff verbraucht war und die Behälter über Bord geworfen wurden.

Am besten lese ich dir meine Kopien aus dem Tagebuch von Admiral Byrd vor, das er während seiner Reise an und über den Südpol hinaus und ins Innere der Erde führte."

John kramt wieder in seinem ‚Wunderordner', der offenbar alles zu enthalten scheint. „Ich werde zwischendurch ein paar Stellen kommentieren, da ich durch meine Interviews inzwischen zusätzliche Details erfahren habe.

Am 5. Februar 1946 beginnt das Tagebuch wie folgt: „Wir wurden mit vollen Tanks vom Flugzeugträger katapultiert. Der Träger befand sich etwa fünfhundert Kilometer nördlich der McMurdo-Basis. Der Himmel war klar. Wir flogen auf die Siedlung zu und erreichten sie etwa um sechs Uhr fünfzig. Wir zogen einen Kreis und flogen dabei sehr niedrig. Wir winkten den Leuten auf dem Boden zu. Sie winkten zurück."

Byrds Flug von McMurdo, sechshundertfünfzig Kilometer westlich vom Rand der ersten Bergkette war zeitaufwendig, da es notwendig war, den überschüssigen Treibstoff der Maschine zu verbrennen. Sie war zu stark überladen, um eine entsprechende Flughöhe zuzulassen.

„Wir kamen um fünfzehn Uhr an unserem ersten geplanten Punkt an. Der Himmel war sehr klar. Wir umkreisten die Gegend dreimal und warfen eine kleine amerikanische Flagge aus dem Fenster, um den Ort für die USA in Besitz zu nehmen."

Der Grund für das Kreisen lag darin, daß das Flugzeug noch immer keine geeignete Flughöhe erreichen konnte, mit der wir den dreitausendzweihundert Meter hohen Paß des Axel-Heiberg-Gletschers auf dem Zentralplateau überfliegen konnten, an dem das vermutete Tal anfing, das ins Erdinnere führte.

„Wir warfen die leeren Benzinkanister mit Hilfe einer Schleuderrutsche aus dem Flugzeug. Nach mehreren Stunden hatte sich das Bruttogewicht soweit reduziert, daß wir den Bergkamm überfliegen konnten.

Dreizehn Uhr zwanzig – Wir haben den Rand des Tals erreicht. Die Sonne scheint immer noch strahlend am Himmel. Wir fliegen abwärts, wobei wir den Konturen des Bodens folgen und dabei das Terrain aufzeichnen. Zuerst geht es allmählich nach unten, dann immer steiler, so als ob wir an der Seite eines Berges herunterfliegen würden. Der Navigator ist jetzt besorgt, daß wir zuviel Treibstoff verbrannt haben.

Sechzehn Uhr dreißig – Die Eiskappe wird langsam dünner. Wir sehen bereits einige eisfreie Stellen am Berg. Unsere Außentemperatur ist von sechzig Grad unter Null zu Beginn des Sinkfluges um zehn Grad gestiegen.

Siebzehn Uhr – Wir folgen immer noch dem Abhang nach unten. Das Eis ist jetzt sehr dünn auf den Felsen. Wir sehen einige schwarze Flecken, bei denen es sich um Kohle handeln könnte. Die Sonne steht immer noch hoch am Himmel. Die Temperatur steigt langsam aber beständig an. In der Talsenke könnten eventuell tropische Temperaturen herrschen. Vielleicht kommen wir in so eine Art Paradies. Aber das wird sich ja erweisen.

Siebzehn Uhr dreißig – Der Höhenmesser zeigt einen Abfall von einem Kilometer, seit wir in das Tal eingeflogen sind. Wir sind jetzt etwas mehr als fünfhundert Kilometer in das Tal hineingeflogen. Die Seiten werden allmählich steiler.

Achtzehn Uhr – Das Eis ist vollkommen verschwunden. Die Felsen liegen jetzt frei. Die Temperatur steigt an. Es wird immer wärmer, je tiefer wir kommen. Plötzlich scheinen wir in ein bodenloses Loch zu fallen, in dem die Seiten steil nach unten gehen. Der Kompaß spielt völlig verrückt. Er funktioniert überhaupt nicht mehr. Wir fliegen jetzt in einer Spirale abwärts. Die Sonne scheint immer noch, wird aber trüber, während wir weiter absteigen.

Neunzehn Uhr – Wir fliegen jetzt seit fast einer Stunde in das Loch hinunter. Die Luft draußen wird immer wärmer. Vor einigen Minuten sind wir an einem kleinen Wasserfall vorbeigekommen, aus dem Dampf zu kommen schien. Wir sind einen Kreis geflogen, damit unser Fotograf ein paar Aufnahmen machen konnte. Da die Sonne immer trüber wird, müssen wir Flutlichter benutzen, damit die Aufnahmen etwas werden.

Zwanzig Uhr – Wir fliegen mit der Nase abwärts, als ob wir über ebenem Gelände fliegen würden. Der Kompaß funktioniert jetzt überhaupt nicht mehr. Der Höhenmesser zeigt jetzt einen ständigen Abstieg. Die Instrumente zeigen an, daß unsere Bodengeschwindigkeit auf etwa achtzig Stundenkilometer heruntergegangen ist. Warum fliegen wir so langsam?

Einundzwanzig Uhr – Ich schätze, wir befinden uns jetzt mindestens einhundertsechzig Kilometer unterhalb der Öffnung. Der Treibstoff ist jetzt zur Hälfte verbraucht. Wir haben einen weiteren Benzintank abgeworfen. Die zusätzlichen Treibstoffbehälter faßten jeweils dreihundertachtzig Liter. Sie bestanden aus drei Millimeter dickem Aluminium. Er fiel horizontal auf die Wand zu, als ob er von ihr angezogen würde. Die Anzeigegeräte spielen jetzt völlig verrückt. Wir haben nicht mehr genug Treibstoff, um noch weiter in die Erde zu fliegen. Ein Piepton weist mich darauf hin, daß der Treibstoff im Haupttank zur Hälfte verbrannt ist. Wir werden umkehren und bei einer zukünftigen Expedition weiterforschen. Mit unserem Treibstoff kommen wir wieder heim, wenn wir jetzt sofort umkehren. Das Funkgerät ist tot, kein Kontakt mehr. Die Mannschaft ist total verwirrt. Denn obwohl sie nicht schwerelos ist, kann sie an den Seiten und an der Decke des Flugzeugs herumlaufen. Vier synchron eingestellte Uhren an Bord und die Armbanduhren der Mannschaft zeigen die Zeit an, aber später stellte sich heraus, daß alle Uhren sieben Stunden vorgingen.

Zweiundzwanzig Uhr – Wir fliegen jetzt schneller als beim Sinkflug. Wir haben das Gefühl, über ebenem Gelände zu fliegen. Wir haben keine Erklärung dafür. Es wird langsam kühler draußen, während wir wieder an die Oberfläche kommen.

Dreiundzwanzig Uhr – Wir nähern uns jetzt der Oberfläche, wo wir mit unserem Sinkflug begonnen haben. Ich fliege jetzt einen rechten Winkel von unserem Kurs, um den Durchmesser des Schachtes zu ermitteln. Die Kälte draußen wird wieder sehr intensiv.

Vierundzwanzig Uhr – Mitternacht. Wir sind etwa eine Stunde geflogen und jetzt zu unserem Ausgangspunkt zurückgekehrt. Der Navigator glaubt, daß die Öffnung einen Durchmesser von zweihundert Kilometern hat. Wir steigen jetzt wieder auf und gewinnen immer mehr an Geschwindigkeit, weil wir den Wind im Rücken haben. Die Außentemperatur wird kühler. Die Geschwindigkeit erhöht sich automatisch."

John unterbricht an dieser Stelle wieder kurz, um etwas zu den Eintragungen im Tagebuch zu ergänzen: „Byrd legte später einen Bericht vor, wie die Geschwindigkeit sich ohne Zutun des Piloten von fünfhundert Kilometern pro Stunde an der Oberfläche auf etwa achtzig Kilometer reduziert hatte, als sie in das Loch oder den Schacht hineingeflogen sind. Er berichtete ebenfalls, daß die Temperatur von minus fünfzehn Grad an der Oberfläche auf über fünfzehn Grad plus am Umkehrpunkt gestiegen war. Die Mannschaft sagte übereinstimmend, daß aus einigen Stellen im Gestein Dampf aufgestiegen sei. Innerhalb des Schachtes hätten sich teilweise Wolken gebildet. Die Instrumente zeigten einen ständigen Luftzug an, der tief aus dem Schacht kam. Seiner Meinung nach würde das die reduzierte Geschwindigkeit beim Sinkflug erklären. Der Admiral sagte, daß er im Schacht ein seltsames Gefühl empfunden hätte, so als ob er sich auf einem anderen Planten befände.

Weiter heißt es im Text: „Ein Uhr morgens – Wir befinden uns jetzt außerhalb des Schachtes und fliegen den Abhang hinauf. Wir machen mit der Kamera Aufnahmen von allen Felsen. Wir suchen nach Anzeichen von Vegetation. Das Eis wird immer dicker, während wir aufsteigen.

Zwei Uhr – Wir befinden uns jetzt oben im Tal und werden es einmal überfliegen, um die Entfernung zu messen. Wir können kaum die Sonne sehen, die im Norden aufsteigt. Zu dieser Jahreszeit ist sie die meiste Zeit zu sehen. Die Nacht dauert nur etwa vier Stunden.

Drei Uhr – Wir fliegen jetzt zur Heimatbasis und dem Träger zurück."

John ergänzt hier wieder: „Während sie sich innerhalb des Tunnels befand, oder wie Byrd es nannte: in der Spirale der Schraube, sah die Mannschaft in der Ferne eine Formation von mindestens fünf UFOs, die tief aus dem Innern der Erde kamen. Diese UFOs waren auch auf dem Radar aufgetaucht. Als diese Formation sich dem unbewaffneten Flugzeug von Byrd genähert hatte, flogen zwei UFOs näher heran und begleiteten das Flugzeug in einiger Entfernung. Der Bord-Fotograf machte Aufnahmen von den Flugobjekten, die an der Ober- und Unterseite deutlich mit Hakenkreuzen versehen waren. Die deutschen Flugscheiben führten jedoch keine Kampfmanöver durch, und sie stellten auch keinen Funkkontakt mit Byrds Flugzeug her. Byrds Pilot wurde angewiesen, keine Ausweichmanöver durchzuführen, und der Fotograf machte weiter seine Aufnahmen. Später brachte man über zweihundert Fotos mit. Diese wurden an die ‚National Science Foundation' und das Nationalarchiv geschickt.

Das Tagebuch endet dann wie folgt: „Elf Uhr – Wir sind jetzt wieder auf dem Flugzeugträger. Die Landung erfolgte ohne Probleme. Nachdem wir uns ausgeruht haben, werden wir morgen nach Neuseeland fliegen und dann unmittelbar in die Vereinigten Staaten zurückkehren. Nach den Uhren im Flugzeug dauerte der Flug etwa einunddreißig Stunden, aber nach den Uhren auf dem Flugzeugträger waren wir nur dreiundzwanzig Stunden abwesend."

John erklärt mir, was danach geschehen ist: „Nach seiner Rückkehr auf den Flugzeugträger schickte Byrd eine verschlüsselte Botschaft nach Washington. Dann ruhten er und seine Mannschaft sich drei Tage lang auf dem Flugzeugträger aus. Außer dem verschlüsselten Bericht gab es noch Dokumente und Filmmaterial, das von einem schnellen Aufklärungsflugzeug über Sydney, Christchurch und Panama nach Washington geflogen wurde. Nach seiner Rückkehr in die USA wurde Byrd sofort zu einem geheimen Treffen im Pentagon mit den Stabschefs der Vereinigten Staaten gebracht. Bei dieser Besprechung wurden den anwesenden Offizieren Auszüge aus dem Tagebuch vorgelesen und hunderte von Metern Filmmaterial gezeigt und erläutert.

Das vom Navigator der ‚Falcon' geschriebene und von Byrd unterzeichnete Tagebuch wurde früher in einem Safe im Nationalarchiv aufbewahrt, der ausschließlich für die Aufbewahrung dieser historischen Dokumente verwendet wurde. Ohne Genehmigung durch den Präsidenten der USA wurde niemandem ein Einblick gewährt. Ich durfte sie 1976 eine Stunde lang einsehen, während die ganze Zeit Sicherheitspersonal dabei stand. Eine zweite Einsicht wurde 1977 gestattet, nachdem ich beim Senator Lawton Chiles aus Florida vorstellig geworden war. Im Jahre 1978 wurden die Dokumente in unterirdische Gewölbe der ‚Kensington Tombs' der amerikanischen Luftwaffe gebracht. Nachdem der Film von der Expedition Byrds vorgeführt worden war, fand eine Besprechung der Staatschefs unter dem Vorsitz von Harry S. Truman statt. Am Ende der Konferenz wurde durch Abstimmung entschieden, daß Byrd noch einmal zu diesem bodenlosen Loch am Südpol zurückkehren und ganz ins Innere fliegen sollte, um die deutsche Basis mit ihren Flugscheiben aufzuspüren. Diese erneute Reise wurde für den 16. Februar 1947 festgesetzt. Die Amerikaner würden wieder einmal mit konventionellen Propellerflugzeugen mit festen

Flügeln gegen die Deutschen fliegen. Byrd wurde immer noch nicht über das Rundflugzeugprojekt der Amerikaner informiert.

Der Öffentlichkeit wurden die Aktivitäten der USA in der Antarktis weiterhin verschwiegen. Sie wußte nichts über die wahren Absichten der Vereinigten Staaten und ihrer Alliierten."

Inzwischen sind wir hinter Hamburg in Richtung Lübeck und verlassen bald die Autobahn in Richtung Rostock. Es ist jetzt noch eine halbe Stunde bis zu unserem Ziel. Ich sage dies John, der auch sehr erleichtert zu sein scheint, daß wir die Fahrt bald abgeschlossen haben. Er ist wohl eher das Fliegen gewohnt, als solch anstrengende und vor allem schnelle Fahrten mit einem verrückten Deutschen. Aber das ist es, was die Amerikaner „Fahrvergnugen" nennen. In Deutschland fliegen wir „tief". Tja, das ist eben der Deutschen Schicksal, „wer Autobahn hat, muß auch Autobahn fahr'n", das ist eine alte germanische Weisheit, wie ich es John zu erklären versuche. Ein Griff an seine Stirn zeigt mir seine Meinung.

Kapitel 10
Den Deutschen auf der Spur

Nach einem Lachen und einem kurzen Schluck Mineralwasser erzählt er weiter: „Am 16. Februar 1947 flog Admiral Richard E. Byrd mit seinem Geschwader von acht Propellerflugzeugen vom Typ ‚Falcon' zum Südpol, um den Widerstand der Deutschen zu testen. Jedes Flugzeug wurde von vier Motoren des Typs Pratt & Whitney angetrieben. Die Flugzeuge waren vollständig bewaffnet. Jedoch hatte Präsident Truman den strikten Befehl erteilt, auf keinen Fall deutsche Maschinen zu beschießen, die man in der Hohlwelt antraf.

Während das Geschwader die Flugmanöver wiederholte, die es ein Jahr zuvor durchgeführt hatte, erkundeten Byrd und seine Mannschaft das Gelände. Nur dieses Mal flogen neben seiner eigenen Mannschaft auch sechzig total verblüffte amerikanische Kriegsveteranen ins Innere des Planeten mit, von dem man bisher angenommen hatte, daß er aus einem geschmolzenen Kern bestand. Sie bemerkten, daß die Öffnung im Boden der Antarktis einen Durchmesser von zweihundert Kilometern hatte. Durch diese Öffnung flogen sie eintausenddreihundert Kilometer abwärts ins Innere, bevor sie wieder in einer wirbelartigen Öffnung innerhalb der Erde auftauchten. Allmählich erweiterte sich die Öffnung zum Inneren, und die Besatzung der ‚Falcon' fand sich schließlich in einer hohlen Welt innerhalb der Erde wieder. Über sich sahen sie etwas, das wie Himmel und Wolken aussah, und unter ihnen war Land und Meer, ebenso wie auf der Erde. Sie befanden sich jetzt im Innern der Hohlwelt, die Byrd 1929 als „der verzauberte Kontinent im Himmel – ein Land ewiger Geheimnisse" beschrieben hatte.

Während man an der Außenfläche der Erde auf der konvexen Oberfläche etwa zehn Kilometer weit sehen kann, kann man im Innern der Welt praktisch unbegrenzt weit sehen, außer wenn die Luft getrübt ist.

Die Kompasse im Flugzeug funktionierten seltsamerweise wieder, als sie im Inneren angekommen waren. Sie flogen noch tiefer, in einer Atmosphäre, die mit der an der Außenseite der Erde identisch war. Die Meere und Landmassen hingen an den Innenwänden, in der Leere dazwischen waren Wolken zu sehen und Licht, in dem sich die Meere und Länder widerspiegelten. Als die Besucher von außen mit vierhundert Stundenkilometern dahinflogen, kamen sie aus dem Staunen nicht mehr heraus. Sie befanden sich nicht in einer geschmolzenen Masse. Die einzige Wärme kam von einem nebligen Feuerball, einer inneren Sonne, die im Zentrum zu hängen schien. Die Landmassen unten waren Vorsprünge an der Innenseite des eintausenddreihundert bis zweitausend Kilometer dicken Erdmantels. Den Fliegern fiel ein markanter Unterschied zur Außenseite des Planeten auf. Das Innere schien eine größere Landfläche zu haben, denn als sie weiter nach Süden flogen, erweiterte sich ihre Sicht auf die neue konkave Welt, die sie umgab. Es gab keine Himmelskörper, anhand derer man den Kurs bestimmen konnte. Jeder hoffte, daß man wieder den Heimweg finden würde.

In dieser unglaublichen, märchenhaften Welt versuchte Admiral E. Byrd, die Deutschen aufzuspüren. Eine kriegführende Nation von der Oberfläche der Erde war ins Innere der Erde vorgedrungen, um eine andere arische Rasse zu finden, gegen die man in diesem Jahrhundert bereits zweimal gekämpft hatte. Würde man hier auf den „Feind" stoßen? Und würde er sich friedlich verhalten?

Byrd hatte seine Mannschaft jetzt weiter geführt, als er sich selbst ein Jahr zuvor vorgewagt hatte. Seine Geräte zeigten eine Entfernung von dreitausendachthundert Luftkilometern von der Basis an. Sie flogen immer noch nach Norden, bei einer Höhe von etwa dreitausend Metern. Plötzlich entdeckte Byrds Navigator, Captain Ben Miller, etwas, was er für eine Landebahn hielt. Captain Miller hatte sich erst Stunden zuvor Byrds Mannschaft angeschlossen. Als Byrds Navigator im letzten Augenblick krank wurde, hatte er das Kommando seines Flugzeugträgers seinem Ersten Offizier übertragen. Alle Augen starrten nach unten. Die Mannschaft war sich einig, daß es sich um eine Landebahn handeln mußte. Als man genauer hinsah, entdeckte man mehrere Flugzeuge und Flugscheiben, die in Reihen aufgestellt waren. Mit Ferngläsern konnte man auch die Kennzeichen erkennen: Hakenkreuze, die Kennzeichen des Dritten Reiches, waren deutlich sichtbar.

Die Amerikaner flogen weiter. Sie erreichten einen Punkt viertausenddreihundert Kilometer innerhalb der Erde, als Byrd den Befehl zur Umkehr gab. Die Kameras an Bord waren ständig im Einsatz.

Eine Stunde später kehrten die Flugzeuge auf derselben Strecke zurück. Weit unter sich hatten sie auf ihrer Reise nach Norden Reihen von Gebäuden gesehen und endlose Reihen von ausgerichteten Flugzeugen. Jetzt waren sie verschwunden. – Die Bilder, die später vom Verteidigungsministerium entwickelt worden waren, zeigten, daß man den Flughafen schnell getarnt hatte. – Plötzlich beobachteten die ‚Falcon'-Piloten, daß sie Gesellschaft bekommen hatten. Über und hinter ihnen sahen sie fünf Flugscheiben.

Byrd und seine Besatzung waren in diese neue deutsche Welt gekommen, ohne besonders gut darauf vorbereitet zu sein. Speziell Byrd wußte nicht, wie er sich im Fall einer Konfrontation in der Luft verhalten sollte. Er war in erster Linie Forscher. Die vereinigten Stabschefs hatten seine Fähigkeiten geprüft und bei einer Besprechung, die in letzter Minute noch durchgeführt wurde, ihm befohlen, auf keinen Fall auf die Deutschen zu feuern, falls sie ihm begegneten. Diese Anweisungen waren sehr explizit. Außerdem konnte Byrd nicht die Stärke, beziehungsweise Verwundbarkeit seiner Schwadronen in dieser Situation einschätzen, die jetzt von den fünf Flugscheiben kontrolliert wurden. Und was noch schlimmer war: Er betrachtete die von Deutschen geflogenen Flugscheiben als Feinde, mit denen es keinen Kompromiß geben konnte. Aber Byrd war kein Kriegsadmiral, und plötzlich wurde er in eine Situation gebracht, in der er sich für oder gegen einen Luftkampf entscheiden mußte. Hatte er übersehen, daß die Flugzeuge seines sogenannten „Feindes" weder mit Propellern noch mit Düsen flogen? Gewiß mußte er sich darüber klar sein, daß sie jetzt über moderne Flugzeuge verfügten, gegenüber denen seine konventionelle ‚Falcon' hoffnungslos veraltet war. Aber andererseits kann man nicht unbedingt davon ausgehen, daß Admiral Byrd die Deutschen bewußt zum Kampf provozierte. Niemand weiß, welcher unlogische Trieb ihn zu seinen übereilten Entscheidungen motivierte, aber sie waren nicht das Resultat einer klugen militärischen Strategie. Man muß wohl davon ausgehen, daß die Flugscheiben ihn so sehr erschreckten, daß er in Panik geriet. Byrd hatte seinem eigenen Bordschützen bereits den Befehl gegeben, sich feuerbereit zu halten. Deshalb waren alle Flugzeuge in Kampfbereitschaft. Sein Co-Pilot riet ihm, diesen Befehl zu widerrufen. Es blieben vielleicht zehn Sekunden, in denen der Admiral sich hätte anders entschließen können. Plötzlich kam eine unerwartete Meldung auf seiner Wellenlänge, aber außerhalb seines Flugzeuges: „Admiral Byrd, hier spricht der Kommandant der Flugschiffe, die Sie über sich sehen. Wir haben Ihre gesamte Schwadron im Visier."

Derselbe Kommandant, der später interviewt wurde, um diese Episode zu bestätigen, fuhr fort und sagte, daß der Zweite Weltkrieg vorüber sei.

„Lassen Sie uns in Frieden, und kehren Sie zu Ihrer Basis zurück. Wenn Sie unsere Station jedoch mit friedlicher Absicht besuchen wollen, werden wir Sie natürlich auch in Frieden empfangen. Denn wir sind keine Feinde mehr. Unsere Flugzeuge und Waffen sind den Ihren so überlegen, daß ich Ihnen nicht raten würde, auf uns zu feuern. Wenn Sie mit uns kämpfen wollen, haben Sie nicht die geringste Chance. Ich muß Sie auch daran erinnern, daß Sie sich jetzt über Territorium befinden, das von Neu-Deutschland kontrolliert wird. Sie befinden sich also praktisch in unserem Luftraum."

Kommandant Byrd hörte zu, antwortete jedoch nicht. Als der Deutsche fertig war, gab Byrd den Befehl: „Feuer frei!" Sein Befehl wurde kaum ausgeführt, als der Himmel zu explodieren schien. Die ‚Falcon'-Maschinen, die von den Laserstrahlen der fliegenden Untertassen getroffen wurden, stürzten ab. Ihre Besatzungen starben auf der Stelle. Aus verborgenen Flakgeschützen am Boden kamen bleistiftdünne, unterbrochene Strahlen aus rotem Licht. Ein amerikanischer Zeuge, dessen Flugzeug von einem dieser Strahlen erfaßt wurde, sagte: „Der Strahl zog uns allmählich nach unten. Unser Pilot hatte keine Kontrolle mehr über die Maschine. Wir mußten einfach runter. Jene, die es noch schafften, sprangen mit dem Fallschirm ab." Admiral Byrd mußte mit ansehen, wie seine gesamten Begleitmaschinen runtergingen. Plötzlich ertönte wieder die Stimme des deutschen Kommandanten über den Lautsprecher. „Kommandant Byrd, Sie sind ein Narr. Sie haben Ihre eigenen Leute geopfert. Wir haben Sie gewarnt. Verlassen Sie unverzüglich dieses Land, und kommen Sie niemals wieder." Byrd bekam einen Schock. Miller übernahm die Maschine und nahm Kurs auf die Öffnung, die nach oben, in die Freiheit führte. Byrd hatte den Befehl, die Deutschen zu finden, ausgeführt. Er hatte die Höhle der jungen Löwen betreten, aber er war kein Daniel gewesen.

Die Szene, die nun folgte, während die amerikanischen Flugzeuge auf die Erde fielen, erinnerte nicht an eine Landung in feindlichem Territorium. Die überlebenden Amerikaner, die von den Deutschen aufgelesen wurden, wurden 1977 befragt, um die deutsche Version über die Ereignisse zu bestätigen.

Die Deutschen starteten unverzüglich eine Rettungsaktion. Einige der abgestürzten amerikanischen Flugzeuge waren nicht schwer beschädigt. Aus diesen konnte die Besatzung schnell herauskriechen. Sie ergaben sich den Deutschen. Sie wurden entwaffnet, und man teilte ihnen mit, daß sie es hier nicht mehr mit Feinden zu tun hätten. Die Deutschen löschten unverzüglich das Feuer und versuchten, einige Eingeschlossene aus den Flugzeugen zu holen. Sechsundzwanzig Amerikaner hatten überlebt. Sie wurden von Ärzten und Sanitätern versorgt, während Krankenwagen zu nahegelegenen Krankenhäusern in Neu-Berlin fuhren. In den Krankenhäusern wurden ihre Wunden vernäht, Brüche geschient und so weiter. Man tat alles, um es den Amerikanern so angenehm wie möglich zu machen.

Mitglieder der Mannschaft, die nicht ernsthaft verletzt waren, wurden in die Stadt gebracht. Auf einem Schild am Stadtrand stand „Neu-Berlin“. Die „Gefangenen“ wurden dann in einem eskortierten Wagen durch die Stadt gefahren, mit deren Bau man Anfang 1940 angefangen hatte. Den Amerikanern wurden Gebäude gezeigt, die Albert Speer auf Befehl von Adolf Hitler entworfen hatte. Sie wurden in ein Hotel gebracht, wo man ihnen Essen servierte. Sie waren erstaunt über die Freundlichkeit der Deutschen.

Aber nicht alle Amerikaner hatten so viel Glück. Während Byrds Flugzeug heimwärts in Richtung auf den Flugzeugträger flog, wurden die jungen Amerikaner, die bei dem Zusammenstoß umgekommen waren, von Ärzten einbalsamiert. Sie konnten anhand ihrer Kennmarken identifiziert werden. Ihre sterblichen Überreste wurden in versiegelte Kunststoffsärge gelegt. Der deutsche Kommandant kam herein, um einige der überlebenden amerikanischen Offiziere zu begrüßen. Er nannte sie „heldenhafte Dummköpfe“.

Der nächste Tag war der 17. Februar 1947. Die Leichen der umgekommenen Amerikaner wurden auf offene deutsche Armeelaster verladen und in einem langen Leichenzug, an dem deutsche Offiziere und die überlebenden Amerikaner teilnahmen, feierlich beigesetzt. Für diese Amerikaner und Deutschen war dies das inoffizielle Ende des Zweiten Weltkriegs.

Auf dem Flugplatz von Neu-Berlin warteten fünf fliegende Untertassen. Die toten Amerikaner in den bruchsicheren Kunststoffsärgen wurden an Bord gebracht, zusammen mit den sechsundzwanzig Überlebenden. Schließlich stiegen der Kommandant und seine Besatzung in das Führungsschiff. Eine Schwadron von fünf deutschen Flugscheiben erhob sich lautlos und flog in Richtung Süden zur Öffnung in die Außenwelt. Sie verließen das Erdinnere und flogen in Richtung Australien. Etwa dreitausend Kilometer südwestlich von Sydney in Australien drehte ein amerikanischer Flugzeugträger aufgrund der Bitte des deutschen Kommandanten über Funk bei. Während der Flottenkommandant, Konter-Admiral Cruzen, gespannt zuhörte, wurde Ben Miller, der jetzt wieder das Kommando über sein eigenes Flugzeug hatte, an den Funkverkehr der deutschen Flugscheibe angeschlossen. Dann sprach ein Freund von Kommandant Miller von der Flugscheibe aus. Der überlebende Amerikaner appellierte an den kommandierenden Offizier, den Deutschen zu gestatten, auf dem hinteren Flugdeck des Trägers zu landen, um die amerikanischen Überlebenden abzuliefern. Die deutsche Flugscheibe landete auf dem Flugdeck. Die Maschine des Kommandanten schwebte in einigem Abstand in der Luft, um das Manöver zu überwachen. Die Amerikaner unternahmen nichts. Es wurden keine Befehle gegeben, keine Kampfpositionen besetzt. Die überlebenden Amerikaner stiegen aus und halfen den Verwundeten an Deck. Die amerikanische Schiffsbesatzung stand daneben und unternahm nichts. Niemand sprach. Als die letzte Bahre an Bord gebracht worden war, hob sich die Flugscheibe lautlos vom Deck und verschwand.

Admiral Byrd, dem man in der Krankenabteilung eine hohe Dosis Beruhigungsmittel verabreicht hatte, konnte das letzte Kapitel dieses tragischen Dramas, das er eingeleitet hatte, nicht miterleben.

Aus dem Flugdeck des Trägers wurde ein Ambulanzflugzeug hochgehievt. Innerhalb von zwanzig Minuten befand es sich in der Luft und flog in Richtung Honolulu, Hawaii, wo man bereits Pearl Harbour benachrichtigt hatte, die Verwundeten aufzunehmen und zu versorgen.

In derselben Nacht, aber sechsundzwanzigtausend Kilometer vom Flugzeugträger entfernt, erschienen um zwanzig Uhr über Arlington in Virginia mehrere deutsche Flugscheiben. Sie stoppten mitten in der Luft und schwebten über dem Grab des unbekannten Soldaten. Eine der Flugscheiben brach aus der Formation aus und landete auf einer freien Fläche nahe dem Grab. Die Tür der Flugscheibe öffnete sich, und schwarze Schatten stiegen aus, um die Leichen der dreißig Amerikaner herauszubringen, die zwei Tage zuvor umgekommen waren.

Es gibt angeblich einen Geist, von dem man glaubt, daß es sich um den des unbekannten Soldaten handelt. Dieser Geist ist in der Vergangenheit häufig aufgetaucht, wenn eine Leiche unter der Kuppel des Capitols aufgebahrt wurde. Viele wollen ihn gesehen haben, als Kennedy aufgebahrt lag. Und auch nach dem Tod der Präsidenten Eisenhower, Hoover und Johnson soll er aufgetaucht sein. In der Nacht des 18. Februars, während die Deutschen die Leichen der Piloten vor das Grab des Unbekannten Soldaten legten, sahen sie plötzlich die Erscheinung des toten Landsers, der mit der amerikanischen Expeditionstruppe im Ersten Weltkrieg gekämpft hatte. Er salutierte kurz und verschwand dann sofort wieder. Die Deutschen schworen, daß sie den Geist gesehen hatten.

Welche Vorkehrungen in bezug auf die Familien und Verwandten getroffen wurden, ist nicht bekannt. Trotzdem wurden dreißig Leute aller militärischen Ränge in Ehren auf dem Friedhof beigesetzt. Danach flogen drei der deutschen Untertassen über das Capitol und das Weiße Haus, in dem die Familie Truman lebte. Gleichzeitig beleuchteten sie die Gebäude mit fünf starken Scheinwerfern. Das Militär von Washington wurde alarmiert. Dann sprach der deutsche Kommandant über den Funkkanal der amerikanischen Luftwaffe. Er sagte: „Diese Demonstration unserer Stärke soll eine Warnung sein. Wenn wir es wollten, könnten wir sowohl das Weiße Haus als auch das Capitol mit tödlichen Strahlen zerstören. Innerhalb von fünf Minuten wären diese historischen Plätze nur noch Schutt und Asche. Falls Sie nicht einen totalen Krieg wollen, senden Sie keine weiteren Flugzeuge mehr zu uns. Wenn Sie den Krieg wollen, dann werden wir mit Ihnen kämpfen. Aber das neue Deutschland wünscht nichts anderes als Frieden und Freundschaft mit den Vereinigten Staaten. Der wahre Feind unserer beiden Völker ist ein anderer, der sich jedoch weiterhin verborgen hält. Auch sollten Sie sich mehr um die Russen kümmern!“

Im Jahre 1948 schickten die Russen, die die Reise von Byrd 1947 beobachtet hatten, unabhängig von den Amerikanern eine voll ausgerüstete Armada von konventionellen Kampfmaschinen über den Nordpol ins Innere der Erde. Die Russen, die vom Empfang der Amerikaner durch die Deutschen erfahren hatten, aber nicht über das Ergebnis informiert waren, entschlossen sich, von ihren Basen aus in den Eingang am Nordpol einzudringen. Die russischen Maschinen wurden durch die Radargeräte der Amerikaner in Point Barrow in Alaska erfaßt. Sie flogen direkt nach Osten. Drei kanadische Stationen überwachten die Russen ebenfalls. Die amerikanische Basis meldete einhundertzwei Maschinen, die Kanadier siebenundneunzig.

Die erste Begegnung in der Luft hatten die Russen mit den Hütern des Nordpol-Eingangs – den Nachkommen der Wikinger, die die Deutschen die „alte Rasse“ nannten. Die russischen Maschinen wurden von der „alten

Rasse“ aufgehalten, durften dann aber weiterfliegen, weil sie behaupteten, auf einer Mission nach Neu-Deutschland in der südlichen Hemisphäre unterwegs zu sein. Die russischen Flugzeuge flogen weiter, an der künstlichen Lichtquelle am Äquator des Erdinnern vorbei in Richtung auf die südliche Hemisphäre, wo deutsche Flugscheiben bereits auf sie warteten. Keines der Flugzeuge entkam der Katastrophe. Einhundert russische Flugzeuge und ihre Besatzungen gingen verloren.

Die geborgenen russischen Leichen wurden eingeäschert. Innerhalb von viereinhalb Stunden befanden sich deutsche Flugscheiben über Moskau. Sie schütteten die Asche der toten Russen über den Kreml ab. Ebenso wie in Washington sprachen die Deutschen über die Funkfrequenz des Militärs: „Hier sind die sterblichen Überreste der Piloten, die Sie geschickt haben, um uns zu vernichten.“ Moskau gab roten Alarm. MIG-Kampfflugzeuge stiegen auf, um den Deutschen eine Lektion zu erteilen. Eines nach dem anderen würde mühelos von den Deutschen abgeschossen.

Die deutschen Maschinen hatten keinen Kratzer abbekommen und schwebten immer noch über der Hauptstadt. „Das nächste Mal werden wir Sie vernichten!“ Die deutschen Flugzeuge verschwanden.“

Nun kramt John wieder in seinem Ordner. „Ich erwähnte vorhin, daß Byrd in Chile ein Interview gegeben hatte. Hier habe ich ein paar Zeitungsauszüge davon: Lee Van Atta, Zeitungs-Korrespondent bei der „El Mercurio“, Santiago in Chile, als Journalist für die Expedition zugelassen, berichtete über sein Interview mit Byrd am 5. März 1947 in der größten Tageszeitung Südamerikas wie folgt: „...Admiral Byrd machte heute die Mitteilung, daß die Vereinigten Staaten notwendigerweise Schutzmaßnahmen ergreifen müßten gegen die Möglichkeit einer Invasion des Landes durch feindliche Flieger, die aus dem Polargebiet kommen.“ Der Admiral sagte, daß er niemanden erschrecken wolle, doch die bittere Wirklichkeit sei die, daß im Falle eines neuen Krieges die Vereinigten Staaten von Fliegern angegriffen werden könnten, die in der Lage sind, von einem zum anderen Pol zu fliegen... Anschließend bemerkte er, wenn er Erfolg gehabt hat, so können andere Personen ebenso eine Expedition durchführen; bestehend aus viertausend nordamerikanischen jungen Männern mit der alleinigen Unterstützung einer Handvoll erfahrener Forscher. Der Admiral hob die Notwendigkeit hervor, in Alarmzustand und Wachsamkeit entlang des gesamten Eisgürtels, der das letzte Bollwerk gegen eine Invasion sei, zu bleiben..."

„Tja, da hat er sich wohl kräftig den Mund verbrannt", kommentiere ich den Zeitungsartikel. „Er wäre wohl besser nicht so vorlaut gewesen. Doch wie dem auch sei, wir haben hier eine Bestätigung für deine eben gemachten Ausführungen."

„Da hast du Recht. Dieses Interview war, neben anderen, eines der Ereignisse, die Byrd das Genick brachen. Höre aber zuerst noch kurz zu, was ich noch über ihn herausgefunden habe!"

Kapitel 11
Der erste Besuch der Amerikaner in Neu-Deutschland

„Tief unten, hunderte von Metern unter Kensington in Maryland, sind die Tagebücher von Admiral Richard Byrds tragischem Flug von 1947 in die Innenwelt gelagert. In einem anderen Gewölbe daneben befinden sich weitere historische Zeugnisse amerikanischer Leistungen von größerer Bedeutung. Sie sind in vierzehn geheimen Büchern nachzulesen, in denen sich auch die Unterlagen in bezug auf die Entwicklung des Rundflugzeugs durch die USA befinden sowie die Ergebnisse der Flüge zwischen 1936 bis 1960. Diese Bücher erzählen von Männern, die neue Wege beschritten und zum ersten Mal in den Weltraum und in die Innenwelt vordrangen. Auch heute noch müssen die Namen dieser tapferen, bescheidenen Piloten geheim gehalten werden. Die Kenntnisse, die sie besitzen, dürfen den Feinden der USA nicht in die Hände fallen.

Im Jahre 1978 wurde mir die Gelegenheit gegeben, die Bordberichte und die anderen Unterlagen einzusehen und mir über die Fortschritte in der amerikanischen Luftfahrt während der vierziger Jahre ein eigenes Bild zu machen. Um mir einen Eindruck über das ständige Wechselspiel der deutschen und amerikanischen Anstrengungen zu verschaffen, die sich mit verschiedenen Versionen fliegender Untertassen bemühten, den Weltraum zu erobern, war es notwendig, zuerst das Logbuch von Byrds letztem Flug in die Innenwelt zu betrachten, in dem er über die unerwartete Konfrontation mit der überlegenen Macht der Neu-Deutschen berichtete.

Die Byrd-Episode nach seinem Flug von 1947 in die Innere Welt geht aber noch weiter. Nach seiner Entlassung aus dem Lazarett des Flugzeugträgers, wo er mehrere Wochen in einem Schockzustand verbracht hatte, wurde er nach Washington geflogen und sofort gefragt, warum er den Befehlen zuwidergehandelt und auf die Deutschen gefeuert hatte. Seine Befehle hatten gelautet, unter keinen Umständen in der Innenwelt das Feuer zu eröffnen. Als er nach seiner Rückkehr vor den Vereinigten Stabschefs erschien, wurde er wegen Mißachtung eines schriftlichen Befehls degradiert. Aber um jedes öffentliche Aufsehen zu vermeiden, entschloß sich der Ausschuß, ihn nicht vor ein Kriegsgericht zu stellen, obwohl später noch eine Untersuchungskommission einberufen wurde, die eine Disziplinarstrafe verhängte. Dies wurde damit begründet, daß Byrd ein Geschwader speziell konstruierter Flugzeuge mit einer gründlich ausgebildeten Mannschaft befehligt und diese durch eigenmächtige, unangemessene Handlungen in Gefahr gebracht hatte. Dadurch seien dreißig junge Piloten ums Leben gekommen. Hätten die Deutschen die verwundeten amerikanischen Piloten nicht gerettet und wieder auf den Flugzeugträger an die Oberfläche gebracht, wie im Protokoll des Ausschusses vermerkt war, wäre Byrd vom Ausschuß ganz sicher verurteilt worden. Aber die nationale Sicherheit und die Geheimhaltung waren hier vorrangig. Im Protokoll war auch vermerkt, daß der gute Ruf, den Byrd sich durch seine früheren Forschungsreisen erworben hatte, für die zukünftigen Historiker möglicherweise mehr Gewicht hätte, als dieses Fiasko in der Innenwelt. Trotzdem hielt jeder, der an dieser Expedition beteiligt war, die Reise für eine Tragödie, außer Byrd. Ein Beweisstück, das dem Untersuchungsausschuß 1947 vorgelegt wurde, bestand in einem Schriftstück von fünf von Byrd mit der Maschine geschriebenen Seiten, in dem er diese Reise einen „vollen Erfolg" nannte. Dieser Bericht wurde vom Ausschuß mit starkem Vorbehalt aufgenommen. Der etwa eine Seite umfassende Bericht des Navigators erzählt die wahre Geschichte, die von den Zeugen im Flugzeug des Kommandanten und den von den Deutschen zurückgebrachten überlebenden Piloten bestätigt wurde.

Die Ergebnisse des Untersuchungsausschusses wurden den Stabschefs unterbreitet. In ihnen wurde Byrd als „geistig inkompetent" bezeichnet. Weil er sich außerdem in der Öffentlichkeit mit seinen Heldentaten brüstete, wurde zusätzlich empfohlen, daß er ohne vorherige Untersuchung an keiner Expedition in die Innenwelt mehr teilnehmen dürfe.

Die Geschichte von Byrd nahm so ihren tragischen Abschluß. In einigen Unterlagen, die ich in den Archiven einsehen konnte, wurde beschrieben, wie die USA versuchte, die Fehler von Byrd wieder gut zu machen."

Hier ergreife ich jetzt wieder das Wort: „Ein Teil der Geschichte Byrds war mir schon bekannt, doch woher kamen denn die zusätzlichen Details?"

„Das Logbuch von Admiral Byrd wurde mir bei einer Gelegenheit für eine Stunde zur Verfügung gestellt. Später sorgte der Kongreßabgeordnete dafür, daß ich es noch einmal einsehen konnte. Ein Marineflieger, der mich ins Archiv begleitete, wurde ebenfalls befragt. Genauso wie Byrds Navigator Ben Miller, ein fiktiver Name, der dabei natürlich die führende Rolle spielte. Er versteckt sich seit 1947, weil er um sein Leben fürchten muß.

Auch von ihm erhielt ich viele Informationen über die Tunnel und die Innenwelt. Er übergab mir Unterlagen über die älteste Sprache, mit der man sich in den Städten verständigt, die jetzt unter dem Eis liegen. Die meisten der eben genannten Informationen habe ich aber aus deutschen Quellen erhalten. Franklin Birch, der Leiter des Polararchivs gab zwar nicht zu, daß Byrd den Flug durchgeführt hatte, aber ich erhielt trotzdem viele wertvolle Informationen. Ich sah hunderte von Bildern vom Innern der Erde. Einige von ihnen hatte ich bezahlt, die mir dann jedoch niemals geliefert wurden, weil sich der Widerstand gegen die Veröffentlichung der Geschichte von Byrd immer mehr verhärtete. Die Informationen über den Bericht, den Byrd nach seiner Rückkehr nach Washington abgab, kam aus dem Archiv der Marine. Der offizielle Bericht besagte damals, daß Byrds Flugzeuge 1947 bei einem antarktischen Schneesturm abstürzten. Aus den Aussagen der überlebenden Mitglieder der Mannschaft sowie aus den Marineunterlagen geht jedoch hervor, daß diese Version über den Tod der vermißten Piloten eindeutig fingiert ist. Über die Zusammensetzung der Kampfschwadron der Marine informierte ich mich in den Marinearchiven. Die Briefe, die ich an Byrds Familie schickte, blieben unbeantwortet. Die wichtigsten Informationen über das Fiasko der russischen und amerikanischen Piloten in der Innenwelt erfuhr ich von dem Kommandanten der deutschen Flugscheiben bei einem Besuch in der deutschen Botschaft in Washington. Erich von Schusnick erzählte mir über den Rücktransport der umgekommenen Piloten zum Friedhof Arlington.

Die Geschichte geht aber noch weiter", fährt John fort. „Die Vereinten Stabschefs beschlossen, nun ihre bisherige Strategie gegenüber den Deutschen in der Innenwelt, die sich als falsch erwiesen hatte, aufzugeben. Die nächste Reise in die Innenwelt sollte mit Rundflugzeugen durchgeführt werden, die von einem kompetenten Kommandanten befehligt wurden. Die Höchstgeschwindigkeit dieser neuesten Modelle lag bei über elftausend Stundenkilometern, und sie waren mit der allermodernsten Technologie ausgerüstet sowie mit modernen Kameras.

Die erste Maschine mit der Nummer ‚sechzehn' startete im April 1947. Die für diese Reise ausgewählte Maschine war so ausgerüstet, daß die Kameras in einem Rundumwinkel die gesamte Umgebung fotografieren konnten, während die Maschine in die Innenwelt flog. Sie startete in Los Alamos, New Mexico. Alles ging nach Plan, und um sechs Uhr morgens flog sie in die zweihundert Kilometer weite Öffnung am Südpol in die Innenwelt.

Der Zweck dieser Reise bestand ausschließlich in fotografischer Aufklärung. Das Flugzeug war vollkommen unbewaffnet. Die Instruktionen lauteten, mit achttausend Stundenkilometern durch die Öffnung im Südpol zu fliegen, einem nördlichen Kurs zu folgen und am Nordpol wieder an die Oberfläche zu kommen. Während die amerikanische Mannschaft durch die Innenwelt flog, verließen drei kleine, etwa fünf Meter lange Maschinen, die mit Kameras ausgerüstet waren, die Maschine und führten Aufklärungsflüge über bestimmte städtische Bereiche und militärische Anlagen durch. Diese kleinen, als „Flöhe“ bezeichneten Flugzeuge, erreichten ebenfalls eine Spitzengeschwindigkeit von elftausend Stundenkilometern und kehrten sicher zum Mutterschiff zurück, bevor dieses den Luftraum der Innenwelt wieder verließ. Danach landete die Maschine in British Columbia, wo man Bericht erstattete. Diese Reise war unglaublich erfolgreich. Und sie ging so schnell und unkompliziert vor sich, daß sie von der Mannschaft beinah als ereignislos bezeichnet wurde. Und als die amerikanischen Strategen die Fotos auswerteten, bemerkten sie, daß die Reise tatsächlich von ungeheurer Bedeutung gewesen war. Über jeden Zweifel hinaus gaben die Bilder den USA einen umfassenden Eindruck von der gesamten inneren Welt. Als die Fotos ausgewertet waren, wurde beschlossen, einen zweiten Flug durchzuführen, sobald die Karten fertiggestellt und Flugpläne bereit waren.

Anfang Juni startete das zweite Rundflugzeug in British Columbia, um in die Innenwelt zu fliegen. Der Kommandant dieser Maschine war Major R. Davies. Man hatte ihn angewiesen, die festgelegte Route über den Beaufortsee und über den kanadischen Queen-Elizabeth-Inseln zu fliegen. Danach konnte er nach eigener Initiative auf einer Höhe von nur etwa eintausend Metern weiterfliegen. Es wurde ihm eingeschärft, die ganze Zeit die Wasserfläche im Auge zu behalten und mit dem Radar ständig die Höhe zu kontrollieren. Es war der Luftwaffe Kanadas und der USA bereits bekannt, daß eine reale Gefahr bestand, aus der konvexen Krümmung der Erde herauszufliegen und in jenen konkaven Bereich der arktischen See zu geraten, wo die Gewässer in den Schlund der Erde flossen. Die Bodenhöhe war ebenfalls von Bedeutung in diesem Gebiet, in dem Kompasse und Instrumente nicht mehr funktionierten. Jonathan Caldwell war bei einem Übungsflug im Jahre 1943 auf diese Öffnung gestoßen, als er nach einem

Weg nach Europa über die Arktis suchte. Das Logbuch von Caldwell und das Gespräch, das Davies mit ihm führte, hatte die Mannschaft auf diese Orientierungslosigkeit und Verwirrung vorbereitet, die bei diesem Flug auftreten könnte. Die Reise in die Innenwelt erfolgte natürlich lange bevor die Satelliten in die Umlaufbahn geschickt wurden. Heute bezeichnet die NASA den geographischen Nordpol als imaginär – die neutrale Zone oder das tote Zentrum der Erde. In diesem Zentrum der zweitausendzweihundert Kilometer weiten Öffnung befindet sich der imaginäre Nordpol oder der Endpunkt der nördlichen Längengrade. Zwischen dem neunzigsten und fünfundachtzigsten Breitengrad gibt es weder Meer noch Land, nichts als einen gähnenden Abgrund. Der fünfundachtzigste Breitengrad befindet sich etwa am Rand der Öffnung zum Innern der Welt. Der magnetische Nordpol beginnt am sechsundachtzigsten Grad östlicher Länge über der sibirischen Halbinsel Tymyr.

Im Jahre 1947 gab es jedoch noch keine Karte, aus der man entnehmen konnte, wie man die obere Seite der Erde am Rand der Öffnung erreichen kann, die in die Innenwelt führt. Trotz aller modernen Ausrüstung mußte ein Pilot, der in den Schlund des Ozeans flog, immer nach Gefühl navigieren.

Um sechs Uhr früh erreichte das Rundflugzeug der Luftwaffe mit achthundert Stundenkilometern den Schlund des Ozeans. Die Geschwindigkeit wurde auf eintausend Stundenkilometer erhöht, wie es bei der Besprechung am Morgen festgelegt worden war. Während das Flugzeug mit dem Abstieg in den Ozeanabgrund begann, wurde die Geschwindigkeit auf unglaubliche achttausend Stundenkilometer erhöht. Alle Kameras wurden eingestellt, während das Flugzeug seine zweitausend Kilometer lange Reise begann, die sie von der Erdoberfläche in eine andere Welt bringen sollte. Als es immer noch bei etwa einhundert Metern Höhe flog, kam es über vereinzelte Eskimosiedlungen, deren Bewohner viel fortgeschrittener waren als ihre Verwandten an der Erdoberfläche. Die amerikanische Mannschaft hatte bereits Inseln fotografiert, auf denen es anscheinend tierisches Leben gab, nämlich Dinosaurier, die oben seit etwa einer Million Jahre ausgestorben waren. Jetzt beobachteten sie Herden von Seehunden auf felsigen kleinen Inseln. Als sie einige Zeit einem südöstlichen Kurs gefolgt waren, sahen sie bald eine weitere Landmasse mit einer anderen Zivilisation. Schon bald erkannten sie das Gebiet, über dem sie sich befanden. Auf dem Radar des Flugzeuges erschienen andere Maschinen. Kurz darauf hatten sie Sichtkontakt mit den Fremden, die gekommen waren, um sie zu empfangen. Jetzt wurde die Disziplin und Diplomatie von Major Davies zum ersten Mal auf die Probe gestellt. Der Major war sich darüber im klaren, daß seine Mission in erster Linie darin bestand, zu beobachten, so viele Fotos wie möglich mitzubringen und festzustellen, ob die Leute, die er hier antraf, kriegerisch waren oder friedliche Absichten hatten. Außerdem sollte er die Anlagen der Neu-Deutschen ausfindig machen und fotografieren.

Bei den Forschungsschiffen handelte es sich ebenfalls um fliegende Untertassen, aber sie waren kleiner als die der USA. Wie aus heiterem Himmel hatten diese acht bis zehn nicht identifizierten Flugzeuge plötzlich den Eindringling aus der Oberwelt umzingelt. Major Davies drückte eine Taste und über den gesamten Boden des Flugzeuges war in grünen Buchstaben das Wort PEACE – Frieden – zu lesen. Prompt kam eine Stimme über den Sprechfunk der amerikanischen Maschine: „Sie befinden sich im Wikingerland. Identifizieren Sie sich und geben Sie den Grund für die Verletzung unseres Luftraums an!“ Major Davies antwortete: „Unser Eindringen in Ihr Territorium ist friedlicher Natur. Wir sind nicht bewaffnet. Unsere Absichten sind friedlich. Wir sind Amerikaner. Wir sind lediglich hierhergekommen, um festzustellen, was die Neu-Deutschen hier tun und ob sie friedlich sind.“ Diese Antwort war für den Kommandanten der Wikinger offensichtlich zufriedenstellend. Er antwortete: „Sie sagen, daß Sie in Frieden gekommen sind. Dann gehen Sie in Frieden. Aber verlassen Sie unverzüglich unseren Luftraum! Sollten Sie den Wunsch haben, uns noch einmal offiziell zu besuchen, dann setzen Sie sich mit unserer Kontaktstelle an der Oberfläche, der isländischen Regierung, in Verbindung. Der Antrag wird dann an unsere Behörden weitergeleitet.“ Major Davies verließ also den Luftraum der Wikinger und flog weiter ins Zentrum der Erde. Während sie nach Süden flogen, nahmen die Kameras Städte und Dörfer auf, die den unseren auf der Erde nicht unähnlich waren. Sie sahen auch Kühe, Pferde und Schafe, die von Hirten gehütet wurden. Sie schauten sich alles ganz genau an. Auf dem Meer sahen sie sogar Segelschiffe, und sie bemerkten die ständigen Passatwinde von Norden nach Süden.

Nach einem zweistündigen Zickzackflug befand sich das Flugzeug auf einem neuen, trockenen Land. Man hatte ihnen erzählt, daß sie mit neudeutschen Flugscheiben rechnen mußten, wenn sie sich über einem solchen Land befinden würden. Diese Voraussage hatte sich als korrekt erwiesen.

Tief unten sahen sie Soldaten, die auf einem Übungsplatz gedrillt wurden. In der Nähe war eine Kaserne, und man baute gerade eine neue Eisenbahnlinie. Das Bild machte einen fast heiteren Eindruck. Aber plötzlich hörte man den Donner von Flakgeschützen. Der Pilot brachte seine Maschine schnellstens auf eine Höhe von zwanzigtausend Metern. „Ich wette, auf den Granaten steht „Made in Germany", sagte er. Laserstrahlen, wie sie bei Byrds Desaster Verwendung fanden, wurden nicht eingesetzt. Offenbar wollten die Neu-Deutschen die Eindringlinge zuerst einmal nur erschrecken. Denn der Beschuß hörte sofort wieder auf. Am Boden der amerikanischen Maschine leuchtete wieder das Wort PEACE auf. Unten standen deutsche Soldaten und starrten auf die Maschine, auf der ein Wort stand, das sie verstanden. Die Amerikaner flogen weiter, über eine große Siedlung mit einem Flugplatz. Eine Stimme meldete sich in Deutsch über den Lautsprecher. Sie bat um Identifizierung. Major Davies wußte, daß sie sich nun einem zweiten kritischen Punkt näherten. Er überreichte das Mikrophon einem Leutnant, der Deutsch sprach. Dieser antwortete: „Wir sind Amerikaner. Wir haben uns verflogen. Wir können uns nicht erklären, wie wir hierher gekommen sind. Unser Kompaß hat versagt. Die Instrumente funktionieren jetzt wieder, aber der Navigator kann keine Landmarken erkennen. Können Sie uns weiterhelfen?"

Es startete keine deutsche Flugscheibe. Die Bordkameras nahmen immer noch die Stadt und deren Umgebung auf. Später stellte man fest, daß es sich um Neu-Berlin handelte. Der Mann im Tower zögerte. Dann gab er ihnen eine genaue Wegbeschreibung für den Flug zurück zur Oberfläche. Der Pilot, der immer noch Deutsch sprach, bedankte sich. Das Flugzeug flog in nördlicher Richtung davon. Nachdem es in eintausend Metern Höhe über der Stadt geflogen war, flog es in Richtung Norden und später in Richtung auf den Äquator im Erdinnern, wobei ihnen die innere Sonne als Orientierungspunkt diente. Eine Stunde später reduzierten sie die Geschwindigkeit, während sie sich der inneren Sonne näherten. Das Licht war nicht intensiv und tat auch nicht in den Augen weh. Während sie sich der riesigen Kugel näherten, die einen Durchmesser von zirka sechshundert Kilometern hatte, bemerkten sie, daß sie einer gigantischen Laterne ähnelte, die von einem Laufsteg umgeben war. Deutlich zu sehen waren zwei Türen, die ins Innere führten, der Quelle des diffusen Lichtes. Auch durch eine genauere Untersuchung konnte nicht festgestellt werden, wie diese künstliche Sonne in der Luft hing. Die Mannschaft bemerkte, daß eine

Seite der Sonne mit einem Schild bedeckt war und sie sich ganz langsam drehte. Dadurch wurde offenbar der Wechsel von Tag und Nacht simuliert. Während die amerikanische Maschine dieses wissenschaftliche Wunder untersuchte und fotografierte, kam es zu einer dritten Konfrontation. Aus großer Höhe kam eine Staffel atlantischer Untertassen. Das Wort PEACE flimmerte wieder, und das Flugzeug wendete, damit sie es sehen konnten. Die Antwort kam prompt: „Erklären Sie uns, warum Sie sich in der Nähe der Sonne befinden!" Der amerikanische Kommandant antwortete sofort. Der Kommandant des atlantischen Raumschiffes befahl, daß sich das Flugzeug unverzüglich entfernen solle. Es wurde nach Norden eskortiert, in Richtung auf den Ausgang am Pol.

Bei ihrem Flug durch die innere Welt fotografierten die Bordkameras auch einen Wasserfall, gegen den die Niagarafälle wie ein Bach aussahen. In der Nähe befand sich ein Wasserkraftwerk. An einem anderen Ort auf dem Kontinent, an dem die Atlanter wohnten, sah man einen riesigen Geysir, der Millionen von Litern von heißem Wasser und Dampf in die Luft spie und einen riesigen See bildete. Die Mannschaft hatte sich inzwischen an die vielfältige, sich ständig verändernde Landschaft gewöhnt und stellte dabei fest, daß die Welt innen nicht so dicht bevölkert war wie außen.

Ungehindert erreichte das amerikanische Rundflugzeug und seine sechsköpfige Mannschaft wieder den Luftraum über dem nördlichen Eismeer. Als die Kompasse wieder funktionierten, nahm es Kurs auf die geheime Luftwaffenstation im Pazifischen Nordwesten der USA. Die Offiziere dort waren schon gespannt, was die Mannschaft auf der Friedensmission zu berichten hatte. Sie wollten wissen, ob sie das Land diesmal würdig vertreten und so die Schande vom vorangegangenen Jahr wieder ausgeglichen hätten.

Ein neues universelles Wort, nämlich PEACE, war allen Nationen in der Innenwelt signalisiert worden, ob die Einwohner nun deutsch oder skandinavisch oder die alte Sprache der Welt – altgermanisch – sprachen. Aber bereits damals, als die amerikanischen Führer das Ergebnis der Reise auswerteten, wußten sie, daß es Nationen an der Oberfläche der Erde gab, die kämpfen würden, wenn man ihr Territorium auch nur unabsichtlich verletzt hätte.

Bei der Landung fiel der Mannschaft auf, daß sie fast vierundzwanzig Stunden unterwegs gewesen war. Sie wurden herzlich willkommen geheißen und der Kommandant erklärte kurz, daß die Mission erfolgreich gewesen sei, bevor die Mannschaft ein schnelles Frühstück einnahm und zu Bett ging. Die Filme wurden aus den Kameras genommen und zum Entwickeln ins Labor gebracht. Als die Filme später begutachtet, die meteorologischen Daten ausgewertet und der Funkverkehr der Maschine abgehört wurden, bekamen die Vereinigten Staaten zum ersten Mal einen genauen Eindruck von der Welt innerhalb unserer eigenen Welt, von der wir so lange nicht die geringste Ahnung hatten. Als man den Flug in die Innenwelt besprach, war man sich darüber einig, daß erstens die Rassen, die im Erdinnern leben, nicht feindselig sind und zweitens die Neu-Deutschen sich über die Kapazität der amerikanischen Rundflugzeuge offenbar im klaren waren und wahrscheinlich keine neue Luftwaffe aufgebaut hatten, die stark genug gewesen wäre, um einen erneuten Krieg gegen den ehemaligen Feind anzufangen. Und was vielleicht noch wichtiger war: Man hatte festgestellt, daß die neuen Deutschen eigentlich die Deutschen von der Oberfläche waren, die jetzt in einer neuen Heimat lebten und sich gegenüber den unbewaffneten Amerikanern absolut friedlich gezeigt hatten. Vielleicht war dies der Anbruch eines neuen Zeitalters?

Die nächste Frage, die sich die USA stellen würde, war nicht militärischer, sondern politischer Natur. Wann und wie wäre es am günstigsten, mit allen Nationen der Innenwelt eine bilaterale Beziehung aufzubauen? Es sollten noch zweiunddreißig Jahre vergehen, bis man dieses Problem gelöst hatte."

Ich raufe mir die Haare bei dem Gedanken, daß die Deutschen keine weiteren Flugscheiben gebaut haben sollen. „Das glaubst du doch wohl selber nicht, daß die Deutschen, ob in Frieden oder nicht, ihre Bestände an Flugscheiben und wahrscheinlich auch an Mutterschiffen nicht weiter vergrößert hätten? Allein für die Weltraumflüge braucht man ständig neue und größere Scheiben, um die Menschen transportieren zu können, oder?"

„Na ja, hier hat es sich ja um eine Annahme der amerikanischen Regierung gehandelt", meint John mit einem leichten Achselzucken. „Ob diese Annahme berechtigt ist oder nicht, weiß ich nicht. Ich persönlich glaube auch, daß es inzwischen auch große zigarrenförmige Mutterschiffe der Deutschen gibt, auch wenn diese nicht als solche gekennzeichnet sind. Denn nach einem Frieden auf der Welt, wenn auch nur der Innenwelt, bleibt als Abenteuer ja nur noch der Weltraum übrig. Und da die Deutschen immer schon Entdecker waren, ist es mehr als wahrscheinlich, daß sie ihre Aufmerksamkeit dorthin verlagert haben."

Jetzt unterbreche ich John wieder, da wir nun fast angekommen sind. Den Weg kenne ich inzwischen auswendig. Tja, wenn John nur wüßte, was ihn heute Nacht eventuell noch erwartet. Zuerst dachte ich, ich müßte ihm die Augen verbinden, damit er nicht weiß, wo wir sind. Doch ich verlasse mich nur auf meine Intuition. Jeder andere würde mich als Schwachkopf bezeichnen, da ich alles aufs Spiel setze. Dieser fremde Mann könnte ein Spitzel sein. Das ist gut möglich, doch meine Intuition hat mich eigentlich noch nie falsch geführt. Meistens hatte ich nur nicht darauf gehört, das war das Problem.

Nach weiteren zehn Minuten sind wir an unserem Ziel angekommen, und als wir durch das Tor in den Hof einfahren, höre ich John wieder sprechen. „Wow, du hast mir nicht gesagt, daß wir zu einem Schloß fahren. Das ist ja traumhaft", meint er in einem sanften und doch ehrerbietigen Ton.

Was ich ihm nicht gesagt hatte, war, daß mein Freund sehr vermögend ist und in einer riesigen Villa lebt, die auf den ersten Blick einen enormen Eindruck hinterläßt. Das Anwesen liegt etwas abseits und ist zum Teil von einem Wald eingeschlossen und der Rest ist von Hecken umsäumt. Adam, mein lieber Freund und gleichzeitig Begleiter in vielen magischen Dingen, steht schon an der Tür, als wir einfahren. Ich hatte kurz zuvor angerufen, daß wir gleich da sind. Wir steigen aus dem Wagen und Adam und ich fallen uns in die Arme, da es doch nicht sehr oft ist, daß wir uns sehen. Adam ist von kräftiger Statur, das heißt, er „ist gut beieinander", hat kurze schwarze Haare und ist von der Beschreibung her ein Erfolgstyp. Immobilien sind sein Ressort und seiner Meinung nach redet man nicht über Geld. Was für ihn spricht, ist, daß er grundsätzlich keine Krawatten und keine Anzüge trägt. Er sagt, „ich habe es nicht nötig, mich zu verkleiden. Die Leute, mit denen ich zu tun habe, die kommen zu mir und nicht anders herum." Genau das schätze ich an ihm. Er lebt authentisch und wahrhaftig.

Adam begrüßt nun John mit einem freundlichen Händedruck und lädt uns mit einer öffnenden Geste in sein Haus ein.

Nachdem ich unsere wenigen Utensilien geschnappt habe, gehe ich mit Adam und John ins Innere des Hauses. Es ist eigentlich eine alte Villa, die sehr luxuriös ausgestattet worden ist. Von Säulen, über Marmor und schwere goldfarbene Raffgardinen aus Veloursstoff ist alles vorhanden.

Adams Freundin hat uns etwas Köstliches zubereitet und wir können es nach dieser langen Fahrt kaum erwarten, etwas zu essen und ein leckeres Bierchen zu trinken.

„Ahh“, spreche ich bei Tisch laut aus, „das tut gut. So ein Bier kann Wunder wirken, nach so einem kopfigen Tag. Also, was mir John aus dem Vereinigten Staatenland alles um die Ohren gehauen hat, das muß erst einmal geerdet werden.“

Im Hintergrund brutzelt ein Kaminfeuer und der Eßsaal ist angenehm warm klimatisiert. „Also, was ich heute schon alles erlebt habe“, schieße ich los, „das glaubt mir sowieso keiner.“ In kurzen Worten erzähle ich Adam und seiner Freundin, was ich von John erfahren habe sowie unser kleines Abhängmanöver, das offenbar erfolgreich gewesen ist, da uns bis zu unserer Ankunft keine Schatten mehr aufgefallen waren. Und daß man Satellitentechnik gegen uns einsetzen würde, bezweifle ich dann doch.

Nachdem wir lecker gespeist und ein feines Tröpfchen zu uns genommen haben, kommt es zum eigentlichen Anlaß des Abends. Adam zieht mich auf die Seite und fragt mich innigst, ob wir John wirklich trauen können. Ich frage Adam, welchen Eindruck er von ihm hat und er meint, daß er von dem, was er in den wenigen Minuten hat erspüren können, eigentlich einen integeren Eindruck von ihm gewonnen hat.

„Vielleicht lassen wir ihn einfach noch ein bißchen erzählen, um zu hören, wie weit er selber in die ganze Sache verstrickt ist?“ schlage ich nach einigem Überlegen vor, woraufhin Adam zustimmt.

„Wir sollten nichts überstürzen!“

Nachdem wir zum Tisch zurückgekehrt sind, schlage ich John vor, mit seiner Geschichte fortzufahren. Adam hat schnell noch einen bei den Amerikanern beliebten Mosel kredenzt, und für mich als alten beziehungsweise jungen Schwaben ein eiskaltes Kristallweizen, damit wir nicht verdursten müssen.

Kapitel 12
Byrds Flugkatastrophe bestimmt die Haltung der Alliierten nach dem Zweiten Weltkrieg

„Wo waren wir stehengeblieben?" fragt sich John mit halblauter Stimme. „Ach ja, die Amerikaner sind mit einer Flugscheibe in die Hohlwelt vorgedrungen und haben den ersten Kontakt mit den Neu-Deutschen gehabt. Nun gut, wollen wir aber zuerst nochmal auf Byrd zurückkommen.

Die Flucht von Byrd aus Neu-Deutschland im Jahre 1947 und seine Landung auf dem amerikanischen Flugzeugträger südlich von Australien weckte erneut das Mißtrauen der Alliierten des Zweiten Weltkriegs. An Bord befanden sich hohe Offiziere aller Waffengattungen sowie australische, britische und kanadische Offiziere. Nachdem er durch seine Militärberater unterrichtet worden war, war Truman so beunruhigt, daß er seine wichtigsten Verbündeten dazu überredete, eine Verpflichtung in bezug auf die Zukunft des Planeten Erde einzugehen.

Dreiundzwanzig Tage, nachdem Byrd über seine Reise berichtet hatte, lag die Yacht des Präsidenten in Biscayne in Florida vor Anker. Hier trafen sich die Vertreter der führenden Nationen der Erde unter strengster Geheimhaltung, um eine Strategie festzulegen, wie man sich auf einen Feind einstellen sollte, den man letztenendes also doch nicht besiegt hatte und der jetzt möglicherweise eine neue Luftwaffe aufbaute, um seine Pläne der Welteroberung, wie sie die Alliierten annahmen, doch noch zu verwirklichen. Alle Anwesenden waren davon überzeugt, daß die militärischen Ziele der Deutschen unverändert waren, und sie rechneten damit, daß die Demokratien sich eine weitere Schlacht mit den Nationalsozialisten liefern würden.

Die Beschreibung der neu-deutschen Macht, die sich im Innern der Erde etablierte, versetzte die militärischen Gäste in helle Aufregung. Es folgten Vorschläge und Gegenvorschläge, und schließlich einigte man sich darauf, daß man in der Antarktis mit Verteidigungsmaßnahmen beginnen würde und daß Alaska und Nordkanada in einer Front, die auch über Grönland bis Rußland verlief, verteidigt werden würde. Die während dieser Zeit beschlossenen Verteidigungsmaßnahmen betrafen also in erster Linie die Polarregionen.

Ungeachtet der verschiedenen nationalen Standpunkte wurde beschlossen, daß die Entdeckung einer Öffnung in der Antarktis und die Präsenz der Deutschen im Innern der Erde vor der Öffentlichkeit geheim gehalten werden sollte. Die freundlichen Außerirdischen, die der Erde regelmäßige Besuche abstatteten, würden es niemals zulassen, daß man mit Hilfe ihrer Waffen und ihrer Raumschiffe einen Krieg gegen diese Deutschen anfangen würde. Außerdem war da noch die Frage, wie die Außerirdischen reagieren würden, wenn die Nationen der Erde den Krieg in die Innenwelt tragen würden. Deshalb beschloß man, daß die Rundflugzeuge nur für Beobachtungszwecke in der Antarktis stationiert werden würden.

Von nun an, so einigten sich die Nationen, würde man die militärische Präsenz der Alliierten in den Polarregionen erhöhen und unter verschiedenen Namen tarnen. Da gab es die kanadische Operationen „Pine Tree" und „Dew Line" in der nördlichen Hemisphäre. Im Rahmen der Operationen „High Jump" und „Geophysical Year" wurden in der südlichen Hemisphäre logistische und taktische Übungen durchgeführt. Die amerikanische Grönlandbasis in Thule tarnte man als wissenschaftliche Eisstation, und auch die kanadische Station auf Baffin Island hatte in Wirklichkeit nichts mit Wissenschaft zu tun. Es drang nichts darüber an die Öffentlichkeit, daß sich die Frühwarnstationen innerhalb weniger Flugminuten vom nordpolaren Eingang zur Innenwelt befanden. Niemand verriet, daß die McMurdo Bay in der Antarktis Teil einer möglichen befestigten Stellung wäre.

Als Ergebnis dieser Entscheidungen gibt es noch heute in Nordamerika eine arktische Verteidigungslinie von der Beringstraße bis nach Grönland. Rußland verfügte über sein eigenes Frühwarnsystem nördlich vom siebzigsten Breitengrad. Die Verteidigung der Welt, die Ende der vierziger Jahre begann, wurde seitdem immer weiter verbessert und perfektioniert.

In der südlichen Hemisphäre sind seit 1959 bemannte Stationen in Betrieb, die von den Unterzeichnerstaaten besetzt sind, die entsprechend den abgeschlossenen Verträgen den Subkontinent überwachen. Die Bundesrepublik Deutschland ist nicht an diesem nördlichen Verteidigungssystem beteiligt, und stellt keine Soldaten, Material oder Geld zur Verfügung. Auch die Neu-Deutschen gehören nicht zu den Hüternationen der Antarktis, trotz der Tatsache, daß die Deutschen Ende der dreißiger und Anfang der vierziger Jahre die Antarktis wahrscheinlich gründlicher erforschten und kartographierten als jede andere Nation.

Alle Nationen haben sich verpflichtet, die wahre Natur ihrer Polaraktivitäten geheim zu halten. Aber während dies im Jahre 1936 noch leicht gewesen war, wurde es 1946 zu einem Problem, als ganze Batterien von Pressesprechern und Beratern dazu erforderlich waren, um die Wahrheit, daß ein neues Zeitalter der Luftfahrt begonnen hatte, auch vor jenen Reportern geheim zu halten, denen es gelungen war, auf Staatskosten zu den Polarstationen zu reisen. Gewisse Pressestellen bei den Regierungen bedienten sich auch der Taktik von Falschmeldungen, um das Geheimnis zu bewahren.

Im Jahre 1947 war die US-Regierung der Meinung, daß das amerikanische Volk und andere „deutschfeindliche" Elemente darin, bei Bekanntgabe des Geheimnisses der Hohlwelt und seiner „speziellen" Bewohner, einen sofortigen Krieg gegen die Deutschen fordern würde, und sie wollte dies unbedingt vermeiden. Aber im Rückblick wissen wir jetzt natürlich, daß sowohl die Deutschen als auch die Amerikaner genug vom Krieg hatten und sich nur nach Frieden sehnten. Was die sogenannten fliegenden Untertassen betraf, glauben die meisten Regierungen weiterhin daran, daß es besser ist, die Wahrheit darüber zu verschweigen, um eine Massenhysterie zu verhindern. Deshalb bezahlen sie Leute dafür, dieses Phänomen lächerlich zu machen. Aber es gibt auch Leute in der Regierung, die der Meinung sind, daß es allmählich an der Zeit wäre, mit der Wahrheit herauszurücken.

Um an diese Infos heranzukommen, besuchte ich die kalifornische Basis, die die Stationen in der Antarktis versorgt. Ich besuchte ebenfalls das kanadische Verteidigungsministerium und die unterirdischen Kommunikationszentren auf der Frühwarnlinie im nördlichen Ontario. Der Vorwand, daß die polaren Verteidigungslinien hauptsächlich gegen einen möglichen Angriff der Russen errichtet worden waren, ignoriert vorsätzlich die Angst vor einer deutschen Invasion aus dem Innern der Erde, die in den Nachkriegsjahren noch als eine reale Gefahr angesehen wurde. 1975 nahm ich an einer Konferenz der Alliierten zur Verteidigung der Pole teil, bei denen jeweils zwei Vertreter aus sieben Nationen, nämlich den USA, der UdSSR, Kanada, Großbritannien, Frankreich, den Niederlanden und Italien zugegen waren. Das Thema dieser Besprechung war die weitere Verteidigung gegen eine mögliche Bedrohung aus der Innenwelt – genauer gesagt durch Neu-Deutschland.

Die Operation „High Jump“ und Byrds Expedition ins Innere der Erde endete schließlich tragisch für ihn und seine Familie. Man hatte ihm bereits in Valparaiso in Chile den Mund verboten, als er die schon genannten unbedachten Bemerkungen über seine Entdeckungen während der Polarexpedition gemacht hatte. Zu einer ähnlich peinlichen Situation kam es später beim Sender NBC in New York. Die Regierung hatte mal wieder im Radio übertragene Dementis in bezug auf die Existenz einer Innenwelt bezahlt, und Admiral Byrd teilte man mit, daß alles, was er ab jetzt den Medien sagen würde, vorher zensiert werden würde. Byrd ließ sich jedoch nicht vorschreiben, was er sagte. Er teilte den Behörden mit, daß er trotz dieses Verbotes vorhabe, ein Buch über seine Erlebnisse am Pol zu schreiben.

Eines Tages im Oktober 1954 verschwand Admiral Byrd in einem Sanatorium in der Nähe von Tarrytown im Staat New York, wo er die nächsten drei Jahre verbrachte. Nur mit einem engen Verwandten durfte er sprechen. Durch die Behandlung zermürbt, unterschrieb der ehemalige Flieger beim Verlassen des Sanatoriums eine Erklärung, daß er nie wieder über seine Abenteuer in der Innenwelt sprechen würde. Dieser amerikanische Forscher, der als erster einen Winter allein in der Antarktis verbracht hatte, als erster den Südpol überflogen und als erster vom Nordpol aus in die Innenwelt geflogen war, wurde bis zu seinem Tod im Alter von sechsundfünfzig Jahren im Jahre 1957 zum Schweigen gebracht. Als Abenteurer war er ebenso kühn und tapfer gewesen wie Sir Walter Raleigh oder Francis Drake. Aber dieselben Charaktereigenschaften, die ihn dazu gebracht hatten, alte Grenzen zu überschreiten und sich ins Unbekannte zu wagen, sein unersättliches Ego, sein öffentliches Geltungsbedürfnis hatten ihn für die Regierung schließlich zu einem gefährlichen Faktor gemacht, den man ausschalten mußte, weil Stillschweigen geboten war.“

„So ist es nun mal eben nach den kosmischen Gesetzen – jedem geschieht nach seinem Tun – Ursache und Wirkung“, schließe ich an seine Ausführungen an.

Adam hält sich erst einmal zurück und seine Freundin hat sich in ihre Gemächer zurückgezogen. Sie läßt sich lieber von Adam am Morgen eine kurze Zusammenfassung auftischen, das ist ihr angenehmer. Adam schlägt vor, daß wir unsere Gläser nehmen und uns mit genügend Flüssigkeitsvorrat zu der Sitzgruppe am Kamin gesellen, da es dort doch etwas gemütlicher ist.

Kapitel 13
Atlantis

„Kommen wir aber wieder zurück zu den Menschen im Innern der Erde“, fährt John mit seinem phantastischen Bericht fort, nachdem wir uns gesetzt haben.

„Mehrere Millionen Menschen leben, den mir eingesehenen Unterlagen nach, friedlich im Innern dieses Planeten. Diese fortschrittliche Rasse bewohnt eine Landmasse, deren Umfang größer ist als die auf der Außenfläche der Erde. Ihre Zivilisation bestand bereits tausende von Jahren bevor Moses den Hebräern die zehn Gebote gab. Ihr Volk fuhr bereits Automobile und flog in „Luftwagen“, als die alten Griechen die Fundamente der westlichen Zivilisation aufbauten, und ihre Handelsschiffe befuhren bereits die Ozeane der Hohlwelt, als das Mittelmeer noch von den römischen Cäsaren beherrscht wurde. Dennoch blieb die Existenz der Einwohner der Hohlwelt geheim. Dreißigtausend Jahre hat es dort keinen Krieg mehr gegeben.

Wann diese innere Welt ursprünglich kolonisiert wurde, ist nicht genau bekannt. Möglicherweise bereits vor ein paar Millionen Jahren? Momentan leben dort zumindest fünf verschiedene Völker in Frieden zusammen – die Bodländer, die Neu-Atlanter, die sich auch als Atturianer bezeichnen, die Wikinger, die Alt-Deutschen und die Neu-Deutschen – neben ein paar kleineren Ansiedlungen der Eskimos und einigen Indianerstämmen.

Die Existenz der Neu-Atlanter geht mindestens fünfzehntausend Jahre zurück, dreitausend Jahre vor dem Untergang von Atlantis. Sie behaupten, daß diese Katastrophe als Noahs „Sintflut“ der Menschheit im Gedächtnis geblieben ist. Aber die älteste Rasse der inneren Welt ist germanischen Ursprungs – die Bodländer. Sie hatten ehemals in der Antarktis gelebt, als dieser Kontinent noch keine Eiswüste war, sondern ein Paradies von unvorstellbarem Reichtum und unübertroffener Schönheit. Die ‚Auswanderung‘ in die innere Welt erfolgte dann vor etwa dreißigtausend Jahren.

Trotz der Geheimhaltung durch die Regierungen wußten jedoch tausende von Menschen in zahlreichen Ländern aufgrund der jüngsten Kolonisierung durch die Deutschen etwas über die innere Welt.

Es wird auch berichtet, daß gegenwärtig ein ständiger und reger Seehandel – unwissentlich – zwischen einigen Nationen auf der Erdoberfläche und – wissentlich – ihren Pendants im Erdinnern stattfindet. Außerdem steht in verschiedenen Regierungsdokumenten, daß über einhundert dieser Hohlweltbewohner in den USA studieren oder arbeiten. Eine gleiche Zahl lebt in Kanada und einige hundert in Europa. Wenn sie über die Seerouten in der Arktis an die Erdoberfläche kommen, reisen sie demnach mit isländischen Visa. Jedoch können sie auch durch drei große Eisenbahntunnels an die Oberfläche kommen. Einer von ihnen endet im Westen der USA. Diese professionellen und technisch versierten „Missionare", die seit vielen Jahren aus dem Innern der Erde in die USA, nach Kanada, Deutschland oder England reisen, kommen als Freunde, ohne politische oder religiöse Motive und könnten vielleicht mit Entwicklungshelfern verglichen werden, die in der Dritten Welt arbeiten.

Als Admiral Byrd im Jahre 1927 durch den Eingang am Nordpol ins Innere der Erde reiste, brachte er die ersten authentischen Bilder der Menschen und Städte mit nach Hause, und die Karten und Fotos, die man von den beiden Flügen der amerikanischen Rundflugzeuge im Jahre 1947 mitbrachte, beweisen die früheren Behauptungen von Byrd.

Um aber verstehen zu können, daß die innere Welt tatsächlich existiert und warum diese Tatsache so lange geleugnet wurde, muß man erfahren, daß sich die Regierungen der Welt fünfzig Jahre lang konsequent in Schweigen gehüllt haben. An Stelle der Wahrheit wurde die Theorie von einem geschmolzenen Erdkern mit unvorstellbarer Hitze als wissenschaftliche Tatsache akzeptiert. Fast alle wissenschaftlichen Bücher vertreten immer noch diese Theorie, die auch in den Schulen gelehrt wird. Aber eine solche Theorie, die allenfalls die Entstehung der Erde erklären könnte, ist hoffnungslos veraltet. Namhafte Wissenschaftler lachen insgeheim darüber. Einige uralte Chroniken aus Skandinavien und Sagen der Eskimos erzählen von Menschen, die durch Meeresströmungen in das Innere der Erde getragen wurden. Sie tauchten Jahre später wieder auf, um von ihren Erlebnissen zu erzählen.

Wie ich bereits erzählte, wurden die deutschen Besucher in die Hauptstadt von Bodland, Bod, eingeladen, wo sie Gäste des Parlaments und des Königs waren. Die offiziellen Vertreter der Regierung erklärten ihnen, daß ihre Gastgeber die Nachfahren der ersten Rasse waren, die in das Innere der Erde zogen. Zu den Rassen, die später eintrafen, gehörten die Atlanter, die Wikinger und die Eskimos. Die Bodländer behaupteten, daß die Japaner keine Verwandten in der Hohlwelt hätten, sondern Nachfahren der Bewohner des versunkenen Kontinents Mu wären, der bereits zweihundertfünfzigtausend Jahre vor Atlantis untergegangen sein soll. Die Überlieferungen der Bodländer sagen, daß sich auf der Erdoberfläche bereits vier Zivilisationen entwickelt hätten und wieder untergegangen wären. Die gegenwärtige Zivilisation wäre die fünfte.

Die Informationen, die aus deutschen Quellen stammen, habe ich ja bereits erwähnt. Aber Informationen über die Hohlwelt, die ausschließlichdeutscher Herkunft sind, waren mir nicht sicher genug. Deshalb wurde nach weiteren Beweisen gesucht. Im Jahre 1977 erhielt ich einige verblüffende Informationen vom amerikanischen Außenministerium. Eines seiner Mitarbeiter verriet mir den Aufenthaltsort eines Mannes namens Professor Haammaan aus Neu-Atlantis, der in die USA eingewandert war, eine Amerikanerin geheiratet hatte und mit seiner Familie in Massachusetts lebt. Der Professor erklärte sich bereit, mit mir zu sprechen, wenn ich seine Identität nicht preisgeben würde. Das vorliegende Material über die Menschen von Neu-Atlantis stammt in erster Linie aus den Gesprächen mit ihm. Später konnte ich unerwarteterweise Kontakt mit einer weiteren Person aus der Hohlwelt herstellen. Diese erwies sich als ein außergewöhnlich brillanter Gelehrter für Philosophie und Altertumsgeschichte, der zusammen mit seiner Frau gegenwärtig in den USA lebt, wo er an der ‚George Washington University' Geschichte lehrt und seine Freizeit damit verbringt, Studenten und andere Personen über Familien– und soziale Probleme zu beraten.

Sein angenommener englischer Name ist H.G. Jerrmuss – wahrscheinlich Jerruummouss buchstabiert. Er kommt aus Bodland in der Hohlwelt, das momentan eine Bevölkerung von etwa sechsunddreißig Millionen Menschen hat."

John unterbricht seine Ausführungen und greift nach seinem Köfferchen, um an seinen Ordner zu gelangen, den er zuvor wieder eingepackt hatte. Nachdem er ein Weile darin geblättert hat, was Adam und ich für einen großen Schluck ausnutzen, legt er uns ein paar Seiten vor, die offenbar Auszüge aus den gerade erwähnten Interviews zu sein scheinen. Er meint, wir könnten sie behalten und sie uns später durchlesen.

„Ich gebe euch jetzt einen kleinen Überblick über die Tragödie, die die Katastrophe von Atlantis verursachte sowie den Exodus der Atlanter ins Innere der Erde, wie es mir von diesem Augenzeugen, Professor Haammaan, berichtet wurde.

Das ursprüngliche Atlantis begann als venusische Kolonie vor etwa dreiunddreißigtausend Jahren in den fruchtbaren Tälern und Höhen eines Kontinents im Atlantischen Ozean. Der Planet Venus selbst war ursprünglich eine Raumkolonie der Erde, deren Einwohner zu einer unbekannten Zeit aufgrund einer irdischen Katastrophe gigantischen Ausmaßes geflohen waren. Vor der schrittweisen Zerstörung vor etwa dreizehntausendfünfhundert und elftausendfünfhundert Jahren durch einen Atomkrieg erstreckte sich Atlantis von der westlichen Seite von Afrika bis in die Karibik. Atlantis soll dabei schubweise in drei großen Etappen untergegangen sein. Es war ein Land unvorstellbaren Reichtums, das die Gesellschaft und die Technologie unserer heutigen führenden Nationen bei weitem übertraf. Ihre Raumschiffe flogen bis in den äußeren Raum und unterhielten Handelsbeziehungen zu anderen, weit entfernten Planeten. Aber die Atlanter hatten einen unversöhnlichen, gefährlichen Feind, das Volk der Athener, die in großen Städten hauptsächlich im Gebiet der Ägäis lebten. Ein dreihundert Jahre währender Handelsstreit artete allmählich zu einem Krieg aus, bei dem jede Seite versuchte, die andere zu vernichten. Die indirekte Ursache für den Krieg war wirtschaftlicher Natur, nicht das Bedürfnis nach Eroberung. Der Preis war die wirtschaftliche Vorherrschaft über die Planeten der Milchstraße jenseits unseres eigenen Sonnensystems, auf denen Kolonien von Atlantern und Athenern errichtet worden waren. Einige lokale Kriege wurden bereits auf der Erde und im Raum ausgetragen, aus denen sich allmählich ein enormer Haß entwickelte.

Vor etwa elftausendfünfhundert Jahren soll der athenische König dann einen Überraschungsangriff auf einige größere Städte von Atlantis befohlen haben. Es begann als begrenzter Landkrieg. Athenische Armeen landeten auf Atlantis. Mit Hilfe ihrer verheerenden Strahlenwaffen gelang es ihnen, einige strategische Ziele zu erobern und den Armeen von Atlantis empfindliche Verluste beizubringen. Am einundzwanzigsten Tag des Krieges verübten die Atlanter einen Vergeltungsschlag und durchbrachen die Luftverteidigung der Athener und zerstörten deren Hauptstadt mit Atombomben. Im Gegenzug wurde der athenischen Luftwaffe ein atomarer Angriff auf die Hauptstadt von Atlantis befohlen. Während der nächsten neun Tage fand ein totaler Atomkrieg zwischen den beiden Kulturen statt. Die griechischen, skandinavischen und indischen Sagen berichten von dieser Katastrophe. Auch in der Bibel finden sich einige Hinweise darüber.

Millionen von Atlantern und Athenern kamen bei diesem atomaren Desaster ums Leben. Ihre großartige Kultur und ihre Industrie wurden restlos zerstört. Die Athener sollten niemals wieder ihren alten Ruhm wiedererlangen, und die Atlanter wurden von der Oberfläche der Erde getilgt. Überreste des atlantischen Volkes schafften es, bis nach Ägypten zu kommen. Andere verschwanden in unterirdischen Höhlen und Tunnels in ganz Afrika. Einige Gruppen der Athener gingen ins heutige Italien oder in die Berge der Türkei und vermischten sich mit anderen Rassen. Einige Atlanter gingen auch nach Amerika. Zu ihren Nachfahren gehören die Mayas und Inkas sowie bestimmte Indianerstämme Nordamerikas. Und ein Teil von ihnen ging später direkt in die Hohlwelt.

Aber während der neun Tage des atomaren Schlagabtausches wurden die Elemente so stark durcheinander gebracht, daß der Wind und das Wasser mehr Schaden anrichteten, als die Atombomben selbst. Zuerst kam die durch die Atomspaltung verursachte Hitzewelle. Radioaktiver Staub verschmutzte die gesamte obere Atmosphäre und verdunkelte die Sonne. Die atomare Hitze stieg in Spiralen aufwärts und entfachte gigantische Wirbelstürme. Die riesigen Gletscher des damaligen Nordpols schmolzen, und durch die gewaltige Eisschmelze entstanden neue Flüsse, wie die Rhône, der Rhein, die Seine, die Donau und der Po. Großbritannien, das zuvor mit dem Kontinent verbunden war, wurde nun zu einer Insel. Die vorher bestehende Landbrücke wurde weggeschwemmt. Die tiefer gelegenen Gebiete der heutigen Nord- und Ostsee verschwanden ebenfalls in den Fluten und das schmelzende Eis, das vorher große Gebiete Europas bedeckt hatte, füllte jetzt auch die Becken des Kaspischen und Schwarzen Meeres. Und so versank auch Atlantis für immer im Meer.

Für die Athener war das Ende ähnlich katastrophal. Während die neuen Flüsse Süßwasser in die Täler des heutigen Mittelmeeres trugen, zerstörten gigantische Flutwellen von Salzwasser, die durch ein Schwanken der Erdrotation verursacht wurden, die hohe Steilwand bei den „Säulen des Herkules", der heutigen Straße von Gibraltar zwischen Spanien und Marokko. Während der nächsten Monate gingen Sturzbäche von Regen auf die überlebenden Menschen nieder. Zu jener Zeit war das heutige Mittelmeer ein fruchtbares Tal und die Kultur der Athener hatte dort ihren Ursprung genommen. Während der nächsten hundert Jahre bedeckten die aus dem Atlantik hereinströmenden Wasserfluten die gesamte Zivilisation in diesem Tal. Nur die Bergspitzen ragten noch aus dem Wasser. Sie bilden heute die

Inseln Malta, Kreta, Sizilien, Korsika, Sardinien und so weiter. Die Überreste der Städte Appoloias, Hellinas, Spartillois und Spartias verschwanden ganz in den Fluten. Noch viele Jahre strömte das Wasser aus dem Atlantik durch die Straße von Gibraltar in das heutige Mittelmeer, bis der Wasserpegel ausgeglichen war. Von der ursprünglichen Heimat der griechischen Rasse blieben nur noch Legenden. Es dauerte fast dreihundert Jahre, bis auch die Hochländer des Mittelmeeres völlig von Wasser bedeckt waren. Die Atlanter, die sich während des Krieges in Bunkern und Tunnels retten konnten, kamen wieder nach oben, räumten ihre Städte auf und bereiteten sich auf ein neues Leben vor. Aber das Wasser stieg jedes Jahr höher, und die Atlanter waren gezwungen, ihre Städte mit einer einen Meter dicken Schutzschicht aus einem Material zu versehen, das wir heute noch nicht kennen. Ebenso wie heute das Astrodom von Houston in Texas haben die Atlanter damals alle ihre Städte mit Kuppeln überdacht. Diese höher gelegenen Städte wurden schließlich alle vom Wasser eingeschlossen und liegen heute alle auf dem Grunde des Meeres. Einige von ihnen befinden sich in der Nähe der USA, wie zum Beispiel jene unbekannte Stadt mit einem Durchmesser von sechzehn Kilometern vor der Küste von San Juan. Zwischen den acht nichtatlantischen größeren Städten in der Nähe der Westindischen Inseln besteht eine Verbindung über Tunnelsysteme. Die Oberfläche erreicht man durch Luftschleusen. Mit ihnen bringen sie auch ihre Raumfahrzeuge nach oben.

In der ganzen Welt gibt es heute demnach noch insgesamt achtundzwanzig Unterwasserstädte. Und Professor Haammaan erzählte, daß das Schwarze Meer, das Kaspische Meer und der Golf von Mexiko ursprünglich bewohnte Täler gewesen waren, die vom Meer überflutet wurden. Er behauptete weiter, daß viele amerikanische Wissenschaftler und Angehörige der Regierung darüber informiert waren.

Die jüngsten Bewegungen der Erdkruste erfolgten während der globalen Überschwemmung. Es bildeten sich neue Gebirgsketten und alte, wie der Himalaya, hoben sich stark an. Sedimente wurden auf den amerikanischen Tiefebenen abgelagert, und an verschiedenen Orten blieben fossile Friedhöfe zurück. Nachdem die Sintflut vorbei war, waren alte Länder wie Atlantis verschwunden, und neue waren entstanden. Zuerst strömten die Flutwellen über den meisten Teilen der Erde hin und her, aber schließlich gingen sie zurück und überschwemmten die Küstengebiete durch neu gebildete Flüsse und Ströme, wie Mississippi, Ohio, Missouri und den St.

Lorenz-Strom. Die Geologen sind sich immer noch nicht darüber einig, was die letzte große Katastrophe der Welt verursacht hat. Tatsächlich war es eine biblische Sintflut, die durch einen Atomkrieg hervorgerufen worden war.

Schließlich sagte Professor Haammaan noch: „Ich bin nach oben gekommen und habe mit Ihnen und Ihrer Regierung gesprochen, um die Menschheit vor der Gefahr eines neuen nuklearen Krieges zu warnen. In der Prophezeiung des Alten Testaments steht: ‚Wie es zu Zeiten Noahs war, wird es auch wieder in den letzten Tagen.‘ Ihre Zivilisationen wären gegen eine solche Katastrophe völlig ungeschützt. Ein Atomkrieg würde die Bevölkerung vernichten und den Charakter des Landes verändern. Die großen Küstenstädte und die tiefer liegenden Gebiete, auf die möglicherweise keine Bomben fallen, würden vom Wasser überschwemmt. Es hat elftausendfünfhundert Jahre gedauert, bis die Erde wieder den zivilisatorischen Stand erreichte, den sie vor langer Zeit verloren hat. Damals war sie ein wahrer Garten Eden. Wenn Sie glauben, daß die Sache damals schlimm war, dann kann ich Ihnen sagen, daß der nächste Atomkrieg tausend mal schlimmer sein wird, mit all den tausenden von Atombomben, die die Nationen angesammelt haben.“

Professor Haammaan unterbrach dann kurz. „Lesen Sie Plato. Lesen Sie in Ihren alten Büchern nach. Lesen Sie die Geschichte von Noah und der Arche. Da werden Sie eine Menge interessanter Sachen entdecken. Wenn sich die beschränkt denkenden Führer der Welt weigern, zuzuhören, dann ist das Ende der Welt nicht mehr abzuwenden. Es lohnt sich, die Alarmglocken zu läuten. Vielleicht bin ich in einen Teil der Welt gekommen, in dem meine Warnungen nicht beachtet werden. Wenn ihr Menschen euer militärisches Ego mal für ein Jahrhundert beherrschen könntet, dann würdet ihr unvorstellbare Fortschritte machen, was Reisen und Technik betrifft. Ihr würdet technische Erfindungen machen, von denen ihr euch heute noch gar keine Vorstellungen machen könnt. Doch auch wir wissen über die finsteren Kräfte Bescheid, die im Hintergrund von Politik und Wirtschaft agieren, und die nicht an der physischen und geistigen Freiheit der Menschen interessiert sind.“

Um einen Vergleich zu haben, wie es auf der Erdoberfläche sein könnte, habe ich Professor Haammaan gebeten, mir ein paar Fragen über das Leben auf seinem Kontinent im Erdinnern zu beantworten.

Kapitel 14
Interview mit Prof. Haammaan über das Leben im Innern der Welt

Die gesprochene und geschriebene Sprache der Atlanter der Innenwelt, die sich selbst auch als Atturianer bezeichnen, aus der Professor Haammaan mit einem isländischen Paß in die USA einwanderte, ist das ursprüngliche Sanskrit. Ihre Flagge ist orange mit schwarzen Buchstaben unter einem Wappen. Darunter steht „Ehrenhafter Frieden“, das heißt Beendigung eines Krieges ohne Kapitulation.

Ihr Sanskrit-Alphabet enthält achtunddreißig Buchstaben, von denen viele eine Doppelform haben, zum Beispiel AA, CC, OO und so weiter. Diese Doppelbuchstaben werden ausschließlich in Eigennamen, zum Beispiel für Personen und Städte benutzt: Aarpo, Baacco, Wiinnaabbaago, Sapraanoo, Jaapanno, Cannaggo. Manchmal werden zwei Wörter zusammengesetzt und als eines ausgesprochen. Bei der Interpunktion wird ein umgekehrtes Fragezeichen vor den Fragesatz gestellt und ein normales, aufrechtes Fragezeichen dahinter.

Die Heimatstadt von Professor Haammaan ist die Hauptstadt von Neu-Atlantis, Shambhala, die auf dem Kontinent Agartha liegt. Sie hat eine Bevölkerung von mehreren Millionen Menschen. Die Stadt und die Nation sind durch Flugverkehr mit anderen großen Städten verbunden. Über die Magnetbahn verfügen sie bereits, seit ihre Vorfahren von der Venus kamen. Der Bodenverkehr besteht aus Eisenbahnen, die auf Luftkissen fahren, statt auf Schienen. Der größte Teil des Verkehrs auf dem Boden besteht aus vierrädrigen Wagen, die hauptsächlich mit elektrischer Energie betrieben werden. Elektrische Anschlüsse befinden sich an den Straßenseiten, in einem Abstand von jeweils vierzig Kilometern, aus denen man innerhalb von drei Minuten genug Energie für zweihundert Kilometer zapfen kann. Mit Funkwellen aus einer Verteilerstation wird jedes Energiedepot mit elektrischem Solarstrom, hydroelektrischer oder Kernenergie versorgt. Magnetische Fahrzeuge mit freier Energie werden ebenfalls benutzt.

Professor Haammaan wurde gebeten, kurz die Einwanderungspolitik und die Währungspolitik zu beschreiben. Was die Einwanderung betrifft, sagte der Professor, gäbe es zwischen den Ländern der Innenwelt keine Visa. Der internationale Verkehr wäre unbeschränkt, obwohl jede Nation dort unten ansonsten sehr isolationistisch eingestellt wäre, und sich nicht auf eine Organisation wie die Vereinten Nationen verlassen würde, so wie das an der Oberfläche praktiziert wird. Wenn ein ausländischer Besucher in eine andere Nation einreist, unterzeichnet diese Person lediglich eine Erklärung, daß sie sich an die Gesetze des Gastgeberlandes halten wird. Da die Währung gemäß den internationalen Normen durch Gold eintauschbar ist, können die Reisenden ihr eigenes Geld gegen die Währung des Gastgeberlandes eintauschen. Im Zusammenhang mit dem Geld fügte Haammaan hinzu: „Die Liebe zum Geld ist die Wurzel allen Übels. Deshalb lassen wir das Horten von Geld nicht zu. Es muß für die unmittelbaren Bedürfnisse und Wünsche ausgegeben werden. Um ein Horten von Geld zu vermeiden, wird unser Papiergeld jährlich wieder eingezogen und Scheine mit neuen Seriennummern herausgebracht. Auf das Horten von Geld stehen dreißig Jahre Gefängnis. Sparen auf einer Bank ist jedoch zulässig. Wir verwenden auch Münzen. Ihr Gold- oder Silbergehalt liegt bei siebzig Prozent und der Legierungsgehalt bei dreißig Prozent. Der Grund für die Antihortungsgesetze ist der, daß man das Geld im Umlauf halten will – das tun unsere Banken auch mit dem Geld ihrer Kunden, und zwar zu sehr niedrigen Zinssätzen – damit Kapitalprojekte im privaten, wirtschaftlichen und staatlichen Sektor die Vollbeschäftigung sichern. Eines der Probleme hier oben auf der Erde besteht darin, daß so viel von dem im Laufe der Jahre oder Jahrhunderte von bestimmten Gruppen angesammelten Reichtum aus dem Kreislauf herausgenommen wurde und in privaten Banken festliegt. In solchen ist der zurückgehaltene Reichtum – der normalerweise in Gold besteht – eine Form von Macht, die schädlich ist und als Machtmittel eingesetzt wird, um bestimmte Kreise der Gesellschaft zu beeinflussen. Ich bin sicher, daß Sie selbst viele Beispiele für diesen Mißbrauch durch solche mächtigen Gruppen anführen könnten. Sämtliche Goldvorräte befinden sich im Besitz unseres Schatzamtes, mit denen sie die Währung stützt. Einen großen Teil unserer Goldreserven haben wir aus Atlantis mitgebracht.

Der in der gesamten Innenwelt verwendete Kalender basiert auf einem Jahr von dreihundertsechzig Tagen. Jeder Monat hat dreißig Tage. Die fünf Tage, die am Ende eines Jahres verbleiben, werden „Tage des Jahresendes" genannt. Während dieser Zeit wird jede nicht unbedingt notwendige Arbeit eingestellt. Säuglinge, die während dieses Zeitraums geboren werden, sind offiziell am 1. Januar zur Welt gekommen. Dieser Kalender gilt bereits seit tausenden von Jahren."

„Haben Sie irgendwelche bestimmten Konzepte in bezug auf die Beschäftigung?"

„Auf Grund ihrer technischen Fertigkeiten oder schulischen Leistungen entscheiden sich unsere Schüler schon sehr früh für ihre spätere Laufbahn. Wir haben keine Pensionsregelungen. Es ist bei uns üblich, nach den aktiven Berufsjahren eine Teilzeitarbeit auszuüben. Aber das entscheidet die Person selbst. Bestimmte Berufe gelten für die Frau als geeigneter. Sie werden nicht dazu angehalten, es den Männern in jeder Beziehung gleichzutun.

Durch unsere medizinische Forschung haben wir die meisten Krankheiten wie Krebs oder Arthritis besiegt. Natürlich verletzen sich die Menschen noch bei Unfällen. Die Notmaßnahmen bei Knochenbrüchen oder Verpflanzung von Haut gehören zur medizinischen Routine. Wenn wir zum Beispiel bei schweren Verletzungen oder Verbrennungen Hautteile ersetzen müssen, dann schneiden wir einfach ein Stück von einer Rolle ab, ebenso wie man Papier von einer Rolle nimmt, um es für Haushaltszwecke zu verwenden. Dieses Stück wird dann zusammen mit einem speziellen Heilungsgel unter sterilen Bedingungen auf den verbrannten oder verletzten Bereich aufgebracht. Das Material zieht dann sofort ein und paßt sich der Haut an. Unsere Art von Plastikchirurgie funktioniert unproblematisch und schnell. Amputationen werden äußerst selten vorgenommen, denn zerstörte Glieder werden unverzüglich durch künstliche Knochenteile ersetzt, die vom natürlichen Knochen problemlos angenommen werden. Herz, Lungen, Ohren und andere Körperteile wie auch Zähne werden routinemäßig ersetzt." Die Verletzung von Nervenfasern wurde nicht angesprochen.

Allen Altersgruppen steht eine kostenlose medizinische Versorgung zur Verfügung. Die Atlanter haben die meisten Krankheiten, mit denen wir uns herumplagen müssen, schon lange besiegt. Ihre Lebenserwartung liegt bei mehreren hundert Jahren. Vorzeitiger Tod ist etwas sehr seltenes.

Das erste Gespräch mit Haammaan war geheim. Es fand auf einem Flughafen in Maryland statt. Man sprach auch kurz über die Methoden, mit denen die Gesellschaft vor jenen Leuten beschützt wird, die sich nicht an die uralten Gesetze halten wollen.

Hier die wichtigsten: Ein Verbrecher wird nur dann als sozialer Schaden oder als eine potentielle Gefahr angesehen, wenn er nicht auf eine Behandlung anspricht. Alle Verbrechen werden als eine Form von Geisteskrankheit behandelt. Ein Ersttäter wird automatisch in eine staatliche psychiatrische Anstalt geschickt. Die meisten reagieren positiv auf die Behandlung, deren Art und Weise hier nicht zur Sprache kam. Ein Ärzteausschuß ist befugt, eine Person nach der dritten Straftat zu einem Gewohnheitsverbrecher zu erklären. In solch einem Fall wird die Behandlung abgebrochen, und der Täter gilt jetzt als unheilbar kriminell. Ihm werden alle Kleidungsstücke abgenommen, und er muß nackt und in Ketten Zwangsarbeit leisten. Nachts schläft er auf einer Holzpritsche ohne Unterlage. Seine Mahlzeiten sind sehr karg. Sechs Monate einer solchen Strafe genügen meist, um den Verbrecher wieder in einen gesetzestreuen Bürger zu verwandeln, der von der Gesellschaft dann als normaler Mitmensch wieder aufgenommen wird. Falls der Gefangene auch auf diese Behandlung nicht reagiert, wird er von drei Ärzten und einem Richter auf eine Insel verbannt. Dort muß er wie ein Tier leben. Tagsüber muß er harte Arbeit leisten, nachts wird er in einen Käfig gesperrt. Dieses Verfahren findet die ungeteilte Zustimmung der Bevölkerung. Es gilt als eine wirksame Abschreckung. Die so von der Gesellschaft ausgestoßenen Menschen gelten rechtlich als tot, und die Verwandten werden entsprechend benachrichtigt. Alle Versuche der Rehabilitation werden endgültig aufgegeben. Beim endgültigen Tod wird die Leiche eingeäschert. Die Urne wird nicht an die Verwandten geschickt, sondern einfach ins Meer geworfen, ohne jede Zeremonie.

Es gibt drei Verbrechen, die den Straftäter automatisch zu einer „ausgestoßenen Person“ machen: Vergewaltigung, Entführung und Mord. Gewehre und Pistolen sind verboten. In Neu-Atlantis ist die Todesstrafe noch in Kraft, und sie wird aufgrund einer Entscheidung des Richters oder auch der Bitte des Angeklagten selbst verhängt und ausgeführt, falls die Versuche der Rehabilitation fehlgeschlagen sind. In solch einem Fall wird dem Verurteilten ein Glas mit einer Flüssigkeit von einem Baum, der sogenannten „Giftwurzel“ verabreicht, die innerhalb einer Stunde einen schmerzlosen Tod herbeiführt.

Auch in einer idealen Umwelt neigen einige Menschen zum Verbrechen, und können nicht der Norm angepaßt werden, die für ein friedliches Zusammenleben der Bürger notwendig ist. Das gilt für alle Gesellschaften außerhalb und innerhalb der Erde. Aber in Neu-Atlantis werden die Gesetzesbrecher in Rehabilitationszentren behandelt, anstatt sie in Gefängnisse zu sperren. Es gibt nur sehr wenige jugendliche Straftäter in der Innenwelt. Vielleicht ist das darauf zurückzuführen, daß den Eltern die Verantwortung für die Vergehen der Jugendlichen aufgebürdet wird. Sie werden zusammen mit den Jugendlichen entsprechend der Schwere der Vergehen mitbestraft. Denn was die Jugendlichen lernen, lernen sie zuerst in der Familie, die ja noch vor der Schule einen Einfluß auf sie ausübt. Falls die in der Schule durchgeführten Tests eine kriminelle Neigung des Kindes aufdekken, wird es aus der Klasse entfernt und bereits im frühen Alter in ein Krankenhaus zur Therapie eingewiesen. Die Nachrichtenmedien bei uns wie auch in Bodland bringen keine Berichte über Verbrechen, geschweige denn Schlagzeilen darüber. Auch gibt es bei uns keine lang andauernden, dramatisch aufgemachten Prozesse, wie sie in den USA üblich sind. Ein überführter Mörder wird meist innerhalb von zwei Wochen verurteilt. Jugendbanden werden nicht toleriert und Raubüberfälle, wie sie bei Ihnen so weit verbreitet sind, gibt es bei uns überhaupt nicht. Es gibt bei uns kein organisiertes Verbrechen.“

Professor Haammaan führte weiter aus: „Die oberirdischen Polizeisysteme sind immer noch sehr effektiv. Aber sie haben es sehr schwer. Ihre Gesellschaft scheint mehr Wert auf den Schutz der Verbrecher zu legen, als auf die Rechte der Opfer. Wenn Ihr Rechtssystem eines Tages endlich einmal reformiert wird, dann wird auch die Verbrechensstatistik ganz schnell abfallen. Das Rechtssystem ist ein Bollwerk, das zum Schutz aller Mitglieder der Gesellschaft bestimmt ist, in der Oberwelt wie auch überall sonst. Aber dieses System wurde in den unteren Instanzen so verfälscht, daß es mit der ursprünglichen Absicht, nämlich alle Mitglieder der Gesellschaft zu schützen, nichts mehr zu tun hat. Es gibt so viele juristische Schlupflöcher für die Verbrecher in Ihrer westlichen Gesellschaft. Es gibt auch immer mehr Rechtsanwälte, die sich diese Ungerechtigkeiten zunutze machen und sie so stabilisieren und verewigen. Es ist das System selbst, das diese Mißstände beheben muß.

Allgemein gesprochen ist das Leben innerhalb des Planeten ähnlich dem auf der Erdoberfläche. Das Hauptnahrungsmittel in den wärmeren Gegenden ist Reis. Die wichtigsten, in den nördlichen Gegenden, angebauten Feldfrüchte sind Weizen und Gerste. Andere Gemüsearten sind Stangenbohnen, Sojabohnen, Auberginen, Kohl, Rüben, Karotten und so weiter. Die Neu-Atlanter sind fast alle Vegetarier, essen aber auch Fisch und gelegentlich auch Geflügel mit einer Vielzahl künstlicher Aromazusätze, die nach Rindfleisch, Schweinefleisch und so weiter schmecken. Sie kennen keine Truthähne, aber es gibt große einheimische Vögel, die sehr geschmackvoll sind.

Zwei Bausteine sind für Sie vielleicht von Interesse. Bei dem einen handelt es sich um einen Betonblock, der praktisch unzerbrechlich ist. Kunststoff, Sand und Wasser werden wärmebehandelt, so wie Terrakotta. Dieses Produkt wird für den Bau von Wohnungen und Geschäftsgebäuden viel verwendet. Eine weitere Substanz, die als Glasziegel bezeichnet wird, besteht aus feingemahlenem Silikon, einer Glas-Ton-Mischung, die in verschiedene Formen gegossen und auf eine hohe Temperatur erhitzt wird. Der fertige Glasziegel wird für Fußböden, Außenfassaden und Gebäude, Straßensteine und so weiter verwendet. Die Autobahnen in Neu-Atlantis werden mit seitlich verlaufenden Nuten versehen. Die Reifen der Autos sind ebenfalls mit Nuten versehen, so daß sich daraus eine Art Zahnradeffekt ergibt. Dadurch werden die Fahrer gegen Rutschgefahr geschützt."

Ein zweites Gespräch mit Professor Haammaan fand am Sonntag, dem 20. November 1977 statt. Zusammen mit einem zuverlässigen Zeugen vom Außenministerium checkten wir im Holiday Inn in Mt. Vernon, New York ein und sprachen im Konferenzraum miteinander. Der über zwei Meter große Atlanter war wie ein Footballspieler gebaut, aber seine Hände waren zart, eher wie die eines Pianisten. Die strahlenden blauen Augen reagierten auf jede Veränderung in der Stimmung. Sein Haar war hell und mittelkurz geschnitten. Er sah aus wie ein moderner Skandinavier.

Die Zeit drängte ein wenig. Deshalb beschränkte man sich auf einige wenige vorbereitete Fragen. Professor Haammaans Verhalten war weniger reserviert als während des ersten Gespräches, und nachdem man Kaffee und Tee bestellt hatte, setzte sich jeder in einen Sessel und das Gespräch begann.

„Wie alt sind Sie?“

„Nach den Unterlagen bin ich offiziell siebenundfünfzig Jahre alt, aber in Wahrheit bin ich bereits einige hundert Jahre alt. Das Durchschnittsalter auf meinem Kontinent Agartha liegt bei etwa achthundert Jahren.“

Diese Behauptung Professor Haammaans als Atlanter konnte nicht mit den Aussagen der Bodländer in Einklang gebracht werden. Dr. Jerrmuss aus der bodländischen Hauptstadt Bod ist achtundfünfzig Jahre alt, und er behauptete, daß sein Vater mit einhundertfünfunddreißig Jahren gestorben wäre, zweihundert Jahre jedoch ein durchaus erreichbares Alter in Bodland wären. Einige Bodländer können bis zu dreihundert Jahre alt werden, aber diejenigen, die über zweihundert Jahre alt werden, gälten als Elite.

Das Gespräch mit Professor Haammaan ging weiter:
„Warum leben die Neu-Atlanter so viel länger als wir auf der Oberfläche der Erde?“

„Schädliche ultraviolette und andere Strahlen der Sonne sind die Ursache für den frühen Tod bei Ihnen. Sie werden sich erinnern, daß wir über eine künstliche Sonne verfügen, die unsere innere Welt erleuchtet. Diese Sonne erhält ihre Energien über Kristallempfänger von der Außensonne und speichert sie, wobei die schädlichen Strahlen nicht mitübermittelt werden. Der zweite Grund für Ihren frühen Tod ist meiner Meinung nach Ihre Nahrung. Die große Mehrzahl von uns Atlantern ißt kein Fleisch, wie die meisten von Ihnen, obwohl wir ab und zu auch Geflügel und Fisch essen. Aber grundsätzlich sind wir biologisch identisch.“

„Sie meinen, daß die Sonne unser Leben verkürzt?“

„Ja, ganz bestimmt. Die Beeinträchtigung Ihrer Gesundheit beginnt etwa im Alter von zwanzig Jahren, auch wenn keine Krankheit vorhanden ist. Die Strahlen der Sonne haben schädliche Einwirkungen auf Ihr Obst und Gemüse, die Sie dann mit der Nahrung aufnehmen. Fleisch zu essen ist jedoch noch viel schlimmer.“

„Ist die Langlebigkeit bei Ihnen nicht das Resultat der spirituellen und psychologischen Fortschritte, die Ihre Gesellschaft während der elftausend Jahre gemacht hat, in denen sie keine Kriege, wirtschaftliche Probleme oder andere Spannungen zu ertragen hatte?“

„Nur zum Teil. Sicherlich ist unsere hamonische und von Liebe und Frieden betonte Lebensweise ein wichtiger Bestandteil unserer Entwicklung. Doch wurde unsere ursprüngliche hohe Lebenserwartung im Laufe der Jahrhunderte teilweise dadurch erhöht, daß wir unsere Eß- und Trinkgewohnheiten veränderten, hauptsächlich jedoch aufgrund der Filterung der schädlichen Sonnenstrahlen durch unsere künstliche Sonne. Damit haben wir das frühzeitige Altern überwunden, ebenso wie die meisten Krankheiten, die die Menschen an der Oberfläche immer noch heimsuchen.“

„Erzählen Sie mir bitte noch mehr darüber, zum Beispiel über Frucht- und Gemüsesäfte.“

„Wir verwenden Mischungen bestimmter Obst- und Gemüsesäfte, beziehungsweise ihre Extrakte für medizinische Zwecke. Wir nennen das System der Erzeugung dieser Formeln „Natürliche Hygiene“. Wir haben diese Heilmittel nicht alle auf einmal entwickelt. Ihre genaue Zusammensetzung ist das Ergebnis einer Jahrtausende alten Forschung. Wir achten sehr auf unsere Ernährung, obwohl wir manchmal natürlich auch gern Feste feiern und dabei ausgiebig tafeln.“

„Sie sagen, daß auch Sie trotz der verbesserten Diät gelegentlich Probleme mit denselben Krankheiten haben, wie wir hier oben? Könnten Sie einige dieser Krankheiten aufzählen, für die Sie Heilmittel entwickelt haben?“

„Krebs ist eine der schlimmsten Krankheiten. Wir haben dagegen eine exakte Mischung aus Gemüsesäften entwickelt. Wenn man davon über einen Zeitraum von dreißig Tagen etwa einen viertel Liter pro Stunde zu sich nimmt, werden alle Krebszellen zerstört und durch gesunde Zellen ersetzt.“

Professor Haammaan erklärte, daß er kein Arzt wäre, und er sich nur als Laie ausdrücken könne, aber seine Behauptungen konnten durch Tests in medizinischen Forschungszentren bestätigt werden. „Die Ärzte bei uns waren früher mit einem Medikament mit der Bezeichnung „UGROME“ ziemlich erfolgreich, aber dieses Medikament wurde später durch die Frucht- und Gemüseextrakte ersetzt, die ausschließlich aus Karotten, Tomaten und anderen Gemüsearten bestehen.“

„Sie sagen, daß die Sonnenstrahlen auf der Erde bestimmte Frucht- und Gemüsezellen zerstören, die zusätzliche lebensfördernde Stoffe enthalten. Wie können wir dieses Obst und Gemüse züchten, ohne daß diese natürlichen Zellen verloren gehen?“

„Züchten Sie sie in Glashäusern, die die schädlichen Strahlen nicht hereinlassen. Ihre Leute wissen bereits, welche Glas- oder Kunststoff-Formeln erforderlich sind, um die schädlichen Sonnenstrahlen im Spektrum abzuwehren.“

„Könnten Sie noch andere Heilweisen anführen, die wir hier dringend gebrauchen könnten?“

„Abszesse, Hautkrebs und Verbrennungen. Neben der seelisch-psychologischen Behandlung der Ursache, kann ein von uns verwendetes Gallert diese Krankheiten innerhalb von vierundzwanzig Stunden verschwinden lassen. Das Gallert kann auch oral als Kapsel eingenommen werden. Sie wissen bereits über die künstliche Haut, die wir aus einer Formel von Gemüsesäften und Klebstoffen herstellen. Die Haut ist aufgerollt, ebenso wie bei Ihnen die Küchentücher aus Papier, und werden über Verbrennungen ersten, zweiten und dritten Grades gelegt. Die Hautfeuchtigkeit bleibt also auf den verbrannten Stellen erhalten. Der Körper beginnt unverzüglich, darunter neue Haut zu bilden. Wenn der Heilungsprozeß abgeschlossen ist, wird die künstliche Haut abgezogen. Es verbleiben keine Narben. Unsere Zahnärzte implantieren auch neue Zähne. Bei Zahnschäden geben sie ihren Patienten eine Medizin aus natürlichen Mitteln, die dafür sorgt, daß der Zahn wieder gesund wird.“

„Haben Sie auch Probleme mit Drogensucht und Alkoholismus?“

„Weder Drogen noch Alkohol werden in Atlantis, Bodland oder Wikingland hergestellt oder verkauft. Drogensucht gilt als ein schweres Vergehen und wenn es so schlimm wäre, wie in Ihrer Gesellschaft, dann würde ihr Konsum niemals toleriert werden. Jedoch verfügen wir über Heilmethoden gegen solche Abhängigkeiten. Nehmen Sie zum Beispiel Marihuana. Wir haben ein Kraut, das, wenn es geraucht wird, ebenso schmeckt wie Marihuana. Ein Süchtiger, der eine Zigarette dieses Krautes raucht, wird feststellen, daß sein Verlangen nach Marihuana gestillt wird. Er kann seine Sucht also ohne Nebenwirkungen überwinden. Für andere Drogenprobleme haben wir ähnliche Heilmethoden. Die Toleranz gegenüber Rauschgiften setzt sich in Ihrer Gesellschaft immer mehr durch. Alkoholische Getränke und Tabak werden bei uns in Atlantis nicht verkauft oder konsumiert, obwohl, wie ich gehört habe, die alten Wikinger und Bodländer, neben den Deutschen, immer noch gern Gerstenbier trinken und Tabak rauchen. Aber, mein Herr, ich bin eigentlich für Kunst und Literatur zuständig. Ich bin kein Arzt. Ich werde mich demnächst mit bestimmten Leuten in Verbindung setzen und sie bitten, Ihnen einige Vorschläge und konkrete Formeln vorzulegen, auf deren Grundlage Ihre Forscher arbeiten können. So, wie die Dinge in Ihrem Land gegenwärtig stehen, erwarte ich jedoch, daß sich ein großer Teil Ihrer Mediziner über das, was ich hier von mir gebe, sowieso nur lustig machen würde. Bevor wir das Thema Medizin verlassen, möchte ich noch erwähnen, daß wir Heilmittel gegen erhöhten Cholesterinspiegel, Fettleibigkeit, Senilität, Osteoarthritis, Magengeschwüre und viele andere Krankheiten haben. Außerdem verfügen wir über ausgezeichnete Diagnosevorrichtungen.

Im Gegensatz zu dem, was viele von Ihnen glauben, ist eine Lebenserwartung von siebzig bis achtzig Jahren nicht sehr hoch. Wenn man die größeren Krankheiten auf der Erde besiegen könnte, würde sich die Lebenserwartung des Menschen mit Sicherheit erhöhen, trotz der schädlichen Sonnenstrahlen.

Ich kann nicht die Geheimnisse ganzer Zeitalter in einigen wenigen Worten darlegen, aber ungeachtet der schädlichen Strahlen der Sonne und Ihrer Diät gibt es einige Techniken, die unsere Mediziner in Neu-Atlantis verwenden, und die auch Sie verwenden könnten, um die Sterblichkeitsrate zu senken. Ihre Wissenschaftler sind davon überzeugt, daß jede Ihrer Zellen einen Alters- oder Selbstzerstörungsmechanismus in sich trägt, so daß die Menschen zwangsläufig mit siebzig oder achtzig Jahren sterben müssen. Aber wir haben bewiesen, daß dies nicht wahr ist. Ihre Menschheit könnte ein krankheitsfreies Leben von über einhundert Jahren genießen, und das schon in nächster Zukunft, wenn Sie sich mit unseren Heilmethoden befassen würden."

„Unsere Länder hier oben geben jährlich Milliarden für die Rüstung aus, ganz zu schweigen von den gewaltigen Zinsen für die Gelder, die sich die Regierungen borgen, um das alles zu bezahlen. Haben Sie unten auch einen Militärapparat?"

„Natürlich nicht. Wir haben auch keine Kadettenschulen oder Kriegsakademien. Weder wir, noch die Bodländer oder Wikinger haben ein stehendes Heer. Auch nicht die sechs Königreiche der alten deutschen Sachsen. Unsere wenigen paramilitärischen Einheiten haben ausschließlich Polizeifunktionen und sie haben nur eine geringe Personalstärke. Wir haben allerdings eine Luftwaffe, die über eine bedeutende Stärke verfügt, aber sie beruht auf unserem uralten System der Flugaufklärung und des Transports. Wenn man bei Ihnen auf der Erde von UFOs spricht, dann handelt es sich oft um eine unserer Maschinen. Es kann sich natürlich auch um Außerirdische handeln, doch die haben erst seit dem Zweiten Weltkrieg ein größeres Interesse. Sehr aktiv dagegen sind die Neu-Deutschen mit ihren Flugscheiben. Diese haben eine riesige Armada von Flugscheiben und Mutterschiffen, die jedoch hauptsächlich in deren oberirdischen Stützpunkten in den Anden und im Himalaya stationiert sind. Diese werden von den anderen innerirdischen Nationen toleriert, da man mit einem weiteren Weltkrieg rechnet und diese Raumschiffe für Verteidigungs- und Evakuierungseinsätze vorbereitet werden. Ich darf jedoch momentan nicht mehr darüber bekanntgeben.

Wenn Sie all das Geld, das Sie gegenwärtig für die Rüstung ausgeben, für friedliche Zwecke verwenden würden, dann könnten Sie Vollbeschäftigung kreieren, die Wohlfahrt abschaffen, ihr Gesundheitssystem sanieren und eine Gesellschaft schaffen, von der Sie gegenwärtig nur träumen. Aber was kaufen Ihre verschuldeten Nationen zuerst? Natürlich Kriegsmaterial!

„Ist Ihre Nation technisch weiter fortgeschritten als die USA?"

„Ja und nein. Die USA ist in bezug auf Wissenschaft und Technologie sehr weit fortgeschritten, aber wir sind Ihnen hunderte von Jahren voraus, was die soziale Gerechtigkeit und die Medizin betrifft. Aber vergessen Sie nicht, daß wir elftausendfünfhundert Jahre keinen Krieg hatten und die Bodländer sogar dreißigtausend Jahre."

„Sie haben also eine Gesellschaft, die frei von Armut und Hunger ist. Sicher haben Sie auch viel Freizeitaktivitäten?"

„Ja, wir haben auch eine Art olympischer Spiele, die wir Quad nennen, seit wir uns von oben in die Innenwelt zurückzogen. Die Neu-Deutschen schicken jetzt ihre Athleten, um gegen die Mannschaften der Wikinger und der Bodländer anzutreten. Diese jährlichen Spiele sind immer ein gewaltiges Ereignis. Wir haben auch andere Freizeitaktivitäten wie Wandern, Laufen oder Segeln. Wir tun praktisch alles, was auch Sie oben tun. Wir haben ebenfalls unsere eigenen Versionen von Fußball und Tennis, aber unsere Sportler erhalten dafür keine Gagen, wie Sie sie Ihren Athleten zahlen. In unseren Häusern befinden sich ebenfalls eine Art ‚Fernseher'. Jedoch gibt es bei uns keine Gewalt- oder Horrorfilme. Und ich würde sagen, unsere Kinos sind mit ihren dreidimensionalen Bildern viel besser als Ihre."

„Wird der Sex bei Ihnen auch so ausgebeutet wie bei uns?"

„Der Sex wird bei uns nicht so übertrieben wie bei Ihnen. Es gibt keine pornographischen Filme oder Zeitschriften oder Werbung mit Sex. Es gibt auch keine Bordelle. Aber die Erklärung dafür erfordert mehr Zeit, als wir heute haben. Verheiratete Männer und Frauen auf Neu-Atlantis leben getrennt, haben aber für den Sex spezielle Häuser. Die Bodländer hingegen sind mehr familienorientiert. Sie leben als Familie zusammen, bis die Kinder das Haus verlassen. Die Familienbande der Bodländer sind sehr eng und stabil. Bei den Wikingern und den Alt- und Neu-Deutschen ist das ebenfalls so.

Außerdem gibt es keine Vielehen und keine Scheidungen in Neu-Atlantis oder Bodland. Das gebärfähige Alter liegt zwischen dem fünfundzwanzigsten und sechzigsten Lebensjahr. Ehen werden normalerweise nach dem fünfundzwanzigsten Lebensjahr geschlossen. Die Kinder bleiben bis zum zehnten Lebensjahr bei ihrer Mutter und werden danach vom Staat ausgebildet. Die Verbindung zur Familie wird jedoch niemals abgebrochen, und wir genießen ein langes Leben in der Gemeinschaft. Mütter dürfen nur zwei Kinder haben. Danach wird eine kleine Operation vorgenommen, um weitere Schwangerschaften zu verhindern. Abtreibung ist nicht erlaubt, außer im Falle medizinischer Indikationen. In der Schule findet ein gründlicher Sexualkundeunterricht statt, bei dem auch die Schädlichkeit unnatürlicher Geschlechtspraktiken behandelt wird.

Ich würde sagen, daß die Führung durch den Staat notwendig ist, bis die Jugendlichen das Wahlalter erreichen. Sie oben auf der Erde lassen all die negativen Einflüsse zu, denen die Jugendlichen ausgesetzt sind und müssen dann eine Menge Geld ausgeben, um Jugendliche zu verhaften und einzusperren, sobald ihre kriminellen Tendenzen zum Vorschein gekommen sind. Wir versuchen, diese Tendenzen frühzeitig zu erkennen und zu beheben."

„Gibt es auch primitive Völker in Ihrer Welt?"

„Ja, abgesehen von einigen Eskimovölkern gibt es noch eine Reihe von Stämmen in einsamen Gebieten, die praktisch nackt sind, so wie die Eingeborenen auf Neu Guinea oder Borneo."

„Wie würden Sie Ihre Regierungsform nennen?"

„Wir haben einen Erbmonarchen ebenso wie die Wikinger, Bodländer und Altdeutschen. Vor tausenden von Jahren versuchten wir es mit einer parlamentarischen Demokratie und gewählten Volksvertretern. Aber das hat nicht geklappt. Dreihundert Jahre lang hatten wir eine Republik. Der Präsident wurde für eine Amtszeit von fünf Jahren gewählt und konnte bis zu dreimal wiedergewählt werden, also für insgesamt zwanzig Jahre. Dann wurde die Verfassung geändert und die Amtszeit auf fünfzehn Jahre verlängert. Dies dauerte weitere dreihundert Jahre. Danach wurde die Person dann auf Lebenszeit gewählt. Und schließlich kehrten wir zum System der Erbmonarchie zurück, die seitdem in Kraft ist. Im Gegensatz zur atlantischen Erbmonarchie wurde der gegenwärtige Monarch von Bodland, König Haakkuuss III. im Jahre 1928 auf Lebenszeit ernannt. Kürzlich gab er bekannt, daß er sein Amt aufgeben wolle. Das Parlament von Bodland sucht jetzt nach einem neuen König.

Unter der bestehenden Monarchie in Neu-Atlantis regiert ein Staatschef ähnlich wie ein Premierminister. Er wird auf Empfehlung des Königs vom

Parlament gewählt. Er leitet das Ober- und Unterhaus des Parlaments. Er sitzt nicht notwendigerweise in der gesetzgebenden Versammlung, aber alle Gesetzesvorlagen müssen vom Premierminister und vom König ratifiziert werden. Die Amtszeit beträgt fünfzehn Jahre. Die Mitglieder beider Häuser des Parlaments werden von den Bürgern für eine Amtszeit von fünf Jahren gewählt. Einige wenige werden auch auf Lebenszeit gewählt."

„Greift der atlantische Staat nicht irgendwie sehr autoritär in alle Lebensbereiche ein, einschließlich der Religion?"

„Nein, durchaus nicht. Der Staat gewährt volle Gewissensfreiheit in bezug auf das religiöse Bekenntnis. Jeder darf glauben, was er will. Wir haben allerdings eine universelle Kirche."

Ich war nicht in der Lage, mich mit der atlantischen Religion im einzelnen auseinanderzusetzen, zum Teil deswegen, weil der Gesprächspartner nicht bereit war, sich näher über die religiösen Bekenntnisse auszulassen. Er sagte jedoch, daß sie einen Höchsten Gott anbeteten, und daß sie Osiris verehrten, der seinerzeit in Atlantis als Christusvertreter der Höchsten Gottheit tätig war. Professor Haammaan sagte ebenfalls, daß die Atlanter in bezug auf das Leben nach dem Tod in zwei Lager gespalten waren. Dieser Aussage bin ich nicht weiter nachgegangen.

Doch konnte Dr. Jerrmuss aus Bodland bei einem anderen Gespräch etwas über Jesus erzählen. So sollen es angeblich nicht drei Weise aus dem Morgenland gewesen sein, sondern vier, nämlich noch ein Bodländer. Und nach der ersten Auseinandersetzung mit den Lehrern und Priestern im Tempel im Alter von zwölf Jahren soll Jesus mit einem Raumschiff in die Innenwelt gebracht worden sein, wo er im Palast des bodischen Königs bis etwa zu seinem fünfundzwanzigsten Lebensjahr ausgebildet worden sein soll. Dann bat er darum, wieder auf die Erde gebracht zu werden. In Indien und Tibet beendete er dann seine Studien, bevor er mit seiner Mission des Heilens und Predigens begann. Das Wissen und die Weisheit der Inneren Welt waren also ein wichtiger Bestandteil der Lehre und der irdischen Mission von Christus, aber diese Vorbereitung schränkt natürlich nicht seine Göttlichkeit ein oder seine Aufgabe, die verlorene Menschheit zurück zu Gott zu führen, sagte Dr. Jerrmuss, der jedoch kein Bibelexperte ist.

Meine Fragen an Professor Haammaan gingen dann wie folgt weiter: „Welche Gefahren stehen der Erde bevor?"

„Zum einen der Atomkrieg. Deshalb kamen wir 1945 nach oben. Und dann ein eindringender planetarischer Einfluß, der immer stärker wird und das Klima auf der gesamten nördlichen Halbkugel drastisch verändern könnte. Frühere Einflüsse dieses Planeten, der bei uns ‚Nagirth' heißt, und der inzwischen in unser Sonnensystem eingedrungen ist, hat die Bildung der kontinentalen Eisschilde verursacht. Ihre Wissenschaftler verfügen über alle Informationen und sind wahrscheinlich schon sehr besorgt über eine zukünftige Eiszeit. Aber ich glaube, daß Nagirth abgelenkt werden kann."

„Haben Sie auch gehört, daß der Erdmantel zwischen Ihren und unseren Völkern mit künstlichen Tunnels durchzogen sein soll?"

„Ja. Es gibt Tunnel in unterschiedlichen Tiefen, in denen uralte Zivilisationen überlebt haben. Wir benutzen sie, um zwischen Shambhala und der Hauptstadt des unterirdischen Königreiches des Fernen Nordens, das sich im Erdmantel unter Sibirien befindet, hin und her zu reisen. Zur Zeit der russischen Zaren gab es eine Öffnung nach Sibirien, durch die wir einen Zugang nach Rußland hatten, aber als Rußland kommunistisch wurde, haben wir diese Öffnung geschlossen. Es gibt jedoch Öffnungen in den USA und andere Teilen der Welt. Wir benutzen sie ständig. Der nordamerikanische Tunnel hat eine Y-Form. Er befindet sich tief im Erdmantel und beherbergt eine Stadt. Eine Abzweigung dieses ‚Y' geht nach Shambhala, die andere nach Bodland. Wir hier unten sind ein wenig besorgt über illegale Einwanderung unerwünschter Rassen aus der unterirdischen Welt im Erdmantel in unsere Länder. Darunter sind auch die Wesen – die ‚Bösen' – die einst die Alt-Deutschen angegriffen hatten. Andere Tunnel sind Verkehrswege, die von einigen hochzivilisierten unterirdischen Völkern benutzt werden, die mit dem Zug von Stadt zu Stadt fahren.

Außer den Tunnelbewohnern gibt es noch größere Städte unter Stahlkuppeln unter den Eiskappen der Pole, die vor der letzten Eiszeit ein tropisches Klima hatten. Die Verschiebung der Pole zwang die Bewohner, ihre Städte zum Schutz mit Kuppeln zu versehen. Die vom antarktischen Eis bedeckten Polarstädte sind durch Tunnel mit den Städten im Erdmantel und den großen Städten der Innenwelt verbunden. Ein Drittel der Tunnelstädte sind natürlich, die übrigen künstlich. Die Menschen, die in diesen Städten leben, sind vor der Sonne und der Kälte geschützt. Sie haben daher eine sehr hohe Lebenserwartung. Wir haben alle bestehenden Tunnel und Städte in Karten eingezeichnet, aber es könnte auch Stellen geben, die wir nicht kennen. Als Atlantis unterging, bauten unsere Vorfahren Kuppeln aus einem Meter dickem Kunststoff über die übrigen Städte, die noch nicht vom Ozean überschwemmt worden waren. Heute sind diese sechs überdachten Städte im Atlantik immer noch von unseren atlantischen Landsleuten bewohnt. Ich glaube, daß es in der ganzen Welt insgesamt achtundzwanzig Unterwasserstädte gibt, die man entweder mit fliegenden Untertassen oder mit Tunnelzügen erreichen kann.

Ein Teil des ursprünglichen Atlantis sank sofort, aber andere Teile des Kontinents, einschließlich jener, auf denen die Kuppelstädte stehen, sanken erst im Laufe von dreihundert Jahren. Und natürlich bildete sich das Eis nur langsam über dem antarktischen Subkontinent, das die Heimat des ursprünglichen Garten Eden war. So heißt es jedenfalls in unseren Überlieferungen.

„Können Sie das Phänomen des Bermuda-Dreiecks erklären?“

„Das sogenannte Bermuda-Dreieck existiert nicht in bestimmten, festgelegten Grenzen. Während unseres Krieges mit den Athenern haben wir in dem Gebiet, das Sie heute als Bermuda-Dreieck bezeichnen, viele Kristalle versenkt. Sie hatten viele Facetten und waren etwa so groß wie Golfbälle. Bei den Kristallen handelte es sich um Kraftquellen für unsere Waffen und Energiezentren. Mit ihnen konnten wir die Strahlen der Sonne einfangen und sie in einen intensiven Laserstrahl umwandeln. Diese Kristalle wurden zuerst nur für friedliche Zwecke verwendet, später leider auch für kriegerische. Über elftausendfünfhundert Jahre, nachdem sie in der Karibik versenkt worden waren, sind diese Kristalle immer noch wirksam. Die karibischen Inseln waren ebenfalls untergegangen, sind im Laufe der Zeit jedoch wieder aufgetaucht. Wenn die Sonnenstrahlen den Ozeanboden in diesen Gebieten erreichen, werden die Kristalle vorübergehend aktiviert. Wenn das geschieht, dann wird ein Schiff oder ein Flugzeug aus Stahl, das mit den Strahlen in Kontakt kommt, einfach aufgelöst. Auf Holz haben sie jedoch keinen Einfluß.

Im 17. Jahrhundert versanken drei holländische Schiffe im Sargassomeer. Überlebende, die sich auf hölzernen Fässern gerettet hatten, erzählten später, das ihre großen Segelschiffe auseinandergefallen wären, weil sich die Metallnägel aufgelöst hätten. Im Jahre 1614 baute der holländische König ein Segelschiff mit Nägeln aus Hartholz. Das Schiff fuhr in dieselben Gewässer und fand die schwimmenden Trümmer der Wracks. Als die Mannschaft wieder in Holland war, erzählte sie wüste Geschichten über Seeungeheuer, die die Nägel der Schiffe gegessen hatten. Heute wissen wir, daß dieses Gebiet ein Teil des sogenannten Bermuda-Dreiecks ist und die Seeungeheuer in Wirklichkeit die schwarzen Strahlen sind, die von den dort versenkten Kristallen ausgehen. Aber man sollte nicht vergessen, daß es auch Berichte gibt, nach denen dort kürzlich radioaktiver Abfall versenkt worden ist, der ebenfalls zu diesem geheimnisvollen Phänomen beitragen könnte.

Diese Strahlen werden von uns „schwarze Strahlen" genannt, weil man sie nicht sehen kann. Unsere Vorfahren haben sie im Krieg gegen die Athener eingesetzt, um deren Städte und Flugzeuge zu zerstören. Es ist die destruktivste Strahlenwaffe der Welt. Der farblose Kristall bezieht seine Energie während des Tages aus der Sonne und löst sie aus, sobald er vollgeladen ist. Diese Kristalle sind unzerstörbar. Sie wurden dadurch aktiviert, daß sich der Boden des Ozeans hob und die Kristalle freigelegt wurden. Die Kristalle sind nur zu bestimmten Zeiten aktiv. Ich glaube, daß Ihre Regierung sich über die Gefahrenzeiten im klaren ist.

Bei unserer inneren Sonne handelt es sich um eine modifizierte Version dieser Kristalle, und auch sie wird zum Teil durch die richtige Sonne aktiviert, die das ganze Jahr über durch die Pole scheint. Diese künstliche Sonne wurde in Atlantis gebaut, durch unsere Raumschiffe in die Innenwelt transportiert und, nachdem sie im Innern der Welt in die Umlaufbahn geschickt wurde, durch die richtige Sonne geladen. Da unsere Vorfahren den Krieg voraussahen, begannen sie dreitausend Jahre vor dem Untergang von Atlantis, also vor etwa fünfzehntausend Jahren, mit der Kolonisierung. Die künstliche Sonne hat von Anfang an sehr gut funktioniert. Unsere Ingenieure, die in bestimmten Abständen in die Sonne gehen, um sie zu überprüfen und eventuell Ersatzteile einzubauen, werden durch Blei geschützt. Die Kristalle selbst sind jedoch unzerstörbar und halten ewig."

John sieht nun wieder von seinen Blättern auf und gibt uns noch einige Erläuterungen zu den Interviews:

„Zwischen 1977 und 1979 wurden vier Gespräche mit zwei Leuten aus der Innenwelt geführt. Es wurden viele Aspekte ihrer jeweiligen Zivilisation behandelt, auf die ich hier nicht eingegangen bin, weil sie nicht dazu beigetragen hätten, die Existenz der Innenwelt glaubhafter zu machen. Zwei Aspekte sollten hier jedoch noch erwähnt werden. Zum einen die bedeutend höhere Lebenserwartung der alten Rassen der Innenwelt, die mit den Menschen auf der Erdoberfläche verwandt sind. Es gibt Hinweise darauf, daß die Menschen dort unten ausnahmslos mindestens einhundert Jahre länger leben als wir hier oben, und Millionen von ihnen leben sogar mehrere hundert Jahre länger.

Falls andererseits die Atlanter tausend Jahre alt werden, ist es dann nicht möglich, daß die Menschheit hier oben tatsächlich aus der Gnade gefallen ist, als sie den legendären Garten Eden verließ? Und sind die Menschen zu einer kurzen Lebenszeit von nur etwa achtzig Jahren verurteilt worden? Als Professor Haammaan gefragt wurde, welcher Unterschied zwischen den Menschen der inneren und äußeren Welt ihm zuerst aufgefallen wäre, als er hierher kam, antwortete er: „Alter, Krankenhäuser und Leichenschauhäuser."

Adam sieht mich nun sprachlos mit großen Augen an. „So geht das schon den ganzen Tag", antworte ich auf seinen vielsagenden Blick. „Der Mann ist ein wandelnder Computer!"

John lächelt und nimmt einen Schluck Wein, um seine Stimmbänder wieder ein bißchen zu ölen.

Kapitel 15
Die Entwicklung des Prinzips der Anti-Gravitation durch die Amerikaner nach dem Zweiten Weltkrieg

„Laßt mich aber nun damit fortfahren, wie es in den USA mit der Entwicklung fliegender Untertassen weiterging. Nach dem Zweiten Weltkrieg wurde speziell Los Alamos zu einem Zentrum für die Forschungen im Zusammenhang mit dem Rundflugzeug. Die Wissenschaftler hatten grundlegende, ungelöste Probleme aufgedeckt. Zum Beispiel mußte durch Geschwindigkeitstests festgestellt werden, wie hoch die Geschwindigkeit von neuntausend Stundenkilometern überschritten werden konnte. Und sie wußten, daß es sehr leicht war, mit dem Flugzeug über die Krümmung der Erde hinauszufliegen und dann die Orientierung zu verlieren. Viele dieser Probleme mußten überwunden werden, damit das Rundflugzeug zu einem wirklich tauglichen Instrument wurde. Auf Veranlassung des Chefs der Airforce, General Vandenberg, wurde die Verlegung nach Los Alamos durchgeführt. Man wählte ein Team von fünf Wissenschaftlern aus, einen Kanadier von der Universität Manitoba, einen Engländer aus Oxford und drei amerikanische Physiker. Der neue Deckname für die Entwicklung des Rundflugzeugs war „Project Milk Can".

Verantwortlich für dieses neue Projekt war ein Mann mit bewährten Qualitäten. Sein Name war Colonel Charles B. Wilkerson. Er hatte einen Doktortitel in Physik und Mathematik. Während des Krieges hatte er beim OSS daran mitgearbeitet, den Geheimcode der Deutschen zu knacken, was den Krieg möglicherweise um drei Jahre verkürzt hätte.

Colonel Wilkerson und seine wissenschaftlichen Mitarbeiter zogen also nach Los Alamos, um die nächste Phase der Entwicklung des Rundflugzeugs durchzuführen. Zuerst begannen die Physiker mit der ersten detaillierten Bestimmung der Geschwindigkeit, wobei sie die Magnetkräfte der Erde für die Leistung des neuen Motors einsetzten. Der Gruppe wurde ein Rundflugzeug mit einem Durchmesser von elf Metern für Testzwecke zur Verfügung gestellt. Mit dieser Maschine wurden die Geschwindigkeitsfaktoren festgestellt, indem man mit ihr über den festgelegten Nord-Süd-Kurs raste und den Zeitfaktor von Stunden, Minuten und Sekundenbruchteilen in linear zurückgelegte Kilometer teilte. Die sich daraus ergebenden Geschwindigkeiten und Beschleunigungsreaktionen zwischen den beiden

Zentren bildeten die Grundlage des Standardhandbuches, das noch heute für die Ausbildung verwendet wird. Die Forscher stellten fest, daß das Flugzeug auf einer Nord-Süd-Achse schneller flog als auf der Ost-West-Achse. Sie fanden ebenfalls heraus, daß die Magnetflugzeuge auf sukzessiven Flügen um die Welt automatisch beschleunigten. Zum Beispiel wurden 1948 zwei Flüge in östlicher Richtung um die Welt innerhalb von zwölf Stunden durchgeführt, wobei die zweite Reise kürzer war. Die Absicht bestand nicht darin, einen Geschwindigkeitsrekord aufzustellen, sondern die Leistung zu ermitteln. Wilkerson flog die Maschine ebenfalls nonstop durch die Innenwelt – offenbar ohne Widerstände der Innerirdischen – und dann dreimal außen herum. Man stellte dabei fest, daß die Erde im Innern weniger magnetische Kraft ausstrahlte, als an der Oberfläche.

Im selben Jahr gerieten Colonel Wilkerson und seine Mannschaft bei einem routinemäßigen Geschwindigkeitstest in Schwierigkeiten. Bevor sie den Navigationsfehler bemerkten, stellte man mit einiger Bestürzung fest, daß sie aus der konvexen Krümmung der Erde geraten waren und sich bereits zehntausend Kilometer weit im Weltraum befanden. Sie flogen bei einer unkalkulierbaren Geschwindigkeit unter dem Einfluß der größeren interplanetaren Magnetkraft zwischen den Planeten.

Plötzlich erschien ein Gesicht auf ihrem Bildschirm, und eine Stimme verkündete: „Meine Herren! Sie haben den Bereich Ihres Planeten verlassen. Sie sind aus der Krümmung der Erde geraten. Ich habe das mitangesehen. Ihre Berechnungen waren falsch, da Sie die magnetische Navigation berechneten, als ob Sie auf einer flachen Ebene fliegen würden. Ich werde Ihnen jetzt auf Ihrem Bildschirm die korrekte Formel anzeigen, damit Sie Ihren Kurs korrigieren und sicher zu Ihrem Ausgangspunkt zurückkehren können. Sobald Sie sich an die Reise im All gewöhnt haben, werden Sie mit diesem Problem vertraut sein. Die Stellung der Sterne ist für jemanden, der es gewöhnt ist, nur auf der Erde zu reisen, sehr verwirrend." Dann erschien eine Tabelle mit der korrekten Flugabweichung auf dem Schirm. Wilkerson wußte, daß unverzüglich eine Reihe von Berechnungen durchgeführt werden mußten, um den Navigationsfehler zu korrigieren und ähnliche Fehler in der Zukunft zu vermeiden. Dabei war die Richtung zu berücksichtigen sowie die Geschwindigkeit der Maschine, die Rotation der Erde, die Orbitalgeschwindigkeit der Erde, die Veränderungen der magnetischen Anziehungskraft von der Atmosphäre bis in den Weltraum, die interplanetarischen magnetischen Störungen und anderes. Während der Kurs korrigiert wurde, sah die Besatzung plötzlich ein kleineres Raumschiff, das an ihnen vorbeiflog. Wilkerson wußte, daß ihr Helfer einer der Insassen in diesem unbekannten Raumschiff war. Kurz danach kehrte das amerikanische Rundflugzeug sicher zurück nach Los Alamos.

Aus der Erfahrung dieser Beinah-Katastrophe im Weltraum entwickelten Colonel Wilkerson und seine Physiker die Navigationstabellen und das Orientierungssystem, das heute noch unter den englischsprechenden Piloten von Rundflugzeugen im Gebrauch ist. Neben einem neuen Navigationssystem wurde auch ein neuer Geschwindigkeitsmesser entwickelt, der auch die Veränderungen der Geschwindigkeit mißt, die sich aus den veränderten Magnetkräften ergibt, die von der Erdoberfläche ausgehen.

Bereits 1945 begann man mit den ersten Versuchen im Zusammenhang mit der Geschwindigkeit bei vertikalen Starts und Landungen. Das Problem bestand darin, die Fluktuationen des Magnetismus an bestimmten Punkten des elektromagnetischen Perimeters, die die zentrale positive Magnetspule umgeben, unmittelbar für das Ablesen im Cockpit umzusetzen. Diese Information konnte gespeichert und unmittelbar visuell im Cockpit abgelesen werden.

Dann ging man daran, die Hubkapazitäten des Rundflugzeugs zu ermitteln. Dieses war in der Lage, einen Jeep, einen Sherman-Panzer und eine große Dampflokomotive zu heben. Mit seinem zwei Kilogramm schweren Anti-Gravitations-Motor konnte das Flugzeug die Lokomotive ebenso leicht heben wie den Panzer. Die Schwerelosigkeit der Objekte wurde durch Direktstrom erzielt, der vom Motor über eine Kette direkt in das zu hebende Objekt induziert wurde. Bei diesen Versuchen wurde zum Beispiel die Lokomotive zu einem integralen Bestandteil des Flugzeugs, das den Magnetismus der Erde abstieß. Dann wurden die Schub- und Zugkräfte des Rundflugzeugs ermittelt. Die Lokomotive wurde über eine gewisse Strecke gezogen beziehungsweise geschoben, und der Sherman-Panzer wurde mit abgestelltem Motor ohne Schwierigkeiten quer über ein Feld geschoben. Die Wissenschaftler stellten fest, daß das Rundflugzeug die stärkste Maschine war, die es gab. Die Möglichkeiten ihrer friedlichen Nutzung waren praktisch unbegrenzt. In den richtigen Händen könnte man mit dem Anti-Gravitations-Motor die Welt verändern, so daß alle Veränderungen und Verbesserungen, die sich der Mensch vorstellen konnte, jetzt endlich möglich waren. Doch daran sind die Kräfte, die momentan diesen

Planeten noch kontrollieren, nicht interessiert. Doch die Zeit wird kommen.

Als die Wissenschaftler während einer Besprechung über die grenzenlosen Möglichkeiten des Rundflugzeugs nachdachten, kam einem von ihnen eine Idee. Die Lokomotive und zwei Waggons der ‚Union Pacific‘ waren am Abend zuvor entgleist und in eine Schlucht etwa fünfundzwanzig Meter unterhalb der Gleise gestürzt. Die Wracks lagen in einem kleinen Fluß verstreut. Dies war in einer Wüstengegend im Südwesten geschehen. Man gab der Bergungsmannschaft die Anweisung, den Ort zu verlassen und zu ihrer Basis zurückzukehren. Im Schutz der Dunkelheit wurde ein Team aus Los Alamos an die Unglücksstelle geflogen. Mit schweren Marineketten hob das Rundflugzeug die Lokomotive und alle Waggons aus der Schlucht und brachte sie wieder aufs Gleis zurück. Wahrscheinlich gibt es noch heute Mitarbeiter der Eisenbahn in der Gegend, die Geschichten darüber erzählen können, wie der verunglückte Zug in jener Nacht auf geheimnisvolle Art und Weise wieder zurück auf die Gleise gestellt wurde.

Aber der entscheidende Test stand noch bevor. Es war ein Test, der, falls er erfolgreich sein sollte, unvorstellbare Folgen für das Reisen in der modernen Welt haben würde. Die Idee dazu kam dem Team in Los Alamos zum ersten Mal beim Schubversuch mit dem Sherman-Panzer. Zu jenem Zeitpunkt fragte man sich, wie stabil und zuverlässig die Leistung des kleinen, leichten Elektromotors wäre, wenn man ihn statt eines Kolbenmotors in ein Auto einbauen würde. Man entschied sich für einen englischen Wagen und baute diesen entsprechend um. Der Motor, das Getriebe und so weiter wurden herausgenommen und statt dessen der kleine Anti-Gravitations-Motor eingebaut, und zwar so, daß seine Achse für den Vorwärts- und Rückwärtsgang in jede Richtung weisen konnte. Ein Hub war nicht erforderlich. Ein Generator bezog Strom aus den Hinterrädern. Die Bremsen wurden so gelassen, wie sie waren. Es wird angenommen, daß eine Batterieschiene benutzt wurde, um die Strommenge zu steuern, die für die Auslösung der Elektromagneten erforderlich war.

Im Sommer 1948 fuhr dann der kleine englische Wagen, der vorn und hinten von zwei Jeeps eskortiert wurde, quer durch den Staat New York, über Washington nach Ottawa, und von da aus über die Prärien der kanadischen Provinzen über die Rocky Mountains nach British Columbia. Es wurde ein Fahrtenbuch geführt, in dem die Leistung und die Geschwindigkeit des Fahrzeugs protokolliert wurden. Das einzige Problem, das man bei diesem ohne Benzin fahrenden Wagen feststellen konnte, war, daß ständig die Bremsen benutzt werden mußten. Als Folge mußten die Bremsbacken häufig ausgetauscht werden. Die Geschwindigkeit des Wagens mußte während der ganzen Zeit buchstäblich durch ständiges Bremsen kontrolliert werden.

Um zu verhindern, daß man ständig von Neugierigen belästigt wurde, hängte man ein Schild an beide Seiten des Wagens mit der Aufschrift „Versuchsfahrzeug". Einmal blieb der vordere Jeep liegen, als man über die Prärien in Saschatchewan fuhr. Der Wagen fuhr nach vorn und schleppte ihn in die nächste Stadt zur Reparatur. Eine müde, aber sehr zufriedene Gruppe erreichte schließlich wieder den Tunneleingang im Komplex an der nordpazifischen Küste. Nur eine einfache elektrische Eisenbahn ging durch den Bergtunnel. Der Wagen wurde auf die Schienen gestellt und bezog seinen Strom aus der Oberleitung, während er durch den Tunnel fuhr. Caldwell war erfreut, als man ihm erzählte, daß der kleine Wagen den großen Jeep kilometerweit gezogen haben soll. „Ich bin nicht überrascht", sagte er. „Aber wir wollen jetzt mal sehen, ob er auch einen Flachwaggon ziehen kann, der mit schweren Maschinen beladen ist." Für diese Aufgabe wurde der eineinhalb Tonnen schwere Wagen auf die Schienen gebracht und vor einen viele Tonnen wiegenden Eisenbahnwaggon gestellt. Der kleine Wagen fuhr an, und die Kette spannte sich. Wäre es ein Tauziehen gewesen, dann hätte der Waggon bereits verloren. So fuhr er einfach los und folgte dem Auto wie ein kleiner Hund an der Leine seines Herrchens.

Nach mehreren Monaten der Experimente war Colonel Wilkerson überzeugt, daß die Positionen der magnetischen Nord-Süd-Linien vom modernen Menschen niemals festgestellt und aufgezeichnet worden waren. Daß diese Kraftfelder ohne besondere Auflösung existierten, wußten die meisten Leute irgendwie. Gewiß wußte Wilkerson, daß die Längslinien ebenso wie die Breitenlinien auf den Karten nur dazu da waren, um die Navigationspositionen festzulegen. Er war ebenfalls der Meinung, daß die Erde nicht mit einem Magnetfeld bedeckt war wie mit einem unsichtbaren Mantel, sondern daß die Magnetkraft sich von Pol zu Pol entlang konstanter, feststehender paralleler Konzentrations- oder vielleicht Intervallbänder aufbauten. Colonel Wilkerson dachte, falls dies der Fall war – und er kannte den Abstand zwischen diesen magnetischen Kraftlinien – dann könnte man einen sehr viel stärkeren Magnetmotor in die Rundflugzeuge einbauen, so daß man in Zukunft ohne technische Veränderung in jede Richtung reisen könnte. Er hatte erkannt, daß die Erde selbst ein gigantischer Generator war, der entsprechend konstruierte Objekte – wie zum Beispiel das Rundflugzeug – mit ungeheurer Geschwindigkeit, sogar mit vierzigtausend Stundenkilometern, antreiben könnte. Aber zuerst müßten die magnetischen Schwankungen des Flugzeugs mit den Magnetlinien abgestimmt werden.

An der ‚Cornell University' fand er ein altes Manuskript, in dem Zeichnungen auf einer Wand einer Geheimkammer in der Pyramide von Giseh abgebildet waren. Diese Zeichnungen waren für Wilkerson eine Bestätigung, daß seine Theorie in bezug auf diese Kraftlinien korrekt war. Er flog nach Ägypten und besuchte die ‚Universität von Kairo', wo man ihm weitere Unterlagen zeigte, die darauf hinwiesen, daß es tatsächlich eine solche Kammer in der Pyramide gab. Ein Professor und ein Fotograf begleiteten Wilkerson zur ‚Großen Pyramide'. Sie gingen durch einen geheimen Gang in den oberen Teil der Pyramide und kamen an eine Tür. Als sie hindurchgingen, fanden sie sich plötzlich in einem völlig runden Raum mit einer Höhe von etwa zweieinhalb Metern wieder. Es handelte sich um eine vollkommene Reproduktion der Erde, die eine uralte Kultur der Nachwelt hinterlassen hatte. Charles B. Wilkerson war der erste moderne Mensch, der diese Kammer gesehen hatte und sich nun Gedanken über ihre Bedeutung machte. Als er die Reliefkarte der Erde beschaute, sah er deutlich die Nord-Süd-Linien mit einem exakten Abstand zueinander. Die drei standen sprachlos vor dieser Bildbotschaft, die ihnen von einer jahrtausendealten Zivilisation hinterlassen worden war. Wilkerson war sich bewußt, daß wir nicht die erste fortgeschrittene Zivilisation sind. Zumindest muß es einmal eine Kultur gegeben haben, die auf einem ebenso hohen Stand war. Die Ägypter waren es jedenfalls mit Gewissheit nicht, die die Pyramiden erbaut hatten. Sie hatten sich erst später in diesem Gebiet niedergelassen.

Jemand mußte damals erkannt haben, daß seine Kultur dem Ende entgegenging und hatte sich entschlossen, den Menschen in der fernen Zukunft eine Wahrheit zu hinterlassen, mit der sie die Welt wieder aufbauen konnten. Die Wände ringsum wurden in allen Einzelheiten fotografiert und Wilkerson nahm die Fotos mit nach Hause. In den nächsten Monaten gelang es ihm, das schwierigste Rätsel seines Lebens zu lösen. Das war sein größter Triumph. Als er fertig war, hatte er ein neues Erdnetzsystem von Längengraden entdeckt, die am Äquator ganz genau fünfzig Kilometer auseinanderliefen und am fünfundachtzigsten Breitengrad in die Öffnung der Erde abwinkelten. Während sie durch den Erdmantel ins Innere gehen, kommt jedes Paar magnetischer Längslinien von der Oberfläche zusammen und bildet eine gemeinsame Magnetlinie, die durch das Erdinnere zum Südpol verläuft. Später entdeckte man, daß der Verlauf der ozeanischen Strömungen ebenfalls durch diese magnetischen Kraftlinien beeinflußt wird.

Die Entdeckung der korrekten Magnetlinien warf eine ganze Reihe von Fragen auf, die sich die Rundflugzeugpiloten schon seit Jahren gestellt hatten. Wilkerson hatte festgestellt, wo die magnetisch erzeugten Erdschleifen am stärksten waren, wo sie verschwanden und wo sie wieder auftauchten. Die ungeheure Bedeutung dieser Entdeckung für eine Reihe von elektromagnetischer Anwendungen war offensichtlich, aber besonders wichtig waren sie für den zukünftigen Einsatz des Rundflugzeugs. Als die entsprechenden Tests in Los Alamos abgeschlossen waren, wurde beschlossen, daß der Austausch der bestehenden Motoren der amerikanischen Rundflugzeuge wichtiger war, als alles andere. Als die Umstellung durchgeführt worden war, konnte das Rundflugzeug in jede Richtung fliegen, weil es mit einem selbstkorrigierenden, automatischen Flugsystem ausgerüstet war.

Im Jahre 1978 gab es zwölf Zentren in Nordamerika – zwei davon in Kanada – in denen Forschungen im Zusammenhang mit Rundflugzeugen und anderen magnetischen Antriebssystemen durchgeführt wurden. Die Arbeiten der Forscher beim „Project Milk Can" hatten wesentlich zur Verbesserung des Rundflugzeugs von Caldwell beigetragen. Aber die Wissenschaftler wußten, daß ihre Maschinen noch längst nicht so perfekt waren wie die Maschinen von Außerirdischen.

Ein wichtiges Problem blieb dabei weiterhin zu überwinden. Die Rundflugzeuge konnten zwar extrem schnell fliegen, erzeugten aber mehr Reibung, als ihre Außenseite aus rostfreiem Stahl und Aluminium verkraften konnte. Außerdem flogen sie im Weltraum mit einer Geschwindigkeit von etwa dreihunderttausend Stundenkilometern. Staubpartikel und kieselsteingroße Meteoriten, auf die sie dort trafen, würden für die Schiffe eine Katastrophe bedeuten. Es gab auf der Erde noch kein Material, das diesen Raumpartikeln widerstehen konnte. Man hat festgestellt, daß bei Tornados

Strohhalme in Telefonmasten getrieben wurden. Die Außenhaut aus rostfreiem Stahl und Aluminium war vielleicht geeignet für einen Flug von der Erde zu einem anderen Planeten, aber während der Reise würde die Maschine wahrscheinlich so durchlöchert, daß man nicht mehr heimkehren konnte.

Estes Plateu, ein Venusier, der den Amerikanern wahrscheinlich mehr als jeder andere Außerirdische geholfen hatte, sagte Anfang der vierziger Jahre: „Ihr müßt das Rundflugzeug aus eigener Kraft perfektionieren. Wir haben euch am Anfang ein wenig unterstützt. Es befinden sich einige hochintelligente Wesen unter euch. Von Zeit zu Zeit werden wir euch besuchen, um euch zu zeigen, wie man die Probleme der zukünftigen Reisen im Raum löst." Über Estes Plateu werde ich später noch mehr berichten.

Die Außerirdischen hatten die Amerikaner dreißig Jahre lang beobachtet. Im Jahre 1975 hatten sie sich anscheinend entschlossen, den USA und ihren englisch sprechenden Verbündeten die Formel für die letzten technologischen Verbesserungen zu verraten. So soll am Abend des 18. Februar 1975 ein unidentifizierter Außerirdischer in Washington aufgetaucht und kurz darauf bei Präsident Gerald Ford erschienen sein. Seine ersten Worte nach der Begrüßung waren: „Wir sind der Meinung, daß wir jetzt den Vereinigten Staaten bei der Durchführung ihres Raumprogrammes helfen sollten." Als sich das Wesen wieder entmaterialisierte, hinterließ es auf dem Schreibtisch des Präsidenten eine Diskette. Sie wurde später das „sprechende Buch" genannt. Auf ihr war die Formel für die Herstellung des seltenen, leichten, bruchfesten Metalls aufgeführt, das notwendig war, um die Außenseite des Rundflugzeugs zu schützen.

Innerhalb eines Monats, nachdem die Diskette abgeliefert worden war, hatte Amerika die erste Produktion des neuen Metalls erfolgreich abgeschlossen. Fünf erstklassige Chemiker und Metallurgen arbeiteten an der Destillation des Flußmittels auf dem ‚Wright Patterson'-Flugplatz. Nachdem man sich über den Erfolg sicher war, beauftragte man die ‚Stanley Tool and Die Works' aus New Britton in Connecticut, die Entwicklung des Materials in strukturelle Komponenten durchzuführen. Ein Walzwerk produziert die Bleche, bevor sie in die Endverarbeitung kommen. Das neue Metall ist nicht leitfähig in bezug auf Blitze und Laserstrahlen. Es ist widerstandsfähig gegen Hitze und Kälte und kann ein Jahr, nachdem es geformt worden ist, nicht mehr gefeilt oder gebohrt werden. Es erzeugt keine Reibungshitze und schützt gegen Strahlung."

„Also daß die USA auch irgendwann hinter das Geheimnis der Untertassen-Technik kommen würden", unterbricht Adam, „ist ja auch klar. Mich würde nun aber interessieren, von dem was ich vorhin in Kurzform bei Tisch über die Neu-Deutschen erfahren habe, wie es mit diesen weiterging. Ich kann mir kaum vorstellen, daß sie sich jetzt zur Ruhe gesetzt haben."

Kapitel 16
Die Deutschen beginnen in der Hohlwelt das goldene Zeitalter

Nachdem Adam ein paar Scheite Holz in den Kamin gelegt hat und wir auf unser interessantes Beisammensein und Adam und John's du-Anrede angestoßen haben, will John auf seine Frage eingehen: „Durch die schnelle Kolonisierung der Hohlwelt durch die gegen Ende des Zweiten Weltkriegs verschwundenen Deutschen, sind die ersten Siedlungen in der Hohlwelt mindestens eine Generation eher als geplant entstanden. Einer der wichtigsten Gründe dafür war die Geschwindigkeit und Lastkapazität der großen Flugscheiben. Für die Neuankömmlinge waren die vierziger und fünfziger Jahre eine harte Zeit. Die Ansiedlung in der Hohlwelt hatte Familien auseinandergerissen und Einsamkeit und extreme Härten mit sich gebracht. Die Menschen litten unter den widrigen Umständen, mit denen sie sich in ihrer neuen Welt herumschlagen mußten. In den letzten Monaten des Zweiten Weltkriegs brachte Kurt von Schusnick, geborener Schweizer und erfolgreicher Flieger, hunderte von ausgesuchten Deutschen nach Südamerika. Von diesem Zwischenaufenthalt wurden sie nach einiger Zeit in die Hohlwelt gebracht. Jede Nacht kamen in Ulm vom Hauptquartier für die Westfront ausgesuchte Offiziere und Zivilisten an, die Kurt von Schusnick in seiner Flugscheibe in die neue Welt flog. Bis zum Ende des Krieges hatte der Mann die Deutschen über Südamerika in ihre neue Heimat innerhalb der Erde gebracht. Auch nach dem Ende der Feindseligkeiten flog Kurt von Schusnick weiterhin Deutsche von der Schweiz, in die sie inzwischen ausgereist oder geflüchtet waren, in die Hohlwelt.

Aber ungeachtet der Liste der Personen, die für die Auswanderung in die Innenwelt des neuen Reiches zugelassen wurden, lag die Entscheidung, wer dort unten leben durfte, letzten Endes bei den Bodländern, die die hereinkommenden Deutschen am Tunneleingang in Brasilien und an einem anderen, nicht bekannten Eingang in Argentinien überprüften. Im Laufe von dreißig Jahren wurden unzählige Deutsche aus dem Dritten Reich von den Bodländern zurückgewiesen, weil sie für das Leben im neuen Deutschland nicht geeignet waren. Viele der Zurückgewiesenen waren Nationalsozialisten, die nicht nach Ostdeutschland zurückkehren konnten, weil es sich jetzt unter sowjetischer Herrschaft befand. Auch in der Bundesrepublik mußten sie mit einer Verhaftung rechnen. Deshalb waren sie nach Brasilien geflohen, wo die Flüchtlingshilfe für die Nationalsozialisten immer noch sehr gut funktionierte.

Inzwischen brachte Kurts Bruder Erich von Schusnick mit einer weiteren Flugscheibe spezielle Dokumente, Pläne, medizinische Mittel, Wertsachen und andere dringend benötigte Dinge aus Deutschland heraus. Während ein großer Teil des Bauholzes, das man in Neu-Deutschland benötigte, durch den Tunnel in Brasilien in die Innenwelt gebracht wurde, wurden andere notwendige Positionen durch die Öffnung am Südpol ins neue Land transportiert. Die Flugscheiben waren sehr einfach in der Konstruktion, hatten nur wenige bewegliche Teile und erforderten daher auch nur eine geringe Wartung. Ihr lasttragender Gewichtsfaktor wurde ausschließlich durch das Volumen bestimmt.

Bei einer dieser Operationen unternahm Erich von Schusnick mehrere Reisen durch die Öffnung am Südpol in die Antarktis, wo die Flugscheibe Tonnen von Eis aufnahm und es in ein Süßwasserreservoir für die Einwohner einer neuen Siedlung brachte. Die neue Flugscheibe, bei dessen Bau die Außerirdischen den Deutschen geholfen hatten, war sehr vielseitig. Deutsche, mit denen ich im Jahre 1978 sprach, gaben zu, daß die unglaubliche Stärke und Vielseitigkeit ihrer unbegrenzten Zahl von Flugscheiben, die durch bodländische Untertassen noch ergänzt wurden, nicht nur die Geburt einer neuen Nation möglich machte, sondern deren Entwicklung auch um mindestens fünfzig Jahre beschleunigte.

Die amerikanische Einwanderungsbehörde ist sich jetzt darüber klar, daß die Deutschen nach dem Kriege viele ihrer Angehörigen mit Aufenthaltsvisa in die USA, die Karibik oder Brasilien eingeschleust hatten. Auf vielerlei Wegen setzten sich die deutschen Männer und Frauen in ihre neue Heimat ab. Die Deutschen in der Bundesrepublik selbst behielten dieses Geheimnis für sich. Sie verrieten nichts, nirgendwo kam es zu Indiskretionen. Während sich die Siedlungen in der Innenwelt erweiterten, bemühte man sich um technische Unterstützung aus dem ehemaligen Vaterland. Diese Kolonisten folgten denselben Routen wie die deutschen Söldner im Jahre 1572. Aber im Jahre 1948 durchquerten sie den Erdmantel in bequemen vierundzwanzig Stunden anstatt in drei Generationen wie ihre Vorfahren. Die Reise mit dem Zug dorthin ist nicht länger schwierig oder lästig. Bis zum Jahre 1953 wurden auf diese Weise mehrere zehntausend Deutsche nach unten gebracht und Zehntausende nach oben."

„Wie spielt sich denn das Leben in Neu-Deutschland ab?“ frage ich John.

„Alle offiziellen Berichte von Neu-Berlin beginnen im Jahre 1945. Zu diesem Zeitpunkt fing man damit an, den Boden des Rathauses zu gießen. Heutzutage ist der gesamte Regierungskomplex in diesem einen atombombensicheren Gebäude untergebracht, dessen Wände zwei Meter dick sind. Zu den Ministerien innerhalb dieses Staatsgebäudes gehört die Kanzlei des Staatschefs, das Schatzamt, das Verteidigungsministerium der Luftwaffe, Marine und Armee, das Justizministerium, Verkehrsministerium und so weiter. Das Staatsgebäude stellt das Zentrum, die Nabe von Neu-Berlin dar. Die Straßen sind die Speichen, die von diesem Staatsgebäude ausgehen, und die Alleen sind kreisförmig, die in Abständen innerhalb der Stadt angelegt wurden. Das Land ist dort flach und es gibt keine Flüsse.

1980 hatte Neu-Deutschland zirka achtzehn Millionen Einwohner, von denen etwa acht Millionen dort geboren wurden. Anderthalb Millionen Einwohner leben allein in Neu-Berlin. Es gibt vierzig Millionen Nachkommen der deutschen Expedition von 1572. Das macht insgesamt knapp sechzig Millionen Nachzügler, die innerhalb der Innenwelt leben, zusätzlich zu den Bodländern, die vor dreißigtausend Jahren ankamen und deren Zahl im Jahre 1980 etwa sechsunddreißig Millionen betrug. Die Stadt Neu-Berlin hat staatliche Schulen und Krankenhäuser. Sie wird von einem Einschienen-System mit deutschen Bussen und Bahnen versorgt, das die einzige Transportmöglichkeit darstellt. Die ersten Häuser, die von den Bodländern gebaut worden sind, bestanden aus Holz und waren vorgefertigt. Die neuen Häuser hingegen sind aus Zement, Ziegel und Kunststoff gebaut, weil es auf dem trockenen Boden, auf dem die Deutschen leben, immer noch einen gewissen Holzmangel gibt. Der Reichstag besteht aus Ober- und Unterhaus. Der Staat nimmt zehn Prozent des Einkommens seiner Bürger als Steuern. Die Industrie ist vollkommen in privater Hand.

Die Schulpflicht beträgt zwölf Jahre. Ein vorzeitiges Aussteigen wird nicht erlaubt. Eignungstests und die Neigung zu einem bestimmten Beruf bestimmen über die Zukunft des Schülers. Nach dem Abschluß muß jeder männliche Jugendliche vier Jahre in einer Waffengattung der neudeutschen Verteidigungsstreitkräfte dienen. Der Schüler darf sich dafür entscheiden, ob er seine Dienstzeit im Heer, in der Luftwaffe oder Marine ableistet. Jene mit Führungsqualitäten werden zur Offiziersausbildungsakademie geschickt. Nach Beendigung des vierjährigen Militärdienstes werden die jungen Deutschen, die mittlerweile etwa zweiundzwanzig Jahre alt sind, auf eine Universität entweder im Innern der Erde oder auf die Erdoberfläche geschickt. Diplome von Handelsschulen gelten in Neu-Deutschland als ebenso wichtig wie der Abschluß einer Hochschule.

Hitlers eigener Sohn Adolf Hitler Junior wurde im Alter von zwölf Jahren in die Schweiz geschickt. Er besuchte dort eine Privatschule in St. Albans im Nordosten und wurde dort von Leibwächtern beschützt. Seinen Abschluß machte er im Jahre 1956.

David, der Sohn von General Kurt von Schusnick, entschied sich nach seinem Militärdienst als Pilot dafür, als Offiziersanwärter bei der Luftwaffe zu bleiben. Bei der Pilotenschulung, die David von Schusnick absolvierte, wurde er zuerst an einem konventionellen Flugzeug ausgebildet und danach an einer Flugscheibe. Die deutschen Piloten sind auch mit Handstrahlpistolen ausgerüstet. Die Deutschen, mit denen ich sprach, waren aber nicht bereit, über die Bewaffnung der Schiffe zu sprechen. Sie erwähnten jedoch, daß anstelle konventioneller Kanonen lautlose Laserstrahlen und andere Strahlenwaffen verwendet werden. Sie haben ebenfalls einen Laserschutz an ihren Bodenstrahlenkanonen, und es wurden noch andere Laserabwehrwaffen entwickelt, die in den Fluggeräten verwendet werden.

David von Schusnick erwarb seine Flügelabzeichen beim Abschluß der neu-deutschen Luftwaffe am 18. April 1972. Sie wurden ihm von Luftmarshall D.C. Kitchiner angeheftet. Am 20. April nahmen sein Onkel Erich von Schusnick und seine Mutter ihn beiseite. Der Onkel sagte: „Du hast nun deine Flügelabzeichen bekommen. Es ist an der Zeit, über deine weitere Zukunft zu sprechen.“ So sprach man also darüber, was David studieren sollte und welche Laufbahn er einschlagen würde. Man drängte den jungen von Schusnick, eine Universität in Deutschland oder der Schweiz zu besuchen und dort Jura zu studieren. Er hatte sich nämlich entschlossen, Rechtsanwalt zu werden. Aber der junge Mann antwortete, daß er eine amerikanische Universität vorziehen würde, am liebsten Harvard. Trotz heftiger Einwände gelang es David, seinen Onkel und seine Mutter dazu zu überreden, ihn nach Harvard zu schicken. Er kam mit der Eisenbahn an die Oberfläche und flog dann nach Bonn, um einige Verwandte zu treffen. Nach einem kurzen Urlaub flog er dann weiter nach New York. Im September 1972 schrieb er sich als Student aus Westdeutschland an der Universität Harvard ein. Er gab den Namen David Schmidt an sowie eine

Schweizer Adresse in Zürich, wo sein Onkel Johannes wohnte. Bei einem Mitarbeiter des amerikanischen Außenministeriums soll er seinen Abschluß in internationalem Recht sowie Wirtschaftsrecht gemacht haben. An seiner Abschlußfeier nahmen sein Onkel Johannes und einige amerikanische Verwandte teil, unter anderem die Witwe seines verstorbenen Onkels Elmer, June.

Als er wieder nach Neu-Berlin zurückkehrte, sprach er mit seinem Onkel Erich über seine Erfahrungen an der Universität in Amerika. Unter anderem diskutierte er mit ihm das volksdeutsche Element in der US-Bevölkerung. David von Schusnick sagte zu seinem Onkel: „Wir Deutschen haben keine Schwierigkeiten damit, Amerikaner, Kanadier oder Briten zu werden. Tatsächlich stammen etwa fünfzig Prozent der englischsprechenden Nordamerikaner wahrscheinlich von den Deutschen ab oder haben zumindest Deutsche in der Verwandtschaft. Und natürlich hat man uns beigebracht, daß die Engländer germanischen Ursprungs sind. Außerdem ging die englische Sprache aus dem Altgermanischen hervor. Ich fühle mich in den USA zuhause."

David sagte auch: „Eines Tages möchte ich in Florida als Anwalt leben. Aber fürs erste möchte ich zurück in den aktiven Flugdienst." Während sich David von Schusnick wieder in die Gesellschaft Neu-Deutschlands eingliederte, entwickelte sich das Land ähnlich wie oben die Bundesrepublik Deutschland.

Der Grund dafür, daß Kinder der Neu-Deutschen auf Universitäten an der Oberfläche geschickt werden, liegt wohl darin, diese in beiden Systemen zu unterrichten, da es früher oder später – womöglich bereits im nächsten Jahrzehnt – zu einer offenen Verbindung beider Welten kommen wird. Wird dies geschehen, würden diese Kinder, die beide Systeme von klein auf kennengelernt haben, als Diplomaten fungieren können, da sie auch mit den Problemen und Schwächen beider Seiten vertraut sind.

Neu-Berlin hat zwei Tageszeitungen, die die Leute darüber informieren, was oben so vor sich geht. Eines Tages, am 26. Oktober 1974, erschien eine riesige Schlagzeile auf der Titelseite der ‚Neuberliner Nachrichten': „Der Führer ist tot." Hitler, der Führer des Nationalsozialismus, war in Spanien gestorben. Er hatte es nicht mehr bis Deutschland geschafft, wo er seine letzten Tage verbringen wollte. Auch die zweite Tageszeitung, der

‚Neudeutsche Bote', brachte die Nachricht in Riesenlettern. Für die folgenden dreißig Tage wurden auf Anordnung der neu-deutschen Regierung alle Flaggen auf Halbmast gesetzt. Der Sohn und Erbe Hitlers, Adolf Hitler Junior, war bereits seit drei Monaten im Amt, als sein Vater in Spanien starb. Als Hitler im Sterben lag, flog der junge Adolf Hitler zusammen mit einigen nahen Verwandten mit einer Flugscheibe zu seinem Vater.

Während der Abwesenheit von Adolf Hitler Junior übernahm der adoptierte Sohn Hans die Staatsgeschäfte. Der vollständige Name des von Hitler und Eva Braun adoptierten Sohnes ist Dr. Hans Tristher. Er ist der stellvertretende Staatschef des ‚Neuen Reiches'. Als bei Kriegsende Hitlers Wagen auf seinem Weg nach Spanien auch durch Straßburg fuhr und dort bei anberechender Dämmerung Rast machte, warf ein zwölfjähriger Bewunderer, der Hitler erkannt hatte, einen Blumenstrauß in den Wagen des Führers. Die Leibwache fing den Jungen ein, der dem Führer dann erzählte, daß seine Eltern bei einem Bombenangriff umgekommen waren. Er sah Hitler an und soll gesagt haben: „Sie sind jetzt mein Großvater." Hitler, der durch diese Bemerkung des Jungen erschüttert war, nahm ihn mit und adoptierte ihn später. 1977 hatte ich die Gelegenheit, mit Hitlers Adoptivsohn ein Gespräch zu führen, wobei ich diese Informationen erhielt.

Hitler selbst hatte am 7. August 1974 in seiner Residenz seine Abschiedsrede gehalten. Danach hatte er die Regierungsgeschäfte an seinen Sohn Adolf Hitler Junior übergeben und eine Flugscheibe bestiegen, die begleitet von drei weiteren Maschinen, Kurs in Richtung Spanien nahm. Es war ein kalter, regnerischer Morgen, jener 25. Oktober 1974. Um fünf Uhr früh starb Adolf Hitler, der Führer des Dritten Reiches, im Alter von fünfundachtzig Jahren in Zaragoza. Er hatte alle seine alten Feinde, Roosevelt, Stalin und Churchill überlebt.

Die Solidarität mit dem Nationalsozialismus im ‚Neuen Reich' wurde während der Hitlerjahre nach 1945 stabilisiert. Später verpflichteten die beiden Häuser des Parlaments mit der Ernennung des neuen Staatschefs Adolf Hitler Junior sich und die Millionen Neu-Deutschen, die damals bereits in der Innenwelt lebten, am Nationalsozialismus festzuhalten. Der nunmehr souveräne Staat stand jetzt nicht mehr unter der Oberhoheit der Bodländer, da der entsprechende, auf dreißig Jahre befristete Vertrag abgelaufen war.

Sechs weitere Königreiche mit Altdeutschen, die von Monarchien regiert wurden, lebten auf einem naheliegenden Kontinent in der südlichen Hemisphäre. In der Nachbarschaft von Neu-Deutschland befand sich das alte Bodland, das auch mit Straßen und Schienen mit Neu-Deutschland verbunden war. Die Bodländer hatten die Neu-Deutschen von Anfang an nach Kräften unterstützt. Sie hatten sie militärisch beraten und ihnen auch beim Aufbau des Bildungssystems, des Verkehrswesens und dem Bau von Fabriken geholfen. In der nördlichen Hemisphäre, auf dem Kontinent der Wikinger, lebten Skandinavier, die von germanischen Stämmen abstammten. Die Einwanderung der Wikinger in die Innenwelt hatte zweitausend Jahre zuvor stattgefunden, wobei die letzte Gruppe zwischen neunhundert und eintausend nach Christus hereingekommen war. Ebenso wie die Deutschen im 20. Jahrhundert waren auch sie als Eroberer eingedrungen und mußten von den bereits dort lebenden Atlantern und Bodländern erst sozusagen gezähmt und zu friedlichen Mitbewohnern gemacht werden.

Auf die Frage nach einem weiteren möglichen Konflikt auf der Oberwelt, möglicherweise mit Rußland, sagte mir Dr. Jerrmuss: „Die Russen versuchten im Jahre 1956, ins Erdinnere vorzudringen. Kanadischen Geheimdienstberichten zufolge schickten sie ein Schlachtschiff, das jedoch durch einen Warnschuß aus einer Laserkanone gestoppt wurde. Leicht beschädigt und mit einer strengen Ermahnung an den Kapitän, niemals wiederzukommen, durfte es wieder an die Erdoberfläche zurück.

Im nächsten Jahr, mitten im Winter, schickten die Russen eine sechzehntausend Mann starke Truppe mit Fahrzeugen, schwerer Artillerie, Panzern und Panzerwagen über die Eisfelder und Inseln durch die Öffnung in das Erdinnere. Die Eindringlinge landeten auf einer Landmasse im äußersten Norden, wo sie von alten Wikingern empfangen wurden. Diese beschossen sie mit Laserstrahlen, die ihre Fahrzeuge unbrauchbar machten. Damit war die Truppe praktisch hilflos. Über Funk befahl man ihnen, wieder zur Oberfläche zurückzukehren. „Solltet ihr wiederkommen“, warnte die Stimme, „dann wird das eure endgültig letzte Reise sein.“ Die Russen zogen sich unverzüglich zurück. Eine dreißigtausend Mann starke Reserve, die in Sibirien bereitstand, wurde nicht mehr dazu eingesetzt, um das Innere der Erde mit Gewalt zu erobern.

Wir Bodländer verstehen den Haß der Deutschen auf die Russen.“ Dieser gebildete Mann, der sieben Sprachen spricht, sagte bei unserem Interview 1977, daß „der Sowjetkommunismus eine böse Macht sei. Aber sie würde schließlich von innen heraus zerstört werden, ohne daß eine Außenmacht eingreifen müßte.

Unser Nachrichtendienst und unsere Propheten behaupten, daß es in Rußland noch vor dem Jahr 2000 zu Aufständen kommen wird. Deshalb wird sich das sowjetische Problem von selbst lösen, ohne daß die Deutschen einen Krieg anfangen müssen. Sollte es den Menschen jedoch nicht gelingen, ihre Verhaltensstrukturen untereinander zu ändern und die Machtstrukturen zu beseitigen, die hinter den Regierungen wirken, wird es wahrscheinlich noch einen Dritten Weltkrieg geben, bevor die Oberwelt Frieden finden wird."

Mit dem Zerfall der Sowjetunion hat sich die Prognose von Dr. Jerrmuss tatsächlich erfüllt. Wollen wir aber hoffen, daß er bezüglich des Dritten Weltkriegs Unrecht hat.

Als er gefragt wurde, was die Bodländer im Falle eines solchen Krieges tun würden, sagte er: „Wir würden uns da raushalten. Wenn die Deutschen in Südamerika und in Tibet sich unbedingt selbst umbringen wollen, dann ist das ihre Sache. Wir Bodländer haben damit nichts zu tun." Aber dieser germanische Gelehrte äußerte sich zuversichtlich, daß, falls ein solcher Krieg ausbrechen würde, seine neu-deutschen Nachbarn inzwischen so weise sein würden, um sich aus diesem Konflikt herauszuhalten.

Anfang der siebziger Jahre hatten die Deutschen, Amerikaner und Engländer ihre Differenzen aufgrund des Krieges teilweise beigelegt. Auch der junge David von Schusnick profitierte von dieser Entwicklung, denn im Jahre 1977 unternahm man die ersten vorsichtigen Versuche, eine Freundschaft zwischen den Neu-Deutschen und einigen Ländern an der Oberfläche anzubahnen. Dies geschah auf sehr unpolitische und unkonventionelle Weise. Es war vielleicht der Beginn einer neuen Ära des gegenseitigen Verständnisses zwischen Neu-Deutschland und den Nationen oben. Mit der sorgfältigen Planung begann man am 31. Juli 1977, als Neu-Berlin im Innern der Erde und Cape Kennedy an der Oberfläche gemeinsam an einem spektakulären Ereignis teilnahmen. Geflügelte Emissäre aus Neu-Berlin in der Innenwelt machten sich auf die Reise nach oben. Die Reise nach Cape Kennedy konnte man in weniger als zwei Stunden schaffen, aber die Mannschaft hatte von der neu-deutschen Luftwaffe die Erlaubnis erhalten, sich Zeit zu nehmen und ihre Ankunft über Cape Kennedy auf zwölf Uhr mittags festzulegen. Sie hatten Anweisungen, bei Zwischenlandungen bestimmte Aufgaben zu erfüllen. Sobald sie sich jedoch im amerikanischen Luftraum befanden, sollten sie ohne weitere Verzögerungen zum Zielort fliegen.

Während die deutsche Flugscheibe über Cape Kennedy langsam herunterging, meldete sich von Schusnick beim Tower und wartete auf die Bestätigung. Die Flugscheibe sah für die Leute am Boden wie eine leuchtende Kugel aus, während es plötzlich zehn Meter über dem östlichen Ende der Landebahn erschien. Die Amerikaner hatten diesen Feuerball beobachtet, während er auf sie zuraste. Auf einer besonders gekennzeichneten Stelle auf der Landebahn gingen die Lichter aus, und die Umrisse einer fliegenden Untertasse wurden sichtbar. Die Maschine stand auf der Bahn wie eine runde Wanze. Unten öffnete sich eine Tür, die, als sie auf den Boden kam, eine Treppe bildete, auf der die Piloten herunterkamen. Ihre Uniformen waren schwarz, die Hosen an der Seite mit Silberstreifen versehen. Die Stiefel waren lang und schwarz. Auf den Kappen sah man die Insignien des Luftwaffenkorps von Neu-Deutschland.

Kapitän David von Schusnick, der Befehlshaber der deutschen Flugscheibe, wurde den Vertretern der amerikanischen Luftwaffe vorgestellt. Nach den Begrüßungsformalitäten wurde er von General Jones gefragt, was sie jetzt am liebsten tun würden. Fast im Chor riefen die jungen Deutschen: „Ein amerikanisches Motorrad fahren!" Während sich einhundert ausgesuchte Amerikaner im Hangar versammelten und die deutsche Maschine von innen und außen bestaunten, spielte die Luftwaffenkapelle deutsche Musik. Inzwischen hatte die Polizei die Meeresstraße nach Melbourne abgesperrt, während einige deutsche Männer und eine Polizei-Eskorte die Geschwindigkeit der Harley Davidson-Maschinen testeten und dabei die Seeluft genossen. Bevor das Flugzeug wieder startete, wurde eine der Maschinen an Bord gebracht. Den Leuten, die das Innere der Flugscheibe besichtigten, wurden die Steuerungen erklärt. Außer dem computerisierten Navigationssystem wurden Drucktasten für die Füße und Knie zur Steuerung des elektrischen Leitsystems verwendet. Ein Knopf für den linken Fuß drehte das Schiff gegen den Uhrzeigersinn, und ein Knopf für den rechten Fuß im Uhrzeigersinn, ein Fußschalter in der Mitte war für den Auf- und Abstieg. Auf einen Druck mit dem linken Knie auf dem elektromagnetischen Knopf wurde der Rückwärtsgang betätigt. Fingertasten duplizierten die Fußmanöver. Die Fuß- und Knieschalter wurden im Kampfeinsatz betätigt, damit die Hände frei für die elektrischen Laserkanonen waren. Wie amerikanische Helden, die mit einer Konfettiparade in New York gefeiert werden, wurden die Deutschen bei ihrer Rückkehr in Neu-Berlin empfangen. Sie hatten ein neues, aber zerbrechliches Band der Freundschaft mit ihren alten Feinden geknüpft. Vielleicht war eine neue Generation nötig gewesen, um dies zustande zu bringen."

„Tut mir leid", unterbricht jetzt Adam, „aber das kommt mir jetzt eher wie Hollywood vor. du weißt doch genauso gut wie ich, daß die US-Regierung ein williges Werkzeug der Illuminati ist. Die wird doch nicht plötzlich mit ihrem Erzfeind – den Nationalsozialisten – Frieden schließen. Heute ist doch alles nur noch schlimmer geworden. Alles steuert gezielt auf die Neue Weltordnung zu und die Etablierung eines Sklavenstaates, und den zu dessen Einführung notwendigen Dritten Weltkrieg. Du glaubst doch nicht im Ernst, daß die Neu-Deutschen da einfach zuschauen werden? Ich denke da allein schon mal an die Einsätze der neuen Super-U-Boote der Neu-Deutschen, die bis zum heutigen Tag anhalten. Hast du davon denn nichts gehört?"

„Ehrlich gesagt nein, beziehungsweise nur Vereinzeltes", gibt John zu.

„Na, dann möchte ich an dieser Stelle etwas nachhelfen:

Kapitel 17
Neu-deutsche U-Boote überwachen die Meere

Denn nicht nur die Flugscheiben kann man als Wunderwaffen bezeichnen. Man hatte nämlich durch die Hilfe der Außerirdischen auch ganz spezielle U-Boot-Typen entwickelt. Dabei waren die Typen XXI und XXIII nur die ersten Entwicklungen gewesen, die mit neuartigen Antrieben ausgestattet waren und daher bis zu fünfundsiebzig Knoten fuhren. Bezüglich der Wunder-U-Boote gibt es zwei hervorragende Schriften. Die von O. Bergmann verfaßten Werke „Deutsche Flugscheiben und U-Boote überwachen die Weltmeere - Band eins und zwei" sind eine sehr gute Ansammlung von Berichten sogenannter „unbekannter U-Boote", die sich offenbar an keine Regeln und Grenzen der Alliierten halten. Diesen Schriften kann man die Informationen entnehmen, daß plötzlich, ab 1943, die Verlustzahlen deutscher U-Boote dramatisch in die Höhe schnellten. Dies lag aber nicht daran, daß die Alliierten plötzlich mehr Zielwasser getrunken hatten, sondern eher an Abzweigungen für das „Letzte Bataillon" – die „Dritte Macht". So wurden ab Sommer 1943 auch drei offiziell bekannte U-Boot-Stützpunkte fertiggestellt – in Penang, Jakarta und Surabaja, in Indonesien, doch kamen von insgesamt siebenundzwanzig entsandten U-Booten nur dreizehn an. Wo war der Rest geblieben? Genau dort, wohin auch all die anderen hunderte U-Boote und Flugscheiben hingelangten – in die Antarktis!

Daher entnehmen wir den Aussagen der beiden Ritscher-Expeditionsteilnehmer Siewert und Wehrend, daß das Expeditionsschiff „Schwabenland" nach der Antarktis-Expedition 1938/39 im vierteljährlichen Rhythmus zwischen Heimathafen und Neuschwabenland hin- und herpendelte und neben Menschen auch Ausrüstungsgegenstände, ja sogar ganze Bergbaueinrichtungen in die Antarktis beförderte. Dazu gehörten auch Gleisanlagen und Loren, aber auch eine riesengroße Fräse, um Tunnelsysteme ins Eis bohren zu können. Es verschwanden insgesamt weit über zweihundert U-Boote aller Klassen – und vor allem auch solche, die mit den neuartigen Antrieben bestückt waren.

Dann tauchten plötzlich nach dem offiziellen Kriegsende in allen Meeren der Welt unidentifizierte U-Boote ohne Nationalität auf. Diese bis zum heutigen Tage trotz größter Anstrengungen der Alliierten nie gekaperten deutschen U-Boote erreichten im Gegensatz zu den U-Booten der Alliierten phantastische Geschwindigkeiten. So beschreibt beispielsweise der Amerikaner Jean Prachan in seinem Buch „UFOs im Bermuda-Dreieck" U-Boote, die mit bis zu zweihundertachtzig Stundenkilometern gemessen wurden. Das schnellste amerikanische U-Boot fuhr zu dieser Zeit, 1963, gerade schlappe achtzig Stundenkilometer.

Im Jahre 1964 verfolgte der US-Flugzeugträger WASP und zwölf andere Schiffe ein deutsches U-Boot, das mit „über zweihundert Knoten" gemessen wurde. Die Verfolgung dauerte dabei vier Tage und man stellte fest, daß das deutsche U-Boot bis auf achttausend Meter Tiefe ging, wohin ihm kein anderes irdisches U-Boot folgen konnte. Am 4.10.1977 schrieben beispielsweise die ‚Bremer Nachrichten': „Die Geheimnisse beider Hemisphären sollen im Besitz umfangreicher Aufzeichnungen über das Auftauchen unbekannter und geheimnisvoller Unterseeboote sein" und nennen dabei einen Vorfall, bei dem eines dieser U-Boote mit dreihundertsiebzig Stundenkilometern gemessen wurde.

Doch es wurden auch hunderte Flugscheiben gesehen, die aus dem Wasser auftauchten, beziehungsweise ins Wasser eintauchten. Ebenso sah man zigarrenförmige deutsche Mutterschiffe aus und in das Wasser fliegen. Sie fuhren dabei unter Wasser ebenso Zick-Zack Manöver, wie sie dies auch am Himmel taten. Manchmal umkreisten sie dabei noch die sie beobachtenden Schiffe, bevor sie in den Himmel schossen.

Ganz offensichtlich hat man die Anti-Gravitations-Antriebe, die man in den Flugscheiben verwendet, auch in die U-Boote eingebaut. Denn nur damit ist zu erklären, was unter anderem auch Ingenieur E. Halik 1955 herausgefunden hat, nämlich daß diese deutschen U-Boote auch fliegen können. Es wurden richtige U-Boote mit Druckkörper und Turm beobachtet, wie sie aus dem Wasser kamen und am Himmel verschwanden. Und man wird dabei schwerlich annehmen können, daß außerirdische Besucher so einfallslos wären, deutsche U-Boote für Zwecke ihrer Luftfahrt zu kopieren.

Natürlich wurde sofort von alliierter Seite das Gerücht gestreut, es wären sowjetische U-Boote, denn deutsche U-Boote durfte es ja gar nicht geben, denn

erstens war der Krieg ja offiziell zu Ende und Deutschland restlos besiegt und *zweitens* durften ja die Waffen des Gegners denen der Alliierten nicht um Jahrhunderte voraus sein. Also waren diese U-Boote sowjetisch. Ist ja klar!

Doch es erschienen diese Objekte nicht nur, nein, sie ließen auch amerikanische Schiffe verschwinden. Vor allem im Bermuda-Dreieck. Es ist nach all den Berichten, daß in diesem Bereich der Welt immer wieder Tanker und Frachter mit speziellen Gütern beladen spurlos verschwinden, anzunehmen, daß sich auf dem Meeresgrund neben alten atlantischen Reliquien auch eine deutsche Basis befindet, die sich ab und an mit neuem Material versorgt. Manchmal fand man auch die Schiffe ohne Besatzung leer auf dem Meer treibend, was wiederum darauf hindeutet, daß man auch Menschenmaterial gebrauchen kann.

Bei solchen Kaperaktionen bediente man sich in vielen Fällen einer deutschen Erfindung, die mit dem Magnetantrieb der Flugscheiben einhergeht. Und zwar ist es diesen möglich, kalte oder warme Luftmassen an sich zu binden und künstliche Wolken in beliebiger Größe um sie herum zu formen – eine Art Tarnung. Speziell im Bermuda-Dreieck wurden mit dem Verschwinden von Schiffen immer wieder plötzlich auftretende Wolken und Nebelbänke erwähnt, die genauso schnell und mysteriös verschwanden, wie sie auch aufgetaucht waren. So hatte man auch schon vor 1945 endothermische Waffen entwickelt. Eine dieser Waffen ist die Kältebombe, die in wenigen Sekunden ein großes Areal in eine Schneewüste verwandeln konnte, wobei man dann nur noch alle Lebewesen einsammeln mußte, bevor sie wieder „auftauten".

Doch wieso hat man auch im Meer, auf dem Meeresboden, beziehungsweise in unterirdischen Grotten Basen errichtet? Nun, weil die Erde von zirka siebzig Prozent Wasser bedeckt ist, das bis mehr als achttausend Meter tief ist, wobei sich ein enormer dreidimensionaler Raum unter der Meeresoberfläche für militärische Aktionen regelrecht anbietet.

Jedenfalls ist die Aktivität der deutschen U-Boote so hoch, daß allein Norwegen seit 1970 bis heute über fünfhundert Verletzungen seiner Territorialgewässer melden mußte. Schweden muß während der eisfreien Zeit sogar zehn U-Boote und Mini-U-Boote täglich zugeben, die sich in schwedischen Gewässern ungehindert tummeln. Alle Arten der Zerstörung, darunter direkte Abwürfe von Wasserbomben – fünfzig, einhundert und einhundertfünfzig Kilo – waren genauso wirkungslos, wie Torpedos oder das Anheften von Wanzen. Die elektromagnetischen Antriebe der deutschen

U-Boote bauen offenbar einen Schirm um sich herum auf, die die Detonationen wirkungslos machen. Zusätzlich sind die deutschen Mini-U-Boote mit einem Raupenantrieb ausgestattet, mit dem sie sich auch auf dem Meeresgrund fortbewegen können. Mit einem dieser Mini-U-Boote gelang es den Neu-Deutschen im Oktober 1982, tief in den Stockholmer Hafen und sogar bis vor das königliche Sommerschloß vorzudringen. Der Leiter der daraufhin eingeleiteten zweiwöchigen Such- und Verfolgungsaktion zeigte den Medien später ein Videoband, auf dem die Raupenspuren des Mini-U-Boots zu sehen waren.

Ein anderer Bereich, außer der Antarktis und der Arktis, wo es zu weiteren häufigen Sichtungen von U-Booten und deutschen Flugscheiben kommt, ist im Gebiet der Balearen und der Kanarischen Inseln. Dort wurden schon hunderte Male Flugscheiben beobachtet, wie sich diese, vom Himmel kommend, der Wasseroberfläche näherten, ein Strudel sich bildete, sie untertauchten und nur noch ein Sprudeln im Wasser übrigblieb. Manchmal konnte man die Scheiben durch ihr Leuchten noch bis etwa einhundert Meter Tiefe unter dem Meer mit Blicken verfolgen, bis sie für immer verschwanden.

Wie kann man sich solch einen Unterwasserstützpunkt vorstellen?

Da der Anti-Gravitations-Antrieb, sobald die Flugscheibe die Wasseroberfläche durchdrungen hat, das Wasser verdrängt, genügt es, daß eines der Mutterschiffe mit über einhundert Metern Durchmesser auf dem Meeresboden niedergeht. Manche behaupten sogar, daß es inzwischen zigarrenförmige Mutterschiffe mit bis zu einem Kilometer Länge geben soll. Ist das Mutterschiff erst einmal auf dem Boden, können die kleinen Untertassen durch Schleusen aus- und eingleiten. Der Sauerstoff wird wie bei den U-XXI und U-XXIII mit dem Walther-Antrieb aus dem Meerwasser gewonnen. Die deutschen Riesen-U-Boote konnten schon während des Zweiten Weltkriegs mehrere Monate unter Wasser bleiben ohne aufzutauchen. Die Mutterschiffe werden in regelmäßigen Abständen mit frischen Nahrungsmitteln versorgt und die Mannschaften in eben solchen Abständen zu Erholungszwecken ausgetauscht. Es ist auch keinerlei Schwierigkeit, die Mutterschiff-Stützpunkte von Zeit zu Zeit zu verlegen. Ein solches Mutterschiff muß sich dazu nur um ein paar Kilometer weiter wegbewegen, und schon ist es geschehen. Von solchen Unterwasser-Mutterschiff-Basen können U-Boote und Flugscheiben in allen Weltmeeren und vor allem in den Küstenbereichen aller Kontinente hervorragend operieren.

Ein Fall, der für viele stehen kann, beschreibt ein solches Manöver wie folgt: Am 12. Juli 1972 beobachteten zahlreiche Menschen in dem italienischen Badeort Loano gegen dreiundzwanzig Uhr eine fliegende Untertasse. Diese hatte eine Kuppel auf der Oberseite und Kugeln an der Unterseite und war rundherum mit Scheinwerfern versehen. Diese blitzten in regelmäßigen Abständen auf und beleuchteten die Wasseroberfläche unter der Scheibe. Die Flugscheibe, die einen ungefähren Durchmesser von einhundert Metern aufwies, kreiste am Himmel, als würde sie auf etwas warten. Plötzlich leuchteten Lichter unter dem Meer auf, woraufhin sich die Scheibe langsam senkte. Sie glitt durch die Wasseroberfläche und verschwand tief im Meer."

Adam steht kurz auf und holt ein Buch aus einem der umstehenden Regale. „Diesem 1960 in den USA erschienenen Buch „We want You – Is Hitler alive?" von Michael X. kann man folgendes entnehmen: „Es ist bekannt, daß die Nationalsozialisten im Besitz eines Freie-Energie-Motors sind und daß sie ihn dazu benutzen, um damit ein U-Boot zwischen Europa und Buenos-Aires anzutreiben – und zwar im Jahre 1958. Es wird weiterhin von einer großen Anzahl von uns angenommen, daß es irgendwo im Atlantik zwischen Deutschland und Argentinien eine von den Nationalsozialisten gebaute Unterwasserstation gibt. Ein Zwischenlandeplatz, zweifelsohne, für U-Boote und UFOs der Nationalsozialisten."

„Doch wozu dies alles?" stellt Adam die Frage in den Raum. „Was haben die Deutschen vor? Offenbar kontrollieren die Flugscheiben sowie die elektromagnetischen U-Boote ganz besonders alle kriminellen Handlungen, die mit Atom, Atombomben und Atomkraftwerken zusammenhängen. Ebenso Raketenanlagen und andere militärische Einrichtungen. Die Ablenkung von der Tatsache, daß es sich bei diesen „fremden U-Booten" um neu-deutsche handelt, und das Streuen der Desinformation, daß dieses sowjetische U-Boote wären, hat einen sehr bedeutsamen Hintergrund. Falls die Weltöffentlichkeit über diese Tatsache informiert würde, ist es höchstwahrscheinlich, daß die national gesinnten Deutschen in der Welt wieder zu „hoffen" anfangen würden. Und das darf natürlich nicht geschehen.

Man hat ja so viel Geld ausgegeben und keine Mühen gescheut, die Deutschen nach dem Krieg zu demokratisieren und das Volk, Traditionen und Werte durch eine Multikultur zu ersetzen."

John hat aufmerksam zugehört und meint nun mit einem bestätigenden Nicken: „Ja, da hast du wohl recht. Womöglich war die Landung der Deutschen in ‚Wright Patterson' nicht von allen amerikanischen und alliierten Kreisen begrüßt worden. Wir dürfen jedenfalls nicht vergessen, daß Militär und Regierung, beziehungsweise Militär und Illuminati nicht ein und dieselbe Sache sind. Bloß weil das Militär ein Werkzeug der Regierung ist, heißt das noch lange nicht, daß man dieser auch alle militärischen Erkenntnisse und Neuerungen mitteilt. Und es ist euch ja sicherlich auch nicht entgangen, daß ein großer Teil der SS später in den amerikanischen Geheimdienst OSS aufgenommen wurde, aus dem später die CIA hervorging. Für diese Nationalsozialisten in amerikanischen Uniformen ist ihre Arbeit immer weitergegangen, was von diversen anderen Komponenten in der US-Regierung nie begrüßt worden ist. Und so ziemlich alle ‚Black Projects' unterstehen der CIA, daß heißt, auch hochrangigen SS-Männern mit deutschem Geist in amerikanischen Uniformen. Man sollte dies bei den Betrachtungen immer mit berücksichtigen. Das ist sogar in der Bundesrepublik Deutschland mit der Bundeswehr so. Die haben einen völlig anderen Geist, als der ihr vorstehende Verteidigungsminister beziehungsweise die Regierungsparteien. Bloß weil die Bundeswehr nie zu Wort kommt, oder politisch nichts zu melden hat, heißt das noch lange nicht, daß diese Leute blöd sind. Die meisten Revolutionen oder Putsche der letzten Jahrzehnte kamen durch das Militär, das innerhalb kürzester Zeit ein Land übernommen hatte.

Wie dem auch sei, meine Berichterstattung bezüglich der Hohlwelt ist hier eigentlich zu Ende. Wenn die Informationen, die ich in all den Unterlagen einsehen durfte, stimmen und auch die Augenzeugen, die ich interviewte, nicht gelogen haben, scheint es sich im großen und ganzen so abgespielt zu haben. Es gibt zwar noch einige Detailinformationen über die Lebensweise und andere Umgänge dieser Menschengruppen, wie ich sie von den beiden Innerirdischen in den Interviews erfahren habe, aber die haben weniger mit dem geschichtlichen Ablauf der Dinge zu tun. Ich kann euch ja noch ein paar Kopien der Interviews dalassen, damit ihr euch euer eigenes Bild über die Sache machen könnt.

Ich bin sowieso der Ansicht, daß das, was sich auf unserem kleinen und so unbedeutenden Planeten abspielt, ob innen oder außen, wesentlich an Bedeutung verliert, wenn wir uns betrachten, was sich allein in den letzten fünfzig Jahren bezüglich außerirdischer Kontakte zugetragen hat – Abstürze nicht zu vergessen."

„Da bin ich ganz deiner Meinung, John", schließe ich mich seinen Worten an. „Ob jetzt drei Millionen Deutsche im Erdinnern leben oder fünfhunderttausend, ob es Nationalsozialisten sind oder Monarchisten, ob sie zwanzig Flugscheiben haben oder zwanzigtausend, ist doch eigentlich von geringerer Bedeutung. Es scheint aber offenbar Tatsache zu sein, daß die Deutschen, wie wahrscheinlich auch andere Nationen der Erde, außerirdische Kontakte und wahrscheinlich auch eine außerirdische Zusammenarbeit hatten und haben. Sonst würde es zu diesem Zeitpunkt wohl auch keine Flugscheiben von irdischen Militärs geben. Also stellt sich daher die Frage, wer diese Außerirdischen sind, die mit uns hier Kontakt aufnehmen, ob es verschiedene Gruppen gibt, gute und böse, und nach welchen Kriterien sie die Kontaktpersonen auswählen?

Bezüglich der Außerirdischen, die mit den Deutschen Kontakt aufgenommen und diesen auch bei Konstruktionen geholfen haben, liegen mir doch einige Informationen vor. Aus Quellen, die der SS und der Thule-Gesellschaft entstammen, ist zu entnehmen, daß zumindest ein Teil der Außerirdischen von Aldebaran kam, einem Sonnensystem, das sich achtundsechzig Lichtjahre von der Erde entfernt befindet. Ich hatte ja ganz zu Anfang unseres Gesprächs einiges über die VRIL-Gesellschaft und ihre Kontakte zu Außerirdischen erwähnt. Dabei waren ihre Flugscheibenentwicklungen nur der Anfang. Einem Vortrag von Dr. W.O. Schumann über die Physik hinter der verwendeten Technik und ihren Herkunftsort ist zu entnehmen, daß es den Flugscheibenkonstrukteuren um weit mehr ging, als um den Sieg eines Zweiten Weltkriegs oder die Kolonisierung der Hohlwelt.

Diesen möchte ich dir vielleicht kurz vorlesen, damit du ein wenig über die geistige Verfassung und Interessen der VRIL-Gesellschaft erfährst:

„Vortrag zum Geheimnis des Sternenflugs – 1944

Liebe Kameraden und Kameradinnen, liebe Gäste, die ihr euch heute hier beim dreiundzwanzigsten Wolfsberger Treffen eingefunden habt,... Besonders danke ich auch dir, lieber Reichsführer SS, daß du eigens für diesen Tag zu uns gekommen bist, und dir, lieber Freund Dornberger, der du für diese Stunden den weiten Weg vom Nordosten des Reiches zurückgelegt hast, um anzuhören, was diejenigen über den Flug zu den Sternen zu sagen wissen, deren Geräte nicht unter Antriebsdonner feuergeschweift in den Himmel steigen, sondern mit für manche unheimlichem Schweigen.

Jetzt habe ich eben die Entfernung von Peenemünde bis Wolfsberg hier im Kärntnerland einen weiten Weg genannt. Die Verhältnismässigkeit des Begriffs der Entfernung hat sich darin schon gezeigt. Im vorigen Jahr hat unser Gastvortragender Dipl.-Ing. Brützel die Ränder des eigenen Sonnensystems als das höchste der Gefühle, was menschliche Erreichbarkeit hinsichtlich Entfernungsüberbrückung sich ausmalen könne, bezeichnet. Als mögliche, tatsächlich innerhalb der nächsten zwei Jahrzehnte erreichbare Ziele im All nannte er den Mond und vielleicht auch den Mars. Das sind nun in der Tat erhebliche Entfernungen, von denen da die Rede war.

Aber wir sprechen von Entfernungen ganz anderer Ausmaße. Die Entfernungen, von denen wir sprechen, verhalten sich zur Entfernung Mond-Mars ungefähr so, wie die Entfernung Peenemünde-Wolfsberg zu dieser. Wir sprechen von anderen Sonnensystemen, ja womöglich von anderen Milchstraßen.

Stehen wir damit noch auf vernünftigen Grundlagen? Sind wir damit mehr als „Hellseher", wie Freund Engel vor vier Jahren noch meinte? Oder sind wir damit die „Speerspitze einer neuen Weltgeneration?", wie Freund Stegmaier gegenüber dem Führer sich äußerte?

Wir sind, nach eigenem Urteil, Diener einer göttlichen Kraft, deren Gaben zu nutzen uns Mission und Auftrag ist. Denn betrachten wir die Errungenschaften menschlicher Technik, so stellen wir fest: Den größten Anteil an allem hat die göttliche Fügung der Dinge. Ein Beispiel dafür soll genügen: Könnte es eine Rundfunksendung geben, ohne die göttlich gefügten Naturvoraussetzungen? Und so meinen wir es in allem zu erkennen: Es gibt so etwas wie ‚göttliche Vorarbeit' in allem, die rund neunzig Prozent ausmacht. Nur die zur Nutzung nötigen, ergänzenden zehn Prozent leistet der Mensch.

Unsere Denkgrundlage ist daher die, nach solchen „göttlichen Vorleistungen" Ausschau zu halten, um sie für das Menschtum greifbar zu machen. So fanden und ergriffen wir die Kräfte des VRIL!

In der Altgeschichte arischer Erinnerung ist von solchen Kräften schon berichtet. Etwa in der Ramayana über die Vimana-Flugzeuge. Bei der

Durcharbeitung alter babylonischer Schriftzeugnisse stieß Delitzsch auf weitere Spuren solchen gotthaften Wissens. Die Weisen der Alten gingen den Weg, den wir abermals zu gehen bemüht sind: Den Weg der Suche nach Anknüpfungsstellen an „göttliche Vorarbeit".

Die stille, tiefgreifende Weisheit des alten Orients faßte im Mittelalter in Deutschland Fuß. Das war ein Ereignis, dessen Bedeutsamkeit bisher nur wenige voll erfaßten. In Deutschland wurde der reine Tatmensch Europas, der allein das Vordergründige sieht, zum erkennenden Weisen, zum „Gottigen", wie weiland die Alten in Babel, Ägypten und Indien waren – und wohl auch unsere frühen germanischen Urväter. Das „Transzendentale" fand eine neue Heimstätte in deutschen Landen. Das geschah in der ersten Hälfte des dreizehnten Jahrhunderts am Untersberg mit dem Erscheinen der Isais, jenes sonderbaren göttlichen Wesens, dem so viel zu danken ist. Die Spitzen nationalsozialistischen Geistes haben das verstanden, der Führer ist damit vertraut. Sein Erkennen bedeutet damit auch die Wegbereitung zum Sternenflug.

Damit kommen wir nun in den Mittelpunkt dieser Betrachtung: Das Geheimnis des Sternenflugs. Dem Sternenflug, dem wahren, in weite Fernen reichenden, scheinen die Naturgesetze entgegenzustehen. Namentlich scheint die Lichtgeschwindigkeitsbegrenzung zugleich den Sternenflug zu begrenzen. Wir aber sagen: Es gibt diese Begrenzung nicht! Es gibt keinerlei Begrenzung von Bewegungsgeschwindigkeit! Vieles ist schneller als das Licht! Weil es nicht allein die „physikalische Welt" gibt, sondern auch, und viel bedeutsamer, die „geistige!" Schon in den Veden der Alten steht die Lösung: „Das schnellste von allem Fliegenden ist der Gedanke!"

Hier kommen wir auf eine Grundlage der neuen, der deutschen, nationalsozialistischen Wissenschaft. Wir sprengen die Grenzen und befreien den Geist von der Enge. Wir überwinden die .... Fesseln der Begrenzung, die es in der Wahrheit nicht gibt. Zu lange haben wir uns durch die Naturgesetze der Begrenzung anketten lassen. Es kommt aus der .... Religion, die kein Jenseits kennt, vielmehr ganz diesseitsbezogen ist, daß alle Folgerungen nur diesseitig-physikalisch ausfielen. Die diesseitigen Naturgesetze sind zu den alleinigen erklärt worden. Es gibt aber ein Jenseits! Und es gibt folglich Naturgesetze des Jenseits, die über den diesseitigen stehen!

Wenn wir diesen Blick auf alles verstehen, muß klar werden, daß wir es mit einem großen diesseitig-jenseitigen Gesamtgefüge zu tun haben, in dem diesseitige und jenseitige Naturgesetze zusammenkommen, ineinander verschachtelt und verwoben. Allein wer die Naturgesetze des Jenseits erkennt, kennt das große Ganze!

Unsere neuzeitlichen Raketen leisten Erstaunliches. Doch vermögen sie es nicht, die diesseitigen Schwingungsnetze zu verlassen. Deshalb ist ihre Entfernungsreichweite begrenzt. Das Geheimnis des fernen Sternenflugs liegt im Verlassen der diesseitigen Schwingungsnetze und im Wechsel des Flugkörpers in jenseitige Schwingungsnetze! Mit dem Wechsel in das Jenseits unterliegt unser Fluggerät nicht mehr den diesseitigen Naturgesetzen, sondern den Naturgesetzen des Jenseits! Dort gibt es aber eine andere Zeit! Dort ist das Schnellste, was fliegt, keineswegs das Licht, sondern der Gedanke! Der Geist!

Ist das nun, wie manche vielleicht meinen, Okkultismus? Keineswegs!

Das Jenseits besteht ebenso wirklich und wahrhaftig, wie das Diesseits. Es ist sogar die größere, stärkere Ebene, in welche unser All bloß als ein verhältnismäßig kleines Gebilde eingebettet zu sehen ist. Der Flug durch das Jenseits, der Flug durch den „Interkosmos", wie Rudolf von Sebottendorff dies nannte, ist eine ebenso streng wissenschaftliche Technik, wie die Raketen oder jede andere. Sie folgt nicht minder exakten Gesetzen, bloß daß diese Gesetze von einer höheren Art sind, weil sich in ihnen physikalische und spirituelle Gesetzmäßigkeiten verbinden.

Alles beruht auf Schwingungen. So wie, um ein schon benutztes Beispiel nochmals zu verwenden, die Rundfunkwellen. Der Drehkondensator bestimmt die Wellenlänge und so den Sender. Die Umformung der einen Frequenz zur anderen bewirkt den Wechsel. Im Höheren ist es nicht viel anders, grundsätzlich gesehen. Es gibt diesseitige und jenseitige Schwingungsnetze und Schwingungsebenen. Wenn es gelingt, eine bestimmte Schwingung hervorzurufen, so setzt der Magnetismus des Affinitätsgesetzes ein. In der obersten Stufe kommt es dabei zu einer völligen Umformung: Der Transmutation! Und das ist der technische Hintergrund unserer VRIL-Geräte. Sie erheben sich diesseits in die Luft und verlassen darüber hinaus den unmittelbaren Erdeinflußraum. Dann setzt die Transmutation ein. Das VRIL-Flugzeug hört auf, ein diesseitiger Körper zu sein. Es verschwindet dabei auch für das außerhalb des VRIL-Flugzeugs schauende

Auge. Das VRIL-Flugzeug wird zum interkosmischen Weltallschiff. Es hat mit der diesseitigen Sphäre vorübergehend nichts mehr zu tun und durcheilt gewaltige Entfernungen in kürzester Zeit, um beim Ziel wieder in das diesseitige All zurückzutransmutieren! Auf diese Weise wird unser VRIL 7 das Sonnensystem von Aldebaran erreichen. Und ich zweifele nicht daran, daß spätere deutsche Weltall-VRIL-Schiffe auch bis Andromeda gelangen werden und bis in die entlegensten Gebiete des diesseitigen Alls.

Es ist uns klar, daß diese Technik wahrscheinlich nicht unmittelbar als waffentauglich bezeichnet werden kann. Es ist eine Technik für mögliche Schlachten im Weltall. Möge es solche nie geben! Für den akuten Fronteinsatz heutzutage ist der Wert der VRIL-Technik noch gering. Aber auch da besteht vielleicht noch manches, was sich erst zeigen muß.

Was können uns ferne Sternenflüge bringen? Noch wissen wir es nicht. Die Verbindung und Bündnis mit Kulturen anderer Welten. Wenn die transmedialen Verbindungen bisher nicht täuschen, besteht eine verwandte Kultur im System der Sonne Aldebaran. Vielleicht wird von dort Unterstützung kommen, ein Ausgleich gegen die anzahlmäßige Übermacht des Feindes auf der Erde. Das klingt jetzt wie aus einem utopischen Roman, aber es hat sehr greifbare Hintergründe.

In der transmedialen Tätigkeit lag der Anfang des VRIL-Schaffens und der Schlüssel zu den Erfolgen, die bisher stattfanden. Aus den Untersberg-Offenbarungstexten des dreizehnten Jahrhunderts ging hervor, wie zu verfahren ist. Darüber ist aber jetzt noch nicht die Stunde, ausführlich zu sprechen. Die bevorstehende Zeit, schon die nächsten Monate, dürften in eindrucksvoller Weise bestätigen, was die VRIL-Technik in ihren verschiedenen Möglichkeiten leisten kann.

Das Geheimnis des Sternenflugs liegt also in der Erkenntnis der Verwobenheit von Diesseits und Jenseits, im Erfassen der unterschiedlichen, aber einander zuklingenden diesseitigen und jenseitigen Gottes- und Naturgesetze. Wir stehen dicht vor dem Aufbruch in ein vollkommen neues Zeitalter, in dem ein neuer Geist sich durchsetzen wird. Es ist unser Geist, der Geist des Großdeutschen Reiches!“

„Wie wir diesen Zeilen entnehmen können“, schlußfolgere ich nun, „haben wir es bei der VRIL-Gesellschaft nicht mit irgendwelchen Stümpern zu tun, die auf irgendwelche Patente von Amerikanern angewiesen wären, sondern um hochspirituell interessierte und auch praktizierende Personen – Wissenschaftler und Esoteriker meinetwegen – die jedenfalls genau wußten und auch verstanden, was sie da taten. Es ging, ganz einfach ausgedrückt, um die Erforschung und Besiedelung des Weltraumes und seiner Planeten, beziehungsweise die Kontaktaufnahme mit Wesen, die bereits auf anderen Planeten leben und eine Zusammenarbeit mit diesen.

Aber vielleicht ist dies der richtige Zeitpunkt", werfe ich jetzt ein, „um den Abend abzuschließen. Ich bin jetzt doch schon ein bißchen zerknittert. Wollen wir uns noch etwas für den morgigen Tag reservieren. Was ich heute gehört habe, muß ich erst einmal überschlafen." Ein Blick zu den anderen beiden genügt, um zu erkennen, daß es diesen genauso geht. Adam zeigt uns beiden unsere Zimmer, die mit allem Komfort ausgestattet sind und nach gegenseitigen Gute-Nacht-Wünschen lassen wir alle den Tag auf unsere ganz persönliche Weise ausklingen.

Am nächsten Morgen wache ich gegen acht Uhr auf und begebe mich nach der Morgentoilette nach unten zum Frühstück, wo Adams Freundin, die als erste wieder auf den Beinen ist, bereits den Tisch gedeckt und ein paar kleine Vorbereitungen getroffen hat. Adam kommt etwas später und wir stellen fest, daß John noch tief und fest schläft. Dies ist der geeignete Moment, auf den wir gewartet haben.

„Na, Adam, das Leben findet doch immer den richtigen Zeitpunkt, man muß nur vertrauen", sage ich, während wir uns auf den Kamin zubewegen. Adam drückt auf einen Ziegelstein, den er selber immer abzählen muß, um den Mechanismus zu finden, der eine Schiene manuell ausrichtet, damit man den Kamin nach hinten schieben kann. Was sich unseren Augen zeigt, ist für niemand anderen als für uns und ein paar andere Eingeweihte bestimmt. Hinter dem Kamin ist der Eingang zu einem Lift zu sehen. Adam drückt einen kaum sichtbaren Knopf und die Türe öffnet sich. Wir fahren nun etwa eine Minute abwärts, bis der Lift wieder anhält und die geöffneten Türen dem Betrachter einen unvergeßlichen Eindruck aufdrängen. Man tritt in einen Saal mit blankpolierten silbernen Wänden, der sich spontan mit dem Innern eines Raumschiffes aus einem Science-Fiction-Film vergleichen läßt. Die Wände sind mit Computeranlagen und Monitoren bestückt, auch eine Funkanlage ist dabei. Außer einem Konferenztisch mit dreizehn Stühlen ist dieser Raum sonst leer. Wir gehen durch eine weitere

Türe, die sich per Lichtschranke automatisch öffnet, in den Aufenthaltsraum, der die gleichen Wände vorweist, jedoch statt dem goldfarbenen Linoleumboden des Computerraums hier mit einem aprikotfarbenen Veloursteppich ausgelegt ist. Es sind bunte Ledermöbel im Raum verteilt. Auch hier ist ein großer Monitor an der Wand, durch den alle Kabelsender empfangen werden können.

Wir befinden uns jetzt einhundert Meter unter der Erde in einem High-Tech-Bunker, den wir in den letzten fünf Jahren zusammen mit ein paar eingeweihten Freunden selbst gebaut haben. Er dient im Falle eines Dritten Weltkriegs zum Überleben, ist aber gleichzeitig eine Kommandozentrale und Lagerstätte für diverse Errungenschaften, die Adam dank seines Kapitals erwerben konnte, und die nach einer Katastrophe der Nachwelt übergeben werden können. Es befindet sich hier unten eine große Lagerhalle sowie eine Küche, eine riesige Bibliothek und ein Fitnessraum mit Pool. Das Wasser kommt von einer Quelle auf Adams Grundstück, wobei eine Leitung in diese unterirdische Anlage gelegt wurde. Das Wasser stammt aus einer sehr tiefen Quelle und man ist somit vor einer Verseuchung sicher. Die Stromversorgung wird durch einen Magnetkonverter bewerkstelligt. Doch falls dieser trotzdem einmal ausfallen sollte, haben wir im Maschinenraum noch einen Wasserkonverter. Dieser ist ein umgebauter Wassermotor für ein Auto, der jedoch auch alles andere mit Energie versorgen kann. Innerhalb des Motors befindet sich eine Keramikplatte, die, wenn sie durch die Elektronik die richtige Betriebstemperatur erreicht hat, auftropfendes Wasser in Wasser- und Sauerstoff spaltet. Der Wasserstoff treibt den Motor an und das Abfallprodukt ist Wasserdampf.

Wir sind insgesamt dreizehn Personen, die Hälfte Männer und die andere Hälfte Frauen, und ein Vorsitzender, die sich hier regelmäßig treffen. Im Falle eines Krieges können hier aber bis zu einhundert Personen aufgenommen werden. Technisch sind wir jedenfalls perfekt ausgerichtet und auch mit Essen und Trinken gibt es kein Problem, da wir Konserven und Trockengerichte für mehrere Jahre gehortet haben.

Adam geht nun in den Lagerraum und kommt mit einer etwa schuhkartongroßen Holzkiste zurück, wegen der ich heute eigentlich hier bin.

„Es ist in Ordnung“, meint Adam. „Ich habe es gestern nochmals getestet.“

„Prima“, gebe ich meiner Zufriedenheit Ausdruck, „ich werde es heute Abend noch abliefern.“ Als hätte ich einen Karton roher Eier in der Hand, halte ich die Kiste behutsam in meinen Händen, während wir mit dem Fahrstuhl wieder an die Oberfläche fahren. John ist inzwischen von Adams Freundin geweckt worden und befindet sich momentan noch im Bad. Das ist gut so, denn ich kann daher die Kiste in Decken gehüllt in den Kofferraum legen und durch die Ablagenverdeckung des Kombis vor neugierigen Augen schützen.

Beim Frühstück lassen wir es dann erst einmal ruhig angehen. Normalerweise frühstücke ich na nie, doch bei Adam, einem geborenen Feinschmecker und Schlemmer, kann ich kaum nein sagen. Er hat herrlich auftischen lassen. Und schließlich bin ich nicht allein gekommen. Also genießen wir die wenigen Minuten ohne Streß und sprechen zur Abwechslung einmal über etwas ‚normales'.

Nachdem wir mit dem Essen fertig sind und ich mit Adam noch ein paar Kleinigkeiten durchgesprochen habe, geht es dann wieder los.

„Na", fragt John, nachdem wir wieder auf der Straße sind, „hast du alles, weswegen du gekommen warst?"

„Ja, es ist alles verstaut." Ich will ihn nicht in etwas einweihen, das ihn nichts angeht. Gut, vielleicht geht es ihn schon etwas an, doch ich muß ihm ja nicht gleich alles auf die Nase binden.

„Wie ging es denn in unserer Geschichte weiter?" frage ich ihn, um unsere Konversation von gestern wieder anzukurbeln.

„Du hattest den Vortrag des deutschen Technikers über den Sternenflug vorgelesen."

„Ah ja, stimmt", bestätige ich John. „Ich wollte dir von den deutschen Weltraumexkursionen berichten, die mir bekannt sind. Wie sieht es aus, John, magst du einmal auf einer deutschen Autobahn fahren?" frage ich ihn, damit ich ihm aus meinem Lap-Top vorlesen kann.

„Liebend gerne." Ich sehe ein Strahlen auf seinem Gesicht. Ist ja auch verständlich, da die Amis ja nur einhundert Stundenkilometer fahren dürfen. Nachdem wir kurz angehalten, die Fahrerplätze getauscht und ich mein Lap-Top hervorgeholt habe, geht es in der Unterhaltung weiter.

Kapitel 18
Deutsche bereisen den Weltraum

„Angeblich soll es mehrere deutsche Weltraumunternehmen während und kurz nach dem Zusammenbruch des Dritten Reiches gegeben haben. Von dem gestern schon kurz erwähnten GKDOS-Piloten haben wir erfahren, daß die Deutschen bereits 1927 auf dem Mond gewesen sein sollen. Dieser nimmt sogar an, daß man noch vor 1945 die Venus besucht hat. Hierüber liegen jedoch außer den Aussagen dieses Fliegers keine Unterlagen vor. Schon mehr gibt es dagegen über den ersten Marsflug und die beiden Weltraumunternehmen aus der zweiten Aprilhälfte 1945.

Nach den Unterlagen der VRIL-Gesellschaft fand der erste Flug zum Mars im Winter 1944 statt. Und zwar mit der VRIL-7. Dem leider zensierten, aber dennoch höchst interessanten Flugbericht, den ich hier in meinem Lap-Top abgespeichert habe, ist dabei folgendes zu entnehmen:

„XX. Austritt nach mühsamem „Kanal-Flug“ bei Rechnerpunkt XX. Der Planet Mars kommt schnell näher, beziehungsweise wir näher zu ihm. Das Licht der Sonne wirkt hier noch immer stark.

Diesseitsflug bis zum Mars, Dauer XX Stunden. Er sieht ganz anders aus als die Erde.“ An dieser Stelle sind zwei Zeilen unleserlich.

„Unbeschreiblich ergreifendes Gefühl packt einen jeden. Wie bei der Ausgrabung einer unsagbar alten Mumie vielleicht, von der noch immer die Erinnerung an das Leben ausgeht.“ Hier sind zirka fünfzehn Zeilen unleserlich gemacht.

„Tiefüberflug ab XXX zeigt ungemütlich wirkende Landschaften. Keine Bäume oder sonstige Gewächse zu sehen. Riesige Schluchten und Ringgebirge. Ausgedehnte Wüsten. Häufig etwas wie breite Flußbecken, aber ohne Wasser. Keine richtigen Wolken, aber hin und wieder etwas wie Dunstschleier. Alles wirkt ziemlich „wüst und leer“. Auf einigen Berggipfeln wahrscheinlich Eis. Aber es gibt in der wüsten Leere steinalte Spuren von Bauwerken und teilweise sehr großen Ruinen, die an das alte Ägypten erinnern oder auch an die Aztekenkultur. Jedenfalls wie von Menschen errichtet. Irgendwann vor sehr, sehr langer Zeit. Man müßte landen, um es genau zu wissen.

Über Punkt XXX und Punkt XXX runtergegangen, bis auf eintausend Meter. Gebiet hier wirklich sehr eben. Boden scheint fest zu sein. Farbe Ocker. Nur wenige Risse hier. Bei Punkt XXX zwei kreisrunde Löcher.

Durchmesser vielleicht dreihundert Meter. Wäre möglich, hineinzufliegen. Löcher scheinen tief zu sein. Abstand von Loch zu Loch rund zwei Kilometer. Etwa fünfzig Meter weiter, steil ansteigendes Gebirge. In den Bergwänden mehrere halbmondförmige Öffnungen, wie große Höhlen. vierzehn solche Höhlen gezählt. Breite zwischen vielleicht fünfzig und eintausendfünfhundert Metern, Höhe etwa zwanzig bis achthundert Meter. Reinfliegen erscheint möglich.

Hinter Punkt XXX kraterähnliche Vertiefung mit besonders steilen Wänden. Anders als sonst gesehen. Unten waagerechte Fläche. Könnte Eis sein, vielleicht auch Salzkruste. Durchmesser oben, geschätzt dreitausend Meter. Tiefe etwa eintausend bis eintausendzweihundert Meter. Helle Bodenfläche, vielleicht Durchmesser einhundertfünfzig bis zweihundert Meter. Dahinter, NNO, kommt wieder eine große glatte Fläche. Wie eine übergroße Autobahn. Auf der rechten Seite aus Flugrichtung mehrere, nicht ganz regelmäßige, Spitzkegel. Alle vielleicht einhundert Meter hoch. Einhundertachtzehn gezählt, alle in einer Linie stehend. Die Gegend hier weist Merkwürdigkeiten auf. Aber keine Bewohner, nichts was nach Leben aussähe, das hier noch existiert. Aber vieles, was auf alte Zeiten der Bewohntheit hindeutet. Beispielsweise gewundene Treppen an einigen Hangwänden, deren Stufen sich noch erkennen lassen, so sieht es zumindest aus.

Zwischen Punkt XXX und Punkt XXX stehen unleugbar guterhaltene Ruinen großer Tempel. Einer der Tempel sieht aus wie nach einem Bombentreffer. Man kann hineinsehen. Die Wände sind mehrschichtig mit breiten Zwischenräumen, die wieder durch dünnere Mauern in Zimmer unterteilt sind. Die mittlere Tempelhalle ist etwa zu einem Drittel mit Sand und Staub angefüllt, der wahrscheinlich ein Heiligtum verdeckt, das wir darum nicht sehen können. Alles ist zwar vom Zahn der Zeit abgewetzt, aber es ist nicht anzunehmen, daß das Naturgebilde sein könnten.

Hinter Punkt XXX einen See entdeckt, in dem aber kein Wasser ist. Das war zuerst ein täuschender Eindruck. Trotzdem war das ganz bestimmt mal ein See, denken wir. Nahe Punkt XXX merkwürdiger Berg. Von weitem, als ob er einen anguckt. Aus der Nähe aber bloß ein Berg, in dem mindestens zwei große Augenöffnungen sind..

Man kann jedoch nicht auf den Grund sehen, aber wahrscheinlich einstmals kleine, tiefe Seen gewesen. Auch hier wieder gewundene Linien ab und zu, die wie uralte Wege aussehen. Aber nicht so gleichmäßig wie bei Punkt XXX. Das hier kann leicht natürlich sein. Ungefähr auf zwei Drittel zwischen Punkt XXX und Punkt XXX gibt es eine Stelle von der Größe einer Stadt, die sehr merkwürdige Spuren aufweist. Fast wie die letzten Überreste von Fundamenten und Straßen. Besonders beachtenswert ist eine dieser Straßen, weil an beiden Seiten entlang noch so etwas wie Stummel von Masten stehen. Doch auch das kann eine Naturbildung sein.

Dicht hinter Punkt XXX gibt es noch solch einen Stadtgrundriß, jedoch viel größer, und bei XXX wieder einen kleineren. Dort steht sogar etwas wie ein hoher, schlanker, abgebrochener Turm oder Fabrikschornstein, auch wenn es sicherlich etwas anderes ist.

Bei Punkt XXX ist eine Ansammlung von Gestein, die an einen versteinerten Wald erinnert. Runtergegangen bis auf etwa fünfhundert Meter. Da entpuppt sich der steinerne Wald als reine Steingebilde. Noch mal zu Punkt XXX geflogen, jetzt in Höhe fünfhundert Meter. Viele Absonderlichkeiten sind zu sehen, aber nicht ganz genau zu bestimmen. XXX erscheint von allen gesehenen Plätzen als der beste für eine Landung.

Aufenthalt nach X Stunden abgebrochen. Befehlsmäßig nicht gelandet, obwohl auch mit unserem provisorischen Landewerk vermutlich durchführbar gewesen."

Hier ist der Bericht zu Ende. Er ist doch äußerst interessant und scheint wohl auch authentisch zu sein. Auch die hier beschriebenen Überreste einer einstigen großartigen menschlichen Superkultur decken sich mit den Aufnahmen der Viking 1, die die Amerikaner 1976 hochgeschickt hatten. Denn auch diese hatte Skulpturen, ja sogar Pyramiden und das heute schon berühmte ‚Marsgesicht' aufgenommen – ob dies nun künstlich sein mag oder von der Natur geformt.

Ein weiteres Weltraumunternehmen ist der Flug des „Thor". Als in der Nacht zum 21. April 1945 die große glockenförmige, als Einzelstück gebaute Raumflugscheibe ‚Haunebu III' mit Namen „Thor", in der Höhe von Bergen zum Mars startete, ist es nicht bekannt geworden, ob es überhaupt angekommen ist und wenn, ob es dann dort auf unterirdische Bewohner getroffen oder von sich aus in den unterirdischen Anlagen eingezogen ist. Die Wahrscheinlichkeit einer erfolgreichen Expedition wird jedoch unter anderem durch ein Teleskopfoto aus dem Jahr 1952 bestätigt, welches ein UFO mit der äußeren Form des ‚Haunebu III' zeigt, das die nahe Erdmondscheibe überfliegt und ein mir vorliegendes Foto vom 15. Juni 1992, das über Mexiko aufgenommen wurde und eindeutig das Haunebu III zeigt.

Dies könnte eventuell ein Indiz dafür sein, daß das Haunebu III zwischen Mars, Erdmond und womöglich auch auf der Erde mit Landebasis Neuschwabenland und Hohlwelt zumindest damals einen Weltraumpendelverkehr aufrecht erhielt. Es kann sich aber genausogut um ein anderes, neugebautes Haunebu III handeln.

Das dritte und eigentlich größte Weltraumprojekt der Deutschen war jedoch der von Dr. W.O. Schumann in seinem Vortrag erwähnte Flug nach Aldebaran. Man wollte dorthin fliegen, da man sich zum einen Hilfe erhoffte und zum anderen natürlich neue Eindrücke, Wissen und Technologie auf die Erde mitbringen wollte. Daß der Flug nach Aldebaran auch vorbereitet wurde, belegt ein Bericht über die VRIL-7, die bereits zuvor einen Dimensionskanalflug absolviert hatte, um festzustellen, ob die Außenhautlegierung standhalten würde und ob die Eintrittskoordinaten für den Dimensionskanal auch korrekt waren. Was den Flug nach Aldebaran nämlich von einem Flug zur Venus beispielsweise unterscheidet, ist, daß man bei dem Flug zur Venus in unserem diesseitigen Kosmos bleibt. Das heißt vereinfacht, wenn man mit den Geschwindigkeiten, die eine Flugscheibe erreichen kann, zur Venus fliegt, genügen wenige Stunden oder meinetwegen Tage, um dort anzukommen. Man fliegt dabei wie eine Apollo-Rakete, nur etwas schneller. Bei einem Interstellarflug, wie in unserem Fall in ein achtundsechzig Lichtjahre entferntes Sonnensystem, tritt das Raumschiff in einen Dimensionskanal ein, eine sogenannte ‚Autobahn' im Universum, in dem es keine Zeit gibt. Das bedeutet, daß die Flugscheibe, dem gleich folgenden Flugbericht nach, kurz hinter dem Mond in diesen Dimensionskanal eintritt und dann relativ ohne Zeitverlust für die Mannschaft im Raumschiff, den Dimensionskanal kurz vor Aldebaran wieder verläßt und dann abbremst.

Tritt so eine Flugscheibe in den Dimensionskanal ein, verschwindet sie für das Auge des Betrachters – der von der Erde oder beispielsweise von der russischen Raumstation MIR aus beobachtet – das heißt, es verläßt den diesseitigen Raum und fliegt im Hyperraum.

Ich möchte dir nun diesen Bericht vorlesen und dann eventuell einen Kommentar hören. Diese Zusammenfassung ist leider nur aus Bruchstükken zusammengebastelt, da über die Jahre hinweg Teile verschwanden oder auch unleserlich geworden sind und die alle zusammen sicherlich nur einen kleinen Teil des ursprünglich Vorhandengewesenen darstellen. Die Anordnung ist auch nicht ganz sicher und ganz gewiß fehlen an vielen Stellen große Passagen, doch denke ich, daß sie zumindest einen gewissen Überblick über die Ereignisse liefern können.

„Nachdem VRIL-‚Odin' Mutter Erde verlassen hat, ergreift ein plötzliches Gefühl unbeschreiblicher Verlorenheit von der gesamten Mannschaft Besitz. Es wird wenig gesprochen. Man beschreibt, daß die Erde von außen nicht wie ein Schulglobus aussieht, sondern blau, hellblau und weiß. Deutlich sind die Wolken zu erkennen und auch Teile des Lands, in seltsam vertraut wirkenden Umrissen. Aber man fliegt so schnell, daß die Erde bald wie ein immer kleiner werdender Ball wirkt. Eine zusätzliche Umrundung der Erde im tiefen Flug wird nicht vorgenommen, um Gefühlsaufwallungen nicht zu verstärken.

Der Mond wird verhältnismäßig nahe passiert, etwa zwölftausend Kilometer, der dabei sehr kalt wirkt. Die Besatzung ist still und nachdenklich. Es ist spürbar, daß keiner daran glaubt, die Erde je wieder zu betreten. Unerwartete Ergriffenheit ist präsent. Trotzdem ist jeder korrekt auf seinem Posten.

Der Heimatrundfunksendeempfang wurde abgestellt, der jedoch noch gut funktioniert, da die Besatzung von den rückschauenden Gedanken abgelenkt werden muß. Der Kapitän hat eine gute Ansprache gehalten und es ist ihm gelungen, den mutvollen Schwung zurück in die Mannschaft zu bringen.

Erde-Mond ist inzwischen sehr fern und man nähert sich dem Eintrittspunkt in den Dimensionskanal. Eines der Medien hat eine Transmed-Verbindung zu Aldebaran hergestellt und die Besatzung ist wieder hoffnungsfroh. Technisch ist alles reibungslos. ‚Odin' fliegt störungsfrei und es sind noch siebeneinhalb Stunden bis zum Eintritt in den Dimensionskanal. Plötzlich kommt man in einen Meteoritenschwarm, kann jedoch durch den Einsatz der an Bord befindlichen Waffen fast unbeschadet hindurchfliegen. Es gibt nur ein paar kleinere Beschädigungen: Geschützstand Berta ist unbeweglich, die Alpha-Antenne ist ausgefallen, es gibt zahlreiche Sprünge in den Panzerglas-Außenschichten und auch reichlich Beulen und Dellen am Zellenkörper. Aber nichts wirklich Ernsthaftes. Die Mannschaft ist ein bißchen durchgeschüttelt worden. Der Kurs wird jedoch beibehalten und die Rechnerschaltung funktioniert einwandfrei.

Nachdem man in den Dimensionskanal eingetreten ist, überkommt die Besatzung kurz ein Gefühl von Betäubung, das wahrscheinlich von der Transmutation herrührt. Es dauert aber nur wenige Augenblicke. Überall ist ein grünliches Schimmern wahrzunehmen und hin und wieder begegnet man seltsamen Gebilden, die durch den Raum schweben – blasenförmig oder als Lichtspiralen. Alles ist in dieses grüne Licht gehüllt und man entdeckt später auch eine grüne Sonne.

Man vermutet, daß es sich um das Jenseits handelt, oder wenigstens eine Art diesseitig-jenseitiges Grenzland. Es begegnen ihnen schwadenartige Schleier und andere seltsame Objekte, aber insgesamt verläuft der Flug ruhig.

Als man aus dem Dimensionskanal wieder ausgetreten ist, bemüht man sich um eine Verbindung mit Aldebaran. Dies ist technisch jedoch nicht möglich, da die Alpha-Antenne ausgefallen ist. Man befindet sich wieder im gewohnten Weltall, jedoch mit fremden Sternbildern. ‚Odin' hält den vereinbarten Kurs und die Mannschaft ist guter Dinge.

Es ist jedoch sehr dunkel, da keine Sonne in der Nähe ist, um Licht zu spenden. Auch die Sonne Aldebaran ist noch sehr weit weg. So will man den Rest der Strecke zusammen mit den auf dieser Position zu erwartenden Aldebaranern fliegen. Man muß auch nicht lange warten, bis die aldebaranischen Raumkreuzer schnell näherkommen. Es sind sehr beeindruckende Geräte, deren Länge sicher über eintausend Meter ist. Sie sind riesenhaft, sehen aber sonderbarer Weise nicht so fremdartig aus, wie man sich das ausgemalt hätte. Sie erinnern die Odin-Besatzung an die V2, obwohl sie keine Raketenantriebe haben. Odin wird von den beiden Aldebaranern in die Mitte genommen. Ihre Raumkreuzer sind taubenblau, hellblau und lila lackiert. Eine Art von halb Verzierung und halb Tarnanstrich. Die aldebaranischen Hoheitszeichen sind schwarz-silbern. Das Flaggschiff dreht ihnen die Breitseite zu und eine große Luke wird im hinteren Rumpfdrittel geöffnet. Man steuert dort glatt hinein. Die große Spannung, erstmals Menschen von einer anderen Sternenwelt kennenzulernen, scheint bei der Besatzung merkwürdigerweise gar nicht so da zu sein. Sie hat das Gefühl, sich schon zu kennen. Eines der Medien hat Verbindung zu einer an Bord des Flaggschiffs befindlichen Aldebaranerin aufgenommen. Alles geht unglaublich glatt und einfach.

Hinter der Luke brennt gelbliches Licht. ‚Odin' geht auf der Landefläche im Innern des Raumschiffs nieder, die wie aus Sandstein gefertigt zu sein scheint. Hinter ihnen schließt sich die Luke wieder. Es ist niemand zu sehen. Starke rote Lichter leuchten in zwei der ihnen nun umgebenden Wände auf. Der Kapitän sagt, das sei transmedial alles vereinbart, es heiße, so lange die roten Lampen leuchten, sei noch keine Luft da. Es dauert knapp fünf Minuten, bis die roten Lampen ausgehen, und sich in der Wand links von ihnen eine ziemlich große Tür mit geschwungenem Oberteil öffnet. Menschen kommen, als ob dieser Augenblick gar nichts Außergewöhnliches sei. Es sind acht Aldebaraner. Sie sind wirklich Menschen. Sie sehen fast aus wie Erdenmenschen. Vielleicht etwas größer, schlanker und blasser. Ihre Kleidung sieht eher altmodisch aus, also so, wie man sich das in utopischen Romanen ausmalt. Fast ein bißchen wie Krieger aus der Antike. Auch im Innern des Raumschiffs fallen den Deutschen nun Verzierungen auf. Die neuzeitliche Technik scheint bei den Aldebaranern in verschnörkelten Hüllen zu stecken. Es sind aber keine barocken Formen, sondern eher solche, die an die Verzierungsarbeiten und Schnitzereien der Germanen erinnern.

Die Aldebaraner winken den Deutschen, herauszukommen. Es ist auch ein Mädchen unter ihnen, das mit einer Gruppe von wohl einem Dutzend Leuten gekommen ist. Das Mädchen scheint sehr zart gebaut zu sein. Es wirkt unter den Männern fast wie ein Kind. Dann kommen noch weitere Aldebaraner. Man zwängt sich einzeln durch die Schlupfröhre nach unten, der Kapitän zuerst. Dann begrüßen die Aldebaraner sie mit dem deutschen Gruß, worüber die Deutschen sehr überrascht sind. Später erfahren sie, daß dieser Gruß unter den Aldebaranern üblich ist, jedoch nur unter Männern. Und zum weiteren Erstaunen sprechen zumindest drei der Aldebaraner die deutsche Sprache.

Ein aldebaranischer Offizier, der in diesem Raumschiffbereich das Kommando zu haben scheint, versichert den Deutschen, daß das ‚Odin' gut betreut werde. Er kann allerdings nicht Deutsch, das junge Mädchen übersetzt für ihn. Sie wird als sehr hübsch beschrieben, wenn auch ein bißchen fremdartig wirkend. Ihre Haare sind hellrot und erstaunlich lang. Die Männer wirken weniger fremdartig. Sie sind in der Mehrheit hellblond, einige auch dunkel. Auffallend sind ihre länglichen, schmalen und für irdisches Empfinden eher blassen Gesichter. Auch das Mädchen wirkt blaß, hat aber keinen so langgestreckten Schädel. Durch transmediale Kontakte wußten die Deutschen ja schon, daß der Unterschied zwischen Männern und Frauen der aldebaranischen Rasse größer ist als bei den Deutschen. Trotzdem halten die Deutschen die Aldebaraner durchaus für einen unmittelbaren Zweig der germanischen Rasse. Und man ist der Ansicht, daß unter den enormen räumlichen und entwicklungszeitlichen Abständen zwischen ihnen und den Deutschen, die Ähnlichkeit ganz erstaunlich ist. In ihrer Art sich zu geben, zeigt sich der Unterschied dann größer als im Äußeren. Sie scheinen nicht so lebhaft zu sein wie die Deutschen, sie wirken sehr ruhig und würdebetont.

‚Odins' Flug war offenbar erfolgreich! Die Flugscheibe wird im Bauch eines riesenhaften aldebaranischen Raumschiffs zur Heimatwelt der Aldebaraner geflogen. Die Besatzung von VRIL-‚Odin' hat sich der Gastfreundschaft des aldebaranischen Reiches ‚Sumeran' anvertraut und wird, so weit es bis dahin überschaubar ist, auf der Welt ‚Sumer' ein zwischenzeitliches Quartier beziehen, wo auch ein Hangar für das Weltraumschiff ‚Odin' zur Verfügung stehen wird. Der Kapitän bleibt bei der Mannschaft, während Ostf. XXX und Dr. XXX Maßnahmen für eine etwaige Hilfe für die Erde mit dem Führer von Sumeran und dessen Generalstab erörtern. Vermutlich wird der Aufenthalt unter aldebaranischer Schirmherrschaft mehrere Monate, vielleicht sogar Jahre, andauern. Vieles erscheint zu diesem Zeitpunkt noch unklar. Der gute Wille der Aldebaraner ist jedoch offenkundig und die Deutschen können sagen, hier Freunde gefunden zu haben.

Später erklärt Kapitän Hleddor einiges über die Bauart, Bewaffnung und Kampftechnik seines Flaggschiffs. Das kleine Mädel übersetzt dabei alles. Die Deutschen fühlen sich wie Könige, denn dieses eine Schlachtschiff allein könnte die ganze Erde erobern. Sie fliegen dann an einem Verband aldebaranischer Kampfschiffe vorbei, der ihnen entgegenkommt.

VRIL-‚Odin' hat ein paar Stunden später ein Quartier auf einem alten, aber malerisch gelegenen, Weltraum-, Luft- und Seehafen gefunden, der ‚Ogre Tdan' heißt und zu dem Gebiet Ogre Tduant gehört, einer für die Aldebaraner historisch bedeutsamen großen Insel nordwestlich der Großinsel Schuschadane. Man erklärt, daß dort vor langer Zeit die Imperatoren des früheren aldebaranischen Universalreiches ihre Paläste gehabt haben.

Die Ruinen der alten Hauptstadt Malkrea sind noch immer auffindbar. Ogre Tdan gehört zum Einflußgebiet der Suscharen.

Die ‚Odin'-Besatzung, die sehr angenehme Quartiere bei Ogre Tdan bezogen hat, unterliegt keinen Beschränkungen. Sie kann mit ‚Odin' nach Belieben herumfliegen. Es ist ihnen auch ein aldebaranisches Fluggerät angeboten worden. Die Besatzung bewog jedoch den Kapitän, das Anerbieten von Suscharen-Leuten anzunehmen, an ihrem ‚Odin' etwas verbessernd herumzubasteln. Dann gibt es auf der nahen Großinsel Schuschadane eine kleine Hafenstadt namens Älde. Dort befindet sich auch eine Art Sonderwerkstatt der Suscharen-Sippe, der ‚Wachtdan', mit der sie sich näher angefreundet haben. Dort wird das ‚Odin' dann gründlich umgebaut und verbessert...

Die Suscharen unterscheiden sich von den Aldebaranern. Sie sind eine besondere Händler- und Kriegerkaste und leben viel auf großen Weltraumschiffen. Sie haben auch eine eigene Tracht, bei der Mädchen und Frauen kurze Röcke und kurze Haare haben dürfen, denn beides gilt sonst als unschicklich. Sie haben auch eine eigene Hauptgottheit, die Göttin ‚Illa', während sonst ‚Malok' der Hauptgott ist und die Hauptgöttin ‚Orfa' heißt.

Die Suscharen scheinen viel lustigere Leute zu sein als die anderen Sumeraner. Das Leben scheint dort völlig schwierigkeitslos zu sein. Keiner könnte sich dies auf der Erde vorstellen. Es ist möglich, daß die Mannschaft, falls ihr Aufenthalt auf ‚Sumer' noch länger andauert, an einer Jagdkreuzerunternehmung teilnehmen und dabei ‚Odins' neue Fähigkeiten erproben wird. Der Kapitän ist schon an Bord eines großen Schlachtkreuzers, der allerdings in der Nähe bleibt.

Wie es scheint, geht alles sehr gut. Allein mit der merkwürdigen Frömmigkeit der Aldebaraner kommen die Deutschen noch nicht ganz mit. Ihre Götter und Göttinnen sind ihnen ungeheuer wichtig und Glaubenszweifel kennen sie keine. Es gibt eine Art Allgeist-Übergott, und dann viele Göttinnen und Götter dazu. Die Religion ist nicht ganz einheitlich...

Man hat den Eindruck, daß es auf Aldebaran noch viel Merkwürdiges gibt. Zum Beispiel auch, daß überall Tiere frei herumlaufen. Es ißt dort niemand Fleisch. Die Tiere sind sehr zutraulich... Man kommt zu der Überzeugung, daß wahrscheinlich doch alles aus einer Schöpfungsquelle kommt. Es gibt demnach viele Ähnlichkeiten mit der Erde, und nichts scheint wirklich gänzlich fremdartig zu sein

Die Aldebaraner haben den Deutschen dann ein nagelneues Raumschiff geschenkt. Es ist ein leichter Kreuzer, mit dem man so ziemlich alles anstellen kann. Ihr ‚Odin' soll nicht unnötigen Gefahren ausgesetzt werden, weil es nach Ansicht der Aldebaraner ein historisches Stück darstellt.

Man hat sich an die Lebensweise der Aldebaraner gewöhnt. Besonders die Frauen leben sich leicht ein. Sie kommen mit allem zurecht. Die Männer halten sich gerne bei den Suscharen auf...

Das sind die letzten Worte der transmedialen Botschaft. Das Medium erklärt, daß ihre Chefs angeordnet haben, daß keine „wilden Transmeds" mehr versendet werden, sondern nur noch organisiert."

„Faszinierend, äußerst faszinierend", ist Johns Kommentar, während er sich mit einer Hand am Kinn reibt. „Die haben es also doch wirklich geschafft", murmelt er etwas halblaut eher zu sich selbst, als zu mir. Während er seinen Kopf hebt, erklärt er dann: „Ich hatte bereits von solch einem Unternehmen munkeln hören, doch ich konnte es nicht wirklich glauben. Dann waren die Deutschen den Amerikanern also doch noch um Längen voraus. Ich sage das deswegen, da mir das Logbuch des ersten angeblichen amerikanischen Fluges zur Venus vorliegt, der jedoch, da er innerhalb unseres Sonnensystems stattgefunden hat, auch nur ein diesseitiger Flug gewesen ist. Und der fand laut Logbucheintragung erst 1952 statt, also sieben Jahre nach dem deutschen Unternehmen. Vielleicht betrachten wir uns erst einmal dieses Logbuch und vergleichen dann die Berichte. Er ist natürlich etwas ausführlicher und betrifft auch gleichzeitig den ersten Friedensvertrag der Amerikaner mit den Neu-Deutschen in der Hohlwelt, aber ich denke, es ist auch für dich mehr als interessant.

Wenn du meinen Ordner vom Rücksitz holst, findest du an einem der gelben Zettel die Aufschrift „Log 27", das ist meine Zusammenfassung."

Kapitel 19
Logbuch 27

Nachdem ich die Zusammenfassung gefunden habe, lese ich laut vor: „Anfang der fünfziger Jahre begannen einige Wissenschaftler, sich mit einem neuen Phänomen zu beschäftigen: eine Reise in unser Sonnensystem und vielleicht auch darüber hinaus, bei der man das Rundflugzeug verwenden wollte. Bestimmte Prinzipien waren inzwischen in die neuesten Modelle integriert worden: Erstens der ungebrochene Rundflügel mit einer einzigen Vorderkante, und zweitens die papierdünne Außenschicht, die absolut hitze- und kältebeständig ist und sogar Laserstrahlen, Blitzen und natürlich auch konventionellem Beschuß aller Art widersteht. Aber die wichtigsten Neuerungen waren der Antischwerkraft-Antrieb und die Lenksysteme mit unbegrenzter Geschwindigkeit, mit denen nun eine interplanetare Reise möglich war. Das zwischen 1950 und 1951 gebaute Rundflugzeug hatte einen Durchmesser von zirka dreißig Metern und war etwa sechseinhalb Meter hoch. Auf dem Boden stand es auf drei spindelartigen, etwa drei Meter hohen Beinen. Drinnen gab es drei Stockwerke. Das untere Stockwerk war für Geräte und Ausrüstungen bestimmt, das mittlere für die Mannschaft und das obere war das Navigations- und Kommunikationszentrum. Eine Armaturensteuerung betrieb die Kameras.

Ein ausgebildetes Team hatte das Flugzeug bereits monatelang am äußeren Rand des Planeten getestet und nachdem der Kommandant Oberst John B. Richardson gemeldet hatte, daß alle Navigationstests durchgeführt worden sind, wurde die letzte gemeinsame Besprechung am 6. Oktober 1952 in Washington abgehalten. Nachdem alle Probleme im Zusammenhang mit dem bevorstehenden Flug gelöst worden waren, entließ der Vorsitzende die Teilnehmer mit den Worten: „Morgen früh beim ersten Tageslicht wird die Maschine starten. Das Ziel ist unbekannt." In einer Ecke des Raumes saßen acht junge Flugoffiziere und andere Piloten. Sie würden das Flugzeug fliegen.

Der Kommandant öffnete am Morgen des Starts einen versiegelten Umschlag mit den Instruktionen für seine Reise. „Meine Herren. Wir sind auf dem Weg in eine neue Welt. Es ist ein unbekannter Ort, den man die Hohle Erde oder Hohlwelt nennt. Wir werden einen Kontinent im Innern der Erde besuchen, der Agartha genannt wird." Die Mannschaft wußte nicht, was sie damit anfangen sollte.

Der Flug in die Hohlwelt

Hier sind einige Auszüge aus dem Logbuch von Richardson:

Neun Uhr morgens – Wir haben die nordkanadischen Inseln überflogen und befinden uns jetzt über dem Wasser. Seltsamerweise beginnt die Sonne zu sinken, obwohl es früher Morgen ist. Aber der Kommandant scheint sich darüber keine Sorgen zu machen.

Neun Uhr dreißig – Draußen ist es jetzt dunkel. Wir fliegen immer noch in Richtung Norden. Achthundert Kilometer weiter südlich hatten wir eine Außentemperatur von minus dreiundzwanzig Grad. Jetzt sind es minus zwölf Grad. Unsere Sonne ist verschwunden. Spielt der Kompaß verrückt? Vielleicht weiß der Kommandant, warum draußen kein Eis mehr zu sehen ist? Neues Phänomen. Vor uns erscheint ein schwach glänzendes Gebilde. Scheint sich um eine andere Lichtquelle zu handeln. Der Kommandant erklärt es uns. Er sagt, wir werden durch eine breite Öffnung ins Innere der Erde fliegen. Das Tageslicht beginnt zu verblassen. Mit Sicherheit befinden wir uns auf einer Reise ins Unbekannte.

Zehn Uhr – Wir haben die helle Sonne an der Oberfläche hinter uns gelassen. Allmählich dringen wir in einen Bereich des Halbdunkels vor. Wir fliegen jetzt mit einer Geschwindigkeit von viertausendachthundert Stundenkilometern bei einer Höhe von achttausend Metern durch das Zwielicht. Der Kommandant sagt: „Wir folgen jetzt einer absteigenden Landmasse, die Byrd in seinem Tagebuch als ‚Kehle der Erde‘ bezeichnet hat."

Elf Uhr – Wir sind jetzt bereits achttausend Kilometer von der Basis entfernt. Nachdem wir einige Zeit direkt nach Süden geflogen sind, verlassen wir den Tunnel – in einer Tiefe von etwa zweitausend Kilometern. Vor uns öffnet sich eine neue Welt innerhalb unserer eigenen Erde. Wir sehen eine Lichtquelle. Es muß sich um eine kleinere Sonne handeln, denn sie ist nicht so grell wie unsere. Wir sehen Himmel und Erdmassen, Menschen und Tiere. Unglaublich, daß es eine solche Welt geben soll. Plötzlich befinden wir uns über einer großen Stadt. Der Kommandant sagt, daß diese Stadt unser Ziel ist. Sie heißt Shambhala und befindet sich auf dem Kontinent Agartha. Es wird der Befehl zur Landung gegeben Wir sehen einen Flughafen, und – es ist kaum zu glauben – man wartet bereits auf uns!

Elf Uhr fünfzehn – Die Mannschaft verläßt das Schiff. Man hat einen roten Teppich für uns ausgerollt. Man bittet uns, uns auf einen formellen Empfang vorzubereiten.

Der König von Agartha heißt uns herzlich willkommen. Als seine Begrüßungsrede endet, unterbricht Captain Saybrook die Funkverbindung und verläßt das Schiff. Der Bürgermeister der großen Stadt kommt, um uns zu begrüßen. Er spricht englisch und rühmt diesen historischen Moment. Er muß von unserer Ankunft unterrichtet worden sein. Dann werden wir in einer Parade zum königlichen Palast gefahren. Die Stadt sieht irgendwie futuristisch aus. Die Gebäude sind mit einem sanften Pastellton versehen. Das Material sieht wie Kunststoff aus. Wir fahren in Magnetwagen. Die Leute winken uns zu. Sie sehen genau aus wie wir. Aber sie sind etwas größer und schlanker. Sie sind ebenso gekleidet wie wir, aber der Stil ihrer Kleidung ist etwas anders. Wir halten vor dem Palast, der ebenso aussieht, wie die alten Adelshäuser in Europa. Wir sind acht Männer und werden in den Thronsaal des Königs von Agartha geleitet, der uns mit ausgezeichnetem Englisch begrüßt. Er stellt sich als König Shaalaam vor. Er sagt, er hätte mehrere Jahre in einem Internat in Eaton verbracht, und nachdem er vier Jahre in seiner Heimat gelebt hatte, wurde er wieder nach oben geschickt, um einen Abschluß in Harvard zu machen. Man könnte ihn leicht für einen englischen oder amerikanischen Gelehrten halten.

Das Thema der Rede des Königs ist die zukünftige Einheit der Menschen der Oberwelt und der Innenwelt. Er sagt, man beabsichtige, viele Ideen in bezug auf Handel, Ausbildung, Medizin und Industrie auszutauschen. Als die Gespräche abgeschlossen sind, übergibt Richardson dem König die schriftlichen Grüße der politischen Führer der USA, Kanadas und Großbritanniens. Nachdem man uns Zimmer zugewiesen hat, machen wir in den magnetischen Wagen eine Stadtrundfahrt. Die Fahrer stellen uns so viele Fragen, daß wir kaum dazu kommen, unsererseits Fragen zu stellen."

Ab dieser Stelle hat John den Flugbericht zusammengefaßt: „Am folgenden Tag stand ihnen eine Überraschung bevor. Sie bestiegen einen Zug, der auf Magnetschienen lief, und fuhren damit direkt in den Erdmantel. Die Geschwindigkeit betrug achthundert Stundenkilometer. Sie wurden zu einem Ort innerhalb des Erdmantels gebracht, den man Mmaccano nannte. Dort begrüßte sie der Bürgermeister. Die Stadt befand sich in einer riesigen Höhle. Dort teilte man ihnen mit, daß dieses riesige Tunnelsystem praktisch den gesamten Erdmantel durchdringt. Es wurde von einer Rasse gebaut, die der gegenwärtigen Zivilisation vorangegangen war. Auch an einigen geheimen Stellen in der Oberwelt sollte es Anschlüsse zu diesen Tunnels geben. Uralte, böse Wesen sollen einige der Tunnels in dem riesigen unterirdischen Netzwerk bewohnen. Die entsprechenden Abschnitte wurden von den Agarthern jedoch abgesperrt.

Es war äußerst schwierig für die Besucher, das, was sie sahen, zu verstehen, geschweige denn, es zu erklären. Sie wurden ständig mit unglaublichen Dingen konfrontiert, die sie nur mühsam einordnen konnten. Sie alle hatten das Gefühl, daß man sie in ein neues Jahrhundert katapultiert hatte. Aber tatsächlich befanden sie sich in einer Zivilisation, die sich bereits seit tausenden von Jahren unter ihren Füßen und unter denen ihrer Vorfahren befunden hatte. Sie stellten sich immer wieder die gleiche Frage: Wie war es möglich, daß die Agarther sich so lange verborgen halten konnten?

In seiner Einführungsrede an die jungen, beeindruckten Besucher enthüllte dann König Shaalaam einen Teil dieser Geheimnisse: „Unser Volk hat ursprünglich auf der Oberfläche der Erde gelebt. Wir waren eine sehr fortgeschrittene Rasse, eine mit Ihnen verwandte Rasse. Unsere Vorfahren waren Überlebende des untergegangenen Kontinents Atlantis. Ja, dieser Kontinent hat tatsächlich existiert, obwohl die meisten Ihrer Wissenschaftler dies für eine Legende halten."

Der König gab nur eine kurze Zusammenfassung. Er sagte, daß die vollständigen Tatsachen jedem zur Verfügung stünden, der sich dafür interessierte. Er führte aus, daß seine Vorfahren einst auf Atlantis lebten, das sich zwischen Europa und Nordamerika befand. Der König sagte nichts über die Anfänge dieser Zivilisation. Der Kontinent wäre jedoch vor etwa elftausendfünfhundert Jahren im Meer versunken. „Ebenso wie Ihre Wissenschaftler haben auch wir gelernt, wie man das Atom in eine zerstörerische Energie verwandeln kann. Wir stellten also die Atombombe her. Ein Atomkrieg zwischen unseren Vorfahren und einem Volk des Mittelmeers verursachte die Katastrophe, die die Oberfläche der Erde grundlegend verändern sollte. Unser Kontinent versank im Meer. Einige unserer Wissenschaftler hatten zuvor mit magnetbetriebenen Flugzeugen die Erde erforscht und dabei den Eingang zu dieser Innenwelt entdeckt. Als die Katastrophe nicht mehr abzuwenden war, haben wir mit unseren Kenntnissen über die Kernspaltung unsere künstliche Sonne geschaffen und sie im Laufe mehrerer Jahrhunderte in das dunkle Innere der Welt geschafft. Als wir damit fertig waren, und es im Innern hell wurde, begannen wir mit der

Kolonisierung. Nach der atomaren Zerstörung draußen waren wir so sehr mit dem Aufbau unseres Lebens hier beschäftigt, daß wir uns fünftausend Jahre lang zurückgezogen haben. Jetzt habt ihr uns gefunden. In unserem neuen Lebensraum haben wir nie vergessen, welche Zerstörung wir über die Welt gebracht haben. Wir haben nie wieder Kriegswaffen entwickelt. Wir hatten nur ein einziges kurzes Gefecht etwa eintausend Jahre vor Christus."

Der König bedauerte, daß es draußen immer noch Kriege gäbe, die Millionen von Menschen umbringen würden. Er sagte, daß die Menschheit einen weiteren Aufbau ihres atomaren Arsenals nicht zulassen dürfte, wenn sie sich nicht selbst zerstören wollte. Er prophezeite, daß dies ganz bestimmt geschehen würde, falls dieser Wahnsinn nicht gestoppt würde.

Die jungen Piloten verabschiedeten sich am nächsten Morgen von ihren Gastgebern. Ihre nächste Landung würde auf der Außenplattform der inneren Sonne erfolgen, die einen Durchmesser von zirka sechshundert Kilometern hat und unter dem inneren Äquator hängt. Den übrigen Tag verbrachten sie im Innern der Sonne. Dort wurde die Wartungsmannschaft über die Funktion dieser Lichtkugel informiert. Die drei enormen Glaslinsen wurden beschrieben, ebenso wie die gigantische Energiequelle im nuklear aktiven Zellzentrum, dessen Licht von den äußeren Linsen verbreitet wird, wie sie es schon seit einigen Jahrtausenden getan haben. Eine sich drehende Scheibe, die die Hälfte der Sonne einnimmt, sorgt für den Wechsel von Tag und Nacht. Die innere Sonne wird zweimal jährlich durch direkten Strom von der großen Sonne unseres Sonnensystems gespeist. Dies erfolgt durch die Polöffnungen. Nachdem sie die innere Sonne verlassen hatten, flogen sie mit dem Schiff sechzehn Kilometer in die südliche Hemisphäre hinein und verbrachten dort die Nacht. Am nächsten Morgen flogen sie in geringer Höhe über Neu-Berlin und waren überrascht über die enorme Zahl von Gebäuden in der neuen Stadt. Dann verließen sie die innere Welt durch den zweihundert Kilometer breiten, runden Korridor und flogen zur Außenwelt. Während sie aufstiegen, wurden alle Kameras eingeschaltet. Sie flogen über Argentinien, Brasilien und Florida und landeten am 10. Oktober um Mitternacht auf dem Luftwaffenstützpunkt ‚Andrews'. Alle waren von dem strengen Befehl, das Schiff auf keinen Fall zu verlassen, sehr überrascht. So hatten sie sich ihren Empfang hier oben nicht vorgestellt. Bei dem Flug in die innere Welt des Planeten und zurück hatten sie insgesamt vierzigtausend Kilometer hinter sich gebracht. Die Reisezeit betrug neununddreißig Stunden, wobei die eigentliche Flugzeit nur dreizehn Stunden betrug.

Der Flug zu Venus

Das Tagebuch geht wie folgt weiter: „Wir sind wieder gestartet.

Sieben Uhr fünfzehn morgens – Die versiegelten Befehle werden geöffnet. Das endgültige Ziel ist also die Venus. Die Erde wird zweimal umkreist. Das erste Mal dauert es zwei Stunden, das zweite Mal eine Stunde und zwanzig Minuten. Der magnetische Funkstrahl wird auf die Venus eingestellt."

Nachdem die Startgeschwindigkeit erreicht wurde, beschreibt das Tagebuch die Geschwindigkeit als phantastisch. Es fügt hinzu: „Diese Reise ist beängstigend. Eigentlich steht die maximale Geschwindigkeit nicht fest, aber das Schiff fliegt so schnell, wie wir es wollen."

Das Tagebuch, das hauptsächlich von Miller geschrieben wurde, ist etwas enttäuschend in seinen Beobachtungen, aber andererseits ist die Kosmologie noch ein neues Gebiet, auch für Physiker. Es sagte nichts darüber aus, ob die Farbe der Erde sich veränderte. Es sagte auch nichts über die unendliche Ausdehnung des Raums oder über die Milliarden heller Flecke, die einen samtenen Hintergrund bedecken, das wir als das Universum bezeichnen. Das Tagebuch erzählt weiter: „Die Geschwindigkeit des Flugzeugs wird immer höher, je weiter wir in den Raum vordringen. Wissenschaftler der Zukunft sollten sich mit diesem Phänomen auseinandersetzen.

Neun Uhr morgens – Ein unbekanntes Raumfahrzeug nähert sich uns mit großer Geschwindigkeit. Es schickt uns eine Nachricht in englischer Sprache: Es sei ein Raumschiff der interplanetarischen Polizei, das nach uns sucht. Es wird uns sicher zur Venus geleiten. Wir fliegen seit über zwei Stunden mit einer gewaltigen Geschwindigkeit. Aber wir merken überhaupt nicht, daß wir uns bewegen. Wir dürften in weiteren zwei Stunden unser Ziel erreichen. Ich bin froh, daß das Flugzeug so stabil ist. Der Kommandant spielt der Mannschaft ein Tonband vor. Es ist eine Botschaft von Estes Plateu, einem Venusier, der in Washington lebt. Die Botschaft lautet: „An die Pilger von der Erde. Seien Sie nicht besorgt. Die Venus ist Ihrer Erde sehr ähnlich. Es gibt keine Probleme mit dem Sauerstoff. Genießen Sie Ihren Besuch." Dann liest Plateu einen Brief des venusischen

Imperators vor: „Wenn Sie landen, wird Ihren Leuten ein großer Empfang bereitet.“

Zehn Uhr – Wir sehen jetzt deutlich eine rosa Wolkenformation. Unsere Raumeskorte teilt uns mit, daß wir die Geschwindigkeit reduzieren sollen. Wir werden im Innern des Planeten landen. Ein sanfter Landungsstrahl wird unsere Landung abfedern.

Elf Uhr – Wir landen auf dem Raumflugplatz der Hauptstadt Hellitoogg auf der Venus. Tausende von Venusiern sind gekommen, um uns zu begrüßen. Wir verlassen das Flugzeug in der Reihenfolge unserer Ränge. Eine Person, die wie wir aussieht, kommt nach vorn. Sie stellt sich als Heetu vor. Er schüttelt jedem von uns die Hand, so wie es bei uns Sitte ist. Er versichert uns, daß unser Schiff in Sicherheit ist, während wir ihm zu einem Gebäude auf dem Flugplatz folgen, wo wir von weiteren Personen begrüßt werden.“

Die Mannschaft wurde dann mit einem Magnetwagen zum Palast des Imperators gebracht, wo sie in einen großen Saal geführt wurde. Ein Mann in militärischer Uniform wartete dort auf sie. Er stieg auf ein kleines Podium. Die Venusier knieten vor ihm, bevor der Imperator sich den Besuchern zuwandte, die soeben von ihrem Heimatplaneten eingetroffen waren. Er stieg von der Plattform, nahm die Hand des Kommandanten und sagte: „Ich heiße Sie herzlich willkommen. Möge Ihr Aufenthalt hier sehr angenehm sein.“

Die Mannschaft stand in einer Reihe. Jeder Einzelne wurde vom Imperator begrüßt. Die ganze Art, wie er sprach und die englische Sprache verwendete, gab ihnen fast das Gefühl, zuhause zu sein. Nach der Abnahme der imperialen Garde sagte man den Erdlingen, daß die Venus einer von elf konföderierten Planeten unseres Sonnensystems sei. Die Erde sei noch kein Mitglied dieser Konföderation. Jeder Planet hätte eine konstitutionelle Monarchie, die alle vier Jahre abgelöst würde. Sie hatten eine republikanische Form der Regierung ausprobiert, aber die Präsidenten waren im Laufe der Zeit immer korrupter geworden und hatten dem Volk nicht mehr Rede und Antwort gestanden, so daß dieses sich für eine Rückkehr zur Monarchie entschieden hatte.

Der Mannschaft von Flug 27 wurden Zimmer in einem Gästehaus der Regierung neben dem Palast zugewiesen. Der erste Tag auf der Venus war vorbei.

Am nächsten Tag wurden ihnen Führer zugewiesen, die sie bei ihren Besichtigungsreisen begleiten würden. Kommandant Richardson bat darum, die Stadt mit dem Wagen besichtigen zu dürfen, um sich das Transportsystem, die Einkaufszentren, Gebäude und so weiter anzusehen. Miller befand sich auf einem Urlaub von der ‚Columbia University'. Er interessierte sich in erster Linie für die Geschichte der Venusier, sowie für das Sonnensystem und seine Beziehung zur Erde. Major Lynch studierte Medizin und hatte daher auch entsprechende Interessen. So begann der zweite Tag.

Millers Führer hieß Sakum, der von sich behauptete, zweihundert Jahre alt zu sein. Er trug ein weißes Gewand und Sandalen. Er fuhr mit Miller in einem Wagen zu einem riesigen ovalen Gebäude auf dem Land. Im Erdgeschoß befand sich ein Raum, der mit Büchern und Schriftrollen aus uralten Zeiten gefüllt war. Der Führer, der älter war als Miller, redete diesen mit „mein Sohn" an. Was Miller, der junge Erdling, entdeckte, konnte nicht kategorisiert werden. Was er dort erfuhr, widersprach seinem gegenwärtigen, begrenzten Wissen über den Ursprung der Erde und der Menschheit. Er hörte einen Vortrag, in dem man ihm die wahre Geschichte der Zivilisation auf der Erde erzählte. Er erfuhr, daß die Venusier Nachkommen der Erdbewohner sind. Im folgenden ist das Gespräch, das er dort führte, kurz zusammengefaßt.

Der Alte begann: „Meine Vorfahren kamen vom Planeten Erde. Sie lebten in einer Stadt namens Phantuum, die unter dem Eis der Antarktis liegt. Sie wurde vor kurzem entdeckt, und von amerikanischen, britischen und kanadischen Wissenschaftlern untersucht. Sie wird jetzt „Rainbow City" genannt. Als die Pole der Erde sich verschoben, verschwand sie unter dem Wasser. Als die drastischen kontinentalen Veränderungen eintraten, entschied man sich dafür, die Erde zu verlassen. Einige Leute unseres Volkes kolonisierten das Innere der Erde. Andere gruben Tunnel in den Erdmantel und entwickelten eine unabhängige Existenz. Sein eigenes Volk, sagte der Alte, wurde zur Venus geschickt. Das war die erste einer Reihe von Expeditionen. Generationen später wanderten Menschen von der Venus zu anderen Planeten im Universum aus. Die Nachkommen all dieser Gruppen verloren den Kontakt mit den Überlebenden auf dem Mutterplaneten Erde.

Die Venusier verloren jedoch niemals den Kontakt mit ihren Verwandten, die ins Innere der Erde abgewandert waren. Einige von ihnen kehrten nach einiger Zeit zurück und fanden neue Landmassen auf der Erdoberfläche, auf denen sie sich niederließen. Aber der Planet Erde, betonte Saakum noch einmal, war der Geburtsort seiner Vorfahren und auch das Heimatland vieler anderer Welten. Nachdem sie ein Mittagessen eingenommen hatten, setzten sie ihren Rundgang durch das Gebäude fort. Die venusischen Unterlagen, sagte der Alte, gingen tausende von Jahren zurück.

Miller fragte dann, ob es Unterlagen über Jesus gäbe. Der Alte antwortete, daß er es vorziehen würde, sich nicht über Glaubensfragen auszulassen. Er wies jedoch auf eine Schriftrolle und sagte, daß dort die Geschichten und die wahren Aussagen von Jesus aufgezeichnet wären. Diese Schriftrolle war vor langer Zeit zur Aufbewahrung auf die Venus gebracht worden. Saakum sagte, daß sie eines Tages wieder zurückgebracht werden würde. Was Miller nicht wußte, war, daß auch der Vatikan über ein von Jesus persönlich geschriebenes Manuskript verfügt, zusammen mit neun apokryphen, also unterdrückten Büchern der Bibel sowie den meisten der Originaltexte.

Später zeigte der Alte dem jungen Miller die Unterlagen über die anderen Erdreligionen. Auch die Unterlagen der Menschen in Amerika, einschließlich der Briefe, die von allen Präsidenten geschrieben wurden, Kopien aller wichtigen Zeitungen und jede andere vorstellbare Facette der Geschichte der Vereinigten Staaten konnte man dort einsehen. Mit aufgeführt war auch das gnadenlose Abschlachten der nordamerikanischen Indianer.

Die Kriege auf der Erde nahmen einen wichtigen Platz ein, auch die Ursache der Schlachten und die Verträge, die man abgeschlossen, eingehalten oder gebrochen hatte. In anderen Räumen befanden sich Unterlagen in bezug auf Medizin, Arbeit, Gefängnisreformen, ja selbst über das Vollstrecken von Todesurteilen. Die Gespräche mit Miller nahmen zwei Tage in Anspruch.

Major Lynch, der Kanadier, verbrachte seine Zeit mit einem prominenten venusischen Arzt, der behauptete, sechsunddreißig Jahre alt zu sein. Auf der Erde wäre sein Alter etwa fünfundsiebzig, sagte er. Er war der Hofarzt. Er nahm Lynch mit auf einen Besuch seines privaten Krankenhauses im imperialen Palast.

Eine große Überraschung für den Erdling war die Behauptung des Arztes, daß die Mediziner der Venus in der Lage waren, Krebs, Wundbrand, Arthritis, Geschwüre und so weiter, in weniger als vierundzwanzig Stunden zu heilen.

Dr. Settadors, wie Major Lynch ihn nannte, nahm den Piloten dann mit ins Staatsarchiv und zeigte ihm die Unterlagen über Heilweisen für verschiedene Krankheiten, die man bereits seit tausenden von Jahren kannte. Diese Unterlagen befanden sich ursprünglich in den Bibliotheken in ‚Rainbow City' und dem verlorenen Kontinent Atlantis. Der venusische Arzt, der über die medizinischen Fortschritte auf der Erde informiert war, sagte, daß die Erde an der Schwelle eines Fortschritts stand, von dem bisher niemand zu träumen wagte. Er sagte, daß die Erdenmenschen in zweihundert Jahren mehr erreicht hätten, als die Venusier in zweitausend Jahren. Er sagte aber auch, daß die größte Sünde der Welt darin bestünde, die Atombombe gebaut zu haben. Die menschliche Kreativität sollte nicht dafür verschwendet werden, die Welt zu vernichten.

Am dritten Tag tauschte die Mannschaft von Flug 27 Notizen aus, und es wurde ein Protokoll erstellt. Jeder der acht Männer erzählte von seinen Erlebnissen. Sie alle wurden auf ihren Ausflügen jeweils von einer anderen englischsprechenden Person begleitet. Interessant für alle waren die Strahlenkanonen, die für alle Arten von Krankheiten eingesetzt wurden. Lynch erzählte, wie man sie für die Behandlung von Knochenbrüchen verwendete. Gebrochene Knochen wurden ebenso zusammengeschweißt, wie auf der Erde Stahl verschweißt wird. Dieses Verfahren ist absolut schmerzfrei und dauert weniger als sechs Stunden. Verstümmelte Glieder waren kein Problem, Amputationen waren niemals notwendig. Auch eine Narkose wird nicht angewandt. Statt dessen wird dem Patienten eine Vorrichtung über den Kopf gestülpt, die einen Strahl durch das Gehirn schickt. Der Patient bleibt dann immun gegenüber Schmerz, solange dies notwendig ist. Während Lynch mit dem venusischen Arzt im Krankenhaus war, wurde ein Venusier mit einem durch einen Werksunfall zerfetzten Arm eingeliefert. Der zerstörte Teil des Arms wurde entfernt und durch einen neuen ersetzt, der an den Stumpf angeschweißt wurde. Eine Strahlenkanone reparierte die abgetrennten Nerven und das Gewebe. Nach der Operation wurde ein selbsthärtender poröser Kunststoff von einem halben bis zu einem Zentimeter Dicke auf den Arm gesprüht. Unter dieser Schicht bildete sich nach drei bis fünf Tagen eine neue Haut. Der poröse Gipsverband erlaubte es der Haut zu atmen und dem Arm zu schwitzen, falls es notwendig war.

Der Patient erfuhr nicht die geringsten Unannehmlichkeiten. Während des Vorgangs wurden zweimal täglich Heilungsstrahlen eingesetzt. Fünf Tage später wurde der Verband abgeschnitten.

Major Lynch schrieb einen vollständigen Bericht, der diesem Tagebuch beigelegt wurde. Den ganzen Bericht durchzugehen, wäre jetzt zuviel, vor allem auch deshalb, da das venusische Leben dem auf der Erde sehr gleicht. Doch gibt es ein paar Aspekte, die sich von unseren ethischen und moralischen Vorstellungen gänzlich unterscheiden, und diese möchte ich hier kurz erwähnen:

Fortpflanzung – Neunzig Prozent der Geburten erfolgen durch künstliche Befruchtung. Lebende Zellen, die Männer und Frauen entnommen wurden, werden in einem Reagenzglas befruchtet. Als Ergebnis dieser Vereinigung von Zellen werden niemals mißgebildete Babys geboren.

Vererbung – Ausschließlich Paare ohne unerwünschte Eigenschaften dürften Kinder bekommen. Negative Charaktereigenschaften werden deshalb nicht weitergegeben. Kriminelle Frauen und Männer dürfen keine Kinder bekommen.

Säuglinge und Kinder – Die neu geborenen Retortenbabys bleiben im ersten Jahr im Geburtshaus, wo sie von weiblichem Personal umsorgt werden, und werden dann erst ihren Eltern übergeben. Kinder bleiben bis zum Alter von sechs Jahren nackt. Menschen, die Kinder mißhandeln, bekommen zehn Jahre Zwangsarbeit. Das Kind oder die Kinder werden ihnen weggenommen. Eltern, die sich nicht an die Gesetze halten, erhalten öffentlich Schläge mit dem Riemen. Sexuelle Vergehen sind unbekannt. Solche Verbrechen werden durch Unwissenheit verursacht, deshalb erhalten die Kinder schon früh Sexualkundeunterricht. Bei einer körperlichen Empfängnis, die die Eltern natürlich auch praktizieren können, werden diese vorher auf ihre geistige und körperliche Gesundheit hin untersucht. Dies ist die Routine in bestimmten Gegenden. Der Arzt sagte Lynch, daß die Probleme der Übervölkerung auf der Erde gelöst würden, wenn die Menschen die auf der Venus praktizierten Methoden übernehmen würden.

Nahrung – Es dauerte tausende von Jahren, bis die Nahrungsmittel auf der Venus perfekt waren. Der Anbau von Gemüse erfolgt in gigantischen Glashäusern. Alle notwendigen Vitamine werden genetisch in das Gemüse eingebracht. Die Pflanzen werden aus perfekten Samen gezüchtet. Das Gemüse wird geerntet, sobald es reif ist und durch ein geheimes Verfahren entsaftet. Daraus entstehen dann die hoch konzentrierten Pillen, die dort auch als Mahlzeit verwendet werden. Jede Pille entspricht einem bestimmten Anteil einer Erdenmahlzeit. Die gesamte venusische Mahlzeit besteht nur aus einigen Pillen täglich. Der Magen und die Eingeweide der Venusier sind frei von Krankheiten und kleiner als die der Menschen auf der Erde.

Sex – Sexualverbrechen und sexueller Mißbrauch sind kein Problem, weil der Sexualkundeunterricht schon sehr früh beginnt und sehr offen ist. Lynch fragte den Venusier, warum er so sicher wäre, daß ihr System besser wäre als das auf der Erde. Der Arzt erwiderte: „Oh, ich habe auf Ihrem Planeten gelebt. Ich war vier Jahre lang in Amerika und drei in Europa. Ich kenne die Ursachen Ihrer Probleme aus erster Hand.

Universitäten – Die Voraussetzung für die Universität ist der Besuch einer Schule, die unserem Gymnasium entspricht. Er dauert vier Jahre. Dann müssen die Studenten weitere vier Jahre arbeiten, bevor sie in ihrem Beruf arbeiten dürfen. Dann folgt das Diplom. Die Doktorarbeit kommt viel später. Niemand darf zur Universität gehen und weiterstudieren, bevor er nicht gewisse praktische Erfahrungen gesammelt hat. Begabungen in bezug auf handwerkliche Tätigkeiten werden ebenfalls ermittelt. Die Kinder werden dazu einem Eignungstest unterzogen, bevor sie die Schule verlassen.

Der Name des Chefplaners für öffentliche Gebäude war Buccaattoo. Er zeigte den Leuten die Entwicklung der Bautechnik von der Zeit in ‚Rainbow City' bis zur Gegenwart auf der Venus. Die Pläne zeigten die Entwicklung von den primitiven Anfängen bis zum heutigen Tag.

Alle kommerziellen Fahrzeuge fahren in Korridoren unter den Städten. Privatfahrzeuge fahren auf der Oberfläche. Somit sind die Autobahnen nicht überfüllt. Die Fußböden, Wände und Decken in den Gebäuden bestehen aus einer Kunststoffmischung, auch die Rohre, Wasserhähne und so weiter. Die Außenflächen sind ebenfalls mit einem verstärkten Kunststoff versehen.

Wie geplant, verbrachten die Piloten den frühen Abend damit, ihre Notizen zu vergleichen. Am nächsten Morgen besichtigte man öffentliche Gebäude. Am Nachmittag inspizierte man Truppen, und am Abend gab es ein weiteres Staatsbankett. Während der Besichtigungen trugen die Besucher Sandalen, ebenso wie ihre Gastgeber. Sandalen, nicht Schuhe, sind die Standardfußbekleidung auf der ganzen Venus. Wenn es regnet, gehen alle barfuß. Beim Besuch im Rathaus übergab der Bürgermeister H.V. Helleennsttinne dem Kommandanten die goldenen Schlüssel der Stadt.

Ein interessanter Teil der Besichtigungstour waren die Roboter, die für öffentliche Arbeiten eingesetzt werden. Sie führen jede Arbeit auf Anweisung durch – sie widersprechen niemals. Eine Hauptmaschine erteilt die Anweisungen, und diese werden von anderen Maschinen durchgeführt. Straßen und Tunnel werden durch diese elektronischen Roboter automatisch gebaut.

Um vierzehn Uhr waren die Männer wieder beim Imperator zu Gast, und es fand eine weitere Parade vor dem Palast statt. Seine Majestät betrat den Paradeplatz auf einem weißen Pferd. Um fünfzehn Uhr erhob sich der Imperator von seinem Thron. Tausende von Soldaten marschierten auf den Platz. Jeder von ihnen trug eine silberne Uniform, enge Hosen und hohe silberne Stiefel. Ihre Helme erinnerten an die der Deutschen aus dem Ersten Weltkrieg. Jeder Soldat trug eine Strahlenkanone, die an ein Gewehr erinnerte.

Der Imperator hielt eine Ansprache an seine Truppen: „Soldaten der Venus. Wir haben heute die Ehre, acht tapfere Piloten vom Planeten Erde zu Gast zu haben. Diese Männer hatten den Mut, sich in unbekanntes Gebiet zu wagen, ebenso wie unsere Vorfahren vor einigen tausend Jahren, als sie die, wie sie glaubten, sterbende Erde verließen und mit dem Aufbau einer neuen Zivilisation auf der Venus begannen. Diese Männer sind nun gekommen, um erneut den Weltraum zu erforschen."

Der folgende Tag war der Freizeit gewidmet. Jeder Person wurde ein Wagen und Fahrer zugewiesen, und sie konnten fahren, wohin sie wollten.

Am nächsten Tag, dem fünften auf der Venus, standen die Besatzungsmitglieder von Flug 27 früh auf. Sie alle hatten einen großen Respekt vor dieser Zivilisation, von der Kommandant Richardson sagte, daß sie der unseren etwa eintausend Jahre voraus wäre. Bereits um vier Uhr morgens saßen sie alle wieder im startbereiten Flugzeug. Ein Druckstrahl von der Venus schickte sie ins All, so daß es nicht notwendig war, den Planeten zu umkreisen, um aus dem Gravitationsfeld herauszukommen. Schon eine Stunde später befanden sie sich bereits wieder weit im All.

Aus dem Tagebuch erfahren wir:

„Sechs Uhr – Die Geschwindigkeit unseres Flugzeugs ist unvorstellbar. Aber wir haben trotzdem das Gefühl, stillzustehen. Der Kommandant teilt den Leuten mit, daß sie eine Ehreneskorte aus elf Raumschiffen erwartet. Um sieben Uhr morgens stieg die Geschwindigkeit immer noch. Der Kommandant meldete, daß man um zwölf Uhr mittags auf dem Luftwaffenstützpunkt Andrews ankommen würde.

Zehn Uhr – Wir sehen unseren Heimatplaneten. Wie wunderschön er doch ist! In einer Stunde werden wir in unsere Atmosphäre eindringen. Als wir noch einhunderttausend Kilometer vor uns haben, signalisiert uns unsere Eskorte, daß sie uns verläßt. Unsere Begleiter blinken mit den Lichtern und bleiben dann zurück. Wir verabschieden uns von unseren neuen Nachbarn unseres Sonnensystems. Als sie uns verlassen, haben wir ein trauriges Gefühl, das wir nie zuvor empfunden haben. Endlich ist der letzte Planet in unserer Milchstraße erwachsen geworden. Wir kommen mit einem Gefühl nach Hause, etwas Großartiges geleistet zu haben. Wir sind von tiefer Freude erfüllt.

Elf Uhr – Die Geschwindigkeit hat sich stark reduziert. Wir sind jetzt wieder in unserer eigenen Atmosphäre. Endlich wieder zuhause!“

Hier endet John's Zusammenfassung über dieses Abenteuer der Amerikaner. Er gibt mir auch gleich einen Kommentar darauf: „Diese, von mir erheblich gekürzten Informationen ersah ich aus dem Logbuch dieser Expedition, die ich mit der Genehmigung eines nichtgenannten Regierungsausschusses einsehen durfte. Die Hälfte des Inhalts dieses Logbuchs beschäftigt sich nur mit dem Leben auf der Venus. Zusätzlich habe ich zwei Männer, die der Mannschaft des Fluges zur Venus angehörten, darüber befragt.“

„Was gleich ins Auge sticht“, erkläre ich John, „ist die Beschreibung der Einwohner der Venus, verglichen mit denen von Aldebaran – die sind sich offenbar sehr ähnlich. Es scheint hier eine Verwandtschaft zu bestehen.“

„So sehe ich das auch. Ich meine, die Venusier beziehungsweise Ex-Erdlinge, kamen ja auch einst von außerhalb unseres Sonnensystems, wo offenbar viele Planeten von hellhäutigen Menschen bewohnt sind – zum Beispiel Aldebaran, die Plejaden, Andromeda, Sirius und andere.“

Kapitel 20
Außerirdische Abstürze

Allerdings bin ich der selben Ansicht wie John, daß uns Menschen diverse Verhaltensweisen auf der Venus sehr fremd vorkommen. Zum Beispiel die Vermehrung durch künstliche Befruchtung oder daß die Kinder das erste Jahr ohne die Eltern aufwachsen. Nun, es ist anzunehmen, daß sie wohl ihre guten Gründe dafür haben, auf diese Weise vorzugehen, nachvollziehen kann ich sie momentan aber trotzdem nicht. Auch John kann mir keine schlüssigen Antworten anbieten und verweist darauf, daß er diese Informationen in dem Logbuch so wiedergefunden hat.

Vielleicht werden die Babys viel liebevoller in den Geburtshäusern aufgezogen, als wir uns das vorstellen können? Wer weiß?

Nun reißt mich John aber wieder aus meinen Gedanken. „Die Venusier", läßt er mich wissen „sind aber auch schon einmal von den Amerikanern abgeschossen worden, und zwar kurz nach dem Zweiten Weltkrieg. Offenbar von einer Einheit, die nicht in das Geheimnis eingeweiht war."

„Von welchem Abschuß sprichst du?" frage ich neugierig.

„Dem Fall des Captain Mantell im Jahre 1948."

„Was?" bezweifle ich diese Behauptung. „Mantell? Der ist doch selber von einem UFO abgeschossen worden!"

„Das ist schon richtig, doch es ist wiederum nur die halbe Geschichte. Laß mich den Rest kurz ergänzen. Die offizielle Version sagt nicht mehr über diesen Vorfall aus, als daß Captain Mantell am 7. Januar 1948 von einer Untertasse über Godmann Field in Kentucky abgeschossen wurde. Man fügte lediglich noch hinzu, daß seine sterblichen Überreste geborgen und bei einem militärischen Begräbnis beerdigt wurden. Das ist alles.

Aber die Geschichte des fünfundzwanzig Jahre alten Weltkriegsveteranen ist noch lange nicht mit der Bergung seiner sterblichen Überreste zu Ende. An diesem Punkt beginnt erst die eigentliche Geschichte. Nur Sekunden, bevor Mantell von dem UFO abgeschossen wurde, war es ihm gelungen, mit einigen Schüssen von seinem Bomber die außerirdische Maschine zu treffen. Gleichzeitig mit Mantells P51-Bomber ging auch das UFO innerhalb von fünf Kilometern Entfernung auf einem militärischen Flugplatz zu Boden, über dem es abgefangen und beschädigt worden war.

Die Geschichte geschah der Reihe nach folgendermaßen: Der Tower auf dem Flugplatz Godmann hatte zuerst ein Objekt gemeldet, das auf dem Radar nicht identifiziert werden konnte. Inzwischen flog eine Gruppe von Maschinen der Nationalgarde bei einem Routineflug über das Feld. Die Gruppe wurde von Captain Thomas J. Mantell geführt. Dieser wurde gebeten, sich die Sache anzusehen und notfalls Maßnahmen zu ergreifen. Bei einer Höhe von etwa zweitausendsechshundert Metern teilte Captain Mantell dem Tower über Funk mit, daß über ihm ein sehr helles, kreisförmiges Objekt schweben würde. Er hielt Kontakt mit dem Tower, während sich das Objekt etwa fünfzehn Meter unter seine Maschine bewegte und dann an ihm vorbeiflog. Dann schwebte es lautlos an seiner Steuerbordseite. Innerhalb des etwa zehn Meter großen Objekts sah Mantell drei Gestalten, die ihn durch die Bullaugen der Maschine beobachteten.

Das UFO stieg dann auf eine Höhe von zehntausend Metern, und zwar mit einer Geschwindigkeit, daß Captain Mantell nicht in der Lage war, aufzuholen und das Objekt zu verfolgen. Nachdem er dem UFO bei seinem vergeblichen Versuch es zu überholen, hinterhergejagt war, änderte es plötzlich mit einer unglaublichen, fast selbstmörderischen Geschwindigkeit seinen Kurs. Im letzten Moment gelang es Mantell noch, einige Schüsse auf das Objekt abzugeben. Es stoppte abrupt mitten in der Luft, und Mantell wäre fast mit ihm zusammengestoßen. Dann stürzte es zu Boden. Captain Mantell machte einen Überschlag und flog direkt hinterher. Der Tower verfolgte die wilde Jagd auf dem Radar. Während das UFO mit der P51 auf den Fersen zu Boden ging, sahen die Leute unten einen blendenden Blitz, als ob eine Ladung Sprengstoff in der P51 hochgegangen wäre. Das Flugzeug wurde auseinandergerissen und zerschellte an der Seite eines Berges etwa acht Kilometer außerhalb von Franklin, Kentucky.

Der Tag war sehr bewölkt, und es herrschte leichter Nebel, als die Lastwagen auf dem Flugfeld ausrollten, nachdem die Bodenmannschaften den Lichtblitz gesehen hatten, der die P51 getroffen hatte. Danach flog sie in einzelnen Stücken zu Boden. Ein Captain der Luftwaffe und ein Fotograf liefen durch das Tor in Richtung auf das abstürzende UFO. Als sie zur Unglücksstelle kamen, nahm der Fotograf, der ein Teleobjektiv benutzte, auch den tragischen Unfall der P51 auf, die innerhalb der Sichtweite der Basis auseinanderbrach. Inzwischen war das unidentifizierte Flugobjekt wie ein Feuerball zu Boden gestürzt. Es war der helle Schein, der von dem

UFO ausging, der es den Rettungsmannschaften und dem Fotografen ermöglichte, sofort den genauen Ort des Absturzes festzustellen.

Die Spionagegruppe der Luftwaffe erreichte die Stelle, an der Mantell abgestürzt war, als erste. Das Flugzeug war in tausend Stücke zerbrochen. Es gab keinen Brand und keinen Geruch von verbranntem Fleisch oder Material. Sie fanden Captain Mantell, der immer noch seinen Helm, seine Montur und seine Stiefel trug. Als sie die Kleider entfernten, stellten sie fest, daß sie ein Skelett vor sich hatten, das von Kopf bis Fuß vollkommen unversehrt war. Die sterblichen Überreste wurden zur Identifizierung und Autopsie zum Labor der Luftwaffe gebracht. Das Skelett des verstorbenen Captain Mantell wurde später in einen versiegelten Behälter gelegt und zu einem Leichenbestatter in der Nähe gebracht, der es wiederum in einen versiegelten Sarg legte.

Die Geschichte des UFO-Absturzes fand ein anderes Ende. Während die Fotografen weiter ihre Bilder vom Absturz aufnahmen, sahen sie, daß das Glühen, das sie vorher am UFO gesehen hatten, aufhörte. Die Tür öffnete sich und drei Wesen traten mit erhobenen Händen heraus. Ihre Gesichtsfarbe hatte eine leichte Tönung. Sie waren ziemlich groß und hatten eine enge Stirn. Die Piloten liefen mit gezogenen Pistolen auf das UFO zu. Plötzlich sagte eines der Wesen in perfektem Englisch: „Wir wollen nichts Böses. Wir kommen in Frieden.“

Der Fotograf begann damit, das UFO von innen und außen zu fotografieren. Die Außerirdischen wurden zur Basis zurückgebracht. Den vollkommen verwirrten Wachen wurde gesagt, daß sie beide, die Piloten und die Außerirdischen, ohne Identifizierung hereinlassen sollten. Drei Tage später wurden die Außerirdischen immer noch von einer Gruppe von Geheimdienstleuten der Luftwaffe im Verwaltungsgebäude befragt. Sie erzählten eine seltsame Geschichte: Sie kamen von der Venus, dem Hauptplaneten dieses Sonnensystems. Andere UFOs vom Pluto, Saturn und Mars und so weiter seien ebenfalls auf der Erde gelandet, um die militärischen Anlagen der Menschheit zu beobachten. Sie hätten keine feindseligen Absichten. Sie wollten nur den Fortschritt der Menschheit in bezug auf interplanetare Reisen und Atomkrieg beobachten. Letzterer hätte unseren Schwesterplaneten dazu veranlaßt, uns ständig zu überwachen. Als sie von der P51 beschossen wurden, hatten sie keine Vergeltungsaktion durchgeführt. Vielmehr sei ihr Flugzeug so programmiert, daß es automatisch jeden aggressiven Gegner abwehrt. Die menschenähnlichen Wesen betonten, daß es ihnen sehr leid täte, daß der Pilot umgekommen sei.

Die Luftwaffe wußte nicht, was sie mit diesen unerwarteten Besuchern anfangen sollte, die in der Tat nur zur Beobachtung in den amerikanischen Luftraum eingedrungen waren. Während das Radar des Stützpunktes den Himmel absuchte, entdeckte man weitere Raumschiffe, die hoch oben am Himmel schwebten. Man kam deshalb zu dem Schluß, daß es sehr gefährlich sein könnte, die Außerirdischen wegen Mordes anzuklagen. Die drei Außerirdischen wurden, wie das so üblich war, in ein Wachhaus gesperrt. In der zweiten Nacht löste sich das Problem mit der irdischen Ethik und Gerechtigkeit von selbst – sie waren verschwunden! Eine schnelle Überprüfung durch die Militärpolizei ergab, daß die Zellentüren verschlossen und die Gitterfenster unversehrt waren. Kein Loch war in den Wänden zu sehen.

Weniger als eine Stunde später kam die Antwort. Plötzlich kam eine Meldung über das Telexgerät, die gleichzeitig auch im Tower und im Kommunikationsraum empfangen wurde. Sie lautete: „Wir sind eine Begleitmaschine des Flugzeuges, das Sie abgeschossen haben. Wir bedauern sehr, daß Ihr Pilot ums Leben gekommen ist. Diese Tat war nicht beabsichtigt. Wir weisen Ihre Piloten an, nicht auf unsere Schiffe zu feuern, damit weitere Menschenverluste vermieden werden können. Wir haben soeben unsere Leute befreit, die von Ihnen eingesperrt worden sind. Wir haben dies mit einer Methode durchgeführt, die Ihnen bisher noch unbekannt ist. Zu gegebener Zeit, wenn wir Freundschaft geschlossen haben, werden wir Ihnen mitteilen, wie diese Flucht möglich war. Wir sind nur hier, um zu beobachten. Wir möchten Ihnen keinen Schaden zufügen. Nochmals: Es tut uns leid, daß Ihr Pilot ums Leben gekommen ist. Wir bedauern das wirklich sehr."

Zu dem Zeitpunkt des Verschwindens der Außerirdischen machten einige Zeugen eine seltsame Beobachtung. Sie beschrieben sie ungefähr so: „Ein etwa einhundert Meter großes unbekanntes Flugobjekt senkte sich von oben herab und schwebte über dem Wachhaus. Aus dem Objekt kam plötzlich ein Strahl aus weißem Licht mit einem grünen Schimmer. Auf oder innerhalb dieses Lichtstrahls wurden die drei Außerirdischen durch die Decke des Wachhauses nach oben zum Schiff heraufgezogen."

So ätherisch, wie diese Wesen zum Zeitpunkt ihrer Flucht auch erschienen, wiesen sie jedoch eindeutig menschliche Wesensmerkmale auf. Ihre Körperform war eindeutig menschlich, ihre Gesichtszüge orientalisch, die Finger lang und schlank, die Größe etwa ein Meter neunzig bis zwei Meter zehn, die Erscheinung jugendlich. Während sie im Wachraum verweilten, nahmen sie Wasser zu sich, in das sie manchmal rote oder weiße Pillen warfen. Sie benutzten die Toiletten ebenso wie Menschen es tun. Und das war kein Wunder, denn sie behaupteten, daß sie einst von der Erde gekommen sind.

So endet der „Mantell-Zwischenfall". Jedoch begann ein reger Austausch offizieller Korrespondenz zwischen dem Stützpunkt, dem Pentagon und anderen Dienststellen der Luftwaffenstützpunkte ‚Maxwell' und ‚Wright Patterson', wohin das venusische Schiff schließlich gebracht wurde. Insgesamt gingen über zweitausend Berichte zwischen den Dienststellen hin und her. Nach dem „Mantell-Zwischenfall" fragte sich der Geheimdienst der Luftwaffe, warum die Außerirdischen ihr Flugzeug nicht ebenso wiedergeholt hätten wie ihre Leute. Die Antwort darauf bekamen sie erst Jahre später.

Die Version der Luftwaffe für die Öffentlichkeit lautete jedoch wie folgt: Erstens: Mantell verlor aufgrund von Sauerstoffmangel das Bewußtsein. Und zweitens: Bei dem Objekt, dem Mantell hinterhergejagt war, handelte es sich um einen „Sky Hook", einen Wetterballon, der in dem Gebiet hochgeschickt worden war."

„Tja, immer diese Wetterballone, wo die überall herumfliegen", gebe ich John's Gesichtsausdruck recht, mit dem er den letzten Satz von sich gab. „Woher hast du denn die Informationen über den Mantell-Vorfall?"

„Neben einem Gespräch mit einem Luftwaffenoffizier, der damals mit dabei war, hatte ich fünfzig Seiten an Beweisunterlagen darüber aus dem Nationalarchiv erhalten. Aber als die Kopien bei mir per Post eintrafen, waren sie offensichtlich vorsätzlich überbelichtet worden, daß sie praktisch unbrauchbar waren. Meine Klagen blieben unbeantwortet."

„Hätte mich auch stark gewundert."

„Es sind aber nicht nur Außerirdische zu Besuch, die aussehen wie die Venusier oder die Aldebaraner", meint John mit hochgezogenen Augenbrauen."

„Na, das ist mir auch klar. Spätestens seit Roswell finden wir uns auch mit den kleinen Grauen konfrontiert."

„Ach, Roswell", winkt John mit einer abfälligen Handbewegung ab, „das ist doch schon ewig breitgetreten. Kennst du denn den „Farmington Absturz"?"

„Noch nicht, aber ich nehme an, daß ich ihn in zehn Minuten kennen werde", gebe ich etwas frech zurück.

„Richtig. Und zwar stürzten am Abend des 16. Januar 1955 in der Nähe von Farmington im US-Staat New Mexico drei bemannte Raumschiffe ab, die von außerhalb unseres Sonnensystems gekommen waren. Ihr Absturz verursachte einen Feuerball, der im Umkreis von vierzig Kilometern von hunderten von Menschen gesehen wurde. Dennoch wissen heute nur noch wenige Amerikaner in militärischen Kreisen über diesen vertuschten Unfall Bescheid.

Die drei intergalaktischen Raumschiffe mit den achtundzwanzig Wesen, die an Bord waren, brachten den überzeugendsten Beweis, daß die Menschheit nicht allein im All war und daß die Erde offenbar auch von „anders aussehenden" Eindringlingen beobachtet wurde. Diese Erkenntnis war für die Wissenschaftler der Erde sehr ernüchternd. Denn ganz ohne Zweifel hatte man es hier mit einer Maschine zu tun, die aus der fernen Zukunft zu kommen schien. Etwa siebenhundert Kilometer vom Ort des Absturzes entfernt begann am Abend des 17. Januars 1955 ein Team von Kommunikationsspezialisten unter dem Decknamen ‚Bootstrap' mit hochmoderner Ausrüstung, die Manöver der Armee zu beobachten.

Als das Objekt auf die Erde stürzte, rutschte es, überschlug sich und zog einen Pfad von etwa einem Kilometer Länge. Zwölf Stunden später erschienen auf Anweisung der ‚Offutt'-Luftwaffenbasis Beobachter der ‚Operation Bootstrap', die inzwischen in ein Kommunikations- und Rettungsteam umgewandelt wurde, in der Nähe der Absturzstelle. Sie waren davon überzeugt, daß es sich bei dem Objekt um ein abgestürztes Militärflugzeug handelte, in dem sich entweder geheime Ausrüstung oder hochrangige Militär- oder Zivilpersonen befanden. Das Team kam in einem Jeep und einem Laster und war mit scharfer Munition ausgerüstet.

Da geschah das Unerwartete noch einmal. Über Funk meldete eine Streife der Autobahnpolizei den Absturz einer weiteren Maschine um etwa vierzehn Uhr in derselben Gegend.

Am Morgen des 18. um acht Uhr dreißig erreichte das Team die Absturzstelle. Während der befehlende Major versuchte, sich einen Weg zu den Wracks zu bahnen, kam plötzlich ein weiterer ‚Meteor' aus der Höhe direkt über ihnen. Alles beobachtete fasziniert, wie das Ding zu Boden ging. Das dritte Objekt riß eine klaffende Spalte in die Wüste und begrub sich selbst in einer Riesenwolke von Sand und Staub. Als sich das Team dem Ort des letzten Absturzes näherte, wurde ihm schnell klar, daß es sich hier nicht um ein Unglück mit einem konventionellen Flugzeug handelte. Und die Silhouette des abgestürzten Objektes war auch nicht die eines Meteoriten. Was die Soldaten da zu sehen bekamen, waren drei seltsame, unidentifizierte Flugobjekte gleicher Bauart, die an eine Untertasse erinnerten. Während sich die Mitglieder von ‚Bootstrap' daran machten, die Umgebung abzusuchen, fingen einige der Umstehenden an, die Objekte mit Werkzeugen und Steinen zu bearbeiten. Einer von ihnen schoß auch mit einem Gewehr auf eines der Objekte. Die zehn Männer vom Rettungsteam schritten ein, und die Neugierigen wichen zurück, als die Männer ihre Waffen zogen. Der Major hatte ein ungutes Gefühl. Er glaubte, daß sich innerhalb der Objekte intelligentes Leben befinden könnte. Hochempfindliche Mikrophone wurden an die Außenwände der UFOs gehalten, aber es waren keine Geräusche oder Stimmen von innen zu hören.

Als der Major durch ein Loch von etwa zwanzig Zentimeter Durchmesser blickte, konnte er das zerstörte Innere erkennen sowie zwei verkohlte Leichen auf verbrannten Sitzen. Schließlich entdeckte man eine Tür von etwa anderthalb Meter Größe, die von außen vollkommen unsichtbar war. Es gelang, sie zu öffnen. Als der Major das Innere betrat, konnte er erkennen, daß die Insassen in einer Stichflamme umgekommen waren. Waren die Außerirdischen in einen gigantischen Wirbel hoch über der Erde geraten oder waren sie vielleicht Opfer eines Zusammenstoßes mit einer Hochantenne? Man wußte es nicht.

Zuerst wurden die Leichen herausgeholt und in Plastiksäcke verpackt. Die verkohlten Leichen waren etwa achtzig Zentimeter groß. Eine von ihnen war jedoch bedeutend größer, nämlich etwa einen Meter dreißig. Das Gewicht wurde bei der Autopsie auf dreißig bis fünfunddreißig Kilogramm geschätzt, das der größeren Leiche auf fast fünfzig Kilogramm. Die Hände der Leichen befanden sich noch in Handschuhen, aber ihre Helme, die fast vollständig aus Glas bestanden, hatten sie beim Aufprall nicht getragen. Eine gründlichere Untersuchung ergab, daß ein Fingerdruck in der Nähe des Kragens den einteiligen Raumanzug automatisch öffnete. Die Körper der toten Außerirdischen hatten einen goldenen Schimmer. Ihre Haare waren schwarz, ihre Augen hatten ein orientalisches Aussehen und keine Iris. Ihre Füße waren zart und ungewöhnlich lang, ebenso ihre Zehen. Ihre Hände und Füße wiesen jeweils fünf Finger beziehungsweise Zehen mit Nägeln auf. Die Geschlechtsorgane befanden sich in Falten unter der Haut, wenn sie nicht in Gebrauch waren.

Der Major hatte sich durch einen puren Zufall Zugang zu dem Innern des Schiffes verschafft, als seine Hand eine Auslösungsvorrichtung berührte, während er die Innenseite des Fensterloches abtastete. Ein weiterer glücklicher Zufall sollte folgen. Einer der Männer hatte begonnen, mit den Kontrollvorrichtungen des Flugobjektes herumzuspielen. Als der Major das sah, lief er schnell hin, um ihn daran zu hindern, bevor irgend etwas passierte.

Der Mann stieß bei seinen Untersuchungen aus Versehen gegen eine verborgene Tür, die sich durch den Druck einfach öffnete. Die etwa drei Meter große quadratische Tür war ebenso unsichtbar wie alles andere außerhalb und innerhalb des UFOs, also nicht durch Ritzen oder Klinken als solche erkennbar. Hinter der Tür fanden sie einen kristallartigen Metallring von etwa fünfundvierzig Zentimeter Durchmesser und einer Dicke von etwa sieben Zentimetern. An der Decke erinnerte sich der Major, eine kaum sichtbare Zeichnung gesehen zu haben, etwa von derselben Größe wie der Ring. Als man den Ring auf die kreisförmige Nute legen wollte, wurde er magnetisch angezogen. Die Leute, die das Flugobjekt untersuchten, waren nicht darauf vorbereitet, was sich dann ereignete. Als man den Ring um etwa vierzig Grad gegen den Uhrzeigersinn gedreht hatte, wurde der magnetische Zusammenhalt des Schiffes außer Kraft gesetzt. Es herrschte ein totales Durcheinander, als das Schiff in neun blütenblattähnliche Teile nach außen auseinanderfiel. Die Männer stolperten und fielen zwischen die getrennten Teile, während die anderen, die draußen geblieben waren, in Panik auseinanderliefen. Abgesehen von Quetschungen und Hautabschürfungen wurde niemand verletzt. Das Schiff war vollkommen auseinandergefallen. Nur der Mittelteil war heil geblieben. Er war zylinderförmig, hatte einen Durchmesser von etwa einem Meter und eine Höhe von ebenfalls einem Meter. Das Teil war leicht radioaktiv, wobei man später feststellte, daß es sich um die Energiequelle für das Antigravitations-Kraftfeld des Schiffes handelte.

Im Lagerraum des Raumschiffs befanden sich Ersatz-Raumanzüge, eßbare Waffeln, Ersatzteile, medizinische Mittel und Karten mit Einzeichnungen, die die Männer nicht identifizieren konnten.

Die Luftwaffe war sich darüber im Klaren, daß sie es hier mit einem Raumschiff zu tun hatte, das nicht aus unserem Sonnensystem stammte. Die aufgefundenen Karten zeigten die Position des Heimatplaneten in einem entfernten Teil der Milchstraße oder möglicherweise aus einer Konstellation in einer anderen Galaxis. Aber die Sternkoordinaten des Heimatplaneten konnten nicht ermittelt werden. Seine Mission und die seines Mutterschiffes bestand offenbar darin, die Erde zu karthographieren und der Heimatbasis darüber Meldung zu machen. Die Männer fanden Karten, auf denen Landschaften der Erde in allen Einzelheiten mit Flüssen, Bergen und so weiter eingezeichnet waren. Auf quadratischen Karten, die aus einer metallischen Substanz bestanden, fanden sie Zeichnungen der Erdlinien, die entlang der magnetischen Abweichungen verliefen. Dies stimmte nicht mit den karthographischen Methoden der Erde überein, die die Positionen nach Längen- und Breitengraden einteilen.

Das außerirdische Schiff hatte einen Durchmesser von neun Metern und eine Dicke von drei Metern. Die untere Seite war leicht konkav, mit drei Auswölbungen, die etwa einhundertzwanzig Grad auseinander lagen und, wenn sie ausgefahren waren, das Fahrwerk des Schiffes darstellten. Die Konstruktion erinnerte ein wenig an eine Laterne, außer daß der untere Rand nach außen ging.

Am dritten Tag nach seiner Ankunft fing das Rettungsteam mit der Untersuchung des zweiten Schiffes an. Dieses Raumschiff erinnerte an eine Untertasse, hatte einen Durchmesser von zwölf Metern und dasselbe Fahrwerk wie das erste Schiff. Die Mannschaft sicherte die Außenseite mit Sandsäcken und drehte den Ring nach oben zur Mitte. Wiederum teilte sich das Schiff in neun gleiche Abschnitte, wobei das Mittelstück aufrecht auf dem Boden stehen blieb.

Drinnen fand man vier weitere verkohlte Leichen, die wiederum geborgen und in Plastiksäcke gelegt wurden. Sie legten die vier Leichen neben ihre toten Kameraden aus dem ersten Schiff. Es waren jetzt mehrere medizinische, technische und wissenschaftliche Experten anwesend. Die kleineren Schiffe und ihr Inhalt wurden zusammen mit den Leichen vorsichtig mit Kränen auf Tieflader gepackt und zum Luftwaffenstützpunkt ‚Wright Patterson' nach Dayton in Ohio geflogen. Dort wurden sie im ‚Hangar 18' untergebracht. Das Luftforschungs- und Entwicklungskommando übernahm jetzt unter den wachsamen Augen des ‚Technischen Spionagekommandos der Luftwaffe' die Untersuchung. Auf den Luftwaffenstützpunkt ‚Offut' und ‚Wright Patterson' wurden Experten aus allen möglichen Fachrichtungen aus den gesamten USA zusammengezogen und vereidigt. Diese Experten bemühten sich, die Bedeutung dieser außerirdischen Besucher zu verstehen und den technischen Stand der USA mit dem dieser fremden Rasse zu vergleichen.

Das Team von Experten wuchs allmählich auf etwa einhundertfünfzig Personen an. Das größte Raumschiff, das einen Durchmesser von etwa dreißig Metern hatte, wurde jetzt gründlich unter die Lupe genommen. Es hatte wie auch die anderen, eine graue Farbe. Man war nicht in der Lage, eine Öffnung zu finden, nachdem man es ausgegraben hatte, und stellte wiederum fest, daß der magnetische Ring das Mittel war, das Schiff zu öffnen. Es fiel auseinander wie die übrigen. Der mittlere Kern des Antigravitations-Antriebssystems war drei Meter hoch und hatte einen Durchmesser von ebenfalls drei Metern. Seine Radioaktivität war höher als die der anderen Schiffe. Sie lag jedoch unter den Emissionen eines Röntgengerätes im Krankenhaus. Es wurden Abschirmungen aus Blei verwendet, um den Kern abzudecken.

In der Maschine fand man zweiundzwanzig verkohlte Leichen. Das Schiff war funktionell dasselbe wie die anderen kleineren Schiffe, hatte jedoch einen größeren Durchmesser. Es war mit tödlichen Laserkanonen ausgerüstet und war wahrscheinlich von einem anderen Schiff mit einer überlegenen Feuerkraft abgeschossen worden. Falls dies der Fall gewesen sein sollte, hat es wohl auch die anderen beiden abgeschossen.

Außerdem entdeckte man Kombüsen, Schlafquartiere und Badezimmer. Es gab Steuertafeln mit einundachtzig Tasten, die in Gruppen von jeweils neun Tasten angeordnet waren. Zusätzlich gab es neun weitere Funktionsscheiben für die Verwendung durch den Piloten und Navigatoren. Diese Scheiben wiesen leichte Vertiefungen für die Steuerung mit den Fingerspitzen auf. Wenn man diese Vertiefungen in verschiedenen Kombinationen drückte, wurden damit anscheinend schnelle Befehle an die verschiedenen elektrischen Systeme gesandt. Die Experten aus den USA fragten sich, ob die Finger der Außerirdischen beweglich genug wären, um dieses System zu betätigen. Deshalb untersuchten sie ihre Hände. Die Finger konnten in einem Winkel von einhundertachtzig Grad nach vorn und nach hinten gebogen werden. Die gesamte außerirdische Mannschaft wies diese physische Besonderheit auf. Die Wissenschaftler bestätigten ebenfalls, daß bestimmte Navigationsgeräte im Fluglenksystem auf Gedankenmuster reagierten.

Jeder Außerirdische hatte vier Lungen, die sich in einer bestimmten Zeit komprimierten und es ihnen ermöglichte, sich auf die Atmosphäre der Erde einzustellen. Ihr Blut wies eine bräunliche Färbung auf und war dikker als unseres. Die Autopsie ergab, daß sie innerhalb ihrer eigenen Welt wahrscheinlich eine Luftmischung atmen, die weniger Sauerstoff enthält als die auf der Erde. Der braune, zentrale Teil des Auges hat eine einheitliche Farbe. Unter den äußeren Schichten ist die Iris verborgen. Anscheinend waren diese Wesen in der Lage, direkt in die Sonne zu schauen, ohne die Augen zu schädigen. Außerdem konnten sie durch die Dunkelheit des Weltraums sehen. Die Körper wurden entkleidet und in Alkohol getaucht. Die einzelnen Mitglieder der Gruppe sahen sich so ähnlich, daß sie geklont zu sein schienen. Hätte man sie eine Straße entlanglaufen sehen, hätte man sie wahrscheinlich nicht auseinanderhalten können. Jeder von ihnen schien etwa fünfundzwanzig Jahre alt zu sein. Man entdeckte Waffeln aus konzentrierter Nahrung. Jede dieser Waffeln war etwa vier Zentimeter lang. Eine dieser Waffeln wurde aus Versehen in einen Eimer Wasser geworfen. Sie löste sich sofort auf. Das Aroma erinnerte an Vanilleextrakt. Das Wasser brodelte, und der Schaum trat über den Rand des Eimers. Das Ergebnis war schließlich ein köstlich schmeckender Teig, der einen Kübel von sechzig Litern gefüllt hätte. Das Rettungsteam nannte diese Mixtur „Wüstenmanna". Später fand man heraus, daß eine kleine Waffel eine Person mindestens drei Tage wach halten konnte, ohne daß sie Schlaf benötigte.

Innerhalb von zwei Wochen war die Untersuchung abgeschlossen.

Im Januar wurde den versammelten Kongreßabgeordneten, Senatoren und hohen Militärs, die dazu auserwählt waren, in der unterirdischen Kommandozentrale der Luftwaffenbasis von ‚Offutt' ein Bericht unterbreitet. Den Anwesenden wurden die Leichen und die Filme sowie Graphiken und andere Daten gezeigt. Die Präsentation wurde von etwa zwanzig technischen Experten durchgeführt, die man innerhalb von fünf Stunden zusammengerufen hatte. Ernüchtert durch die Berichte aus erster Hand von so vielen zuverlässigen Zeugen war Captain James Ruppolt, der das

„offizielle“ Projekt ‚Blue Book‘ leitete, das mit den UFO-Sichtungen betraut worden war.

Durch Übereinkunft der Anwesenden und mit Genehmigung von Präsident Eisenhower wurde der „Farmington-Zwischenfall“ unter strenge Geheimhaltung gestellt. Die offizielle Haltung gegenüber UFO-Sichtungen und Begegnungen mit Außerirdischen war von nun an, daß es so etwas einfach nicht gab. Trotzdem begann man unverzüglich damit, die in den Flugobjekten gefundene Technologie der Außerirdischen auszuwerten und sie mit dem Stand der Technik der USA zu vergleichen.

Die Stärke oder Schwäche einer Nation hängt letztenendes von den Menschen ab, die in ihr wohnen. Die offizielle Haltung der Luftwaffe bestand darin, daß das amerikanische Volk es nicht begreifen würde, daß Wesen, die von einem Planeten kamen, der Lichtjahre von der Erde entfernt ist, zu uns gekommen sind, um uns heimlich auszuspionieren.

Während man den Fall des Farmington-Absturzes offiziell abschloß, begann der Geheimdienst der Luftwaffe damit, Filme und Tonbänder, die man am Unfallort aufgenommen hatte, einzusammeln. In den Zeitungen stand nur ein kurzer Bericht über die Sache. Leute, die zuviel darüber redeten, wurden eingeschüchtert, und die Angelegenheit wurde dort begraben, wo sie begonnen hatte – in New Mexico. Seit 1955 ist das „Geheimnis“ durch schriftliche und mündliche Zeugnisse in verschiedenen wissenschaftlichen, medizinischen und technischen Kreisen bekannt geworden. Man schätzt, daß heute etwa eintausend Menschen über die Bruchlandung der drei außerirdischen Maschinen informiert sind.

Ich möchte aber noch eine andere Episode erwähnen, die meiner Meinung nach sicherlich ebenso unbekannt ist: Im Laufe von drei Jahren wurden nämlich hunderte von Sichtungen in verschiedenen Ländern gemeldet, aber die sind nichts im Vergleich mit den Begegnungen zwischen Amerikanern und Außerirdischen. Viele Behörden sind inzwischen der Meinung, daß die Öffentlichkeit langsam aber sicher auf die häufige Anwesenheit von Außerirdischen aufmerksam gemacht werden sollte, um eine Massenhysterie zu verhindern. Einige Außerirdische, die uns besuchen, wollen inzwischen auch, daß ihre Anwesenheit bekannt wird. Sie sind möglicherweise die Vorhut einer großen Zahl von intelligenten Wesen aus dem gesamten Kosmos, die die Absicht haben, noch vor Ende dieses Jahrhunderts eine Kommunikation mit den Menschen aufzubauen.

Deshalb ist eine kurze Erwähnung des folgenden Falles notwendig, um die Realität der außerirdischen Wesen zu dokumentieren, die die militärischen Installationen der Erde bereits seit längerer Zeit beobachten. Er spielte sich im Jahre 1958 in der Nähe des Städtchens Irrigon ab, das am Columbia River in Oregon liegt. Das abgestürzte Raumschiff und seine Besatzung wurden „gefangen" und zum ‚Umatilla Army Depot' gebracht, einer kleinen Kaserne in der Nähe der Luftwaffenstützpunkte in Fairchild und Tacoma. Später wurde das Schiff zum Hauptquartier des ‚SAC', dem ‚Strategic Air Command', in Offutt weiterverlegt.

Als man in das Raumschiff eindrang, fand man keine Menschen oder Humanoide, sondern ausschließlich Roboter, die das Schiff bedient hatten. Nachdem es nicht gelungen war, die Köpfe mit konventionellen Mitteln zu entfernen, wurde versucht, einen der Roboter wegzutragen, indem man ihn an den Füßen und am „Hinterkopf" hochhob. Dadurch bewegte sich einer der Arme, und man entdeckte einen Auslösemechanismus im hinteren „Schädel", der das „Gehirn" des Roboters freilegte. Die Augen der Roboter bestanden aus hunderten von Lichtsensoren. Diese schicken Signale zum Computer in der Brustgegend. Sobald die Impulse von den Lichtmessern – Augen – in den Computer gehen, schickt dieser die entsprechenden Befehle zu den Armen, Beinen, Füßen, Fingern und Kopf und übermittelt ihnen, welche Schritte notwendig sind, um die Steuerungen des Schiffes zu bedienen. Nachdem der Computer die Anweisungen erhalten hat, werden sie in eine Speicherbank eingegeben und dann zum Computer oder „Gehirn" für weitere Anweisungen weitergegeben. Die Füße und Hände der Roboter hatten jeweils nur drei Finger beziehungsweise Zehen. Das Raumschiff wurde von dreien der Roboter gesteuert und hatte die Aufgabe, den Planeten kartographisch zu erfassen. Von den vier Robotern, die man nach dem Absturz bei Irrigon fand, war nur einer unbeschädigt.

Die Wissenschaftler der Erde sind jetzt davon überzeugt, daß die Technologie eines Planeten sich von der eines anderen grundsätzlich unterscheiden kann. So wurde beispielsweise ein Mutterschiff, das sich am Tag des Absturzes der „Roboter" hoch über Irrigon befand dazu benutzt, um den Überwachungsplan in bezug auf die Erde in Gang zu setzen und Informationen von seinen Begleitschiffen aufzunehmen, die sich über verschiedenen militärischen Bereichen der USA befanden. Ein Ingenieur, der nach Irrigon geeilt war, war der Meinung, daß das Analogschiff einen magnetischen Wirbel von vierundzwanzigtausend Stundenkilometern verursacht hatte, aber nicht jeder stimmte dieser Ansicht zu. Die Bruchlandung dieses außerirdischen Raumschiffes von einem unbekannten Planeten wurde von der Luftwaffe als Meteorit ausgegeben, obwohl man auf dem Radarschirm gesehen hatte, daß es eine Wendung von neunzig Grad gemacht hatte und dann von einem anderen Objekt verfolgt wurde, bevor es die Kontrolle verlor und zu Boden stürzte.

Mindestens zehn außerirdische Raumschiffe sind in Amerika abgestürzt, seit man das erste UFO gefunden hat. Und abgesehen von den Robotern hat man mindestens vierzig Leichen geborgen und an ihnen eine Autopsie durchgeführt. Die Berichte darüber befinden sich heute in der großen Bibliothek auf dem Gelände der CIA in Arlington, Virginia."

„Woher hast du denn die Informationen über diesen Vorfall?"

„Die habe ich aus hunderten von Fällen von UFO-Sichtungen beziehungsweise Erscheinungen von Außerirdischen aus verschiedenen Quellen herausgesucht, unter anderem aus den Unterlagen der Marine und Luftwaffe. Bei dem erwähnten Major beim Farmington-Absturz handelt es sich um einen pensionierten Offizier der Luftwaffe, der heute in Tampa Bay, Florida lebt, mit dem ich persönlich gesprochen habe."

„Jetzt krieg' ich aber gleich 'ne Gänsehaut", fahre ich dazwischen. „Mir fällt da nämlich gerade etwas ein! Die Sache, daß die UFOs in Blütenform auseinanderfielen, kenne ich auch aus einem anderen Fall – der Lesotho-Absturz 1995."

„Lesotho-Absturz?", rätselt John mit faltiger Stirn.

„Ja, am 15. September 1995 soll angeblich ein nichtirdisches UFO mit fremden Wesen an Bord im Bergland des Staates Lesotho niedergegangen sein. Über eine Quelle im Südafrikanischen Geheimdienst wurde ein als Top Secret Ultra eingestuftes Militärdokument einsehbar, dem folgender Sachverhalt zu entnehmen ist: Am 15. September 1995 meldete der schwarze Farmer Peter Lachasa der Polizei von Leribe gegen zweiundzwanzig Uhr zwanzig, daß eine fliegende Untertasse auf seiner Farm, zwölf Kilometer westlich des Madibamatso-Flusses in Lesotho niedergegangen sei. Zeugen des Absturzes zufolge explodierte das Objekt, als es auf dem Boden aufschlug, wobei es eine Reihe blendender Blitze ausstieß. Wie die Hauptzeugen aussagten, ging von dem Objekt ein elektronischer

Summton aus, danach erlosch dann das Licht, von dem das Objekt umgeben war und es nahm eine stumpfgraue Farbe an. Ein intensives Hitzefeld umgab das Objekt, was eine erste Untersuchung durch den Zeugen unmöglich machte. Die um zweiundzwanzig Uhr vierunddreißig am Zielort angekommenen Polizisten Seargant Thobo und Constable Nandi stellten zusätzlich fest, daß das Objekt ungefähr achtzehn Meter breit und zirka drei Meter hoch war und keine Bullaugen, Fenster oder Türen aufzuweisen hatte. Außerdem schien es keinerlei äußere Schäden oder Bruchstellen zu besitzen, obwohl das Gelände um das Objekt herum stark in Mitleidenschaft gezogen worden war. Ein von Kommandeur George Human von der Airborne Division am 1 SAI./1 Para-Bataillon um ein Uhr siebzehn gesandte Beobachtungshubschrauber meldete dann zusätzlich zu dem Objekt, daß ein Gebiet von zirka vierhundert Quadratmetern in Flammen stand. Der kurz darauf eingeschaltete Militärgeheimdienst von Pretoria ließ die Stelle im Umkreis von zirka einhundertfünfzig Metern um das Objekt herum abschirmen und vom dritten Bataillon der 1 SAI-Nachrichtendiensteinheit bewachen. Das Bergungsteam für Fremdtechnologie der Valhalla-Luftwaffen-Basis, das ebenfalls die abgestürzte Kalahari-Scheibe 1989 geborgen hatte, erschien dann um fünf Uhr fünfundfünfzig am Absturzort.

Soweit ging die papierdokumentierte Berichterstattung. Doch ein Augenzeuge, der bei der Bergung angeblich dabei war, erzählte, daß ein dreistündiges Video existiert, daß die Öffnung des Raumschiffs und die Bergung dreier noch lebender außerirdischer kleiner Wesen mit großen schwarzen Augen und grauer Haut zeigen soll. Aus einem ‚Preliminary Medical Report', dem vorläufigen medizinischen Bericht, geht hervor, daß die drei Außerirdischen am 16. September 1995 zur genauen Untersuchung in eine Forschungseinrichtung der Swartkop-Luftwaffenbasis in Pretoria gebracht worden seien. Man habe die Fremden stark betäubt und auf die ‚Delta-Ebene' der unterirdischen Institution gebracht, wo ein spezielles Team von Ärzten die Untersuchungen durchgeführt haben soll.

Was zu der Bergung des Raumschiffes gesagt werden kann, ist, daß sich das Raumschiff durch einen Magnetmechanismus wie eine „Orange" öffnete. Man könnte auch sagen, wie eine „Blüte" oder eine angeschnittene „Torte". Das Objekt konnte dadurch in Einzelteilen abtransportiert werden. Die Bergungshelikopter verluden die „Tortenstücke" auf Tieflader des Militärs, bevor sie zur Swartkop-Luftwaffenbasis abtransportiert wurden.

Und das ist es, was mich stutzig macht. In keinem anderen Bericht, sei es Roswell oder irgendwelche Abstürze in anderen Teilen der Welt, habe ich jemals gehört oder gelesen, daß sich die Raumschiffe in dieser „Blütenform“ geöffnet hatten. Eine Erklärung habe ich aber spontan auch nicht parat.“

„Hmm, das regt wirklich zum weiteren Nachdenken an“, schließt John aus meinen Ausführungen. „Die Sache scheint also weiterhin aktuell zu sein. Aber du erwähntest gerade auch den Kalahari-Absturz, der ist mir ebenfalls nicht bekannt. Ich muß auch zugeben, daß ich momentan aufgrund verschiedener Schwierigkeiten nicht gerade auf dem laufenden bin.“

Ich bin froh, daß ich nun auch einmal John etwas Neues berichten kann und meine: „Das kann ich bezüglich dieses Falles ändern. Am 7. Mai 1989 funkte die Marinefregatte ‚SA Tafelberg‘ um dreizehn Uhr fünfundvierzig dem Marinehauptquartier in Kapstadt eine Meldung über ein UFO, das auf dem Radar erschienen sei und sich in nordwestlicher Richtung mit einer berechneten Geschwindigkeit von zehntausendsechshundertvierzig Stundenkilometern auf den afrikanischen Kontinent zubewegte. Um dreizehn Uhr zweiundfünfzig trat das Objekt in den südafrikanischen Luftraum ein, wobei man versuchte, mit dem UFO in Funkkontakt zu treten, was sich jedoch als ergebnislos erwies. Daraufhin wurde der Luftwaffenstützpunkt Valhalla verständigt und zwei Mirage-Kampfbomber stiegen auf. Danach änderte das Objekt mehrmals den Kurs in zum Teil zickzackartigen Bewegungen, was normalen Flugzeugen nicht möglich ist. Noch in der gleichen Minute meldete Squadron-Leader Goosen Radar- und Sichtkontakt zum Objekt. Er erhielt den Befehl, die auf die Mirage montierte Thor-2 Experimentallaserkanone, eine neuentwickelte Magnetimpulswaffe, die auch als ‚Maserkanone‘ bezeichnet wird, auf das Objekt abzufeuern, was auch geschah. Goosen meldete, daß von dem Objekt etliche Blitze ausgegangen seien, woraufhin dieses zu schwanken begann, jedoch trotzdem in nördliche Richtung weiterflog. Um vierzehn Uhr zwei erging die Meldung, daß das Objekt an Höhe verliere und schließlich achtzig Kilometer nördlich der Grenze zwischen Südafrika und Botswana aufgeschlagen ist. Squadron-Leader Goosen erhielt den Befehl, solange über der Absturzstelle zu kreisen, bis die Bergung des Objekts abgeschlossen sei.

Sofort wurde ein Team aus Geheimdienstoffizieren der Luftwaffe, medizinischem und technischem Personal zur Untersuchung und Bergung zur Absturzstelle gebracht, wobei man folgendes vorfand:

1. Einen Krater von einhundertfünfzig Meter Durchmesser und zwölf Meter Tiefe.
2. Ein silberfarbenes, diskusförmiges Objekt, das in einem Winkel von fünfundvierzig Grad im Krater steckte.
3. Um das Objekt herum waren Sand und Gestein aufgrund der enormen Hitze, die das Objekt ausstrahlte, miteinander verschmolzen.
4. Eine starke magnetische und radioaktive Umgebung um das Objekt führte zum Ausfall der Elektronik in den Geräten der Luftwaffe, wobei der erste Helikopter, der an der Absturzstelle eintraf, abstürzte und dabei vier Personen ums Leben kamen.
5. Die Leitung des Teams schlug vor, das Objekt an einen geheimen Luftwaffenstützpunkt zu befördern, was dann auch vorgenommen wurde.
6. Das Gelände um die Absturzstelle wurde dann mit Sand und Geröll wieder aufgefüllt, um alle Indizien zu vernichten.

Das Objekt hatte keine Insignien aufzuweisen, war etwa zwanzig Meter lang und fünf Meter hoch. Es hatte sein hydraulisches Fahrgestell vollständig ausgefahren, was darauf hindeutet, daß das Objekt durch einen Ausfall der Elektronik abstürzte, was wahrscheinlich durch den Beschuß durch die Maserkanone ausgelöst worden war. Als das Ermittlungsteam die Untertasse auf dem Stützpunkt beobachtete, war ein leises Geräusch zu vernehmen. Man stellte fest, daß sich eine Luke oder ein Einstieg an der Unterseite des Raumschiffes leicht geöffnet hatte. Diese Öffnung wurde daraufhin unter Verwendung hydraulischer Druckgeräte weiter geöffnet.

Zwei Wesen von einem Meter zwanzig Größe mit enganliegenden grauen Anzügen kamen aus dem Raumschiff heraus und wurden sofort in ein behelfsmäßiges medizinisches Zentrum auf Ebene sechs des Luftwaffenstützpunktes gebracht. Man betrat nun das Raumschiff und entfernte verschiedene Apparate aus dem Innern zur Untersuchung, wonach das Objekt in eine sterile Umgebung gebracht wurde.

Die Wesen wurden dabei wie folgt beschrieben: Zirka ein Meter zwanzig groß, graue, glatte elastische Haut, die jedoch an Brust und Bauch schuppig-gerippt war. Sie hatten einen überproportionalen Kopf, der am Hinterkopf erhöht und mit dunkelblauen Markierungen versehen war. Das Gesicht wies hervorstehende Wangenknochen auf, große und seitlich schräg nach oben stehende Augen ohne Pupillen und einen kleinen Schlitz als Mund. Nase oder Ohren waren jedoch keine erkennbar. Die Arme waren lang und dünn, bis unmittelbar unter die Knie reichend. Die Hände wiesen drei Finger mit Verbindungshäuten auf, die mit klauenartigen Nägeln versehen waren. Die Füße glichen den Händen. Sexualorgane wurden keine gefunden. Wegen der aggressiven Art der Humanoiden konnten keine Blutgewebeproben genommen werden. Als man ihnen verschiedene Nahrungsmittel anbot, weigerten sie sich, diese zu essen. Kommunikation kam auch keine zustande, vermutlich verständigen sie sich nur telepathisch.

Nach vierundzwanzig Stunden wurden die südafrikanischen Behörden von den USA kontaktiert und darauf hingewiesen, daß diese über den Absturz Bescheid wüßten. Die USA verlangte die sofortige Auslieferung des Objektes samt Insassen an sie. Im Falle einer Weigerung drohe man mit Krieg. Die südafrikanischen Stellen gaben nach und sollten im Austausch dafür zwei Raketensysteme, die mit Nuklearsprengköpfen bestückt waren, erhalten.

Die zuständige Stelle in den USA, die ‚Wright Patterson'-Luftwaffenbasis, sandte dann ein siebzigseitiges Telex an das Communication-Command des südafrikanischen Militärgeheimdienstes. Das Telex gab den Südafrikanern Anweisungen, wie man mit dem Objekt sowie den Insassen umzugehen hätte.

Kurz darauf traf eine Sondereinheit der Amerikaner in Pretoria ein. Die Südafrikaner hatten dabei den Eindruck, daß die Amerikaner sehr routiniert vorgingen, gerade als ob sie solche Bergungen schon öfters durchgeführt hätten. Und interessant war zusätzlich, daß sie sofort, als sie das Objekt erreichten, den Innenteil betraten und ein spezielles Gerät ausbauten, das sie dann auch gleich wegbrachten.

Es gibt auch Hinweise darauf, daß sich in dem Raumschiff ein Mensch im Tiefschlaf befunden haben soll. Vielleicht hat es sich dabei um einen sogenannten „Entführten" gehandelt? Wer weiß?

Doch leider erhält man nur selten eine Information ohne ein wenig Desinformation. So kam mir ebenfalls zu Ohren, daß es sich bei diesem Kalahari-Absturz um eine deutsche Flugscheibe gehandelt haben soll, der angeblich drei verletzte deutsche Offiziere entstiegen sind. Der Informant, der mir dies berichtet hatte, scheint jedoch wenig glaubwürdig zu sein. Er behauptete auch, daß es sich bei dem Roswell-Absturz um eine deutsche Flugscheibe gehandelt haben soll. All die Berichte über tote Außerirdische seien angeblich Desinformation, meinte er. Ich persönlich bin eher der Ansicht, daß dieser „Informant“ falsche Geschichten verbreitet.

Trotz der Unglaubwürdigkeit dieses Informanten bin ich aber trotzdem davon überzeugt, daß es sich zumindest bei einigen Abstürzen um deutsche Flugscheiben gehandelt hat. Doch bei dem Kalahari-Vorfall meiner Ansicht nach nicht. Als dieser Informant hier in Deutschland einreiste, hatte aber der BND in Pullach ein starkes Interesse an ihm, wobei er drei Tage lang verhört wurde.

Und daß auch andere bundesdeutsche Behörden in die UFO-Aktivitäten eingeweiht und an einer Geheimhaltung der ganzen Angelegenheit interessiert sind – ob deutsche Scheiben oder außerirdische – zeigt ein Vorfall auf, der mir erst kürzlich über Fax zugesandt worden ist. Darin berichtet ein unbescholtener Bürger, was ihm widerfahren ist, nachdem er es gewagt hatte, ein UFO – das es ja bekanntlich nicht gibt – zu fotografieren.

Es war im Herbst 1994, als dieser Mann während astronomischer Aufnahmen eine fliegende Untertasse fotografierte. Da dies zweifellos eine nicht alltägliche Beobachtung war, meldete er den Vorfall telefonisch der Flugsicherung eines großen deutschen Flughafens – der hier absichtlich nicht genannt wird. Dadurch wollte er als absoluter Laie in Erfahrung bringen, ob das Flugobjekt auch auf dem Radarschirm zu sehen gewesen war.

Ohne weitere Auskünfte zu erhalten, wurde er am Telefon vielmehr nach seinem Namen und seiner Adresse befragt und dann um die Herausgabe des Filmmaterials gebeten. Da er letzteres ablehnte, war das Gespräch nach kurzer Zeit beendet. Eigentlich wollte er nur herausfinden, ob das, was er fotografiert hatte, auch von anderen Personen gesehen worden war, mußte jedoch feststellen, daß das Gespräch genau ins Gegenteil umgekippt ist – plötzlich drehte sich das Telefonat fast nur noch um seine Person und um die geschossenen Fotos. Trotz seiner Irritation über das seltsame Gespräch hatte er es jedoch nach wenigen Tagen wieder vergessen.

Dann aber, etwa eine Woche später, klingelte es sehr früh am Morgen an der Haustüre. Zwei Männer verschafften sich ohne viel Federlesens Eintritt mit zwei vorgehaltenen Dienstausweisen und ließen keinen Zweifel darüber aufkommen, daß ihr Anliegen keinerlei Widerspruch duldete. Sie wünschten eine Befragung über die von ihm gemeldete Sichtung durchzuführen, wobei er aufgefordert wurde, mit diesen Herren mitzukommen. Vor allem aber legten sie mit Nachdruck darauf wert, sämtliches Filmmaterial samt Negativen herauszugeben. Noch im Schlafanzug stehend und völlig irritiert wußte der UFO-Fotograf zuerst nicht, wie er reagieren sollte. Dieses Gefühl intensivierte sich auch noch dadurch, daß die Beamten die Fragen, die der Fotograf an diese richtete, nicht beantworteten. Völlig perplex zog sich dieser an, nahm das gewünschte Filmmaterial an sich und folgte den Herren.

Man fuhr dann zum naheliegenden Flughafen, bis man in einer Tiefgarage unterhalb diesem zum stehen kam. Dort wurde der Fotograf in einen neonbeleuchteten Raum geführt, wo drei weitere Herren auf ihn warteten. Nun wurde er einem genauen Verhör unterzogen, dessen Bestandteile er bis dahin nur aus Kriminalfilmen kannte. Mehrmals wurde er in indirekter Fragestellung gefragt, ob er persönlich denke, daß das, was er fotografiert hatte, auch das sein könnte, was es scheinbar darstellte, nämlich unbekannte Flugobjekte. Nachdem sich diese Frage immer und immer wiederholte, war dieser Mann bald an dem Punkt angelangt, daß er innerlich mit einer Panikstimmung zu kämpfen hatte und dann auch dementsprechend ungehalten reagierte. Er konnte nicht glauben, was da geschah und keiner der Anwesenden sah so aus, als ob er dieses psychologische Kleinkunstwerk willkürlicher Einschüchterung in Frage zu stellen gedachte.

Da er inzwischen emotional reagierte, provozierte er dadurch zwei Schläge ins Gesicht, wonach er eine Injektion erhielt und an Elektroden angeschlossen wurde. Diese wurden an den Schläfen angeheftet, deren Ableitungen an den Fingerkuppen endeten. Offensichtlich war es eine Art Lügendetektor, denn er erinnerte sich, daß ihm nun das Sprechen plötzlich sehr leicht fiel und das ganze Geschehen ihm als eher harmlos vorkam. Die Befragungsprozedur begann nun von neuem, wobei ihm immer wieder nahegelegt wurde, Zweifel über seine Sichtungen aufkommen zu lassen.

Anschließend wurde ihm ein Papier vorgelegt, das ihn unter Strafandrohung durch seine Unterschrift dazu verpflichten sollte, absolutes Stillschweigen zu bewahren, zudem mit der Bemerkung, daß es auch andere Wege gebe...

Nach Beendigung des ganzen Geschehens, das – mit Autofahrt – etwa sechs Stunden gedauert hatte, wurde er von den Männern, die ihn abgeholt hatten, wieder nach Hause gefahren.

Auch interessant, nicht wahr?" bemerke ich als Abschluß über diesen bundesdeutschen Vorfall.

„Allerdings! Es kommen bei all diesen Themen natürlich verschiedene Fragen auf. Zum Beispiel: Warum auf einmal diese plötzliche Aufmerksamkeit für die Erde nach all den Jahren relativer Isolation? Oder, wenn diese Außerirdischen wissenschaftlich und metaphysisch wirklich so weit fortgeschritten sind, was wissen sie dann über das zukünftige Schicksal der Menschheit?

Abgesehen von diesen grundsätzlichen Fragen kann man inzwischen auch zu anderen, eher nüchternen Schlußfolgerungen kommen. Jene Außerirdischen, die behaupten, aus unserem Sonnensystem oder sogar aus einem Bereich darüber hinaus zu kommen, sind häufig fast identisch mit bestimmten Rassen auf der Erde, was die äußere Erscheinung sowie die biologischen, funktionellen und geistigen Eigenschaften betrifft. Offensichtlich besteht ein Zusammenhang zwischen den Wesen auf der Erde und den Bewohnern von bestimmten anderen Planeten.

Ich bin mir darüber bewußt, daß zahlreiche Raumschiffe außerirdischen Ursprungs gegenwärtig die Grenzen von Zeit und Raum zwischen den verschiedenen Planeten des Universums überwinden. Und man kann zu der Ansicht kommen, daß der Planet Erde, neben den Innerirdischen und Neu-Deutschen, durch drei unterschiedliche Arten von Außerirdischen überwacht wird. Diese könnte man folgendermaßen klassifizieren: erstens freundlich, zweitens wahrscheinlich feindselig und drittens unbekannt.

Bei der ersten, freundlichen Kategorie handelt es sich normalerweise um runde und zigarrenförmige UFOs, die aus unserem Sonnensystem stammen und deren Insassen sich bereits bei bestimmten Regierungen der Erde vorgestellt und teilweise auch mit diesen zusammengearbeitet haben. Dieselben Außerirdischen sind auch schon gelegentlich durch Zufall entdeckt worden, zum Beispiel beim Mantell-Zwischenfall.

Die zweite Kategorie gilt als eher feindselig, was jedoch nicht hundertprozentig erwiesen ist. Diese Außerirdischen kommen normalerweise auch in Untertassen und haben menschliche oder reptiloide Züge. Sie können sehr klein sein oder auch über zwei Meter groß. Gelegentlich haben sie versucht, die Erde zu infiltrieren, indem sie geheime Basen an abgelegenen Orten bauten. Mit ihren Raumschiffen haben sie die Erde ebenfalls kartographisch erfaßt. Man geht davon aus, daß sie von einem Planeten oder einer Sternkonstellation außerhalb unseres Sonnensystems stammen.

Die dritte Kategorie betrifft jene Außerirdische, über die nichts genaues bekannt ist. Diese patrouillieren an unserem Himmel und beobachten seit den späten vierziger Jahren in verstärktem Maße die Menschheit, sowie die militärischen Anlagen. Sie kommen in Raumschiffen verschiedener Größen und Formen, die bis zu mehreren Kilometern lang sind. Die Insassen sollen eine Vielzahl physiologischer Eigenarten aufweisen. Einige von ihnen sehen nach unseren Maßstäben grotesk oder lächerlich aus. Dies wurde von ihnen selbst bei telepathischen Übermittlungen an Piloten der Luftwaffe oder Bodenpersonal zugegeben. Die Beobachtungen ihrer Raumschiffe durch kompetente Beobachter lassen darauf schließen, daß ihre Raumfahrttechnologie der aus diesem Sonnensystem überlegen ist.

An verschiedenen Orten der Welt versuchen Wissenschaftler verzweifelt, das Rätsel zu lösen, woher die Fremden ursprünglich kamen und wie man sie dazu bringen könnte, uns ihre Absichten zu offenbaren. Aber abgesehen von den wissenschaftlichen Problemen gibt es einige Fragen, die den durchschnittlichen Laien noch mehr interessieren dürften. Verfügen die Außerirdischen über PSI-Fähigkeiten, mit denen sie unsere Gedanken lesen können? Kennen Sie unsere Ängste und unsere Konflikte? Glauben sie, daß wir uns geistig von ihnen unterscheiden? Welchen Platz räumen sie uns in ihrer Werteskala ein? Und haben wir mit unseren ständigen Kriegen dafür gesorgt, daß sie jetzt gekommen sind, um uns vor der atomaren Katastrophe zu bewahren?

Aus welchen Gründen auch immer wissen die Fremden instinktiv, daß wir anders sind als sie. Warum sollten sie uns sonst vom Himmel aus beobachten und sich den Müll in unseren Fernsehern ansehen, den sie möglicherweise für unseren normalen Lebensstil halten? Und ist es nicht möglich, daß sie über unsere moralische Dekadenz Bescheid wissen, die sich nicht nur in unseren Filmen äußert, sondern die auch durch unsere innersten Gedanken in den Äther geschickt wird? Vielleicht haben diese Wesen eine Mission zu erfüllen, die mit kommenden Ereignissen, vielleicht mit möglichen globalen Katastrophen zu tun hat? Wir alle, die wir über diese Überwachung aus dem Raum informiert sind, sind sehr verwirrt. Aber über eine Sache sind wir uns einig: Diese Wesen überwachen das gesamte Sonnensystem.

Es gibt aber inzwischen auch einige Politiker und Militärs, die der Meinung sind, daß es allmählich an der Zeit ist, der Öffentlichkeit reinen Wein einzuschenken. Mit der Verheimlichung der UFO-Akten fing man jedenfalls damit an, den Menschen die Möglichkeit eines Kontaktes mit Wesen aus einer anderen Welt, die so ganz anders sind als wir, zu verschweigen. Die traditionelle Vorstellung von der Einmaligkeit des Menschen, den Gott nach seinem Ebenbild erschaffen hatte, kann nicht länger mit den Begegnungen Außerirdischer vereinbart werden, die zwar teilweise ganz anders aussehen als wir, deren Geist aber dem unseren ähnlich oder ihm haushoch überlegen ist. Die Frage ist nun, wie viele anatomische Möglichkeiten intelligenten Lebens jenseits der Grenzen unseres Universums existieren könnten?

Eine Warnung wurde jedenfalls von allen freundlichen Außerirdischen, mit denen physischer oder Stimmenkontakt bestand, immer wieder ausgesprochen, nämlich daß ein nukleares Desaster in dieser Generation möglich ist, wenn nicht wirksame Gegenmaßnahmen getroffen werden.

Kapitel 21
Interview mit einem Venusier

Da ich jedoch keine wirklich befriedigenden Antworten auf meine Fragen finden konnte, versuchte ich, jemanden kompetentes ausfindig zu machen. Und zwar war mir das Gerücht zu Ohren gekommen, daß sich ein Außerirdischer von der Venus als eine Art Botschafter in den USA befinden soll. In der Hoffnung, daß er mir weiterhelfen könnte, versuchte ich durch meine bereits über Jahre hinweg gut aufgebauten Geheimdienstverbindungen einen Kontakt zu dieser Person zu bekommen, was dann zwei Jahre später, im März 1977 auch schließlich gelang.

Der Name dieses warmherzigen, freundlichen Wesens ist Estes Plateu. Ich führte sechs Gespräche mit ihm, wobei das erste in Danny's Cafe in Washington stattfand. Damals wurde ich von Major Donald Keyhoe begleitet. Das zweite Treffen wurde von einem leitenden Beamten trotz der Einwände einer anderen militärischen Geheimdienstgruppe arrangiert. Plateu war demnach der erste offiziell ernannte Botschafter des gegenwärtigen Herrschers der Venus auf der Erde. Er selbst behauptet, daß er bereits im Jahre 1228 irdischer Zeitrechnung geboren wurde und seine Laufbahn in Amerika bereits zur Zeit von George Washington begonnen hatte. „Offiziell“ erschien er aber erst im Jahre 1943, während der letzten Amtszeit von Präsident Roosevelt. Er hatte diesen Präsidenten jedoch 1936 schon einmal kurz privat besucht. Weiterhin behauptet er, daß seine Familie schon seit sehr langer Zeit mit den Angelegenheiten der Erde betraut sei. Sein ältester Bruder soll Berater bei Napoleon gewesen sein. Diesem hatte er davon abgeraten, sich auf die Schlacht von Waterloo einzulassen. Er erinnerte sich auch daran, daß sein Vater bereits um Christi Geburt auf der Erde war – und er hatte Jesus persönlich gekannt.

Durch die Entdeckung einer universell verstandenen Form elektromagnetischer Energie, sagte Plateu, wird die Wissenschaft und Technologie der Erde in den nächsten Jahrzehnten unvorstellbare Fortschritte machen. Aber ebenso wie das Ziel einer utopischen Zivilisation zu erreichen, könnte die Erde durch ein weiteres nukleares Desaster ebenso wieder um tausende von Jahren zurückgeworfen werden. Plateu beschrieb die Erde als einen Planeten, der in bezug auf Wissenschaft ziemlich weit entwickelt wäre. Es gäbe demnach auch unterentwickeltere Planeten mit primitiveren Zivilisationen.

Plateu sagte, daß der Planet Erde der einzige von zwölf, nicht neun, Planeten innerhalb des Sonnensystems wäre, der nicht zu unserer Föderation bewohnter Sphären gehören würde. – Der Botschafter machte die Vereinigten Staaten kürzlich auf einen weiteren unbewohnten Planeten in diesem Sonnensystem aufmerksam, von dem die irdischen Astronomen noch nichts wissen. Sein Name ist Anarus. Er hat etwa dieselbe Größe wie die Erde oder die Venus und wurde aufgrund der Anleitungen des Venusiers über Elektronenteleskop-Kameras im Observatorium von Washington D.C. entdeckt. Er ist etwa zweihundert Millionen Kilometer von der Erde entfernt. – Die Erde wird zu einem Vollmitglied der Föderation der Planeten in unserem Sonnensystem, sobald sie sich zu einer friedvollen Weltregierung vereint. Keine Weltdiktatur, was sich ebenfalls über die Struktur einer Weltregierung ausdrücken würde, sondern wirklich eine Weltregierung, in der alle Nationen ohne Zerstörung ihrer Kultur und Sprache vereint werden. Nur dann können die Vertreter der Welt im Rat der Interplanetarischen Regierung sitzen, der sich auf der Venus, dem Hauptplaneten unseres Sonnensystems, befindet.

Die Venusier sind nicht mit allen Regierungen auf der Erde offen in Kontakt getreten. Plateu ist der erste Repräsentant der Venus auf der Erde. Er erstattet regelmäßig Bericht, welche Fortschritte die Erde in Richtung auf eine freiwillige und friedvolle Weltregierung macht. Seine Berichte an die Heimatbasis und seine Beobachtungen der Ereignisse auf der Erde sind heute besonders kritisch aufgrund der nuklearen Katastrophe, auf die die Menschheit möglicherweise zusteuert. Der Venusier und andere Außerirdische, die inkognito in jenen Ländern leben, aus denen sie regelmäßig ihre Berichte senden, beobachten besorgt die Entwicklung auf der Erde und schicken ihre Informationen verschlüsselt an den in Washington arbeitenden Plateu, der die gesammelten Berichte regelmäßig zur Venus sendet, damit diese im Falle eines weltweiten Konfliktes zusammen mit anderen besorgten außerirdischen Rassen ihre Maßnahmen treffen können. Plateu gab jedoch nicht an, welche Maßnahmen im Falle eines drohenden Atomkrieges getroffen würden. Er ist auch davon überzeugt, daß die Menschheit unverzüglich den Krieg verbieten und sämtliche Rüstungsgüter verschrotten würde, wenn man ihr die Wahl ließe.

Ich gab ihm zu bedenken, daß die Sonden, die von der Erde zur Venus geschickt wurden, bewiesen hatten, daß die Venus eine Außentemperatur von vierhundertachtzig Grad Celsius hätte und unter dicken Schwefelwolken liegen würde. Es würde dort ein Druck herrschen, der einhundertmal so groß wäre wie bei uns. Plateu schlug vor, daß die Vereinten Nationen eine Delegation zur Venus entsenden, um sich selbst von den Tatsachen zu überzeugen. Ein Fahrzeug von der Venus würde ihr jederzeit zur Verfügung stehen und von jedem Punkt der Erde starten. Er sagte weiter, daß prominente Erdbewohner bereits einige Zeit auf seinem Planeten verbracht hätten, unter anderem ein katholischer Priester, der drei Monate lang der Gast der Regierung dort gewesen wäre. Die Moralgesetze aller Planeten sind dieselben wie auf der Erde. Auch dort gibt es die Unterscheidung zwischen Recht und Unrecht, soziale und bürgerliche Pflichten. In der dreidimensionalen Welt der Erde sei es jedoch schwierig, spirituelle Eigenschaften zu entwickeln, sagte der Besucher, weil sich alle Werte auf dieses dreidimensionale begrenzte Leben zu beziehen scheinen. Deshalb haben die Menschen der Erde die spirituellen Werte unterdrückt. Die Menschen auf der Erde müssen erkennen, daß es die ewigen Gesetze von Ursache und Wirkung, die Gesetze des Karma, gibt. Jesus hat gesagt: „Was du säst, sollst du ernten." Dieses Gesetz gilt nicht nur für den Einzelnen, sondern auch für seine Familie, seine Nation und seinen Planeten. Diese Wahrheit betrifft auch unsere Gedanken. Der Unterschied zwischen bewußten Verhaltensnormen und der unterbewußten spirituellen Natur der zivilisierten Menschheit auf der Erde wurde durch die moderne Bildung in den Schulen und Universitäten unkenntlich gemacht. Jede Person, gleichgültig, was man ihr beigebracht hat, muß sich für ihre richtigen und falschen Handlungen einer höheren Macht gegenüber rechtfertigen. Der höchste Gott hat dies so eingerichtet, erklärte er.

Während des ersten Gesprächs mit Estes Plateu wurde er direkt gefragt, wie genau die Venus der Erde helfen wolle. Seine Antwort war einfach: „Zuerst einmal, indem wir den Einsatz der nuklearen Raketen verhindern. Dann werden wir helfen, die Nationen der Erde unter einer Weltregierung zusammenzufassen, die den Krieg ein für allemal verbietet. Und schließlich werden alle anderen Planeten in diesem Sonnensystem, die die Entwicklung ebenfalls beobachten, ihre Technologie und ihr Wissen mit der

Erde teilen, damit sie ihren Platz innerhalb der Gruppe der bewohnten Planeten einnehmen kann.“

Es folgten noch einige Fragen und Antworten in bezug auf die politischen, religiösen und philosophischen Einstellungen von Plateu.

Die erste Frage war: „Herr Plateu, in geheimen Unterlagen des Weißen Hauses steht, daß Ihr permanenter Aufenthalt in den USA am 1. Februar 1943 begann, als Sie Präsident Roosevelt besuchten. Bei dieser Gelegenheit haben Sie Pläne für eine Weltregierung nach dem Vorbild der Vereinten Nationen unterbreitet. Was genau haben Sie Präsident Roosevelt vorgeschlagen, wie dieser Planet friedlich durch einen einzelnen Führer unter der Leitung des Sonnenrates zu regieren sei?“

„Zuerst“, begann Plateu zu erklären, „war Präsident Roosevelt nicht in der Lage, die Tatsache zu akzeptieren, daß ich mich nach Belieben materialisieren und entmaterialisieren konnte und daß andere Planeten in unserem Sonnensystem im allgemeinen nur im Innern bewohnt sind. Die Erde und die Venus bilden da die einzigen Ausnahmen, das heißt deren Bewohner leben sowohl im Innern als auch auf der Oberfläche. Nach einem Gespräch, in dem es in erster Linie um die Probleme der Erde ging, sagte ich Ihrem Präsidenten, daß andere Planeten die Entwicklung der Erde seit vielen Jahrhunderten beobachtet hätten. Die Möglichkeit einer nuklearen Katastrophe hätte sie alle in höchste Sorge versetzt. Sie hätten sich entschlossen, die Erde in die Interplanetarische Föderation einzugliedern. Aber ich sagte Herrn Roosevelt, daß wir darauf Wert legen würden, daß alle Regierungen der Welt sich unter einem gewählten Oberhaupt zusammentun müßten, wenn die Erde ihren Platz unter den interplanetarischen Regierungen einnehmen wollte. Er solle sich darum bemühen.“

Plateu sagte aber, daß so eine Weltregierung nur dann erfolgreich sein könne, wenn sie von wirklich spirituell hochentwickelten Seelen geführt werden würde. Würden die Ländervertreter jedoch selbstsüchtig und machtorientiert sein, würde das Projekt genau ins Gegenteil umkippen – einen Sklavenstaat. Es hängt allein von den Führern ab und ihren Intentionen. Und er konnte damals schon voraussehen, daß es so kommen würde, wo wir jetzt stehen, nämlich, daß die Vereinten Nationen ein Werkzeug des Bösen werden, da auf der Erde schon lange Kräfte vorhanden sind, die hinter den Kulissen die Karten verteilen und somit Politik, Banken und die Wirtschaft steuern. Trotzdem mußte damals der Gedanke einer Weltregierung gepflanzt und die UNO gegründet werden, auch auf die Gefahr hin, daß sie mißbraucht würde, damit die Erdenbürger sich an den Gedanken gewöhnen könnten, daß die Völker irgendwann einmal in Frieden zusammen leben werden. Denn auch wenn die Weltregierung im ersten Moment scheitern sollte, da die negativen Kräfte ihre Chance sehen, die Welt komplett zu übernehmen, wird sich diese Art der Regierung schlußendlich zum Wohle aller Menschen erweisen und den ultimativen Frieden ermöglichen. Es ist nicht die Struktur der Regierungsform, die schlecht ist, sondern es sind die Menschen, die diese Struktur benützen.

Was wir hier in den letzten Jahrhunderten, aber speziell in den letzten Jahrzehnten erleben, sind die Geburtswehen einer neuen Welt. Und Geburtswehen sind schmerzhaft. Doch wenn man nachher das Neugeborene sieht, ist der Schmerz schnell vergessen.

Weiterhin teilte er damals dem Präsidenten mit, daß noch ein weiterer Krieg notwendig wäre – der Zweite Weltkrieg – bis die Menschen einsehen würden, daß der Friede nur auf internationaler Grundlage möglich wäre, und daß auch die Möglichkeit besteht, daß noch ein dritter Weltkrieg ausbrechen würde, bevor der Krieg an sich endgültig verboten und man eine einheitliche Weltordnung einrichten würde. Als er danach gefragt wurde, weigerte sich Plateu, genaue Zeitangaben in bezug auf den Weltkrieg zu machen, der den Beginn eines friedlichen Zeitalters unter einer Weltregierung einläuten würde. Er wurde gefragt, ob seine Bemerkungen Prophezeiungen oder nur Vermutungen wären. Er antwortete: „Ich sehe die Zukunft über dem Horizont heraufziehen, aber es liegt am Verhalten der Menschen, ob sie sich erfüllt oder nicht. Die Wahrscheinlichkeit, daß es dazu kommt, ist jedoch leider sehr hoch. Nach unseren Prophezeiungen wird der nächste Krieg wird zwischen den Kräften des Guten und den Kräften des Bösen stattfinden. Das Gute wird triumphieren, und es wird ein ewiger Friede herrschen. Wenn der Krieg für immer aufgehört hat, wird das Symbol des herrschenden Christus schließlich den Haß in den Herzen der Menschen beseitigen. Aus den Ruinen des nächsten Krieges wird eine neue Welt entstehen."

Bei einem seiner folgenden Besuche bei Roosevelt teilte ihm Plateu mit, daß „wir immer zahlreicher in Ihrem Land erscheinen werden. Seien Sie nicht beunruhigt. Das soll keine Drohung sein. Wenn wir hier gastlich empfangen werden, wird unsere Gegenwart für die USA und die übrige Welt ein Segen sein."

Eines der Gespräche mit Estes Plateu fand am Sonntag, dem 19. März 1977, in einem kleinen Ferienhaus in den Wäldern von West Virginia, etwa einhundert Kilometer von Winchester statt.

Kein Journalist hatte je zuvor Plateu interviewt. Sein Büro wird rund um die Uhr von Regierungsbeamten und Mitgliedern des Geheimdienstes der Luftwaffe bewacht. Dadurch wird der Botschafter daran gehindert, sich frei zu bewegen. Wenn er sich jedoch an einen anderen Ort begeben will, an dem ihn seine Bewacher nicht beobachten sollen, verläßt er einfach seinen physischen Körper und besucht die Menschen, denen er eine Botschaft überbringen will. Er behauptet, daß er das Verlassen des Körpers jedem beibringen kann, der dies wünscht. Der amerikanische Geheimdienst hat noch keine endgültige Erklärung für die häufigen und unangekündigten Besuche von Plateu bei Präsidenten und wichtigen Regierungsvertretern oder sogar ständigen Ausschüssen. Aber seine astralen Einmischungen werden manchmal als sehr lästig empfunden. Churchill forderte ihn auf, unverzüglich sein Büro zu verlassen, und als dieser der Aufforderung nicht nachkam, versuchte Churchill, auf ihn einzuschlagen, traf jedoch nur in die Luft. Churchill bat dann das berühmte englische Medium Edgerton Sykes um einen Exorzismus, und Sykes gab ihm einige Ratschläge. Als Plateu das nächste Mal ohne Einladung erschien, hielt ihm Churchill ein Druidenkreuz entgegen, das der Legende nach ursprünglich von der Venus gekommen sein soll. Das Kreuz bestand aus reinem Gold. Dazu sprach er die Worte: „Weiche von mir, Eindringling!“ Der Venusier verschwand dann ohne ein weiteres Wort. Auch vor König Haakkuuss III. erschien Plateu in Astralprojektion. Der König, der ebenfalls die Technik der Astralprojektion beherrscht, sie aber selten anwendet, forderte ihn auf, niemals mehr zu erscheinen, es sei denn in Fleisch und Blut, wenn er noch einmal eine Audienz bei ihm wünsche. Dann geleitete er Plateu zurück zu seinem Raumschiff, wo dessen Körper zurückgeblieben war.

Als das letzte Gespräch mit Plateu endete, fragte ich ihn, ob er der Menschheit noch etwas Wichtiges zu sagen habe. „Ja“, antwortete er. „Ich könnte all meine Bemerkungen in zwei Worten zusammenfassen: Hört zu! Hört zu, ihr Nationen der Erde! Vereinigt euch friedlich, bevor es zu spät ist und ein Atomkrieg alles zerstört.“

Ich muß zugeben, daß mir vom Zuhören inzwischen schon wieder ganz schwummerig geworden ist. „Langsam glaube ich, daß du selbst ein Außerirdischer bist, John“, ist mein Kommentar verbunden mit einem Kopfschütteln. „Das ist ja nicht normal, was du mir da alles erzählst. Man kann doch nicht einfach so die Regierung kontaktieren, um eine Audienz bei einem Außerirdischen zu bekommen. Also entweder hast du dir das alles nur ausgedacht und freust dich nun über mein dummes Gesicht, oder aber, du hast wirklich Zugang zu all diesen Top-Secret-Infos bekommen, was bei mir ein gewisses Unbehagen hochbringt.“

„Tja“, entgegnet John mit einem Schmunzeln, „ich kann dich nur erneut an dein eigenes Leben erinnern, das sicherlich ebenso mysteriös verläuft.“

„Woher weißt du denn etwas aus meinem Leben, ich habe doch gar nichts von mir erzählt? Und gestern hast du noch betont, daß du meine Bücher gar nicht gelesen hast?“ Mein Blick wurde etwas ernster.

Er macht kurz einen verdutzten Eindruck, der sich aber schnell in ein Lächeln verwandelt, das zu erkennen gibt, daß ich ihn ertappt habe.

„Nun, ich gebe zu, daß ich, nachdem ich deinen Namen und deine Identität ausfindig gemacht hatte, ein paar Informationen über dich herangezogen habe.“

„Von wem?“ gebe ich zackig zurück.

„Sagen wir mal aus Nachrichtendienstkreisen. Du bist nämlich inzwischen trotz deiner Jugend auch kein Unbekannter mehr. Dein Name fällt dort öfters. Es scheint, daß du ein paar unangenehmen Personen auf die Füße getreten bist. Doch hat man eigentlich so gut wie nichts über dich herausgefunden, was die Sache für diese Profis ziemlich mysteriös erscheinen läßt. Denn eine politische Aktivität oder Sponsoren diverser Kreise konnte man nicht finden. Daher bleibt den Diensten nur die Möglichkeit, das zu glauben, was du offenbar über dich selbst bekanntgegeben hast, nämlich daß du spirituell arbeitest. Und das macht es für viele Kreise so schwierig, denn für die sind Spirituelles und Außerirdisches reiner Humbug.“

„Das ist richtig“, bestätige ich seine Vermutungen. „Das haben mir Personen aus den Nachrichtenkreisen schon selbst ins Gesicht gesagt. Diese Leute wurden auf Politik, Wirtschaft, Waffen und Geld programmiert und trainiert, doch Alchimie und Spirituelles sind für die nicht nachvollziehbar. Da ist natürlich die NSA, die ‚National Security Agency‘, in den USA besser ausgestattet. Die haben eine spezielle Abteilung für Telepathie, Magie, Hellsehen, Radiästhesie, Channelling und Remote Viewing. Die wissen sicherlich auch eine ganze Menge mehr über so Leute wie dich und mich. Es gibt eben mehr Informationsquellen als Bücher oder das Fernsehen, doch da wird es den meisten Menschen unheimlich und sie lassen ihre Finger davon."

„Hey", höre ich John's erstaunten Ausruf, „siehst du das da oben?"

„Wovon sprichst du", sage ich gespielt zurück, als ob ich von nichts wisse.

„Na da oben, über uns, da fliegt doch eine Scheibe!" John ist ganz aufgebracht und sieht dabei immer wieder übers Lenkrad in Richtung Himmel. „Es scheint fast so, als ob sie mit uns fliegt."

Nun komme ich in einen Gewissenskonflikt. Soll ich ihm sagen, was es damit auf sich hat? Ich weiß es nicht. Aber eigentlich hat er mir bisher auch eine enorme Menge an Informationen anvertraut. Das Problem ist nur, daß er offenbar wirklich für den Geheimdienst tätig war, in welcher Form auch immer. Und wie heißt es doch so schön: „Einmal Geheimdienst, immer Geheimdienst!" Womöglich arbeitet er immer noch für diese Kreise? Nun, ich komme zu der Überzeugung, daß ich es nun doch riskiere. Von unserem unterirdischen Aufenthaltsort braucht er ja nichts zu wissen.

„Ja, mein Lieber, um ehrlich zu sein, unsere Freunde da oben fliegen schon über uns, seit wir losgefahren sind."

„Was?" ruft John laut, „das gibt's doch gar nicht. Was wollen die denn von uns?"

„Nun, das hat mit dem zu tun, was ich im Kofferraum liegen habe, du weißt schon, was ich abgeholt habe", versuche ich mit ruhiger Stimme zu erklären.

Mit einem „Ahaaa!" teilt mir John seine Überraschung mit, während er seinen Kopf ein wenig anhebt. „So ist das also. Magst du mich vielleicht in dein Geheimnis einweihen?"

„Nun, ich denke, daß ich dir inzwischen vertrauen kann." Nach einer kleinen Kunstpause gebe ich das Geheimnis preis: „Es handelt sich bei dem, was ich in einer kleinen Holzkiste da hinten verstaut habe", wobei ich mit dem Daumen in Richtung Kofferraum deute, „um ein Steueraggregat für eine Flugscheibe."

John zieht seine Augenbrauen bis zum Anschlag nach oben, öffnet leicht den Mund, sagt aber nichts dazu. Offenbar hat es ihm die Sprache verschlagen.

„Ein Freund von mir aus dem Chiemgau hat bei Grabungen in einem verlassenen deutschen Stützpunkt am Obersalzberg, der neun Stockwerke in den Boden geht, eine Flugscheibe entdeckt, bei der jedoch das Steueraggregat ausgebaut wurde, um ein Fliegen unmöglich zu machen. Und Adam hat über diverse Kanäle in südamerikanische Gefilde das nette Teil, das sich jetzt in unserem Kofferraum befindet, aufgetrieben. Und wir wollen nun sehen, ob es funktioniert. Und das über uns, das ist wahrscheinlich wieder eines der Schiffe, die aufpassen, daß uns nichts passiert, bis ich das Gerät dem nächsten Kontaktmann übergeben habe. Jedesmal, wenn ich solche Sachen mache, schwirrt irgendwo ein UFO herum. Ich weiß nicht, ob es Außerirdische sind, oder Deutsche. Aber sie sind immer dann da, wenn Gefahr droht und ich weiß, daß sie mich beschützen."

John ist sprachlos. Er sieht immer wieder zu mir herüber, sieht zurück auf die Straße, schüttelt den Kopf, blickt wieder zu mir...

„Da erzähle ich dir hier etwas von geheimen Papieren über UFOs und diverse Entwicklungen, und du hast schon längst Kontakt!" Er schüttelt wieder seinen Kopf.

„Na", widerspreche ich mit erhobenem Finger, „ein direkter Kontakt ist es ja nicht. Ich hatte zwar einmal ein Treffen mit dem Piloten einer deutschen Flugscheibe, doch das ist schon Jahre her. Ich glaube nicht, daß das hier Deutsche sind. Sie können meine Gedanken lesen und wissen über alles Bescheid, was ich tue. Ich würde statt einem Kontakt eher sagen, daß sie einfach ‚da sind'. Sie führen mich durch meine Gedanken, und geben mir Impulse."

„Jetzt ergeben aber bestimmte Ereignisse langsam einen Sinn", sagt John etwas halblaut zu sich und blickt dabei nochmals nach oben in Richtung Untertasse. „Es ist doch auch seltsam, daß wir sie gerade jetzt sehen, wo wir über Außerirdische sprechen. Äußerst eigenartig, diese Parallelen.

Das muß ich dir dann aber in Ruhe erzählen. Wie weit ist es denn noch bis zu eurem Laden?"

„Etwa noch eine halbe Stunde", informiere ich John, nachdem ich mich nach den Autobahnschildern orientiert habe. „Wir sind zügig vorangekommen, die Straße war ja heute trocken. Ich werde dich dann nachher lotsen. du könntest mir aber kurz noch erzählen, wie du persönlich die momentane Entwicklung bezüglich Neu-Deutsche, Außerirdische und Hohlwelt, siehst."

Kapitel 22
Anbruch eines neuen Zeitalters

John sammelt sich wieder, rutscht etwas bequemer in den Fahrersitz zurück und erklärt dann: „Also, ein Teil der Aggressionen zwischen den Deutschen und den Amerikanern mit ihren Verbündeten, die aus dem Weltkrieg herrührten, gehört der Vergangenheit an. Der Flug von David von Schusnick und seiner Flugscheibe nach Cape Kennedy im Juli 1977 beseitigte einige der noch bestehenden Barrieren des gegenseitigen Mißtrauens. Trotzdem gibt es noch viele Deutsche und Amerikaner, die ihr gegenseitiges Mißtrauen noch nicht überwunden haben. Erst im Oktober 1977 hat die amerikanische Luftwaffe auf Bitten des Sicherheitsrates ihr Mißtrauen gegenüber Neu-Deutschland aufgegeben und amerikanische Rundflugzeuge zu einem Gegenbesuch nach Neu-Berlin ins Zentrum der Erde geschickt.

Edward D. Wright wurde von der amerikanischen Luftwaffe dazu auserwählt, Neu-Berlin einen Höflichkeitsbesuch abzustatten. Die Reise war ein voller Erfolg, und bis heute wird der Tag dieses Besuches von den Neu-Berlinern, den älteren Veteranen des Zweiten Weltkriegs, als deutsch-amerikanischer Freundschaftstag gefeiert. Es scheint, daß ein kleiner Teil der Anglo-Amerikaner und Neu-Deutschen eine spezielle Rolle auf der Erde eingenommen haben. Aufgrund ihrer gemeinsamen Arbeit muß die Feindschaft zwischen ihnen ein für allemal begraben werden. Nur so ist eine neue Freundschaft zwischen den Ländern und auch zwischen den Piloten möglich.

Es stellt sich die Frage, wer oder was letztenendes zu bestimmen hat, ob die Flugscheiben in einem zukünftigen Krieg eingesetzt werden dürfen oder nicht? Die Antwort ist natürlich nicht ganz eindeutig. Aber ein großer Teil der technischen Ratschläge, im Zusammenhang mit dem Bau der Flugscheiben durch die amerikanische und neu-deutsche Armee, kam durch Wesen von anderen Planeten innerhalb und außerhalb unseres Sonnensystems. Und die hatten die Bedingung gestellt, daß die neuen Flugzeuge auf keinen Fall gegen irgend ein Volk der Erde oder ein außerirdisches Volk eingesetzt werden dürften, es sei denn, man würde angegriffen. Man kann also davon ausgehen, daß die Amerikaner und Neu-Deutschen sich an dieses ungeschriebene Gesetz halten werden. Falls dem so ist, dann besteht die Hauptaufgabe der Flugscheiben darin, als ein Gesamtverteidigungsmittel der Erde in der Abschreckung zu fungieren.

Inwieweit die US-Regierung oder die Illuminati in diese Kooperation mit einbezogen sind oder ob diese überhaupt noch besteht, entzieht sich meiner Kenntnis. Möglicherweise haben die Illuminati vor, in Verbindung mit womöglich negativen Außerirdischen, von denen gemunkelt wird, daß sie mit diesen kooperieren würden, die Hohlwelt anzugreifen? Wer weiß?

Mir ist jedenfalls ein schöner Vorfall im Gedächtnis geblieben, als 1980 zwei sogenannte unidentifizierte Flugobjekte in der Dunkelheit des Weltraumes aneinander vorbeiflogen. Eines reiste von der Erde zum hohlen Planeten Venus. Das andere UFO kam von der Venus und war unterwegs zur Erde. Als die beiden fast identischen Flugobjekte innerhalb von einhunderttausend Kilometern aneinander vorbeiflogen, tauschten sie Erkennungssignale aus. Vom Raumschiff, das zur Venus flog, kam das Signal: „Ausbildungsschiff der amerikanischen Luftwaffe – unterwegs zur Venus.“ Und vom UFO, das auf dem Weg zur Erde war, kam die Nachricht: „Frieden! Signal erhalten. – Ausbildungsschiff der Luftwaffe von Neu-Deutschland. Wir kommen von der Venus und sind unterwegs zur Erde.“

Die Raumschiffe vom Planeten Erde haben Geschichte geschrieben. Die Mannschaften, deren Väter sich einst in einem schrecklichen Krieg feindlich gegenüberstanden, sandten sich jetzt, Millionen Kilometer im Weltraum, gegenseitig freundliche Grüße. Der Kommandant des amerikanischen Raumschiffes dachte: „Wie schön es ist, hier draußen in der Einsamkeit ein weiteres Schiff von der Erde zu treffen, das uns herzlich begrüßt.“

„Ja, es wäre wünschenswert, wenn sich dieses kameradschaftliche Verhältnis auf die Nationen der Erde und ihre Völker übertragen würde“, schließe ich mich seinem Beispiel an.

Doch John ist noch nicht ganz fertig. Während wir durch die Innenstadt kurven, gibt er noch ein paar philosophische Gedanken von sich:

„Die Raumfahrt läutete damals jedenfalls ein neues Zeitalter ein. Unsere Heimat ist nicht länger ein winziger Planet, der von einigen ethnischen Vertretern des Homo Sapiens bewohnt wird. Wir wissen jetzt, daß unsere Erde hohl ist. Im Innern befindet sich die andere, vielleicht ältere der beiden Zivilisationen. In diese Innenwelt sind die Neu-Deutschen eingewandert und haben eine Armada von Flugscheiben gebaut, die allein oder zusammen mit anderen Nationen der Innenwelt ausschließlich für die Verteidigung benutzt wird. Ich habe erfahren, daß die Neu-Deutschen ihre Streitkräfte nicht zu Vergeltungszwecken gegen die Oberwelt aufgebaut haben, besonders da sie jetzt Nachbarn der zwei ältesten Nationen der Erde sind, deren Ziel allein darin besteht, die Gefahr eines Weltkriegs zu verhindern. Aber nach informierten Quellen verfügen auch die Deutschen im südamerikanischen Exil und in Tibet über eine größere Anzahl an Flugscheiben. Wie Adam und du ebenfalls erkannt habt, überwachen diese permanent die Welt und den sie umgebenden Raum.

Dann gibt es aber noch eine weitere Zivilisation unter dem Meer und im Erdmantel, wie bestimmten wissenschaftlichen Kreisen bekannt ist, auch wenn sie dies abstreiten. Und am Himmel gibt es immer noch das ungelöste Phänomen der seltsamen Objekte, die nach Belieben kommen und gehen. Und wer weiß, welche unfreundlichen Welten jenseits unseres Sonnensystems noch unsere Radiowellen und Funksignale empfangen haben und uns jetzt beobachten oder morgen vielleicht sogar heimsuchen?

Wir müssen uns also eine ganz nüchterne Frage stellen: Stehen die Bewohner dieser Erde auf der Schwelle einer neuen Weltordnung, die uns von Menschen dieses oder Wesen von anderen fernen Planeten aufgezwungen wird? Wird uns eine Diktatur aufgezwungen, oder muß sie uns vielleicht sogar aufgezwungen werden, um uns daran zu hindern, die Welt in einer atomaren Apokalypse untergehen zu lassen? Oder sind wir in der Lage, unser Leben und das unserer Mitmenschen auf diesem Planeten selbst zu meistern und uns wie Meister zu verhalten? Momentan verhält sich der Großteil der Erdbewohner wie stümperhafte Lehrlinge – und Lehrlinge brauchen einen Lehrmeister oder Lehrherrn. Ist man aber durch die Prüfungen des Lebens gewachsen und hat die Lektionen gelernt, wird man zum Meister, dem keiner mehr übersteht!

Die ständigen Kriege auf diesem Planeten sind vielleicht nur der sichtbare Ausdruck einer weitreichenden Ausrichtung unsichtbarer, gegensätzlicher Kräfte in der dreidimensionalen oder spirituellen Realität. Diese gegensätzlichen Kräfte – wie immer man sie auch nennen mag – könnten schon bereitstehen, um die Menschheit für eine Konfrontation zu benutzen, die über die Zukunft der Welt entscheidet. Für den Zeitungsleser könnte sich diese irdische oder politische Natur dieser Kräfte zum Beispiel in der Konfrontation zwischen Kommunismus und Demokratie äußern, für den

Philosophen zwischen Gut und Böse und für den gläubigen Menschen zwischen einem Satan und dem Gott.

Aber beim Versuch, dieses Rätsel zu lösen, muß sich jeder nachdenkliche Mensch fragen: Gibt es denn auf einer höheren Ebene der Existenz einen verborgenen Machtkampf von solcher Größe, daß wir seinen Zweck vielleicht gar nicht begreifen können? Und sammeln diese Kräfte jetzt all ihre Reserven für eine Entscheidungsschlacht, bei der die Menschheit nur ein Unterpfand ist und die Erde der Preis? Oder ist die Menschheit der Preis und die Erde das Unterpfand? Oder ist dieser Planet einfach ein Feld auf einem gigantischen Schachbrett? Vielleicht geht es bei diesem Kampf nicht nur um unseren kleinen Planeten, sondern um das Sonnensystem, um unsere Galaxis oder gar das gesamte Universum?

Die Zeit vergeht. Sie wartet auf niemanden, auch auf keine Nation. Es gibt eine Unzahl von Fragen über die Zukunft der Menschheit des ‚Neuen Zeitalters', die wir nicht beantworten können. Bald schon wird es in der Verantwortung der Regierungen liegen, ihren Völkern die Anwesenheit von Außerirdischen aus fernen Galaxien zu erklären, die uns an Intelligenz ebenbürtig oder überlegen sind. Diese Regierungen sollten sich auch dazu durchringen, die neuen Sternkarten zu veröffentlichen und die kompletten Informationen über die Länder der Innenwelt freizugeben. Doch dabei werden eine ganze Menge Köpfe rollen.

In der nahen Zukunft bleibt es den neuen Cartiers, Drakes und Kolumbussen überlassen, aus ihrer neuen Welt zurückzukehren und den Menschen auf der Erde über die Wunder zu erzählen, die sie im Weltall entdeckt haben. Und wenn all dies erreicht ist, und wir am Anfang einer utopischen Gesellschaft stehen, ist es Aufgabe der Philosophen, zu empfehlen, was wir auf der Erde mit unserer Freizeit anfangen. Aber um der gesamten Menschheit zu dienen, müssen die Wissenschaftler in aller Welt ihre Grenzen überwinden und ihr Potential im Interesse einer neuen Welt ohne Krieg vereinigen.

Vielleicht liegt die größte Herausforderung einfach darin, wie die nichtokkulten Religionen der Welt auf die neue Einsicht des Menschen reagieren, daß er nicht allein ist? Werden sie immer noch daran glauben, daß der Gott des Universums die Kontrolle hat und das Schicksal des Menschen durch den Menschen bestimmt?

Dank des Antigravitationsprinzips dieser magnetbetriebenen Flugscheiben haben wir eine bessere Welt vor uns, die die kühnsten technischen Leistungen möglich macht, die überhaupt vorstellbar sind. Außerdem liegt eine breite Straße in den Weltraum vor uns, die wir entweder militärisch oder friedlich nutzen können.

Aber nun, da der Mensch damit begonnen hat, nach den Sternen zu greifen, wo bleibt denn der weise und gütige Führer der Menschheit, der kosmische Christus, der die Furcht aus den Herzen der Menschen vertreiben wird? Wird dieser König der Könige rechtzeitig eintreffen, um uns den Frieden auf der Obererde zu bringen, bevor wir den Planeten endgültig in ein Trümmerfeld verwandeln?“

John sieht mich mit fragenden Augen an und ich gebe zu, daß mich seine letzten Worte auch zum Denken angeregt haben. Doch momentan kann ich ihm auch keine Antworten auf seine Fragen geben. Ehrlich gesagt, bin ich jetzt gerade viel zu viel mit Informationen überladen, als daß ich darauf hätte eingehen können.

Daher schweigen wir beide für das letzte Stück bis zum Laden.

Kapitel 23
Ein unerwartetes Ereignis

Wenig später sind wir angekommen, steigen aus dem Wagen aus und gehen zum Laden zurück. Wir schweigen immer noch und lassen unsere Gedanken noch ein Weilchen fließen, während wir in den Laden eintreten und es uns an dem Platz, den wir gestern gemeinsam verlassen hatten, wieder bequem machen. Ich frage mich nun, warum er mir dies alles erzählt hat?

Als ob er meine Gedanken kennen würde unterbricht John unser Schweigen und meint: „So, das war's eigentlich, was ich dir erzählen wollte. Es gäbe natürlich noch tausende andere spannende Sachen und damit verflochtene Nebengebiete mit anzufügen, doch dann sitzen wir nächste Woche noch hier. Nun möchte ich auch auf deine zu Beginn gestellte Frage eingehen, warum ich gerade dir dies erzählt habe.

Ich war einst für den amerikanischen Wirtschaftsgeheimdienst tätig, was mir doch erheblich dabei geholfen hat, gewisse Türen zu öffnen. Eigentlich habe ich mich nie für solche Sachen wie UFOs und Hohlwelt und so... interessiert. Doch ein Freund von mir, und du kannst dir ja vorstellen, daß man als Agent auch ein paar interessante Menschen als Kollegen hat, war einmal eine Zeit lang in ‚Wright Patterson' stationiert und hat mir bei vielen Nachtrunden mit ein paar Sixpacks Bier so allerlei erzählt. So kam ich langsam aber sicher an die Sachen heran. Daß gerade ich solche Informationen anziehe, kann ich inzwischen nicht mehr als Zufall abtun. Manchmal denke ich, daß irgend jemand mich lenkt, mir verborgene Türen zeigt, die ich dann nur noch zu öffnen habe. Du weißt schon... Aber so ganz verstehe ich das noch nicht. Mit Esoterik und spirituellen Dingen bin ich dann doch nicht so gut bewandert. Mich haben an diesen Informationen mehr die Technik und die Hintergrundmachenschaften fasziniert.

Aber warum habe ich gerade dich aufgesucht? Dazu gehören zwei Aspekte. Also, zum einen wollte ich gerne deine ehrliche Meinung zu dem hören, was ich dir alles erzählt habe.

„Hmm, ich überlege", sage ich mit nachdenklichem Ausdruck. „Wirklich ganz ehrlich?"

„Ja bitte!"

„Na gut." Ich setze mich bei diesen Worten aufrecht in meinen Sessel. „Also, ein Teil von dem, was du mir erzählt hast, war mir bereits bekannt und darin stimme ich mit dir absolut überein. Bei anderen Aspekten fällt es mir schon etwas schwerer. Und manches kann ich momentan überhaupt noch nicht nachvollziehen. Zum Beispiel die Freundschaft zwischen Amerikanern und den Neu-Deutschen. Auch einige Aspekte der Hohlwelt sind mir nicht schlüssig. Warum ist die Sonne künstlich? Und wie hatten denn die Bodländer oder andere Innerirdische den Hohlraum beleuchtet, bevor die Atlanter die künstliche Sonne installiert hatten? Oder wie kann ein Außerirdischer im Pentagon sitzen? Das muß ich erst einmal verdauen. Das soll nicht heißen, daß es nicht wahr ist, was du berichtest. Doch wenn es ‚mir' an manchen Stellen schon schwerfällt, dann wird es anderen Menschen, die noch gar keinen Hintergrund zu dieser Thematik haben, noch viel schwerer fallen.

Hast du denn vor, damit an die Öffentlichkeit zu gehen?"

„In den USA", meint John, „hatte ich bereits vor ungefähr zehn Jahren ein Buch über meine Recherchen herausgegeben, darunter viele Informationen, die ich heute nicht aufgeführt habe. Doch bekam ich große Schwierigkeiten. Ich muß aber auch zugeben, daß ich dabei nicht sehr professionell vorgegangen war. Man hatte mir gedroht und meine Familie mehrmals bedrängt, worauf ich mich später entschlossen hatte, den Verkauf des Buches einzustellen und den damaligen Wohnsitz zu verlassen. Außerdem hatte ich festgestellt, daß Teile des Buches, das ich damals veröffentlicht hatte, fehlerhaft und die Reihenfolge verschiedener Ereignisse nicht korrekt waren."

„Puh", ächze ich nachdenklich, „also wenn du mich fragst, würde ich nur das herausgeben, was du auch absolut belegen kannst. Oder du schreibst es in Romanform oder als Science-Fiction-Geschichte. Dann kann sich der Leser das heraussuchen, was er persönlich verarbeiten kann."

„Na ja", läßt mich John nach einer kurzen Denkpause wissen, „die Science-Fiction-Variante gefällt mir spontan eigentlich ganz gut. Ich werde mir Gedanken darüber machen."

Wir schweigen einen Moment und sinnieren über das Gesprochene. Ich rappele mich als erster wieder zu einem Wort auf und schlage vor: „Also wenn du dich dazu entscheiden solltest, würde ich dazu anraten, es vielleicht in England oder Australien herauszugeben und vielleicht auch unter Verwendung eines Pseudonyms."

„Ja, das klingt vernünftig."

John senkt nun seinen Kopf ein wenig und ich merke, daß ihn irgend etwas wurmt. Irgend etwas beschäftigt ihn. Ich will ihn gerade daraufhin ansprechen, als er von selbst loslegt.

„Tja, aber der zweite und eigentliche Grund, warum ich gerade dich aufgesucht habe, ist eigentlich mit das wirklich Mysteriöse an der ganzen Geschichte. Ich will versuchen, es in kurzen Worten zu schildern.

Es ist ungefähr vier Wochen her, da lief ich einem spirituellen Medium über den Weg, das von sich behauptete, mit einer Wesenheit namens ‚Saint Germain' in Kontakt zu stehen. Neugierig auf der einen Seite durch meine Enthüllungen, und in Schwierigkeiten gekommen auf der anderen, nahm ich an einer Sitzung bei dieser Frau Teil, um eventuell etwas über mein seltsames Leben herauszufinden.

Dieser Saint Germain meinte dann, daß ich eine Seele sei, die noch nie auf der Erde inkarniert gewesen wäre. Als ich in meinem letzten Leben mit meinem Raumschiff als sogenannter Weltraumpionier im Erdinnern gelandet sei, hätte ich die Probleme auf der Erde gesehen und Mitgefühl für diese seltsame Spezies empfunden. Deshalb hätte ich mich freiwillig dazu entschlossen, auf der Erdoberfläche zu inkarnieren, um durch meine Anwesenheit etwas bereicherndes zum Leben beizutragen. Aber speziell das Thema Außerirdische und Hohlwelt hätte ich mir ausgesucht, um diese Dinge an die Öffentlichkeit und ins Allgemeinbewußtsein der Menschen zu bringen. Deshalb habe ich wohl dann eine Tätigkeit beim US-Nachrichtendienst angenommen, um Zugang zu diesen Informationen zu bekommen.

Na ja, das klang ja ganz nett, was ich da hörte, doch gefällt mir meine Aufgabe ganz und gar nicht und ich weiß momentan auch nicht genau, wie ich weiter vorgehen soll. Ich glaube auch, daß ich schwachsinnig gewesen sein muß, als ich mich freiwillig zu dieser Freveltat entschlossen habe. Ich hatte bereits so viele Schwierigkeiten wegen dieser Geschichte und am liebsten würde ich den Planeten wieder verlassen, wenn ich nur könnte. Für mich ist das nämlich nichts weiter als ein Strafplanet. Und inzwischen bin ich fast der Meinung, daß ein neuer Weltkrieg, das einzige ist, was diese ignorante Menschheit noch aufwecken kann. Denn die Menschen hier auf der Erdoberfläche lernen doch überhaupt nichts. Doch man soll ja nicht urteilen, hat man mir gesagt.

Entschuldige bitte meine Emotionen, doch die Sachen, die ich dir gestern und heute so euphorisch erzählt habe, das sind Informationen, die veröffentlicht werden müssen, das weiß ich. Doch mein Gefühl sagt mir etwas ganz anderes. Am liebsten würde ich alles hinschmeißen, da ich den Eindruck habe, daß alles für die Katz‘ ist. Es glaubt ja sowieso niemand.“

„Tja, diesen Eindruck habe ich ehrlich gesagt auch die meiste Zeit“, unterbreche ich John‘s melancholische Gedanken. „Wie viele Menschen haben ihr Leben gelassen, wurden gefoltert und verlacht, bloß weil sie den Zeitgenossen die Wahrheit sagen wollten? Jesus ist ja das berühmteste Beispiel von allen. Er heilte die Menschen, sagte ihnen, was ‚Gott‘ ist, und wo man ihn finden könne und zeigte den damaligen Menschen den Weg zur spirituellen Freiheit. Und was passierte? Als er seine ersten Schwierigkeiten bekam, kannten sie ihn nicht mehr, sogar einer seiner eigenen Leute verriet ihn noch. Aber so ist es nun einmal. Mir ging es nicht besser. Zuerst wollen einen alle treffen, Interview hier, Interview da, man ist ja erfolgreich. Man spendet hier etwas und unterstützt dort jemand... Und plötzlich bekommt man Ärger, weil man die Wahrheit gesagt hat und es geschieht, als wenn man das Licht einschaltet und die Kakerlaken sich verdrücken. So verschwinden dann auch die sogenannten „Freunde“ und „Mitstreiter“. Plötzlich kennen sie einen nicht mehr. Aber es muß so geschehen, sonst würde man nicht lernen. Solche Erfahrungen sind für einen persönlich sehr wichtig. Man lernt dadurch hervorragend, wenn auch schmerzhaft, auf seine innere Stimme zu hören und nur auf diese. Ein anderes schönes Beispiel war der Gröfaz, der größte Feldherr aller Zeiten, wie er sich auch nennen ließ. Wir brauchen nicht drum herum zu reden. Der Großteil der Deutschen stand absolut hinter ihm. Er hatte den einfachen Menschen Arbeit gegeben, hatte für Ordnung gesorgt, Volkswagen bauen lassen, und, und, und. Auch während des Krieges liebten sie ihn noch. Doch dann, als alles vorbei war, als man erkannte, daß man verloren hatte, dann wurde der Schwanz eingezogen. Plötzlich war niemand mehr Nationalsozialist, keiner war in der Partei, keiner hat den Arm gehoben. Jetzt ist natürlich keiner am Schlamassel schuld, außer Hitler. Solange jemand da ist, der die Verantwortung für einen übernimmt, ist die Welt in Ordnung. Aber wehe, wenn Otto Normalverbraucher sein Leben selbst in die Hand nehmen soll.

Am einen Tag sind die Menschen Monarchisten, dann Nationalsozialisten, dann Demokraten. Ha, ha! Die Masse dreht sich immer mit dem Wind. Nur keine eigene Meinung haben. Man könnte ja seinen Ruf verlieren. So ist es nun einmal. Auf der einen Seite verstehe ich die Militärs und vor allem die Illuminati ganz gut. Wer so blöd ist wie der Großteil der

Menschheit, dem gehört es auch nicht anders. Wer schon in freien Zeiten keine eigene Meinung hat, dem tut's wohl auch nicht weh, wenn er als Sklave dahinvegetiert. Vorher war er ja freiwillig in seinem eigenen Leben gefangen. Traurig, traurig.

Aber was glaubst du, wie viele Menschen tagtäglich ihr möglichstes versuchen, um diesem Planeten nur ein klein wenig Licht und Liebe zu schenken, die sich aufopfern in Krankenhäusern, in Klöstern, Behindertenheimen...? Ja, ja, manchmal wollte ich auch schon alles hinschmeißen. Aber man macht doch weiter, man kämpft und verbrennt sich immer wieder aufs neue den Mund. In der Hoffnung, daß es doch noch besser wird, daß die Transformation unter den Menschen bald einsetzt.

Aber wir haben ja auch ein gutes Stückchen Humor mitbekommen, das gleicht doch auch schon 'ne ganze Menge aus. Wir haben es uns selbst ausgesucht. Niemand hatte uns gezwungen, hier diesen Liebesdienst zu vollziehen, wir selbst wollten es tun. Und am Ende wird es auch gut ausgehen. Aber es braucht eben immer wieder Pioniere, Vorkämpfer. Und sei doch einmal ehrlich, wenn alles harmonisch wäre, wäre es doch auch ein bißchen langweilig?" Ich blicke mit einem frechen Blick zu meinem Gegenüber und merke, daß sich auch seine Gesichtsmuskeln zu einem Lächeln verziehen.

„Ja, du hast ja Recht. Ich weiß es ja auch, doch manchmal hat man eben solche Phasen. Es passiert ja auch nicht sehr oft, daß ich jemandem mein Herz, beziehungsweise meinen Kopf ausschütten kann, jemand der mir neutral zuhört und dicht hält. Aber ich habe jetzt eigentlich das Wichtigste vergessen, was ich dir sagen wollte. Dieser Saint Germain sagte dann nämlich unter anderem durch diese Frau zu mir, daß in Deutschland ein junger Mann sei, mit dem er geistig arbeite und der mir weiterhelfen könne. Und das verrückteste an der Geschichte war, wie ich diesen Mann finden würde. Saint Germain wies mich darauf hin, daß Jesus, als er am Kreuz hing, von einem Legionär mit einem Speer in die Seite gestoßen wurde. Um diesen Speer gibt es einen großen Mythos. Man behauptet, wer diesen Speer besitzen würde, hätte die Herrschaft über die Welt. Man nennt ihn daher auch den ‚Speer des Schicksals'. Nach dem Legionär war er unter anderem auch im Besitz von Napoleon, den Habsburgern und Hitler, die sich alle entsprechende Kräfte von ihm versprachen. Und Saint Germain sagte, wenn ich mich auf die Suche nach dem Speer mache, ich auch auf diesen jungen Mann stoßen würde.

„Verrückt", dachte ich im ersten Moment, nachdem ich das Medium wieder verlassen hatte. Trotzdem ging ich am nächsten Tag bei uns um die Ecke in einen ‚Crystal Shop' und fragte nach, ob es denn über diesen Speer Literatur geben würde. Und siehe da, die Dame im Laden hatte ein Buch darüber im Regal stehen – „The Spear of Destiny" von Trevor Ravenscroft. Ich kaufte es und las es sehr ausführlich. Und im Anhang des Buches wurde ich dann auch fündig. Dort war eine Straßenangabe über den Bunker, in dem Hitler den Speer in Deutschland versteckt hatte, bevor er angeblich von Eisenhower übernommen wurde. Also flog ich hierher und hatte auf Abhieb einen Volltreffer gelandet. Denn ein esoterischer Buchladen in dem Haus des Bunkers hatte mich förmlich dazu eingeladen, einzutreten."

„Ja, ja", gebe ich mit einem Grinsen von mir, „Gottes Wege sind wunderbar. Tatsächlich ist in diesem Haus der Bunker, in dem der Speer sowie andere Reliquien gelagert waren. Aber Peter und ich wußten das vorher auch nicht, obwohl ich nach dem Speer ebenfalls gesucht hatte. Aber Zufälle gibt es nicht. Wie dem auch sei. Es war also wieder einmal mein Freund Saint Germain, der hier seine Beziehungen hat spielen lassen. Ja, er ist ein Meister der Verflechtungen und Verschwörungen.

John, was weißt du über Saint Germain?"

„Eigentlich nichts", läßt er mich wissen. „Das Medium hatte damals erzählt, daß er ein ‚Aufgestiegener Meister' und Mitglied der ‚Weißen Bruderschaft' sei und aus einer höheren Dimension heraus mit ihr kommunizieren würde." John macht bei diesen Worten ein eher ratloses Gesicht, und ich versuche, ihm ein wenig Hintergrund über den mysteriösen Grafen zu vermitteln.

„Ja, so sagt man in spirituellen und theosophischen Kreisen. Aber wenn du schon mit ihm Kontakt bekommen hast, wenn auch nur durch ein Medium, dann möchte ich dir kurz etwas aus seinem irdischen Leben erzählen. Dies ist so mysteriös, wie auch sein jetziges Auftreten. Der Graf von Saint Germain lebte nämlich mindestens zweihundert Jahre."

Ich gehe kurz in den Ladenraum und bringe das Buch „Die letzten Rätsel unserer Welt" von Francis Hitching mit, der ein Kapitel dem Grafen von Saint Germain gewidmet hat.

„Dieser berichtet hier, daß der Graf ebenso wie Kaspar Hauser urplötzlich aus dem Nichts auftauchte. Sein ganzes Leben lang war er von Intrigen und Gerüchten über magische Kräfte umgeben. Er soll über dreißig

Pseudonyme gehabt haben und auch der Name Saint Germain soll nicht sein richtiger gewesen sein. In einem Gespräch mit Madame Pompadour, der Mätresse des Königs Ludwig XV. von Frankreich, faßte er die Lebensart der damaligen Zeit wie folgt zusammen. „Alle Frauen suchen die ewige Jugend und alle Männer den Stein der Weisen. Die einen wollen die ewige Schönheit, die anderen ewigen Wohlstand."

Viele, die den Grafen erlebt hatten, meinten, daß er beides entdeckt hatte. Das liegt zum einen an seiner Langlebigkeit. Friedrich dem Großen gegenüber hatte er einmal geäußert, daß er ein Elixier entdeckt habe, das menschliches Leben immens verlängern könne und er schon über zweitausend Jahre am Leben sei. Gegenüber dem Freiherrn von Alvensleben erklärte er einmal folgendes: „Ich halte die Natur in meinen Händen, und wie Gott die Welt geschaffen hat, kann auch ich alles, was ich will, aus dem Nichts hervorzaubern."

Zum ersten Mal tauchte er im Jahre 1710 auf, was der Komponist Jean-Philip Rameau und die junge Gräfin von Georgy bezeugen konnten, die ihn als einen vierzig bis fünfundvierzig-jährigen Mann beschrieben. Was die folgenden zwei Jahrzehnte betrifft, ist so gut wie nichts bekannt, außer daß er ein enger Vertrauter der Madame Pompadour gewesen ist und in Freimaurerlogen und anderen Geheimbünden der damaligen Zeit einen großen Einfluß hatte. Zur damaligen Zeit war der Geist, der die Logenbrüder beseelte und die Logen zusammenhielt, ein anderer als heute. Damals hatten sich sehr viele hochgeistige und spirituell interessierte Menschen darin zusammengefunden, im Gegensatz zu den heutigen Hochgraden, die meiner Ansicht nach zum größten Teil dem Bösen dienen.

Zwischen 1737 und 1742 hielt er sich am Hofe des Schahs von Persien auf, wo er sich vermutlich einen Teil seines enormen Wissens über Diamanten aneignete. 1743 zeigte er sich am Hofe König Ludwigs XV. und war berühmt für seinen großen Reichtum und seine alchimistischen Fähigkeiten. Er selbst behauptete von sich, den ‚Stein der Weisen' gefunden zu haben und Diamanten herstellen zu können. Auch gab er von sich, den Himalaya bereist zu haben und dort die Menschen gefunden zu haben, „die alles wissen" und ergänzte, daß „man die Pyramiden studiert haben muß, wie ich es getan habe", um dem Geheimnis auf die Spur zu kommen. Er erzählte ebenfalls, daß er durch den Weltraum gereist sei. „Sehr lange flog ich durch den Weltraum. Ich sah Erdkugeln, die sich um mich drehten und Welten zu meinen Füßen." Bei einer anderen Gelegenheit meinte er: „Ich reiste durch die Zeit und befand mich unbewußt in weit entfernten Ländern."

Auch war der Graf visionär veranlagt, sprach von der Erfindung des Dampfschiffes und anderem. Er konnte sich offenbar auch vor Zeugen unsichtbar machen und plötzlich in Erscheinung treten, wann und wo auch immer er wollte.

Zwischen 1744 und 1745 kam er in England wegen Spionage ins Gefängnis, wurde jedoch nach einem Verhör wieder freigelassen. 1745 bis 1746 lebte er am Wiener Hof wie ein Prinz und war „witzig und hochbegabt". Er wurde nicht nur immer als sehr reich beschrieben, sondern sprach neben mehreren europäischen, auch arabische, orientalische und klassische Sprachen, spielte ausgezeichnet Violine und Piano. Er war Vegetarier und Abstinenzler.

Zwischen 1747 und 1756 war er mindestens zweimal in Indien. Er schrieb einen geheimnisvollen Brief, in dem er erklärt, daß er das Wissen um das Schmelzen von Juwelen erlangt habe.

Zwischen 1757 und 1760 erlangte er den Höhepunkt seines Ruhms am Hofe Ludwigs XV., vor dem er Diamanten vergrößerte oder vermehrte. Dort stellte man ihm auch ein Labor für seine alchimistischen Experimente zur Verfügung. Die Gräfin von Georgy war damals im Alter von siebzig Jahren sehr überrascht, daß Saint Germain immer noch so aussah, wie bei ihrem Treffen vor fünfzig Jahren.

In den Jahren 1760 bis 1762 erschien er plötzlich in Holland und versuchte über den Frieden mit England zu verhandeln. Politiker und Herrscher wußten jedoch nichts davon. Ludwig XV. ließ ihn daraufhin offenbar fallen, denn der Graf zog sich vorübergehend nach Holland zurück, um dort seine Arbeiten fortzusetzen. In diesem Jahr schrieb Voltaire an den König von Preußen: „Man sagt, daß das Geheimnis des Friedens nur von einem gewissen Herrn von Saint Germain gekannt werde, welcher ehemals mit den Vätern des Konzils soupiert habe. Er ist ein Mann, welcher gar nicht stirbt und alles weiß."

Von 1762 bis ungefähr 1773 erschienen Berichte über seine wissenschaftliche und politische Betätigung aus ganz Europa. „Ein außergewöhnlicher Mensch, der Eisen in ein Metall umwandeln konnte, das für die Arbeit der Goldschmiede mindestens so gut und schön ist wie Gold." Weiterhin hatte er in Venedig eine Fabrik mit einhundert Arbeitern, in der man sich mit der Herstellung von Leinen beschäftigte, das aussah wie Seide.

Zwischen 1774 und 1784, nach dem Tod Ludwig XV., warnte er vergeblich Ludwig XVI. und Marie Antoinette vor einer „riesigen Verschwörung“, über welche er durch seinen Einblick in Freimaurer- und Illuminatenkreise Kenntnis bekommen hatte.

Danach lebte er größtenteils in Deutschland. Ein Zeuge behauptet, daß er zu dieser Zeit zwischen sechzig und siebzig Jahre alt gewesen sein soll. Dort soll er sich mit seinem Schüler und Gönner Prinz Karl von Hessen-Kassel in Freimaurer-, Rosenkreuzer- und Tempelritterkreisen engagiert haben. Dabei sollen sie beide an Versuchen gearbeitet haben, „die von Nutzen für die gesamte Menschheit sein sollten“. An seinem Hofe gab der Graf nun erstmalig zu, alt zu werden. Am 27. Februar 1784 soll er dann angeblich ganz plötzlich in den Armen zweier Kammerzofen gestorben sein, wobei das Begräbnis am 2. März 1784 stattgefunden haben soll, was auch so im Kirchenregister von Eckernförde eingetragen ist. Doch dann folgte sein von vielen Zeugen bestätigtes Auftreten auf einem großen Treffen von Okkultisten. Darunter Freimaurer, Illuminaten sowie Nekromanten, wobei dort die verschiedenen Ansichten der Logen geklärt werden sollten. Er erschien dort in Begleitung der berühmten Alchimisten Cagliostro, Mesmer und St. Martin.

Ab 1788 hielt er sich dann wieder überwiegend in Frankreich auf und warnte die Adligen vor der bevorstehenden Revolution. Doch er wurde erneut nicht ernst genommen. 1789 reiste er dann nach Schweden, um König Gustav III. vor einer möglichen Krankheit zu schützen.

Später erzählte er seiner Freundin und Chronistin Madame d'Adhémar, die immer noch glaubte, daß er wie fünfundvierzig aussah, daß er sie noch fünfmal besuchen würde. Sie selbst behauptete später, daß es sich auch so erfüllt hat. Das letzte Mal war dies im Jahre 1820, am Abend der Ermordung des Duc de Berri.

Auch danach soll er immer wieder gesehen worden sein, vor allem in okkulten Kreisen, worüber es jedoch meines Wissens keine oder zumindest nur wenige Aufzeichnungen gibt. Eine andere Episode über sein Leben – ob Spekulation oder nicht – finden wir in der ‚Zeitenschrift‘.“

Ich erinnere mich spontan an diesen Artikel und greife mir die Nummer ‚sechs‘ aus dem Regal im Ladenraum. Dort heißt es: „Eine Hypothese besagt, er sei der erstgeborene Sohn des ungarischen Fürsten Franz II. Rakoczy gewesen und am 28. Mai 1696 in Klausenburg – Cluj – in Siebenbürgen gestorben. Seine Mutter war Charlotte Amalie, Tochter des Landgrafen Karl von Hessen-Rheinfels-St. Goar-Wanfried. Im Alter von vier Jahren und drei Monaten ‚starb' Leopold Georg, so sein Name. Allerdings bloß offiziell, da sonst sein Leben wirklich gefährdet gewesen wäre. Sein Vater war der Anführer der ungarischen Freiheitsbewegung gegen den Thron der Habsburger in Wien. Freunde seines Vaters rieten ihm, den Erstgeborenen außer Gefechtsweite zu bringen, und so soll der kleine Leopold in Florenz bei Giangastone di Medici, dem letzten des großen Geschlechts, einem mütterlichen Anverwandten, Unterschlupf gefunden haben. Das Kind, da namenlos, erst einfach ‚bambino' – Knabe – genannt, entwickelte sich zur Freude aller, entpuppte sich als außergewöhnlich begabt und sog alles Wissen auf, dessen er habhaft werden konnte.

Als die Zeit der Firmung kam, soll der Medici den Jungen gefragt haben, welchen Namen er denn tragen wolle. ‚Germanus' soll die schnelle Antwort gelautet haben, nach dem Städtchen San Germano am Fuße des Monte Cassino, einer alten Benediktinerabtei, die Bambino oft mit seinem väterlichen Freund aufgesucht hatte. Dann habe er sich korrigiert – ‚San Germano' solle sein Name sein. In dem Namen liege Geschichtsbedeutung, habe ‚Bambino' geäußert. Der Medici riet ihm zur französischen Form: Saint Germain – Heiliger Germane!

Später erzählt diese Version der Geschichte des jungen Saint Germain, er habe kurze Zeit in Siena studiert, wo es ihm aber bald zu eng geworden sei – besonders, als er von einem sienisischen Goldschmied in die hermetische Kunst der Alchimie eingeweiht worden war. In Piombino stieg er auf ein Schiff, das ihn nach Mittelamerika brachte. Dort arbeitete er in Mexico auf Plantagen, kam dann zurück nach Lissabon, fand dort – oh Wunder! – ein ansehnliches Vermögen vor, das auf seinen Namen deponiert worden war und einen Brief seines längst aus Siebenbürgen vertriebenen, einsamen Vaters, der im türkischen Rodosto ein Exil gefunden hatte. Auf der Schiffsreise dorthin machte er die Bekanntschaft eines Gelehrten, von dem er viel später sagen sollte: „Ich hatte das Glück, auf meinem Wege einem weisen Manne zu begegnen, welcher mich die Natur und Gottes verborgene Geheimnisse kennen lehrte... Ein natürlicher Drang zu Weltweisheit, Theologie und Naturgesetzen erwachte in meinem Innern."

Mehr noch erfuhr er von jenem geheimnisvollen Manne: Von Orden und Sekten, die geheim wirkten, von verschwiegenen Zirkeln der Alchimisten und Rosenkreuzer, die damals gerade im Nahen Osten sehr aktiv waren.

Sein Vater schickte ihn mit einer persönlichen Botschaft zum Sultan des Osmanischen Reiches. Saint Germain fand wärmste Aufnahme, fühlte sich gleich wohl im höfischen Milieu, in dem er Zeit seines Lebens verkehren sollte. Der Orient bot ihm noch weit mehr: Einblicke in die Kunst des Färbens, der Heilkraft orientalischer Pflanzen, der Formeln mittelalterlicher Alchimisten und der heimtückischen Gifte Asiens. Auf dem Gebiet der Farben und der Methoden des Färbens von Seide, Baumwolle, Wolle und Leder entwickelte der Chemiker Saint Germain später viele Verbesserungen und Neuerungen, die jenem Wirtschaftszweig zugute kommen sollten. Hier nahm er auch die Spur auf, die ihn schließlich sein „Jungborn"-Wasser, das ‚Aqua benedetta', ein Schönheitswässerchen für verlängerte Jugend, herstellen ließ, welches besonders unter den Damen Frankreichs sehr begehrt war."

So wollen zumindest „seriöse" Forscher die Geschichte von Saint Germain gefunden haben. Außer Saint Germain selbst wird es wahrscheinlich niemand genau wissen.

Erst in den dreißiger Jahren dieses Jahrhunderts erklang sein Name wieder in vieler Ohren. Da erschien er einem Amerikaner am Berge Mount Shasta in Nordkalifornien, doch eher in der Art, daß er sich vor dessen Augen materialisierte und auch wieder verschwand.

In diesem Fall behauptete Saint Germain, Mitglied der ‚Weißen Bruderschaft' zu sein. Die ‚Weiße Bruderschaft' ist seinen Worten nach eine Gruppe von Wesen einer höheren Dimension, die die Entwicklung auf unserem Planeten überwacht und die Seelen bei ihrer spirituellen Ausbildung unterstützt.

Äußerst interessant an den Ausführungen in den beiden Büchern von Godfre Ray King, dem Mann, dem Saint Germain am Mount Shasta erschienen sein soll, ist vor allem mit dem Hintergrund über die Geschichten, die du über die Hohlwelt und ihre Bewohner erzählt hast, daß sich Saint Germain überwiegend in irgendwelchen Tunnelsystemen und unterirdischen Reichen aufhält, die mit Computeranlagen bestückt sind und mit denen er mit Verbündeten auf der Venus kommuniziert!

Es kommt bei diesen Schilderungen fast der Verdacht auf, daß der Graf von Saint Germain mit der Hohlwelt in Verbindung steht. Und nicht nur er. Ging denn nicht auch Jesus für drei Tage ins Erdinnere, nachdem man ihn vom Kreuz genommen hatte?

Mein Freund Al Bielek, vom Philadelphia-Experiment, befaßte sich ebenfalls intensiver mit dem Grafen und ist mit großer Sicherheit davon überzeugt, daß dieser heute noch lebt und zwar in den USA. Er hat irgendwie erfahren, daß Saint Germain alle fünfundsechzig Jahre eine „Verjüngungskur" durchführen muß, die sich zwei Wochen hinziehen soll. Danach hätte er wieder für fünfundsechzig Jahre Ruhe.

Darüber kannst du dir ja einmal Gedanken machen, John. Ich persönlich sehe hier ein paar starke Parallelen. Ich denke, wenn du ein wenig in dich gehst und einmal in dieser Richtung forschst, könntest du eine Überraschung erleben. Und ich denke, wenn die Zeit reif ist, du und ich in die Hohlwelt gelangen werden, falls dies unsere Bestimmung sein sollte. Und ich könnte mir vorstellen, daß wir überrascht sein werden, wen wir dort alles antreffen.

Doch man bekommt ein bestimmtes Wissen erst dann, wenn man damit auch umgehen kann. Ein Lehrling bekommt nicht die Prüfungen eines Meisters, aber auch nicht dessen Wissen und Verantwortung.

Nun denn. Wie kann ich dir aber sonst noch dienen? Ich meine, du weißt in vielen Bereichen der Ufologie und der Hohlweltkunde unleugbar mehr als ich. Womöglich hat aber Saint Germain dich zu mir geführt, um dir ein wenig spirituellen Beistand zu leisten?"

„Ja, das wäre vielleicht sehr ratsam. Denn momentan hänge ich mit meinen Forschungen wieder einmal ein bißchen in der Luft. Manchmal bin ich mir ganz sicher, daß das, was ich da tue, das richtige ist, ein anderes Mal wieder nicht."

Ich überlege kurz, was ich ihm sagen könnte und versuche ihm dann einfach in kurzen und einfachen Worten zu erklären, wie ich persönlich die Zusammenhänge im Kosmos sehe: „Das Gesetz von ‚Ursache und Wirkung' ist dir ja bekannt. du nanntest es bereits das Gesetz von ‚Saat und Ernte'. Aus diesem schlußfolgert sich auch das Gesetz der Affinität – ‚Gleiches zieht Gleiches an!'

Beide, die physische wie auch die geistige Welt, werden durch diese Gesetze aufrecht- und zusammengehalten. Es ist die gleiche Ordnung, wie innen so außen, wie im Großen so im Kleinen. Was immer wir durch unsere Gedanken, Gefühle, Worte und Taten aussäen, werden wir auch ernten. So, wie wenn man Roggen sät, man auch Roggen ernten wird, und nicht Weizen. Das sind ganz einfach ausgedrückt die Spielregeln, nach denen dieser Kosmos, diese Ordnung, funktioniert. Mehr braucht man eigentlich gar nicht zu wissen. Beziehungsweise doch. Man muß nämlich wissen, was man will, denn danach richten wir dann unsere Gedanken, Vorstellungen, Wünsche und Taten aus und erreichen dann als logische Konsequenz auch das erwünschte Resultat.

Man könnte diese perfekte Ordnung auch mit einem Computer vergleichen. Das Leben selbst ist dabei völlig wertfrei, wie ein Computer. Der Computer stellt die perfekte Ordnung dar. Was auch immer der Bedienende durch die Tastatur in den Rechner eingibt, wird am Bildschirm sichtbar und nach dem Druckbefehl vom Drucker ausgedruckt. Egal was man durch die Tastatur eingibt, es wird unweigerlich auf dem Bildschirm erscheinen, beziehungsweise ‚Realität', durch das ausgedruckte Papier. Der Computer selbst jedoch ist neutral. Ihm ist es gleich, ob man ‚Liebe' oder ‚Haß' eingibt, er druckt es rein gesetzmäßig aus. Und man braucht den Computer nicht zu beschimpfen beziehungsweise verantwortlich zu machen, wenn man nachher viele Schreibfehler in dem Text entdeckt, den man selber eingegeben hatte.

So ist es auch mit den Lebensgesetzen. Ist ein Mensch krank, ist die Krankheit nicht zufällig, sondern gesetzmäßig bei der Person, da sie die entsprechenden Ursachen dafür gesetzt hatte. So ist es mit Geld, Gesundheit, Erfolg oder Mißerfolg, allen Komponenten, die das Leben zu bieten hat. Nicht zu-fällig, sondern resonanz-fällig, nach Gesetz. Und wir haben den freien Willen mitbekommen. Der sogenannte ‚Freie Wille' ist ein Privileg, vor dem jedoch die meisten Menschen Angst haben. Angst, frei zu sein, selbst entscheiden zu können, ja zu dürfen, Verantwortung zu tragen, selbst schöpfen und erschaffen zu können, ein eigener kleiner ‚Gott' zu sein.

So, und was macht man nun mit dieser Erkenntnis?

Also, die Illuminati wissen ganz genau, was sie wollen. Die wollen die Weltherrschaft und jeder Gedanke, jedes Gefühl, jeder Wunsch ist auf dieses Ziel hin ausgerichtet. Alle anderen Menschen aber werden durch die von den Illuminati kontrollierten Medien verwirrt, daß der Mensch vor lauter Überangebot nicht mehr weiß, was er eigentlich ursprünglich wollte.

Das Leben in unserer dritten Dimension, das Zusammenwirken der beiden polaren Kräfte jeder Sache – Geben und Nehmen, zwischen Konstruktivem und Destruktivem, zwischen Gut und Böse, zwischen Esoterik und Exoterik – ist harmonisch. Der symbolische Kampf wiederum, den wir äußerlich wahrzunehmen scheinen, ist das Spiel der destruktiven Mächte, durch eine übermächtige Außenwelt, von der uns als Wegweiser zur Verfügung stehenden Innenwelt abzulenken. Einfach gesagt, man macht die Menschen durch Dinge in der Außenwelt – Kleidung, Auto, Fernsehen, Reichtum, Ansehen, Macht... – abhängig, fixiert sie darauf und lenkt sie von den eigentlichen Aufgaben, auf die es im irdischen Leben wirklich ankommt, ab.

Die Materie, metaphysisch auch „dritte Dimension" bezeichnet, ist „unser" Abenteuer – Esoteriker sagen auch „unser Spiel" – den Versuchungen der Materie zu widerstehen und dabei diese weder zu negieren, noch von ihr abhängig zu werden. Wir dürfen sie benutzen, müssen sie dann aber auch meistern. Es ist wie in der Schule. Um in die siebte Klasse zu kommen, müssen wir erst die sechste gemeistert haben. Das heißt, wir müssen die Prüfungen der sechsten Klasse erst bestanden haben, um die Prüfungen der siebten überhaupt bestehen zu können. Würde sich zum Beispiel ein ganz Schlauer in die siebte Klasse durchmogeln, würde er bei der ersten Klassenarbeit mit dem nächst höheren Schwierigkeitsgrad scheitern, da er ja schon in der vorhergehenden Klasse keine Ahnung hatte.

Wer hier weg möchte, muß erst ein Meister der Materie, der dritten Dimension sein, sie gemeistert haben, dann erst darf er weiter. Der Schlüssel dazu liegt im Innern des Menschen, nicht in der Außenwelt.

Wenn zum Beispiel Rockefeller, der übrigens genauso aufs Klo muß, wie du und ich, und auch nur ein Gehirn und ein Herz hat, Milliardär werden oder seine anderen Ziele und Interessen verwirklichen kann, so kann das jeder andere Mensch auch. Und speziell Rockefeller hatte mit Nichts angefangen, ohne Startkapital. Sicherlich wird er ein anderes Ethikverständnis gehabt haben, aber das kann uns ja egal sein. Er hat jedenfalls eine ganze Menge erreicht, ohne mehr Geistpotential gehabt zu haben als jeder andere Mensch auch. Das war nur ein simples Beispiel.

Und jede Seele, jeder beseelte Mensch hat auch einen Auftrag zu erfüllen. Doch die meisten Menschen merken das gar nicht. Die sterben schon wieder, bevor sie überhaupt erkannt haben, woher sie kamen, wer sie waren und wohin sie wollten. Und natürlich ist das Schicksal der Welt ein Kollektiv der vielen Schicksale der Menschen. Und man braucht sich daher auch nicht zu wundern, warum die Welt im Chaos steckt, da die meisten Menschen selber chaotisch sind. Sie haben weder die Gesetzmäßigkeiten des Lebens verstanden, noch wissen sie, wer sie waren, bevor sie auf die Erde kamen.

Doch was kann der Einzelne tun? Meiner Ansicht nach ist das Wichtigste die tägliche Rücksprache mit unserer geistigen und inneren Führung. Was ich damit meine, ist nicht unbedingt das klassische Gebet aus der christlichen Kirche, sondern mit der Rücksprache meine ich die Kommunikation mit der Schöpfung. Das kann eine Meditation sein oder ein Spaziergang durch den Wald, bei dem man mit der Natur spricht und natürlich auch ein Kirchgang. Die Form der Kommunikation ist uns freigestellt, auch die Sprache und die Anrede. Doch die Rücksprache – religio – mit der Schöpfung, ich nenne sie hier einmal ‚Gebet', ist außerordentlich wichtig. Sie hilft uns, bewußter zu leben, demütiger, respektvoller, auch ruhiger und gelassener. Die, wenn möglich, ständige Kommunikation mit unserem Geist in unseren Gedanken, kann uns enorm bei unserer Aufgabe „hier unten" helfen. Es hilft uns, den Alltag bewußter zu leben. Doch wiederum liegt es an uns, uns durch das Gebet oder das „nach Innenkehren" für die Antworten des Geistes zu öffnen. Die Schöpfung spricht ständig zu uns, bloß lenken wir uns die meiste Zeit durch die Faszinationen der Außenwelt davon ab.

Und was könnten wir durch die Kommunikation mit unserem Innern herausfinden? Zum Beispiel, daß die Ursachen der Probleme, die wir haben, nicht im Außen liegen, sondern in unserem Innern. Und daher bleibt unserer Außenwelt nichts anderes übrig, als uns dieses widerzuspiegeln. Wir kommen nicht umhin, uns wieder bewußt zu werden, daß wir Menschen nur existieren, das heißt leben, atmen, denken, fühlen, lachen, schöpfen und erschaffen, weil unser Körper und unsere Seele durch einen Geist belebt wird, der nicht dieser Welt entsprungen ist. Dieser Geist belebt uns permanent, aber vor allem freiwillig und ermöglicht uns durch seine selbstlose Liebe uns gegenüber überhaupt erst unsere Existenz. Dieser

Geist belebt alles was existiert. Alles was es gibt ist eine individuelle Ausdrucksform der Schöpfung. Auch wir selbst. Wer und wo ist dieser Geist? Der Geist ist überall, auch in uns. Wir bestehen daraus und sind es selbst. Jesus sagte einst: „Der Vater ist dir näher als dein Hemd, näher als dein Atem". Wo könnte er denn noch versteckt sein, wenn nicht in unserem ganzen Sein, unserer ganzen Existenz? Das beschreibt auch das Wort ‚Sünde'. Es kommt vom altdeutschen Wort ‚sinte', das bedeutet ‚Trennung'. Die Sünde ist das Getrennt-Sein von der Schöpfung, sich nicht als Teil der Schöpfung zu sehen. Jesus hat gesagt, daß Himmel und Hölle ‚in' uns sind. Und an anderer Stelle: „Alle können tun, was ich getan habe, denn der Vater und ihr seid eins. Das himmlische Königreich ist in euch."

Saint Germain drückte dies ebenfalls sehr treffend in einem anderen Satz aus: „Ich bin eine Zelle im Körper Gottes. Ohne mich ist Gott unvollständig und jedes Verneinen meiner eigenen Göttlichkeit ist eine Gotteslästerung."

Seit Jahrtausenden hat man die Menschen gelehrt, daß die Schöpfung außerhalb von einem selbst zu finden sein soll. Die meisten haben das geglaubt und als Wahrheit akzeptiert. Die Schöpfung aber, der Ursprung allen Lebens, ist nie außerhalb von uns gewesen – wir ‚sind' sie. Die Schöpfung, die wir sind, hat sich zu irgendeinem Zeitpunkt dazu entschlossen, sich in unzählige Teile zu teilen und sich damit die Möglichkeit gegeben, sich selbst neu zu erfahren. Jeder von uns ist ein solches Teilchen, doch haben wir das irgendwann einmal vergessen und wundern uns nun, was wir hier ‚unten' machen.

Die Körper, die wir hier bewohnen, sind perfekte Transportmittel, von uns gewählte Fahrzeuge, die es uns erlauben, auf der Ebene der Materie zu leben und zu spielen. Doch inzwischen sind wir in die Illusion getaucht, daß diese Körper wir ‚selbst' sind. Wir haben unseren Ursprung, unser Erbe, das wir vor unendlich langer Zeit angetreten haben und uns selbst vergessen. Wir haben vergessen und leugnen mit aller Macht, daß wir selbst diese Schöpfung sind und leugnen leider auch unsere Verantwortung dafür.

Wir haben uns dies alles erschaffen und schaffen weiterhin. Wir ‚sind', was wir denken. Und unsere Umwelt ist ein Spiegel von uns selbst.

Saint Germain sagte, der Name Gottes sei ‚Ich bin'. ‚Ich' stehe für Bewußtsein, ‚bin' für die Schwingung. Es gibt demnach nur Bewußtsein und Schwingung im Universum, aus dem alles besteht.

Der Mensch hat Bilder von ‚Gott' geschaffen, die ihm dazu dienen, über seine Brüder zu herrschen. Religionen wurden geschaffen, um Menschen und Völker unter Kontrolle zu halten. Nimmt man einem Menschen seine Göttlichkeit, seine Vollkommenheit, und erklärt ihm, daß er getrennt von der Schöpfung existiert, kann man ihn leicht beherrschen. Die Schöpfung hat weder eine Hölle noch einen Teufel geschaffen. Diese waren furchteinflößende Schöpfungen des Menschen, um seine Brüder zu quälen. Die Schöpfung ist alles – jedes Sandkorn, jeder Stern im Universum, jeder Schmetterling, jeder Mensch. Alles und jeder ist die Schöpfung. Doch sind sich die meisten natürlich nicht mehr darüber bewußt. Und genau darin liegt ja das Abenteuer des Lebens – sich selbst wieder seiner Herkunft und seiner wahren Existenz, seiner Göttlichkeit, bewußt zu werden.

Ein weiteres Zitat von Saint Germain vertieft diese Gedanken noch: „Es gibt nur einen Ursprung des Guten: Gott. Wer diese Wahrheit bewußt erfaßt und aufnimmt und durch seinen äußeren Geist in die Tat umsetzt, nicht zwei- oder dreimal während des Tages, sondern jeden Augenblick von früh bis spät, ohne Unterbrechung, gleichgültig, womit das äußere Selbst sich beschäftigt, der wird, wer er auch sein mag, seine vollkommene Freiheit und Beherrschung aller menschlichen Dinge zum Ausdruck bringen."

Worum geht es denn wirklich? Tatsächlich ist es doch völlig irrelevant, ob die Erde hohl ist oder nicht, ob die Deutschen nun zweihundert oder zwanzigtausend Flugscheiben haben oder die Amerikaner oder die Japaner. Es ist auch irrelevant, ob Außerirdische in unser Leben eingreifen und wir womöglich gar deren Nachfahren sind.

Wäre ein Außerirdischer destruktiv und bösartig gegenüber anderen, würde er auch mit dem Gleichen wieder konfrontiert werden. Bloß, weil er von einem anderen Planeten kommt, heißt das nicht, daß er anderen Naturgesetzen unterlegen ist. Das sollten wir nicht vergessen. Außer- oder Innerirdische sind keine Götter und keine Engel. Sie sind mehr oder weniger menschliche Wesen – der eine groß und hellhäutig, der andere klein und grau, der nächste eventuell mit reptilhaftem Aussehen – die eine andere Entwicklung eingeschlagen haben und uns um ein paar Jahrhunderte oder

Jahrtausende voraus sein mögen. Das bedeutet jedoch nicht, daß sie deswegen keine Fehler mehr begehen. Auch sie sind noch in der Entwicklung und lernen jeden Tag dazu. Wenn dem nicht so wäre, bräuchten manche von ihnen auch keine Maschinen mehr, um zu uns zu kommen. Unter diesem Gesichtspunkt sollten wir das Thema sehen.

Und in letzter Konsequenz ist es genauso irrelevant, wer wir in unseren Vorleben waren und ob wir uns daran erinnern können oder nicht. Wir brauchen auch keine Kirchen oder sonstigen Ritualkram. Das einzige, was wir brauchen, das sind wir. Gott ist ‚in' uns und hat uns nach den kosmischen Gesetzen geformt, deren bewußte Anwendung unsere Aufgabe ist. Wir sollen lernen, mit diesen Werkzeugen umzugehen und dazu inkarnieren wir auf die Erde.

Wenn wir uns nach einem physischen Leben – Inkarnation – wieder in der geistigen Welt – im Jenseits – befinden, also auf gut kirchenchristlich „sterben und in den Himmel kommen", betrachten wir uns, was wir in dem letzten Leben erfahren und erlebt haben. Wir betrachten es in Verbindung mit all den anderen Erfahrungen, die wir in anderen vorhergehenden Leben gemacht haben und entscheiden uns dann, was wir in einer zukünftigen Inkarnation noch lernen möchten, was der Weiterentwicklung als Seele im Gesamterfahrungsprozeß auf der Rückentwicklung hin zur Gotteserfahrung noch weiterhilft, sie weiter vervollkommnet.

Möglicherweise stellen wir fest, daß uns noch einiges an Demut oder selbstloser Liebe fehlt oder daß wir das Thema Geld oder Eifersucht nicht zur eigenen Zufriedenheit gelöst haben und suchen uns auf dem Spielfeld des physischen Erlebens Situationen und Familien aus, an denen wir die uns gewählten Problembereiche erlernen und schulen können. Das ganze Leben ist sozusagen vorprogrammiert, jedoch nicht von Gott oder irgend jemand außerhalb von uns, sondern von uns selbst. Wir suchen uns die Eltern aus, die Gegebenheiten, das Umfeld und auch die Personen, die wir irgendwann im Leben einmal treffen werden, um mit ihnen entsprechende Erfahrungen zu machen.

Das eigentliche Problem jedoch, der sogenannte „Kick", die Herausforderung und gleichzeitig auch der ganze Sinn des Spiels, liegt in der Tatsache, daß man all das wieder vergißt, was man sich vorgenommen hat und auch die Erinnerung daran, wer man „wirklich" ist, wenn man in einen physischen Körper inkarniert.

Dann können wir uns selbst beweisen, ob wir die Lektionen unserer früheren Inkarnationen wirklich gelernt haben, sie also nicht nur im Kopfe verstanden haben, sondern durch die vielen Erfahrungsprozesse unser Wesen und unser „Sein“ verändert haben und in einer gestellten Situation nicht aus der Theorie heraus handeln, sondern weil wir so „sind“. Doch trotz des Vergessens hat jede Seele ein Werkzeug mitgenommen, das ihr hilft, das Ziel, das sie am Ende des irdischen Lebens erreicht haben will, zu erreichen. Es ist sozusagen die On-Line-Verbindung zur Schöpfung, das Kabel zum Höheren Selbst – es ist die Intuition. Um das Ziel zu erreichen, das wir uns für dieses Leben vorgenommen haben, brauchen wir weder eine Rückerinnerung an vorherige Inkarnationen, noch brauchen wir einen Hellseher zu befragen. Gelingt es uns, der inneren Stimme, der Intuition, zu folgen – also uns führen zu lassen – kommen wir an unserem Ziel an. Die Intuition, die „Stimme Gottes“, wie ich sie selbst bezeichne, spricht zu uns von morgens bis abends, nur hören wir ungern darauf.

Du weißt sicherlich, was ich meine, John? Nun stellt sich die Frage, was du dir für dieses Leben vorgenommen hattest? Die Tatsache, daß du in diesem Leben für den Geheimdienst tätig warst und an diese Informationen herangekommen bist, egal wieviel davon der Wahrheit entspricht, deutet nach dem Gesetz der Resonanz darauf hin, daß du bereits schon zuvor mit dieser Thematik zu tun hattest. Eine weitere Tatsache, nämlich, daß du die Meinung vertrittst, daß diese Informationen alle Menschen etwas angehen, zeigt auf, daß du irgend etwas damit tun solltest.

Was sagt dir deine Intuition? Du hast doch sicherlich irgendeine Ahnung, was du mit diesem Wissen machen solltest?“

John hält einen Moment inne, bevor er seine innersten Gedanken preisgibt: „Ja eigentlich schon, wie wir bereits beide feststellten, steht es wohl an, die Sache irgendwie zu veröffentlichen. Ehrlich gesagt kann ich auch gar nicht anders. Irgend etwas treibt mich fast schon dazu. Eine innere Kraft.“

„Dann solltest du es auch tun“, unterstütze ich seine Antwort. „Ich werde dir dabei gerne zur Seite stehen.“

Ich merke, daß es in John's Gehirn zu arbeiten beginnt. Es ist anzunehmen, daß ihm nun einige Dinge in seinem Leben in einem anderen Licht erscheinen. Daher will ich ihn nun auch nicht weiter mit meinen Fragen belästigen.

Nach einer kleinen Pause, die ich dazu nütze, die Bücher zurückzustellen, frage ich ihn, ob er nun wieder in die USA zurückfliegen will.

„Zuerst fliege ich von Frankfurt auf die Kanarischen Inseln, genauer gesagt auf La Palma, da dort einer der wichtigsten Eingänge in die Hohlwelt in diesem Teil der Erde ist. Durch diesen haben sich auch die Guanchen, die Ureinwohner der Kanaren, zurückgezogen. Die Guanchen waren, und sind, um die zwei Meter groß und haben blonde Haare. Sie sind von den Spaniern abgeschlachtet und ausgerottet worden, wobei der Rest versklavt worden ist. Wiederum gelang es einigen, sich in den Erdmantel zurückzuziehen, und so haben diese ein neues Leben begonnen. Hin und wieder kommen einige von ihnen aus der Caldera – einem eingefallenen Vulkankegel, der mit einem Höhlensystemen durchzogenenen ist – heraus, und mischen sich unter die Palmeros.

Dort werde ich jemanden treffen, der mir etwas übergeben will. Ich kann jedoch noch nichts darüber sagen. Ich werde mich mit dir wieder in Verbindung setzen. Die Nummer eures Ladens steht ja auf der Visitenkarte, die ich von der Ladentheke genommen habe."

„Willst du mir nun deinen vollen Namen verraten?" frage ich John erneut.

„Nein, ich denke, daß es gesünder für dich ist, wenn du meinen Namen nicht kennst. Du hast ja selber erlebt, daß man mir auf den Fersen ist und ich möchte niemanden damit hineinziehen."

John steht auf und streicht seine Hose glatt. Während er seine Jacke anzieht, meint er: „Ich denke, ich habe gehört, was ich hören mußte, nämlich, daß ich meine Forschungen veröffentlichen muß. Was die Leser dann daraus machen, ist deren Sache, aber ich fühle nun, nach deinen letzten Worten über die Zusammenhänge des Lebens, die Gewißheit, daß es an mir ist, diese Aufgabe, diese Mission zu vollenden, indem ich all dies veröffentliche. Egal, ob mir irgend jemand glaubt oder nicht. Warum bin ich sonst wohl an diese Informationen herangekommen? Womöglich war es dieser Saint Germain, der mich dabei geführt hat, vielleicht auch nicht. Aber ich muß mein Gewissen beruhigen und alles niederschreiben. Ich werde für heute gehen und danke dir, daß du meinen Worten so aufmerksam gelauscht hast. Ich danke dir auch für dein Vertrauen, das du mir geschenkt hast, indem du mich mit zu deinem Freund genommen und in den Inhalt eurer Kiste eingeweiht hast. Ich verspreche dir, es wird so ein Geheimnis für andere bleiben, wie mein Name für dich. Vielleicht glaubst du, daß ich verrückt bin. Womöglich, aber ich weiß, was ich weiß und ich weiß, was ich gesehen habe.

Ich werde mich wieder bei dir melden, denn ich denke, daß wir noch etwas Gemeinsames miteinander zu tun haben. Vielleicht hat es mit Saint Germain zu tun, vielleicht auch mit dem Speer des Schicksals, vielleicht auch mit einer Reise ins Innere der Erde, wer weiß? Doch es ist schon sehr spät und es ist wohl besser, wenn ich jetzt ins Hotel zurückgehe. Morgen früh geht mein Flug nach Santa Cruz und es sind noch ein paar Vorbereitungen zu treffen. Nochmals vielen Dank für deine Zeit, die ich schon viel zu lange in Anspruch genommen habe."

John, dessen voller Name nun doch ein Geheimnis geblieben ist, geht in Richtung Tür. Ich will eigentlich noch ein paar Worte sagen, aber irgendwie war all das, was ich von ihm vernommen habe, so überwältigend für mich, daß ich ein bißchen auf dem falschen Fuß stehe und nicht mehr weiß, was ich noch sagen soll. Wir verabschieden uns mit einer kurzen Umarmung und er verläßt den Laden. Ich blicke ihm noch nach, bis er um die Straßenecke gebogen ist und gehe dann in Gedanken versunken in das Hinterzimmer zurück.

Ich setze mich zurück in meinen Sessel, und halte mir die Hände an die Wangen. „Wahnsinn, Wahnsinn! Also entweder hab' ich 'nen Schuß oder der, vielleicht aber auch wir beide. Ich bin ja zugegebenermaßen auch nicht gerade der normalste Typ auf diesem Planeten, aber was der mir alles erzählt hat, haut den stärksten Mann vom Stuhl."

Leicht verwirrt schnappe ich mir, nachdem ich noch schnell für Ordnung gesorgt habe, mein Köfferchen, schließe den Laden ab und laufe in Richtung Auto. Und während ich fünf Minuten später aus der Innenstadt in Richtung Autobahn fahre, um mein nächstes Ziel in dieser Nacht anzusteuern – die letzte Etappe, bis der Inhalt unserer „Kiste" an seinem Ziel ankommt – lasse ich die Gespräche noch einmal Revue passieren.

Also, daß die Deutschen Flugscheiben gebaut haben, das ist eine Tatsache. Wie schnell diese wiederum fliegen und wo sie damit bereits überall hingeflogen sind, ist eine andere Geschichte. Daß es Außerirdische gibt, angenehm wie unangenehm, ist mir ebenfalls klar. Inwieweit diese in die Entwicklung auf der Erde manipulativ eingegriffen haben und eingreifen, ist dabei wieder weniger offen ersichtlich. Daß die Erde durch riesige Tunnelsysteme durchzogen ist, kann auch niemand leugnen, und die Wahrscheinlichkeit, daß dort jemand leben könnte, ist auch nicht so abwegig. Doch ob die Erde tatsächlich hohl ist, weiß ich nicht. Ich war nun mal eben nicht dort. Satellitenbilder der Pole können manipuliert sein, auch dem kann man nicht trauen.

Hier stellt sich auch die Frage, ob denn diese angeblichen Löcher an den Polen immer offen sind? Wenn die Erde tatsächlich ein lebender Organismus ist, wäre es ja möglich, daß die Erde auch atmet, was bedeuten könnte, daß die Löcher auf und zu gehen? Wäre es aber nicht auch möglich, daß es bei dem Eindringen in diese Öffnungen zu einer Frequenzveränderung kommt? Nämlich, daß das Leben im Erdinnern eventuell auf einer höheren Frequenzstufe existiert und beim Eindringen durch Menschen sich deren Magnetfeld automatisch diesem dort anpaßt? Vielleicht.

Wäre aber die Geschichte, die mir John über die letzten zwei Tage erzählt hat, wirklich wahr, würde das bedeuten, daß unter unseren Füßen mehrere Millionen Menschen leben, ein großer Teil davon Deutschstämmige, und diese demnach seit dreißigtausend Jahren Frieden haben. Das würde bedeuten, daß wir bereits das Friedensreich auf Erden haben, womöglich immer hatten! Wenn dies also tatsächlich real wäre, dann könnten wir uns auch diese dämliche Weltregierung an den Hut stecken, da die verschiedenen Völker mit ihren uralten Monarchien auch in Frieden leben, ohne eine einheitliche Währung und auch ohne eine Weltregierung. Dieser Gedanke beruhigt mich ungemein, da ich von diesem Globalisieren und Multikulti-Gewäsch sowieso noch nie etwas gehalten habe.

Da kommt mir aber noch ein weiterer Gedanke in den Sinn: Würden all die Aussagen von John über das Leben im Erdinnern wirklich der Wahrheit entsprechen, so gäbe es nicht nur ein Nachkriegsdeutschland, sondern zwei:

das eine hier auf der Oberfläche, geteilt in zwei Staatssysteme – die ehemalige DDR und die BRD – von denen das eine bereits bankrott gegangen ist und das zweite kurz davor steht,

und das andere durch die schwierigen Umstände zusammengeschweißte Volk im Erdinnern mit einer friedlichen Form eines Nationalstaates, das in einer Kombination aus Nationalgefühl, Respekt und Toleranz das vorausgesagte ‚Goldene Zeitalter' bereits lebt und erfährt.

Aber warum funktioniert es im Innern der Erde und nicht hier oben?

Wahrscheinlich liegt es mit daran, daß man dort keine globalen Militär- und Waffensysteme hat. Man hat aber auch keine FFF-Scheinwelt – Funk, Film und Fernsehen, keine globalen Machtsysteme, ob durch Politik, Banken oder Wirtschaft oder gar Großkirchen, die den Menschen von Gott getrennt sehen, keine globalen Zinseszins-Systeme der Geldwirtschaft, keine globalen Vermarktungsmittel-, Nahrungsmittel- und Genußmittelindustrien mit gewaltigen Schlachthäusern und Werbeetats, keinen globalen Mikrowellensmog durch Satelliten, Funk und anderes, keine Explosionstechnik in der Bewegungsenergieerzeugung vom Auto bis zum Flugzeug und keine Atomspaltung und globalen Atomtests.

Dagegen dominiert die positive Resonanz durch die Tatsache, daß die Völker im Erdinnern alles daran setzen, um zu verhindern, daß Elemente und Personen in deren Friedensreich eindringen können, die solche Strukturen vertreten oder befürworten. Diese Welt ist rein und sie wird wohl auch rein bleiben. Man hat die Friedfertigkeit als oberstes Prinzip anerkannt und das will man sich offenbar durch ein paar Oberirdische nicht zerstören lassen. Somit würde auch verständlich, warum die Innerirdischen nicht daran interessiert sind, die Menschen über deren Existenz aufzuklären, da sonst natürlich jeder normaldenkende Mensch dort hingehen möchte, um Teil dieses Friedens zu werden.

Unsere Aufgabe hier an der Oberfläche ist es nun, es diesen Pionieren nachzumachen und ein Friedensreich, ein ‚Goldenes Zeitalter' hier oben zu etablieren – das langersehnte Zeitalter der ‚Schwarzen Sonne', wobei die Menschen erkennen, daß es nicht nur das Sonnenlicht – das äußere Licht – ist, das Leben schafft und auch erhält, sondern die Kraft der ‚Schwarzen Sonne' – das unsichtbare Licht, das in uns scheint – die Kraft des Herzens und der Liebe.

Und das ist auch das Faszinierende an der Geschichte von Saint Germain. Irgendwie hatte ich ihn für eine Weile vergessen. Was interessieren mich noch Flugscheiben oder Außerirdische, wenn es möglich ist, Blei in Gold zu verwandeln oder gar sich selbst zu dematerialisieren. Also dieser Mann ist schon ein Mysterium. Eine große Faszination, wenn ich ganz ehrlich bin. Es ist schon seltsam, daß für viele Menschen Fußball oder Sex wichtiger und faszinierender sein kann, als das zu erreichen, was dieser Mann sowie Jesus schon zweitausend Jahre zuvor erreicht hatten. Das ist die ultimative Suche, beziehungsweise das ultimative Finden. Das ist der

Schlüssel, der sogenannte ‚Stein der Weisen'. Dagegen sind schlaue Bücher, Geheimdienste oder die Illuminati absolut uninteressant. Und der Schlüssel zu dem, was uns Jesus oder eben auch Saint Germain gelehrt und vorgelebt haben, ist erneut ‚in uns' zu finden und nirgendwo sonst.

So stelle ich mir nun die Frage, was ich jetzt mit diesen Informationen anfangen soll? Was verändert sich in meinem Leben, wenn auch nur ein Teil der Infos, die mir John übermittelt hat, wahr sind? Welche Konsequenzen hat es für mich und mein Denken, Fühlen und Handeln? Für meine Familie, meine berufliche Tätigkeit, meinen Wohnort, mein Weltbild allgemein? Ich kann ja diese Informationen nicht einfach verdrängen, als hätte ich nur einen Kinofilm gesehen und das Leben geht seinen ganz normalen Gang am nächsten Morgen weiter. Na ja, einen Trost habe ich wenigstens. Falls all diese Informationen, die ich hierbei bekommen habe, erfunden sein sollten wie auch all die Dinge, mit denen ich mich beschäftige, kann ich am Ende immerhin sagen, daß ich ein abenteuerliches Leben hatte, das nicht so langweilig war, wie das der meisten Mitmenschen.

Ich gucke in den Rückspiegel, sehe mein Gesicht und denke mir, welch ein seltsamer Typ ich bin, daß ich mich von morgens bis abends mit diesem „Zeug" beschäftige. Aber ich kann nicht anders. Es ist meine Vergangenheit, meine Gegenwart und wird auch meine Zukunft sein – angespornt durch die Frage, woher ich kam, wer ich bin und was ich gerade jetzt auf diesem Planeten verwirklichen möchte. Einen Teil habe ich bereits für mich persönlich entschlüsselt und während ein weiterer Blick den Rückspiegel streift, fällt mir das Zitat von Ramtha ein: „Du willst Gott sehen? Dann geh' und sieh in einen Spiegel."

Ja, irgendwann werde ich nicht mehr über diesen Satz nachdenken müssen, sondern dann wird es einfach ‚so sein'.

Nun wird mein Sinnieren unterbrochen, denn trotz der hohen Geschwindigkeit, die ich inzwischen schon wieder fahre, um meinem Ziel etwas schneller entgegen zu kommen, bemerke ich plötzlich, daß schräg über mir die Untertasse wieder aufgetaucht ist. Ich bremse etwas ab und versuche zu beobachten, ob sie mit mir mitfliegt. Tatsächlich ist es wie bereits bei der Fahrt heute morgen, daß sie mich begleitet. Es sind ungefähr noch zwanzig Minuten bis zum Übergabeort. Es ist eine Lichtung innerhalb eines großen Waldstückes, weit ab von jeglicher Zivilisation, wo mich ein weiterer Gefährte mit Namen Wolfgang erwartet. Er soll das Antriebsaggregat zu der unterirdischen Anlage am Obersalzberg bringen, wo er sie mit einem Freund in die Flugscheibe einbauen will.

Nachdem ich die Autobahn wieder verlassen habe, geht es noch etwa zehn Kilometer weiter auf der Landstraße, bis ich an einem kleinen Waldweg rechts abbiege. Da der Boden vom Regen des Vortages noch etwas matschig ist, sehe ich die Reifenspuren eines anderen Autos, wobei es sich wahrscheinlich um die von Wolfgangs Wagen handelt. Die Untertasse fliegt immer noch über mir.

Tatsächlich ist Wolfgang bereits angekommen und steigt aus dem Wagen aus, als ich hinter ihm anhalte. Nachdem wir uns herzlich begrüßt haben, fragt er mich, ob alles glatt gegangen ist.

„Also, was ich gestern und heute erlebt beziehungsweise gehört habe, bringt mein ganzes Weltbild ins Schwanken", erzähle ich Wolfgang, während ich ihm auf die Schulter klopfe. In kurzen Worten beschreibe ich die Erlebnisse mit John. Als ich gerade fertig bin und nun auf eine Reaktion von ihm warte, werden unser beider Blicke plötzlich von einem hellen Licht über uns angezogen. Die Untertasse ist nun über die Lichtung gekommen und hat sich auf etwa einhundert Meter herabgesenkt. Während wir beide mit weit aufgerissenen Augen nach oben blicken und die Scheibe weiter herunterkommen sehen, erkläre ich Wolfgang kurz, daß sie mir seit heute Morgen auf den Fersen ist. Wie angewurzelt stehen wir nebeneinander und sehen diesem fantastischen Ereignis zu. Das Licht ist jedoch so gleißend, daß wir die Hände vor die Augen halten müssen und durch die Schlitze zwischen den Fingern die Landung weiter verfolgen. Ganz langsam gleitet die riesige Scheibe bereits unter die Spitzen der Bäume und bleibt dann etwa vier Meter über dem Boden in der Luft stehen. Ich bin total aufgeregt und spüre ein leichtes Vibrieren am ganzen Körper. Mein Herz schlägt wie wild und ich sehe nach einem kurzen Blick auf die Seite, daß Wolfgang ähnliches widerfährt. Beide erwarten wir nun, daß irgendwelche Landebeine ausgefahren werden und die Untertasse auf dem Boden aufsetzt. Stattdessen wird das Leuchten der Scheibe immer schwächer, bis ein schwarzes Haunebu III erkennbar wird. Meiner ersten Schätzung zufolge, scheint es die Originalmaße von einundsiebzig Meter Durchmesser zu haben, die mir aus meinen Unterlagen in Erinnerung geblieben sind.

Ich denke an meinen letzten Spanienbesuch bei meinem Freund Franz von Stein im Sommer 1997 zurück, als dieser zusammen mit seiner Frau zirka vierzig Minuten lang ein Haunebu II, mit einem Durchmesser von dreißig Metern, in der Nähe seines Hauses hatte schweben sehen. Die in Dreiergruppen angeordneten Fenster waren dabei hell erleuchtet und die Untertasse stand, etwas seitlich „nickend", in der Luft. Sie schwebte in leichten Taumelbewegungen hin und her, wobei nur ein leichtes Summen zu vernehmen war. Damals, in dieser Sommernacht, war ich leider mit meiner Frau und meinem Sohn ein paar Kilometer entfernt bei Freunden gewesen, doch jetzt kommt es zu einer ‚richtigen' Landung vor meinen eigenen Augen.

Bisher war ebenfalls ein leichtes Summen zu hören, das nun aber verstummt ist. Die Scheibe steht immer noch etwa vier Meter in der Luft, als sich nun eine Klappe an der Außenkante hydraulisch öffnet und eine Art Laufsteg ausgefahren wird.

„Also, der Tatsache nach, daß es sich hier um ein Haunebu III handelt, sind es offenbar keine Außerirdischen, wie ich zuerst vermutet hatte", sage ich zu Wolfgang, während mein Blick immer noch gebannt auf der Flugscheibe haftet. „Hast du irgendwelche Zeichen auf der Untertasse bemerkt?" frage ich ihn, da mir selbst solche entgangen sind.

„Nein", gibt mir Wolfgang zu wissen, „mir sind keine Hoheitszeichen aufgefallen. Mich wundert aber, daß die Scheibe immer noch in der Luft steht, ohne Landebeine."

Nun kommen zwei Gestalten aus der Untertasse heraus, die, nachdem sie den Erdboden mit ihren Füßen berührt haben, als eine Frau und ein Mann erkennbar werden. Beide tragen schwarze Overalls und kommen mit würdevollen Schritten auf uns zu. Die Frau, die sich beim Näherkommen als eine wahre Augenweide entpuppt, trägt ihr goldblondes Haar offen, wohingegen der Mann zu unserer Überraschung ebenfalls langes Haar trägt, das jedoch in einem Pferdeschwanz zusammengefaßt ist. Beide scheinen etwa vierzig Jahre alt zu sein. Noch bevor die beiden uns erreicht haben, sehen Wolfgang und ich uns grinsend an, da auch wir beide unsere Haartracht in einen Pferdeschwanz zusammengebunden haben. Ich bin besonders überrascht, da mir bei meinem ersten Treffen mit einem Flugscheibenpiloten der Schwarzen Sonne ein reifer Herr mit sehr kurz geschnittenen grauen Haaren gegenübersaß. Doch im Gegensatz zu seinem Haarschnitt hatte er mir ein äußerst warmes, ja schon fast väterliches Gefühl vermittelt.

Wolfgang und ich gehen nun einen Schritt auf die Besucher zu und diese begrüßen uns mit einem kräftigen Händedruck und den Worten „Servus ihr beiden Schlitzohren. Euch kann man aber auch keine Minute allein lassen.“ Völlig verdutzt sehen Wolfgang und ich uns an und bevor wir auch nur an eine Frage denken können, fährt die hübsche Frau untermalt von einem freundlichen Gesichtsausdruck fort:

„Ihr habt euch sicherlich eine andere Begrüßung vorgestellt, doch ist die Lage ernster, als sie euch erscheinen mag. Dich mein Lieber“, wobei sie mich ansieht, „beobachten wir ja schon seit deiner Geburt, wie du es ja selber bereits festgestellt hast. Du erinnerst dich ja sicherlich an uns, als wir in Mexiko über den Tempeln von Chicén Itza flogen. Auch als du in Australien warst, waren wir präsent. Doch hast du uns nicht immer wahrgenommen. Oftmals lassen wir die Raumschiffe in einem höheren Schwingungsfeld, so daß sie für dich unsichtbar sind. Einige unserer Leute hast du ja bereits persönlich getroffen, doch hatten sich diese nicht als solche zu erkennen gegeben. Das ist aus Sicherheitsgründen immer noch notwendig. Nur einmal bisher, wie du dich ja sicherlich noch gut erinnern kannst, hat sich einer unserer Kontaktmänner dir zu erkennen gegeben, Generalmajor Becker – mein Vater.“

„Was“, unterbreche ich, „das war Ihr Vater?“

„Ja so ist es. Er ist noch einer vom alten Schlag und hilft hin und wieder einmal bei Unternehmungen aus. Es wird ihm ansonsten auch zu langweilig. Du kannst aber ruhig ‚du‘ zu mir sagen, das gilt auch für meinen Mann Parcival, denn wir sind ja auf der Seelenebene schon lange freundschaftlich verbunden. Man könnte auch sagen, daß wir zur selben Familie gehören, jedenfalls von unserer Art zu denken und zu fühlen. Ich bin übrigens Ariane. Wir beide gehören zur deutschen Flugscheibenstaffel des Andenstützpunktes, haben jedoch ausschließlich spirituelle Aufgaben übernommen. Das heißt, wir überwachen Personen, die einst zu uns gehörten, nun nach ihrem Tode aber neu inkarniert sind, und führen sie geistig, bis sie die nötigen Bewußtseinsprozesse durchlebt haben, um von uns persönlich kontaktiert zu werden. Bei euch beiden ist das heute eine Ausnahme.

Ihr habt da nämlich etwas im Auto, was sehr gefährlich ist. Es ist ja ganz schön, daß ihr eine unserer Scheiben gefunden habt, doch hatte es einen Grund, warum wir aus dieser das Antriebsaggregat ausgebaut hatten. Ihr müßt wissen, daß, wenn ihr das Aggregat in die Flugscheibe eingebaut habt und diese tatsächlich auch zum Fliegen bringen würdet, ihr innerhalb weniger Minuten tot wäret. Diese Scheibe ist ein sogenannter Oldtimer, verglichen mit der Technik, die wir heute nach über fünfzig Jahren der Flugscheibentechnik weiterentwickelt haben. Das Satellitennetz der Alliierten und ihre eingesetzten Flugscheiben, kombiniert mit denen von verschiedenen destruktiven Außerirdischen, würden euch in kürzester Zeit abschießen, da ihr nicht nur ein unidentifiziertes Flugobjekt darstellen würdet, sondern euch auch nicht ausweisen könntet. Falls sie euch aber zu einer Landung zwingen würden, sähe die Lage nicht viel besser aus. Ihr wäret potentielle Geheimnisträger eines Geheimnisses, das es offiziell gar nicht geben darf. Daher müßtet ihr eliminiert werden."

Jetzt übernimmt Parcival das Wort. Er hat, im Gegensatz zu Ariane, dunkle Haare und ist mit seinen guten ein Meter achtzig etwas größer als sie. Er hat sehr markante Gesichtszüge, die durch den schwarzen Overall noch unterstrichen werden. Doch zeigt seine Faltenbildung um Augen und Mund, daß er ein fröhlicher Zeitgenosse zu sein scheint. „Wißt ihr, die Zeit ist bald reif dafür, daß ihr bei uns mitfliegen könnt, um unsere Anlagen zu besuchen. Dann könnt ihr selber so oft und so lange mit unseren ‚Schüsseln', wie ich sie selbst immer bezeichne, herumfliegen, wie ihr wollt. Für uns haben sie nicht mehr diese Bedeutung, wie sie es einst hatten. Sie sind einfach Transportmittel. Und für dich", wobei er mir in die Augen sieht, „wird es sowieso etwas langweilig sein, da du doch die Beschleunigung eines Fahrzeuges so liebst. In den Scheiben spürt man jedoch überhaupt nichts. Momentan ist jedoch die Zeit noch nicht reif dafür. Aus Sicherheitsgründen zum einen, und aus spirituellen zum anderen. Ihr habt noch etwas Geduld zu lernen. Die Zeit wird kommen, da habt ihr noch eine wichtige Aufgabe zu erfüllen, und auf die wird euch die Schöpfungskraft durch verschiedene Erfahrungsprozesse vorbereiten. Wir sind dabei nur kleine Vermittler. Doch es wird bald soweit sein, keine Sorge. Ich verspreche es euch. Und für uns ist ein Ehrenwort noch ein wirkliches Ehrenwort.

Nun möchte ich euch bitten, uns das Antriebsaggregat zu übergeben, damit wir es in Sicherheit bringen können."

Etwas widerwillig gehe ich zum Wagen, hole das Aggregat und überreiche es Parcival, der mir für mein Vertrauen dankt. „Wißt ihr", beginnt Ariane zu erklären, „die Menschheit ist noch nicht reif für diese Energieformen. Damit kann viel zu viel Böses geschehen. Das wäre mit der Frage vergleichbar, ob du deinem eineinhalbjährigen Sohn ein scharfes Messer in die Hand geben würdest? Natürlich nicht. Und wenn er zwanzig ist? Natürlich ja. Weil er inzwischen alt genug und reif ist, damit umzugehen.

Und so ist es auch mit den Energiegeneratoren oder den Flugscheiben. Solange es noch Menschen gibt, die sich mit Bomben um den Bauch in die Luft sprengen, um damit andere unschuldige Menschen in den Tod zu reißen, oder diverse Machtstrukturen weiterhin vom Krieg leben, können diese Techniken nicht freigegeben werden. Damit würde man jedem kleinen Gangster die Möglichkeit geben, diesen Planeten zu verlassen, beziehungsweise sein diabolisches Tun in den Weltenraum hinauszutragen. Und das wird auf keinen Fall zugelassen werden. Wir haben momentan schon genügend Probleme mit negativen Gruppen, die sich auf der Erde aufhalten. Da ist die Schadensbegrenzung bereits sehr zeit- und energieaufwendig. Dazu kommen negative Außerirdische, die ein Interesse an der Erde haben. Hier ist die Sache noch schwieriger."

Jetzt leuchtet ein rotes Licht an seinem Gürtel auf.

„Wir müssen sofort zurück!" sagt Parcival , der plötzlich zur Flugscheibe zurücksieht. „Offenbar hat man uns geortet. Unsere Leute an Bord geben Alarm! Ich weiß, daß ihr gerne noch ein paar Fragen gestellt hättet, von einer Mitfluggelegenheit ganz zu schweigen, doch für dieses Mal müssen wir uns leider verabschieden. Doch wir werden wiederkommen. Ich habe es euch versprochen."

Nachdem sich beide von uns verabschiedet haben, gehen sie schnell zurück und verschwinden wieder in der Flugscheibe. Und als sich der Laufsteg eingezogen hat, beginnt die Scheibe wieder zu leuchten. Sie steigt langsam nach oben, bis es einen Ruck gibt und die Untertasse wie ein Blitz in den Himmel schießt.

Wolfgang und ich sehen etwas traurig hinterher. Dieses Abenteuer hätte gut und gerne etwas länger dauern können. „Hoffentlich halten sie ihr Versprechen und kommen zurück", sage ich halblaut vor mich hin.

„Ja, das hoffe ich auch", meint Wolfgang, der ein bißchen verstört wirkt. Für ihn ist es das erste Mal gewesen, daß er eine fliegende Untertasse, von deren Insassen ganz zu schweigen, mit eigenen Augen gesehen hat. Ich will gerade ein paar Worte an ihn richten, als schon ein Düsenjäger über der Gegend auftaucht.

„Laß uns verschwinden, Wolfgang“, rufe ich, was dieser durch ein Nikken bestätigt. „Wir können ja gleich noch über Autotelefon weiterreden, o.k.?“

„Alles klar, mein Freund, bis gleich“, begrüßt Wolfgang meinen Vorschlag, während wir zu unseren Autos laufen. Bis der Düsenjäger ein zweites Mal über die Lichtung hinwegfliegt, sind wir bereits wieder auf dem Weg durch den Wald und durch die Äste vor neugierigen Blicken geschützt.

Während wir fünf Minuten später wieder auf der Straße unterwegs sind, sprechen wir über die Angelegenheit per Telefon, auch mit dem Risiko, dabei abgehört zu werden. „Jetzt dachte ich“, erkläre ich Wolfgang, „wir würden schon bald mit einer eigenen Flugscheibe unterwegs sein und nun ist es wieder nichts gewesen.“

„Ja, aber wie du ja gehört hast, wollen sie wieder an uns herantreten. Und ich glaube, daß sie ihr Versprechen auch einhalten werden“, gibt mir Wolfgang zu bedenken.

„Ich glaube ja auch daran, mein Freund, doch du weißt doch selbst, wie ungeduldig wir beide sind. Es könnte ruhig etwas schneller gehen.“

„Es könnte“, berichtigt mich Wolfgang erneut, „doch das tut es nicht, denn alles hat seine Zeit. Sei doch froh, das erlebt zu haben, was gerade geschehen ist.“

„Das stimmt.“ Einen Moment lang schweige ich, bevor ich mir über seine Worte klar werde. Er hat schon recht damit. Man kann nichts erzwingen.

„Dann wollen wir uns weiter in Geduld üben“, gebe ich Wolfgang aber trotzdem mit einem Anflug von Unzufriedenheit, untermalt von einem tiefen Seufzer, zu wissen, bevor wir uns für diesen anstrengenden Tag verabschieden und in entgegengesetzte Richtungen in die inzwischen anbrechende Dämmerung fahren.

„Welch ein Tag“, denke ich an gestern zurück, als mir John begegnet ist und mein Leben einen neuen Impuls bekommen hat. Wieso treffen wir uns gerade an dem Tag, an dem ich das Antriebsaggregat abholen will? Ist es nicht seltsam, daß sich intensive Ereignisse meistens um einen gleichen Zeitpunkt sammeln, als ob an ganz bestimmten Tagen Großes verändert werden soll?

Es scheint, als habe sich meine numerologische Prognose über den Freitag, den dreizehnten erfüllt. Mit dem gestrigen Tag kam eine absolute Veränderung und der Zusammenbruch eines alten Weltbildes, ein symbolischer Tod. Aber mit dem Tod kommt auch wieder ein neues Leben. Und bei mir kam eine ganze Menge ‚Neues' dazu! Doch muß ich zugeben, daß John all das, was er mir erzählt hat, nicht beweisen konnte. Wie auch? Auch ich kann vieles von dem, was ich ihm erzählt habe, nicht beweisen, sondern muß mich auf die Berichte von Augenzeugen beziehungsweise geheime Dokumente, verlassen, die genausogut gefälscht sein können, wie Fotos. Aber was kann man denn wirklich beweisen? Kann irgend jemand beweisen, daß er seinen Partner liebt oder sein Kind? Nein. Aber behaupten tun dies natürlich die meisten. Wäre ich so frech wie viele der Kritiker, die über UFOlogen und Esoteriker herfallen, könnte ich auch behaupten, daß die Aussage des Kritikers, seine Frau zu lieben, erstunken und erlogen ist, so wie diese behaupten, die Erfahrung einer Person, die eine UFO gesehen hat, erfunden sei. Hat man ein UFO mit eigenen Augen gesehen, wird man kritisiert und gefragt, wieso man kein Foto gemacht hat. Bringt man ein Foto eines UFOs mit, so behaupten die Kritiker, es wäre gefälscht. Und führt man ihnen zu guter letzt einen deutschen Piloten oder einen Venusier vor, so sagen sie, daß dies keine UFO-Piloten sein könnten, da diese ja wie Menschen aussehen. Also egal, wie man es anstellt, es ist von vornherein aussichtslos. Man kann solche Erfahrungen anderen Personen nicht beweisen. Man kann es nur für sich selbst beweisen, beziehungsweise, wenn man etwas selbst erlebt hat, hat man ja seinen persönlichen Beweis bekommen.

Daher bin ich nun doch sehr froh darüber, was sich gerade eben zugetragen hat, die Landung dieser Untertasse. Denn die ist für mich Realität, die kann ich nicht anzweifeln. Ich habe mit Parcival und Ariane gesprochen und ihnen die Hand gegeben. Und einen Zeugen habe ich auch dafür. Bezüglich dieses Ereignisses ‚weiß' ich jedenfalls, daß es so ist und muß es nicht ‚glauben', und darauf kann ich mein neues Weltbild aufbauen. Na, immerhin! Ich freue mich jedenfalls schon auf den Tag, an dem die beiden zurückkommen werden. Denn dann beginnt ein neues Abenteuer, und womöglich auch ein sehr schicksalhaftes. Bloß wenn dieses begonnen hat, gibt es vermutlich kein zurück mehr!

„Das Reich der Dichtung ist das Reich der Wahrheit; schließt auf das Heiligtum, es werde Licht!“

Adelbert von Chamisso

Quellennachweis:

Bergmann, O.: „Deutsche U-Boote und Flugscheiben überwachen die Weltmeere“, Hugin-Verlag
Charroux, Robert: „Das Rätsel der Anden“
Helsing, Jan van: „Unternehmen Aldebaran“, Ama Deus Verlag
Hitching, Francis: „Die letzten Rätsel unserer Welt“, Umschau-Verlag
Landig, Wilhelm: „Wolfszeit um Thule“, Volkstum-Verlag
Livermore, John: „The Secret Development of the Roundwing Plane in the United States“, Pandoras Box Publishing
UFO-Kurier, mehrere Ausgaben, Jochen Kopp-Verlag
ZeitenSchrift, Nr. 1 und Nr. 6, ZeitenSchrift-Verlag

Alle anderen Quellen sind momentan noch lebende Personen, die nicht namentlich genannt sein möchten.

Über den Autor

Jan Udo Holey alias **Jan van Helsing** (geb. 1967) ist Autor mehrerer Sachbücher und Inhaber des *Amadeus Verlags*. Seit 1985 bereist er kreuz und quer unseren Planeten und machte vor allem bei Expeditionen in den USA, Ägypten, Südamerika, Afrika und in Asien Entdeckungen, die unsere „aufgeklärte" Sicht der Welt sehr in Frage stellen. Auf seinen Reisen begenete er aber auch interessanten Personen aus Geheimdienstkreisen, aus Tempelritter- und Freimaurerlogen sowie Menschen, die magischen Verbindungen angehörten, wobei diese Begegnungen und der erfolgte Wissensaustausch schließlich dazu führten, dass er 1993 sein erstes Buch über Geheimgesellschaften schrieb. Dieses entwickelte sich innerhalb zweier Jahre – mit weit über 100.000 verkauften Exemplaren und Übersetzungen in acht Sprachen – zum Bestseller. 1995 folgte Band 2 der Geheimgesellschaften, dessen Inhalt aber diverse Interessenkreise in der Schweiz wie auch in Deutschland dazu bewog, die größte Buchbeschlagnahme in der BRD seit 1945 durchzuführen, um die Bevölkerung vor seinen brisanten Recherchen zu „schützen".
Noch erfolgreicher ist jedoch sein Werk *„Hände weg von diesem Buch!"*, welches im Mai 2004 erschien und offenbar wieder einmal den Nerv der Zeit getroffen hatte, denn es wurde bereits über 200.000 Mal verkauft.

In seinen (bisher insgesamt sechzehn) Büchern hatte er nicht nur viele Jahre im voraus die politische wie auch wirtschaftliche Entwicklung vorhergesagt, sondern auch schlüssig erklärt, wie die Welt über den (gezielt herbeigeführten) globalen Terrorismus und die dadurch gerechtfertigte Überwachung der Bürger in eine *Neue Weltordnung* geführt werden soll.
2007 stieg er mit einem eigenen Fernsehsender (www.secret.tv) ins Filmgeschäft ein und landete mit seinem Spiel-Dokumentarfilm „Die Cheops-Lüge", bei dem er selbst eine der beiden Hauptrollen spielt, auf Anhieb einen großen Erfolg. Den Sender secret.TV übergab er am 1.1.2010 an nexworld.TV, um sich wieder neuen Aufgaben widmen zu können.

Besuchen Sie Jan van Helsing auch im Internet unter:

www.amadeus-verlag.com

WELTVERSCHWÖRUNG

Thomas A. Anderson

Wer sind die wahren Herrscher der Erde?

Immer mehr Menschen stellen fest, dass sie von den Regierenden belogen und betrogen werden und dass die Volksvertreter nicht das Volk vertreten, sondern die Interessen von Großkonzernen, von Militär und Wirtschaft. Große, weltumspannende Firmen und Organisationen leiten unsere Welt. Dass es nicht die Präsidenten und Kanzler sind, die ein Land regieren, ist spätestens nach der Äußerung von Dr. Arend Oetker, dem damaligen Vorsitzenden der Atlantik-Brücke, kein Geheimnis mehr: *„Die USA werden von 200 Familien regiert, zu denen wollen wir gute Kontakte haben."* Diese Familienclans nennen die Rohstoffe auf Erden ihr Eigen, bestimmen den Goldpreis und verleihen astronomische Summen an kriegführende Länder. Aber geht es diesen wirklich nur um wirtschaftliche Interessen, oder steckt etwas ganz anderes dahinter?

Wir leben in einer Welt, in der es permanent Kriege und Terror gibt, und wir leiden unter einem immer mehr instabilen Finanzsystem. Ist das Zufall oder ein Resultat von Misswirtschaft? Mitnichten! Dieser Zustand wurde bewusst herbeigeführt, denn die Menschheit der Zukunft wird nach den Wünschen der Herrscherclans kein Bargeld mehr benötigen – und auch vieles andere nicht. Doch wir Menschen sind nicht nur im Finanzsystem gefangen, sondern auch im Glauben. Man hat die Idee und Notwendigkeit einer Religion pervertiert und teuflisch genial gegen die Menschheit eingesetzt. Wir sind moderne Sklaven, das ist die bittere Wahrheit.

Die Länder Europas – insbesondere Deutschland – werden im Moment gegen den Willen eines Großteiles der Bevölkerung von Einwanderern überrannt und mit Zahlungsverpflichtungen für riesige Summen in eine finanzielle und politische Zwangsjacke gepresst. Gibt es möglicherweise einen historischen Grund für diese Zielgebiete? Gibt es einen Ort in der Vergangenheit, von dem alles ausging? Sind diejenigen, von denen wir glauben, sie seien die herrschenden Familien – die sog. Illuminati –, wirklich die wahren Herren dieser Welt? Oder gibt es da Fakten, die man uns verschweigt? Sind sie vielleicht auch nur Befehlsempfänger? Wenn ja, von wem?

Statt friedlich in einer großen Völkerfamilie zu leben, leben wir in Angst voreinander und bekriegen uns gegenseitig. Cui bono? – Wem nutzt es? All das ist nur möglich, weil wir die wahren Ursachen und die wahre Geschichte unseres Planeten nicht kennen. In diesem Buch finden Sie Antworten – Antworten zur Geschichte des aktuellen und des vergangenen Terrors, zur Entstehung der Menschheit und der Leidensgeschichte unseres Planeten Erde.

ISBN 978-3-938656-35-8 • 23,30 Euro

DER NAZIWAHN

Andreas Falk

Deutschland im Würgegriff linker Zerstörungswut

Wir leben aktuell in einer Zeit des Wahns, einer Zeit, in der jeder zum „Nazi", „Rechtsradikalen" und „Unmenschen" erklärt wird, der das abgedrehte, weltfremde Weltbild der linksaffinen Meinungsdiktatoren nicht mitheuchelt. Deren Denkschema ist klar: Alles neben der SPD oder den GRÜNEN ist brauner Sumpf. Es nervt den normalen Bürger einfach nur noch, wenn Journalisten und Moderatoren immer wieder verzweifelt versuchen, die Menschen zu erziehen und sie auf ihre, natürlich einzig richtige Meinung einzuschwören – sei es die „korrekte" Sichtweise zur Flüchtlingssituation, zum Gender-Irrsinn oder der Standpunkt zum EURO!

Andreas erklärt, wer daran interessiert ist, dass der Deutsche auf ewig den Kopf in den Sand steckt und geduckt durch die Gegend läuft, dabei aber nicht vergisst, fleißig Steuern zu zahlen.

ISBN 978-3-938656-34-1 • 19,00 Euro

BANKSTER

Hanno Vollenweider

Ein junger Mann, Anfang 20, frisch von der Uni und voller Energie und Willlen, geht nach Zürich mit nur einem Ziel: Banker zu werden und das große Geld zu verdienen. Was er jedoch nicht ahnt: Schon von Beginn an haben ihn seine Chefs und Mentoren für etwas Höheres vorgesehen und so führen sie ihn Stück für Stück in die internationalen Kreise der Bankster ein. Dies ist das Buch eines heute Anfang 30-jährigen Mannes, der, getrieben von der Gier nach Geld und Macht, Dinge sah, die andere in seinem Alter höchstens aus Hollywood-Filmen kennen. Mit seiner jungen und frechen Art berichtet er aus den Hinterzimmern der Hochfinanz, wie er zusammen mit einem Freund eine Vermögensverwaltung in Zürich gründete und mit Hilfe dieser Firma eine knappe Milliarde Euro deutsche und andere Schwarzgelder gewinnbringend anlegte, und berichtet dabei auch von seinen Meetings mit bekannten öffentlichkeitsscheuen Privatbanken. Er schildert seine Treffen mit Mitgliedern des *Clubs zum Rennweg*, *Entrepreneurs' Round Table*, der Brüsseler Finanzlobbyorganisationen *Swiss Finance Council* und *European Financial Service Round Table* und wie er im Auftrag seiner Mentoren den Rest der bis heute verschwunden geglaubten D-Mark-Millionen aus den West-Geschäften der DDR flüssig machte. Ferner deckt er die Tricks der Steuervermeidungsindustrie auf, berichtet über ihre Kunden und nennt ihre Namen und die ihrer Helfer aus den höchsten Kreisen der Politik.

ISBN 978-3938656-37-2 • 19,00 Euro

WHISTLEBLOWER

Jan van Helsing

Insider aus Politik, Wirtschaft, Medizin, Polizei, Geheimdienst, Bundeswehr und Logentum packen aus!

Edward Snowden, der US-amerikanische Whistleblower, der 2013 geheime Dokumente über verschiedene Überwachungssysteme der US-Geheimdienste veröffentlichte, ist den meisten bekannt. Sicher auch Julian Assange, der Sprecher der Whistleblower-Plattform *Wikileaks*, die es sich zum Ziel gesetzt hat, geheimgehaltene Dokumente allgemein verfügbar zu machen. Beide haben im Ausland Asyl beantragt, weil man sie juristisch wegen Verrats belangen möchte. Man will sie jedoch nicht bestrafen, weil sie Unwahrheiten oder Lügen verbreitet haben – nein: Man will sie bestrafen, weil sie den Menschen die Wahrheit gesagt haben, die Wahrheit darüber, dass wir alle von unseren Regierungen und deren Geheimdiensten überwacht und ausspioniert werden.
Ist es das, wofür wir unsere Volksvertreter gewählt haben? Eigentlich haben wir sie doch gewählt, damit sie unsere Interessen vertreten, damit sie uns beschützen und Schaden von uns abhalten. Ist es nicht viel eher so, dass sie inzwischen ganz anderen Interessen dienen?

Für dieses Buch haben *Jan van Helsing* und *Stefan Erdmann* 16 Whistleblower interviewt, die u.a. zu folgenden Themen auspacken:

- Wie geht es in deutschen Asylantenheimen wirklich zu?
- Ist Deutschland souverän? Ist die BRD ein Staat oder eine Firma?
- Was ist *Geomantische Kriegsführung*?
- Was tat die Schweizer Geheimarmee *Abteilung 322*?
- Es werden viele alternative sowie schulmedizinische Therapieformen unterdrückt!
- Gibt es das „Geheime Bankentrading" wirklich?
- Wie sparen Großunternehmen und soziale Einrichtungen über Stiftungen Steuern?
- Die Demonstranten in Hongkong 2014 waren bezahlt!
- Der Ruanda-Kongo-Krieg war wegen Rohstoffen angezettelt worden!
- Warum es bei Film und Radio nur „Linke" geben darf...
- Wie Geheimdienste bei Mobilfunkanbietern zugreifen können.
- Der Sohn eines Illuminaten enthüllt Hintergründe des Ersten und Zweiten Weltkriegs.
- Ein Schottenritus-Hochgradfreimaurer spricht über UFOs und Zeitreisen.

Die Zeit ist reif für die Wahrheit – auch wenn sie vielen nicht schmecken mag. Aber darauf wollen wir keine Rücksicht nehmen. Denn auf uns nimmt auch keiner Rücksicht!

ISBN: 978-3-938656-90-7 • 23,30 Euro

BEVOR DU DICH ERSCHIEẞT, LIES DIESES BUCH!

Jan van Helsing

Wie schaut's aus? Sind Sie gerade an einem Punkt angelangt, an dem Sie sich die Kugel geben wollen, weil Ihnen das Wasser bis zum Hals steht oder weil Sie keine Ahnung haben, wie Sie die aktuellen Rechnungen bezahlen sollen? Ist Ihre Ehe zerbrochen, Ihr Freund oder gar Ihr Kind gestorben, oder hat ein schwerer Unfall Ihr Leben derart verändert, dass Sie keinen Sinn mehr darin sehen? Doch halten Sie inne, Sie sind nicht alleine! Viel mehr Menschen, als Sie sich vorstellen können, sind momentan in extreme innere Prozesse verwickelt. Und es werden mehr, immer mehr – weltweit! Und das hat einen besonderen Grund! Interessiert es Sie, warum gerade jetzt so viele Menschen durch persönliche Krisen gehen? Wieso gerade jetzt in allen Ländern der Welt die Menschen auf die Straße gehen, ihren Mund aufmachen und Revolutionen anzetteln – auch in Deutschland?

ISBN 978-3-938656-48-8 • 21,00 Euro

WAS SIE NICHT WISSEN SOLLEN! – Band 2

Michael Morris

Was sind die Pläne der Geheimen Weltregierung?

In seinem 2011 erschienenen Bestseller „Was Sie nicht wissen sollen" führt Michael Morris anschaulich aus, wie eine kleine Gruppe von Bankiers dabei ist, durch Wirtschafts- und Währungskriege die totale Herrschaft über die Welt zu erlangen. In Band 2 legt er nun den Fokus auf den politischen und militärischen Aspekt der „Neuen Weltordnung". Die USA haben die Welt mehr als einhundert Jahre lang dominiert, doch ihr Stern sinkt, und die Machthaber im Hintergrund wehren sich verbissen dagegen. Sie intervenieren zwanghaft rund um den Erdball. Doch woher stammt ihr destruktiver Einfluss auf die EU?

Eine kleine Gruppe von Psychopathen ist für die Kriege in Afghanistan, im Irak und in Syrien ebenso verantwortlich wie für den Konflikt in der Ukraine und den „Arabischen Frühling". Afrika sowie der Nahe und Mittlere Osten versinken bereits im Chaos, das nun gesteuert auf Europa übergreift. Die Terroranschläge von Paris waren erst der Anfang! In Europa und in den USA werden Polizei-, Gendarmerie- und Militäreinheiten aufgerüstet und für die brutale Niederschlagung von lang vorbereiteten Bürgerkriegen trainiert.

Erfahren Sie, was es wirklich mit der NATO, dem weltweiten Terrorismus, dem Konflikt in der Ukraine und dem Krieg gegen Russland auf sich hat.

ISBN 978-3938656-40-2 • 23,30 Euro

MEGAWANDEL

Johannes Holey

Dieses Buch ist ein Seelenöffner für die Zeit des inneren und äußeren Wandels. Neues Wissen! Ermutigende Sichtweisen! Wegweisende Impulse! Spannende Erkenntnisse! Zunehmender Bewusstseinswandel! Wollen Sie wissen, warum es genügend Gründe gibt, voller Hoffnung zu sein? Wollen Sie sich eine neue Lebensqualität aufbauen? Wollen Sie geistig-seelische und spirituelle Hintergründe erkennen und dieses Wissen nutzen? Wollen Sie erfahren, warum Gefühle und nicht irgendwelche schlauen Überlegungen die Welt verändern werden? Wir alle leben in den mächtigen Einflüssen neuer kosmischer und *positiver* Energien und zugleich in den mächtigen Einflüssen zunehmender *schädlicher* Energien der dunklen Macht-Elite. Beides ist der Zeitgeist, doch wie kommen wir damit klar? Johannes Holey erklärt den *Megawandel*, der uns alle auf der Erde betrifft, und beschreibt, wie wir diesen als große Chance nutzen können.

ISBN 978-3-938656-92-1 • 23,30 Euro

DER VERHÄNGNISVOLLSTE IRRTUM UNSERER ZEIT

Rudolf Passian

Erfahrungen an der Schwelle zum Jenseits

Wussten Sie, dass der Tod des Körpers kein Ende der Persönlichkeit bedeutet, sondern nur eine Wende in unseren Lebensbedingungen? War Ihnen bekannt, dass zum Sterbevorgang ein riesiges Forschungs- und Erfahrungsmaterial von rund 150 Jahren vorliegt? Und dass wir offenbar eine Art Computer-Festplatte in uns tragen, die all unser Denken und Tun genauestens abspeichert? Ein beim Sterbevorgang ablaufender „Lebensfilm" zeigt uns, dass nichts verlorengeht!

Der mehrfach ausgezeichnete Forscher Rudolf Passian beschreibt in diesem Buch, was Menschen bei ihren faszinierenden „Grenzübertritten" ins Jenseits erlebt haben, was dies in ihrem Leben zur Folge hatte, und erklärt auch, wieso die momentanen Weltreligionen sowie die Wissenschaften und Mediziner kein großes Interesse daran haben, dass die Menschen von dieser „anderen Welt" erfahren.

Nach diesem Buch liegt es an Ihnen: Glauben Sie eher uralten Schriften oder heute lebenden Menschen, die von einer unsichtbaren Welt berichten, aus der wir alle kommen und in der wir uns eines Tages alle wiedersehen – eine Welt, vor der wir keine Angst haben müssen, sondern das Gegenteil?

ISBN 978-3-938656-36-5 • 21,00 Euro

WAS SIE NICHT WISSEN SOLLEN!

Michael Morris

Einigen wenigen Familien gehört die gesamte westliche Welt – und nun wollen sie den Rest!

Eine kleine Gruppe von Privatbankiers regiert im Geheimen unsere Welt. Das Ziel dieser Geldelite ist kein Geringeres als die Weltherrschaft, genannt die *Neue Weltordnung*!

Michael Morris erklärt über die Zukunft der Finanz- und Wirtschaftswelt: *„Die Ländergrenzen werden bleiben, aber die Währungsgrenzen fallen! Ich habe in diesem Buch den Fokus auf die Wirtschaft, auf Geld und das Bankwesen gelegt, denn die Mechanismen des Geldes sind der Schlüssel zur Macht dieser Bankiers-Clans. Seit fast zweihundert Jahren sind wir immer wieder auf dieselben Tricks hereingefallen... Jeder Börsencrash war geplant und so ist es auch der nächste – und der kommt sehr bald!"*

ISBN 978-3-938656-13-6 • 21,00 Euro

WENN DAS DIE DEUTSCHEN WÜSSTEN...

Daniel Prinz

...dann hätten wir morgen eine (R)evolution!"

Wussten Sie, dass Ihr Personalausweis oder Ihr Reisepass nicht Ihre deutsche Staatsangehörigkeit bestätigt und fast alle Deutschen in ihrem eigenen Land staatenlos sind? Nein? Es gibt tatsächlich ein Dokument, welches die rechtmäßige Staatsangehörigkeit bescheinigt, aber es ist keines der beiden zuvor genannten. Nur wenige Deutsche sind im Besitz dieser speziellen Urkunde, z.B. viele Staatsanwälte, Notare, Bundespolizisten oder Politiker. Wussten Sie zudem, dass Gerichtsvollzieher in der BRD seit 2012 keine Beamten mehr sind oder dass die BRD selbst gar kein Staat ist – und auch nie war –, sondern eine von den Alliierten installierte Verwaltung, die großteils innerhalb einer „Firmenstruktur" operiert? War Ihnen geläufig, dass wir bald in die „Vereinigten Staaten von Europa" übergehen und die Menschen in „handelbare Waren" umfunktioniert werden? Haben Sie sich nicht auch schon gewundert, wieso aus dem Arbeitsamt eine „Agentur für Arbeit" geworden ist oder warum Sie vor Gericht als „Sache" behandelt werden und nicht als Mann oder Frau? Der Autor beantwortet nicht nur diese Fragen ausführlich, sondern zeigt zudem auf, welche höchst raffinierten und hinterhältigen Mechanismen eingesetzt werden, die uns alle versklavt haben und dafür sorgen sollen, dass wir aus dem gegenwärtigen, riesigen Hamsterrad nie ausbrechen.

ISBN 978-3938656-27-3 • 21,00 Euro

POLITISCH UNKORREKT

Jan van Helsing & Co.

Mit der Schere im Kopf müssen viele Autoren, Journalisten und Verleger arbeiten und schreiben nicht das, was sie gerne möchten und was auch die Bürger interessieren würde, sondern sie unterliegen einem unsichtbaren Diktat – der *Politischen Korrektheit*! Wenn Sie bislang meinten, dass *„man in Deutschland doch alles sagen darf"*, dann liegen Sie falsch. Bei uns darf man bestimmte Themen nicht ansprechen oder gar publizieren. Ansonsten folgt eine gesellschaftliche – meist durch die Medien angezettelte – Hetze und im Regelfall dann auch eine Bestrafung. Fakt ist, dass den Bürgern entweder Teile einer Nachricht vorenthalten werden, weil sie „politisch unkorrekt" sind und eventuell den „öffentlichen Frieden" stören könnten, oder es tauchen in vielen Fällen die Ereignisse überhaupt nicht in den Nachrichten auf, man hält sie einfach von der Öffentlichkeit fern, um das Volk nicht zu beunruhigen!

ISBN 978-3-938656-60-0 • 24,00 Euro

HITLER ÜBERLEBTE IN ARGENTINIEN

Jan van Helsing & Abel Basti

Augenzeugen kontra Geschichtsbücher

„So ein Unsinn", werden Sie über den Titel denken. *„Hitler ist im Berliner Bunker gestorben. Man hat die verkohlten Leichen von ihm und Eva Braun gefunden, und das dort aufgefundene Gebiss wurde als das von Hitler identifiziert."*

Nun ja, diese Darstellung des Ablebens von Adolf Hitler ist zwar offiziell anerkannt und wurde kürzlich auch recht aufwendig verfilmt, ist aber selbst unter Historikern umstritten – nicht zuletzt deshalb, weil das angebliche Schädelfragment Hitlers im Jahre 2010 untersucht wurde und sich nach einem DNS-Test als das einer Frau herausstellte. Und wieso berichten die größten Tageszeitungen Paraguays im Jahre 2010, dass Hitler lange in Südamerika gelebt hat und auch dort gestorben ist? Nun stellen Sie sich bestimmt die Frage: *„Ja und, was soll's? Jetzt ist er aber bestimmt tot! Was soll ich mich damit noch beschäftigen?"* Richtig, genau das sollte man meinen. Allerdings werden in diesem Buch Personen präsentiert – die namentlich genannt werden –, die nicht nur behaupten, Adolf Hitler persönlich in Südamerika angetroffen zu haben und das über einen längeren Zeitraum hinweg – bis ins Jahr 1964 –, sondern auch, dass er die letzten zwanzig Jahre seines Lebens nicht untätig war – ganz im Gegenteil!

ISBN 978-3-938656-20-4 • 26,00 Euro

GEHEIMGESELLSCHAFTEN 3

Jan van Helsing

Halten Sie es für möglich, dass ein paar mächtige Organisationen die Geschicke der Menschheit steuern? Jan van Helsing ist es nun gelungen, einen aktiven Hochgradfreimaurer zu einem Interview zu bewegen, in dem dieser detailliert über das verborgene Wirken der weltgrößten Geheimverbindung spricht – aus erster Hand! Dieser Insider informiert uns darüber: Was die Neue Weltordnung darstellt, wie sie aufgebaut wurde und seit wann sie etabliert ist – weshalb die Menschen einen Mikrochip implantiert bekommen – dass die Menschheit massiv dezimiert wird – welche Rolle Luzifer in der Freimaurerei spielt – dass der Mensch niemals vom Affen abstammen kann – welche Rolle die Blutlinie Jesu spielt – dass es eine Art Meuterei in der Freimaurerei gibt, und was aus Sicht der Freimaurer auf die Menschheit zukommt.

ISBN 978-3-938656-80-8 • 26,00 Euro

DER GOLDKRIEG

Michael Morris

Fünf Banken steuern den Goldmarkt seit 100 Jahren – jetzt bekommen sie Gegenwind!

Seit dem Goldrausch Mitte des 19. Jahrhunderts wird der Goldhandel von einigen wenigen Londoner Banken kontrolliert. Seit einhundert Jahren bestimmen fünf Banken im „Goldfixing" ganz im Geheimen den Goldpreis für die gesamte Welt! Zwischen diesem westlichen Bankenkartell und den sogenannten BRICS-Staaten – unter der Führung von Russland und China –, tobt heute ein Währungskrieg, der gleichzeitig ein "Goldkrieg" ist.

IWF-Direktor Dominique Strauss-Kahn wollte 2011 das in New York gelagerte IWF-Gold zurück in die Schweiz holen. Noch am selben Tag wurde er Opfer eines absurden Sexskandals. Muammar al-Gaddafi, der eine neue Goldwährung einführen wollte, erging es noch schlechter. Warum wollen die USA das Regime in Teheran wirklich stürzen? Warum hat die neue Führung in der Ukraine im März 2014 als erste Amtshandlung das Gold ihres Volkes heimlich in die USA geschafft? Warum haben sich mehrere US-amerikanische Spitzenbanker Anfang des Jahres 2014 nahezu gleichzeitig das Leben genommen? Wo ist das Gold der Deutschen Bundesbank? Wie viel Gold existiert überhaupt auf Erden, und wer hat es? Und was haben Zentralbanken wie die FED und die Bank of England damit zu tun? Diese und viele weitere Fragen beantwortet Michael Morris in seinem neuen Buch.

ISBN 978-3-938656-12-9 • 21,00 Euro

BANKEN, BROT UND BOMBEN – Band 1

Stefan Erdmann

Band 1

Die historischen Hintergründe...

„Es ist egal, ob George W. Bush oder Al Gore Präsident wird – Alan Greenspan ist der Chef der Notenbank...“, las man vor der letzten US-Präsidentschaftswahl in der Süddeutschen Zeitung.

Sicherlich sind die meisten Personen, die heute die Welt steuern, aus dem Wirtschafts- und Finanzbereich. Doch der wahre Grund, warum sie so mächtig sind und die Geschicke der Welt über unsichtbare Fäden lenken, liegt mitunter in ihrer Mitgliedschaft in Geheimlogen.

Wer das ist und was diese Kreise vorhaben, präsentiert hier Stefan Erdmann in seinem Zweiteiler ***Banken, Brot und Bomben***.

ISBN 978-3-9807106-1-9 • 19,70 Euro

GEHEIMAKTE BUNDESLADE

Stefan Erdmann

Was wissen Sie über die Bundeslade? War Ihnen bekannt, dass es sich hierbei um den bedeutendsten Kultgegenstand der Juden und Christen handelt? Doch was verbirgt sich in ihr, was genau ist sie? Waren die zehn Gebote darin aufbewahrt? War es eine technische Apparatur oder gar ein Gerät zur Kommunikation mit den Göttern?

Offiziell ist sie nie gefunden worden. Einige Quellen behaupten, sie sei spurlos verschwunden.

Stefan Erdmann enthüllt in diesem Buch erstmals Details über einen geheimnisvollen Fund der Tempelritter im Jahre 1118, den diese aus Jerusalem nach Frankreich brachten und der die Grundlage für ihren unermesslichen Reichtum wurde. Auf seiner Spurensuche traf er sich unter anderem auch mit Vertretern verschiedener Logengemeinschaften und fand erstmals Verbindungen zwischen den Templern, den Freimaurern, den Zisterziensern und der Thule-Gesellschaft. Diese Verknüpfungen waren die Grundlage für geheime militärische wie auch wissenschaftliche Operationen, und es wurde offenbar, dass das Grundlagenwissen für den Bau deutscher Flugscheiben während des Zweiten Weltkriegs wie auch für das US-amerikanische Philadelphia Experiment im Jahre 1943, zum Teil aus Geheimarchiven der Zisterzienser stammte.

ISBN 978-3-9807106-2-6 • 21,00 Euro

GEFÄHRLICH!

Stefan Müller

Du bist viel mächtiger, als Du denkst!

Es gibt Strukturen in unserer Gesellschaft – sei es in Politik, Wirtschaft oder Religion –, die haben ein starkes Interesse, dass Du Dich für einen unbedeutenden und hilflosen Menschen hältst. Dieses Buch ist für diese Kreise äußerst gefährlich, denn es enthält Geheimnisse, die Du nicht kennen sollst. Diese Informationen können Dich befreien! Vor allem machen sie Dich stark und selbstbewusst. Das Leben ist einfach zu kurz, um es unbewusst und vor dem Karren einer anderen Autorität zu verbringen. Es ist Dein Leben! Lebe dieses Leben „Like a Boss", nicht wie ein Bittsteller. Gehe erhobenen Hauptes durch die Welt, denn dazu hast Du jede Berechtigung: Du bist ein unglaublich machtvoller Schöpfer! Willst Du Deine körperlichen und geistigen Fesseln sprengen und endlich das Leben führen, das Dir zusteht? Dann triff eine Entscheidung. Und ich helfe Dir dabei.

ISBN 978-3-938656-08-2 • 17,80 Euro

VERRATEN – VERKAUFT – VERLOREN?

Gabriele Schuster-Haslinger

Der Krieg gegen die eigene Bevölkerung

Wir Menschen werden – speziell in der westlichen Welt – gezielt manipuliert. Wir wissen, dass die Politiker unfrei sind und selten zum Wohle des Volkes entscheiden. Medien werden für Propaganda genutzt. Es ist mittlerweile auch bekannt, dass Konzerne politische Entscheidungen diktieren. Dass wir jedoch in sämtlichen Alltagsbereichen absichtlich verraten, belogen und betrogen werden, ist der Bevölkerung meist nicht bekannt. Wussten Sie beispielsweise, dass Ex-Papst Benedikt vom Internationalen Tribunal für die Aufklärung der Verbrechen von Kirche und Staat (ITCCS) wegen rituellen Kindesmordes angezeigt wurde? Oder dass Fluorid bereits vor 75 Jahren eingesetzt wurde, damit die Menschen stumpfsinnig wurden und nicht auf die Idee kamen, zu rebellieren? Es ist ein unvorstellbar großes Netzwerk, das wie ein Schimmelpilz die gesamte Bevölkerung und alle Lebensbereiche überwuchert. Wer sind die Drahtzieher?

ISBN 978-3-938656-32-7 • 26,00 Euro

Alle hier aufgeführten Bücher erhalten Sie im Buchhandel oder bei:

ALDEBARAN-VERSAND

Tel: 0221 – 737 000 • Fax: 0221 – 737 001

Email: bestellung@buchversand-aldebaran.de

www.amadeus-verlag.de